W0056431

Himmelstürmer Verlag

Frank Makowski wurde im März 1973 in Aachen geboren. Dort ging er zur Schule, später Ausbildung zum Kommunikationselektroniker. Wehrdienst an der Technischen Schule der Bundeswehr. Seit 1995 fest angestellt als Produktionsleiter in Aachen.

Originalausgabe
1. Auflage März 2001
Veröffentlicht im Himmelstürmer Verlag, Hamburg
Nachdruck, auch auszugsweise, nur mit Genehmigung des Verlages
Homepage: http://www.himmelstuermer.de
Umschlaggestaltung: Werbebüro Pingel, Hamburg
Foto: Thorsten Hodapp
Druck: Interprint, Malta
ISBN 3-934825-12-5

Frank Makowski

Daniel

Das, was ich hier schreibe, ist für Dich.

Danke für alles.

Inhalt

Vorwort

In diesem Buch, welches meine Erinnerung ist,
auf der ersten Seite des Kapitels,
in dem der Tag beschrieben wird,
an dem ich dich zum ersten Mal traf
kann man die Worte lesen,
hier beginnt ein neues Leben.

Aus dem Buch *Vita Nuova* von Dante Alighieri.

Diesen Vers habe ich in einer Star Trek Raumschiff Voyager Folge gehört. Den hatte der Doktor aus dem oben genannten Buch vorgelesen, als er kurz vor dem Nervenzusammenbruch stand.
Ich möchte mich bei meinen Freunden dafür bedanken, dass sie mich immer wieder ermuntert haben, das Buch zu beenden. Obwohl beim Schreiben meine Stimmung und Laune durch das neue Aufarbeiten der Geschehnisse sehr starken Schwankungen unterworfen war. Ich danke euch, denn die Schmerzen habt ihr auch gespürt.
Außerdem will ich mich bei euch dafür entschuldigen, dass ich mich in der Zeit, in der ich das hier schrieb, so rar gemacht habe, so dass wahrscheinlich einige glaubten, ich wäre nicht mehr existent.
Bei meinen Eltern muss ich mich dafür bedanken, dass sie immer wieder die laute Musik ertragen haben. Außerdem entschuldigt, immerhin müsst ihr jetzt damit leben, dass theoretisch jeder Mensch mitbekommen kann, dass ich schwul bin. Grins.

Nochmals besonderen Dank an die Personen, die mir bei diesem Buch geholfen haben. Es gibt tatsächlich Menschen, die mich mögen so wie ich bin, und etwas für mich tun. Wahnsinn!

Übereinstimmungen der Namen von genannten Personen und der benannten Orte sind gewollt.
Einige Namen wurden auf Wunsch der betreffenden Personen verändert, da diese mit dem Buch nicht in Verbindung gebracht werden wollen.

An die Leser: Wenn ihr nach dem Lesen des Buches das Bedürfnis habt, mir eure Meinung kund zu tun, so freue ich mich darauf. Unter meiner E-Mail Adresse könnt Ihr mich erreichen. Ich werde mich bemühen, euch so schnell wie möglich zu antworten.
Email: fmakowski@danielsbuch.de
Homepage: www.danielsbuch.de

Mitten in der Stadt

Eigentlich dachte ich immer, Weihnachten sei ein Fest der Besinnung und Entspannung. Leider konnte ich dem aber gar nicht zustimmen, war ich doch schon am Anfang Dezember nach Aachen gefahren, um Geschenke für Familie und Freunde zu kaufen. Außerdem brauchte ich noch ein Geschenk für einen Arbeitskollegen, den ich beim Wichteln in der Firma gezogen hatte. Ausgerechnet mich musste das Los treffen. Ich zog Thorsten, der gerade erst bei uns in der Firma angefangen hatte. Keiner kannte zu dem Zeitpunkt seine Vorlieben. Ich hatte nicht sehr viel mit ihm zu tun, so dass ein Aushorchen über seine Hobbys unmöglich war. Da blieb mir also nichts anderes übrig, als mich auf meinen schwarzen Humor zu verlassen und Thorsten etwas zu besorgen, was halt irgendwie zu ihm passte, er sich aber bestimmt darüber ärgern würde. Mir machte es großen Spass, meine Freunde und Kollegen mit meinem Humor zu ärgern. Keiner konnte ihn so richtig nachvollziehen, geschweige denn verstehen. Meine *Sparwitze* aber hatten auch schon einige Anhänger gefunden. Einige Kollegen machten sich sogar die Mühe, die Güte der Witze zu bewerten, und verpassten ihnen die Einheit „ein Makowski", die nur für mich entworfen worden war. Je kleiner der Wert hinter dem Komma, desto besser war der Sparwitz, den keiner verstand. Jetzt stand ich mitten in der Stadt und mir wollte zuerst nichts Gescheites einfallen, was ich ihm für die festgelegte Summe hätte kaufen können. Es war schwer, die grauen Zellen zu aktivieren und zu überlegen, wo man bei Thorsten mit meinen Humor ansetzen konnte. Dann kam der Gedanke, wie ich ihn treffen konnte: Er kam fast jeden Morgen zu spät zur Arbeit. Sicher, er hatte eine weite Strecke zu fahren und da konnte alles Mögliche passieren. Es konnte ja auch sein, dass er einfach die Zeit verschlief. So spannte ich meinen Faden weiter und kam zu dem Schluss, ihm einen Wecker zu schenken. Gute Idee! Sicherlich würde er den Wink mit dem Zaunpfahl verstehen, so weit konnte ich ihn schon einschätzen. Plötzlich wurde ich angerempelt und ich fluchte. Hätte die Knalltüte mich doch fast über den Haufen gerannt, dabei zog seine Parfümwolke an mir vorbei und verpestete meine Atemluft. Doch manchmal wird man positiv überrascht. Seine Wolke roch gar nicht schlecht und meine Reaktion folgte automatisch, ich drehte mich nach ihm um. Mann, hatte der einen Hintern. Total knackig und seine Jeans saßen wie angegossen. Den hätte ich zu gerne in seiner Badehose gesehen. Rums, schon wieder wurde ich angerempelt. Vielleicht sollte ich meinen Blick wieder nach vorn wenden. Außerdem, warum guckte ich dem Typen eigentlich hinterher? Wenn es eine Frau gewesen wäre, hätte ich es ja verstanden. Ich war doch nicht schwul. Nein, mein Traum war es, eine Familie mit Kindern zu haben. So kaufte ich noch schnell den Rest der Geschenke und endlich hatte ich meinen Wagen erreicht und ab nach Hause. Dort konnte ich wenigstens die gekaufte CD anhören. Endlich war die neue Single von den

Moffatts rausgekommen. Ich freute ich mich schon tierisch auf den 11. Dezember, da sollten sie ihr erstes Konzert in Köln geben. Zwar bestand die Gruppe aus Kindern, aber ich fand die Musik gut und konnte mich dabei richtig entspannen. Entspannen bedeutet für mich auch immer wieder träumen.

Träume oder Missverständnisse im Leben?

Zu Hause versteckte ich die Geschenke, die sollte ja vor Weihnachten niemand sehen. Thorsten würde sich bestimmt tierisch freuen, einen Aldi Funkwecker als Wichtelgeschenk zu bekommen. Damit blieb ich sogar in der festgesetzten Preisklasse. Danach schaltete ich meine Stereoanlage ein und schon konnte ich mich in meinem Sessel von der Musik beschallen lassen, natürlich war sie schön laut. Schließlich lag mein Arbeitszimmer im Keller und da konnte ich das machen. Probleme gab es immer nur, wenn meine Mutter zur gleichen Zeit bügeln wollte, dann war ihr die Musik natürlich zu laut und meistens ließ ich mich dann auf einen Kompromiss ein und begnügte mich mit Kopfhörern, aber das war natürlich kein Vergleich gegenüber richtigen Boxen. So ist das halt, wenn man mit seinen Eltern in einem Haus wohnt. Auch hier gibt es Einschränkungen, doch sind diese gegenüber einem Mietshaus um einiges geringer. Schliesslich musste ich nur aufpassen, dass die Lautstärke einen gewissen Pegel nicht überschritt. Das war der, bei dem die Musik auch schon im Nachbarhaus zu hören war. Na gut, ich konnte aber jetzt vom Stress der Stadt abschalten und mich meinen Träumen überlassen. Im Nachbarraum ging wieder das Licht an, meine Mutter wollte noch was tun. Also entschloss ich mich, ihren Ohren eine Pause zu gönnen und zog mir die Kopfhörer an. Immerhin vermied ich damit, dass sie zu mir reinkam und mich bat, die Musik leiser zu machen. Aber auch Kopfhörer haben ihre Vorteile. Wenn man die Dinger anhat, hört man absolut nichts von außen und das Abschalten fiel mir dann noch leichter. Nachdem ich also die kurze Verzögerung und den Anflug von Ärger überwunden hatte, konnte ich mich jetzt so richtig entspannen und meinen Gedanken freien Lauf lassen. Dabei fiel mir sofort wieder der Typ aus der Stadt ein, der mich angerempelt hatte. Ich musste zugeben, dass er richtig süß aussah, zumindest von der Seite, die ich gesehen hatte, nämlich von hinten. Es war wirklich zum Verrücktwerden, dass sich bei mir solche Gedanken häuften. Keine Ahnung, was mit mir los war, irgendwie spielten meine Gefühle verrückt. Eigentlich dachte ich immer, dass ich mit einer Frau eine Familie gründen würde und wenn mein Wunsch in Erfüllung ginge, hätte ich auch gern zwei Kinder gehabt. Mit neunzehn hatte ich eine Freundin, mit der lief es damals recht gut, bis zu dem Zeitpunkt, an dem wir beide etwas mehr wollten, nämlich Sex. Erwartungsvoll, aber auch mit Angst, ging ich in die erste gemeinsame Nacht. Irgendwie war es nicht das, was ich mir immer so schön ausgemalt hatte. Im Gegenteil, ich hatte sogar Schwierigkeiten, einen hoch zu bekommen, und der Abschluss hatte mich ziemlich enttäuscht. Erklären konnte ich es mir nur damit, dass es für mich das erste Mal war und ich ziemlichen Schiss hatte zu versagen. War ja auch passiert. Meine Freundin zeigte dafür Verständnis. Trotz der Panne im Bett, die sich auch in den künftigen Nächten nicht beseitigen ließ, blieben wir weitere vier Monate zusammen. Schließlich verließ sie mich, auch wenn sie beteuerte, das Bett wäre für sie nicht alles und eigentlich wäre ich ja gar nicht schlecht. Die Begründung, die sie damals angab, konnte ich nicht verstehen. Es störte sie, dass ich keinen Alkohol trank und damit angeblich nie richtige Partys feiern konnte. Mich verwunderte das, immerhin wusste sie das schon, kurz nachdem wir uns kennen gelernt hatten. Damals hatte ich mit meinem achtzehnten Geburtstag aufgehört, mich diesen Freuden hinzugeben. Ich stellte mich vor die Wahl, entweder Führerschein oder Alkohol. Ich entschied mich für das Auto. Auch wenn es sie angeblich gestört hatte, niemals hatte sie darüber gemeckert, dass wir nach einer Party immer noch nach Hause kamen. Somit wuchs mein Verdacht, dass sie mit meinen sexuellen Künsten nicht zufrieden war. Irgendwie hatte ich bis zu meinem 21. Lebensjahr die Schnauze voll von Frauen und vermied somit auch jeden weiteren partnerschaftlichen und sexuellen Kontakt zu ihnen. Erst als ich 1994 zum Wehrdienst gezogen wurde, kam es zu folgender Geschichte: Unser gesamter Zug war nach einer Übung im nahegelegenen Kneipenviertel einen trinken, wobei ich hier auch nicht ganz nüchtern blieb, brauchte aber auch nicht zu fahren. Meine Einstellung zum Alkohol hatte ich mittlerweile geändert, zumindest wenn ich nicht fahren musste. Ich ließ mich dummerweise auf einen One Night Stand mit einer Frau ein. Und was soll ich sagen, es war schon wieder ein Reinfall. Dafür wurde mir etwas anderes beschert. Einen ganzen Tag Bau, eher Stubenarrest, von meinem Zugführer. Ich war zu spät zum Zapfenstreich erschienen. Es war wohl gegen vier Uhr morgens und normalerweise sollte man um 22 Uhr im Bett liegen. Somit konnte ich damals wenigstens die Erfahrung sammeln, wie es ist, eingesperrt zu sein.

Auf jeden Fall hatte ich das erste Mal in der Grundwehrdienstzeit gemerkt, dass mich Männerkörper mehr interessierten als der einer Frau. Was soll ich sagen, das hatte mich damals total irritiert und obendrein musste ich darauf achten, in der Gemeinschaftsdusche keinen Ständer zu bekommen. Immerhin sahen ein paar meiner Kameraden einfach zum Anbeißen aus. Aber - ich und schwul, nein das konnte nicht sein, das durfte nicht sein. Immer wieder redete ich mir ein, dass mich Frauen mehr interessieren würden. Das hatte mich zu der Zeit doch alles ziemlich fertig gemacht. Schlimm wurde es, wenn sich die Gespräche unter Kameraden immer nur um Sex drehten. Dazu trugen auch die einschlägigen Pornos auf den Stuben bei, entweder waren es Magazine oder die Videos, die jeder mitgebracht hatte. Irgendwo dazwischen befand ich mich. Um bloß nicht aufzufallen, schaute ich mir die Magazine und auch abends die Videos mit an. Wobei es ab und zu passierte, dass ich während eines Films einschlief. Das einzig Interessante für mich waren die Beulen in den Hosen meiner Kameraden. Aber wehe, es wäre aufgefallen, dass ich ihnen etwas vorgespielt hatte. Trotz meines Problems ging auch der Grundwehrdienst zu Ende, danach kam der Spezialisierungsmonat, und man versetzte mich in meine Stammeinheit in der Nähe meines Wohnortes. Somit konnte ich wenigstens jeden Abend nach Hause, wobei meine Probleme zunahmen, da mehr Freizeit zur Verfügung stand, und ich immer wieder an meine Gefühle denken musste. Ich versuchte mich aber wieder in die andere Richtung zu erziehen, indem ich mich abends in meinem Bett beim Wichsen zwang, an Frauen zu denken oder die einschlägigen Magazine dazu benutzte. Irgendwie schaffte ich es aber nicht, die Gefühle aufrecht zu erhalten. Immer wieder dachte ich dabei an Männer. Es war ziemlich schlimm.

Nach dreimonatiger Arbeitssuche fand ich einen Job; und um hier nicht unterzugehen, steckte ich jedes bisschen Energie in meine Arbeit. Das half solange, bis ich wusste, wie der Laden lief und nicht mehr soviel lernen musste, um meine eigentliche Arbeit auszuführen. Das Gefühl, schwul zu sein, wurde in mir immer stärker, und ich gab mittlerweile auf, beim Wichsen an Frauen zu denken. Ich schaffte es sogar, mir ein Gay Magazin zu kaufen und bei meinen allabendlichen Übungen half es gewaltig. Das Problem kam immer hinterher. Nämlich dann, wenn wieder das Gehirn die Kontrolle über mich hatte, nach dem Abspritzen. Dann fühlte ich mich immer wieder richtig schlecht. Sex mit Männern? Ich wollte nichts mit Schwulen zu tun haben. Wie verbohrt konnte man nur sein? Scheiß-Erziehung! Tja, niemand wusste, was in mir wirklich vorging. Ehrlich gesagt, hatte ich es geschafft, allen, die mich kannten, etwas vorzugaukeln. Frank, mit dem ich fast jedes Wochenende unterwegs war, hatte nie etwas gemerkt und lästerte weiter über Schwule, merkte aber nicht, dass er womöglich einen vor sich hatte. Marcus, der mich schon so lange kannte, fragte mich immer wieder nach einer Freundin. Meine Familie ließ mich einfach mein Leben leben. Sie war mit meinen Erfolgen im Berufsleben zufrieden zu stellen, der Rest schien sie nicht zu interessieren. Zumindest nicht zu dem Zeitpunkt. Meine Arbeitskollegen hatten auch nicht gerafft, was mit mir los war. Wo blieb da die immer so toll gepriesene Menschenkenntnis? Nicht einmal Martin und Horst, die ständig mit mir zusammen arbeiteten, merkten etwas. Ich hatte es allen aber auch wirklich schwer gemacht. Bei jedem wurden andere Maßnahmen ergriffen, um mich zu tarnen. In der Firma waren es mein schwarzer Humor und die Sparwitze, um meine wirklichen Gefühle zu verstecken. Meiner Familie war damit zufrieden, wenn was von der Firma zu berichten war. Und wenn ich wirklich keine Lust hatte, etwas zu erzählen, verzog ich mich in den Keller und spielte am Computer. Keiner fragte intensiv genug nach, wie es bei mir mit einer Beziehung stehen würde. Marcus und Frank waren noch leichter zu täuschen. Es kamen nur die Standardfragen nach einer Freundin und wenn die Fragen doch tiefer gingen, konnte ich einfach mit der Begründung, dass ich schüchtern sei, was auch stimmt, abhaken.

Ich machte mir selber etwas vor. Manchmal akzeptierte ich für mich, schwul zu sein, ein paar Minuten später machte ich alles wieder zunichte. Mit jedem Mal wurde meine Laune schlechter, und mein Schutzschild für meine Mitmenschen musste noch weiter ausgebaut werden. So verbaute ich mir alle Chancen, mich selber kennen zu lernen.

Ein weiterer Meilenstein für mein Leben war mein Computer. Mein Bruder und ich diskutierten ständig über die Vor- und Nachteile vom Internet. Bevor wir es uns aber ins Haus holen wollten, entschieden wir uns, in ein Internet-Café zu gehen, um zu sehen, was es uns bieten würde. Dabei geriet mein Bruder zufällig auf eine Seite mit nackten Männern und beide reagierten wir auf die Pics. Ihm war es peinlich und er klickte es schnell weg, ich aber reagierte ganz anders darauf. In der Zeit, in der das Bild auf dem Monitor war, starrte ich sehr gebannt darauf und bekam auch eine Beule in der Hose. Nachdem das Bild aber verschwunden war, wurde mir bewusst, was mit mir geschehen war und ich konnte nur hoffen, dass mein Bruder nichts gemerkt hatte. Zum Glück war er zu sehr damit beschäftigt zu sehen, was es noch im Web gab.

Nach dem Abend entschieden wir uns für einen Internet-Anschluss, ehrlich gesagt, kam die Entscheidung eher von mir. Ich besorgte mir ein Modem und ging über AOL rein. Schnell fand ich die Chaträume für Gays. Also, nichts wie rein und sehen, was los war. Schon wurden einem die ersten Fragen gestellt. Zum Glück erwischte ich am Anfang den Richtigen, der sich nur über AOL unterhalten wollte, dachte ich wenigstens. Er erklärte mir, wie man sich hier verhalten muss, was man preisgeben konnte und welche verschiedenen Leute es in den Räumen gab. Natürlich erklärte ich ihm, dass ich schwul wäre. Von meinem Chatpartner kamen dann doch die ersten Fragen, wie ich aussehe, wo ich wohne und ob ich nicht Lust hätte, mich mit ihm zu treffen. Solche Leute lernte ich noch zur Genüge kennen, ließ mich aber nie darauf ein. Dafür war ich mir irgendwie zu schade, auch wenn ich wieder mal geil war. Oder war ich eher zu feige? Dann kam immer die Frage, warum ich denn hier chatten würde, wenn ich mich doch auf kein Date einließe. Natürlich war ich so naiv und erzählte ihnen die Wahrheit, dass ich nur jemanden zum Reden suchte. Plötzlich waren sie weg und meldeten sich nicht mehr. Später kamen noch die Leute dazu, die einem Aktfotos und pornografische Bilder schickten und auch tauschen wollten. So kam ich auch zu einer kleinen Auswahl von Pics auf meiner Platte. Irgendwann hatte ich einen Amerikaner im deutschen Chatraum und wir unterhielten uns sehr gut, auch wenn mein Englisch nicht perfekt war. Er fragte mich nicht nach meinem Aussehen und das wunderte mich. Als ich ihn darauf ansprach, erzählte er mir, dass er gar nicht schwul sei, sondern sein kleiner Bruder sich bei ihm geoutet habe und er wüsste nicht, wie er darauf reagieren sollte. Er versuchte gerade, herauszubekommen, was es bedeuten würde, schwul zu sein, und da die Amis noch nicht so offen darüber redeten, wählte er Deutschland. Irgendwie war ich davon angetan und wir unterhielten uns immer weiter. Er war auch der erste, dem ich schrieb, wie ich wirklich war und wie ich fühlte. Daraufhin holte er seinen Bruder, der war erst siebzehn und er berichtete mir, dass er gerade das gleiche durchmache wie ich. Bei ihm schien der Kampf aber noch kritischer gewesen zu sein als bei mir. Deswegen hatte er sich seinem Bruder anvertraut, um wenigstens mit einem reden zu können. Toby und ich hielten für lange Zeit einen E-Mail Kontakt aufrecht und hatten uns schon recht gut angefreundet, bis ein Umzug von seiner Seite aus alles kaputt machte. Ich wusste nicht, was passiert war, aber seine E-Mail-Adresse war plötzlich tot und er meldete sich nicht mehr bei mir.

Somit war ich wieder mit meinen Problemen allein, und es war wieder keiner da, mit dem ich neue Schwierigkeiten hätte diskutieren können. Ich hatte einen guten Freund verloren und auch den einzigen, der wirklich über mich Bescheid wusste.

Aber diese Freundschaft hatte mir einiges gebracht, hinsichtlich meiner eigenen Akzeptanz, schwul zu sein. Ich fing an, mich mehr für meine Umgebung zu interessieren und versuchte jedes Detail in mich aufzunehmen, zu erkennen, wer von den Männern, die mir begegneten, schwul sein könnte und wer nicht. Ich versuchte mich sogar an Diskussionen oder Kommentaren über Schwule zu beteiligen, wobei mir immer mehr auffiel, dass die meisten Leute nur ein klischeehaftes Wissen hatten. So beteiligte ich mich an Diskussionen über: Schwule würden nur Jeans mit Knöpfen tragen, hätten ihren Ohrring immer rechts und wären stets an ihrer Stimme und an ihrem Gang zu erkennen. Innerlich lachte ich mich schief. Nichts von dem traf auf mich zu, außer dass ich mit ziemlicher Sicherheit schwul war und mittlerweile mit offenen Augen durch die Welt ging und die Männer, die mir begegneten, aus einer anderen Perspektive und noch dazu intensiver betrachtete. Und trotzdem, es fiel immer noch keinem auf, was mit mir los war. Mein Schutzschild wurde immer besser, aber im Endeffekt half mir das auch nicht weiter, da ich immer noch keinen zum Reden hatte, geschweige, mich mal getraut hätte, da hinzugehen, wo sich Schwule trafen, um mit einem zu reden.

Kritisch wurde es bei mir im August, als unser neuer Azubi anfing. Ich war bloß froh, dass er nicht in meiner Abteilung, sondern als Industriekaufman seine Ausbildung absolvierte. Hätte ich ihn ständig bei mir in der Produktion gehabt, so wäre ich nicht mehr zum Arbeiten gekommen. Patrick war achtzehn, ungefähr 187 cm groß und schlank. Dazu trug er seine dunkelblonden Haare mit einem Mittelscheitel, welcher sein süßes Gesicht noch besser zur Geltung brachte. Wenn man ihn von weitem sah, konnte man denken, da käme Nick Carter von den Backstreet Boys. Einfach ausgedrückt, er sah süß aus und ich hatte ziemliche Schwierigkeiten, meine Tarnung noch aufrecht zu erhalten. Ich versuchte so oft wie möglich in die Abteilung zu laufen, wo er gerade war, damit ich ihn sehen konnte und wenn er Schule hatte, wünschte ich mir, dass der Tag schnell vorbei ging. Er war einfach ein Clown, der nur Unsinn im Kopf hatte, nie etwas ernst nahm und trotzdem konnte man mit ihm sehr gut auskommen und sich auch in einem richtigen ernsten Gespräch mit ihm wiederfinden. Wir kamen von Anfang an gut miteinander aus, es mag auch daran gelegen haben, dass wir nur knapp fünf Jahre auseinander lagen. Immer wieder brachte er mich um den Verstand, wenn er vor mir die Treppe hoch ging und ich seine knapp sitzende Hose am Hintern betrachten musste, und wenn er dann ab und zu mal sein Hemd hochstreifte, um seinen nackten Bauch zu streicheln, brachte er mich richtig aus der Fassung. Ich musste immer wieder darauf achten, nicht zu lange auf ihn zu starren. Das wäre mit Sicherheit ziemlich schnell aufgefallen. Kurz gesagt, ich war einfach nur hin und weg und hatte mich in kurzer Zeit in ihn verliebt. Dann fiel mir auf, dass Patricks Lebhaftigkeit und Gestik einen leicht tuntigen Touch aufwiesen. In mir keimte die leise Hoffnung, dass auch er schwul sein könnte. Damit hätte ich wenigstens eine größere Chance gehabt, an ihn heranzukommen, auch wenn ich garantiert nicht den idealen Körperbau aufwies wie er selber. Ich hätte alles für ihn getan.

Leider erfuhr ich eines Tages von ihm, dass er für mich unerreichbar war. Er gehörte zu der Mehrheit, war also hetero und hatte zu allem Überfluss auch noch eine Freundin. Wie konnte man mir das nur antun? Musste ich mich ausgerechnet in einen Hetero verlieben? Wie sollte es jetzt weitergehen, ihn zu verehren und gleichzeitig wissen, dass er unerreichbar für mich war? Von dem Zeitpunkt an wurde meine Laune rapide schlechter, trotzdem gab ich niemals Patrick die Schuld dafür. Wie könnte ich auch der Person die Schuld geben, die ich verehrte und liebte? Um meine Laune wenigstens etwas ins Positive zu lenken, verzog ich mich jeden Abend nach der Arbeit in meinen Keller und hörte Musik. Ich versuchte mit allen Mitteln, wieder meine Laune zu heben, selbst meine Vorsätze warf ich über den Haufen. Nur damit ich mich wenigstens für einige Zeit wohler fühlen konnte, fing ich wieder an, öfter Wein zu trinken, natürlich nur, wenn ich nicht mehr fahren musste, lebensmüde war ich noch nicht.

Donnerstag hatte ich mir frei genommen um zu dem Moffatts Konzert zu fahren. Darauf freute ich mich schon riesig. Es wäre das erste Mal in meinem Leben, dass ich alleine auf ein Konzert gehen würde. Ich vermutete, dass ich der einzige Fan in dem Alter sein würde. Aber wer sollte sich denn daran stören, also war es mir egal. Die Knirpse würden mich schon respektieren. Nun gut, die vier Tage würden auch noch vergehen.

Der Beginn

Endlich war Donnerstag. Nach dem Mittag machte ich mich auf den Weg nach Köln. Ich hatte leider keinen blassen Dunst, wo Pulheim lag, also musste ich mich schon darauf einstellen, dass ich mich einige Male verfahren würde. Wieder fiel mir dabei auf, dass ich einen Partner bräuchte. Dann hätte ich wenigstens einen, der die Karte lesen könnte und mich in die richtige Richtung lotsen würde. Eher als ich es mir zugetraut hätte, hatte ich Pulheim gefunden und das Beste, der Köstersaal war auch noch ausgeschildert. Direkt gegenüber war auch noch ein Parkplatz, also brauchte ich nicht weit zu laufen. Bis zum Beginn des Konzertes waren noch einige Stunden Zeit, aber ich stellte mich schon an, um eine Karte zu kaufen. Als ich den Platz vor dem Eingang betrat, traf mich der Schock. Die ganze Fläche war schon mit Kids voll. Viele trugen Poster und Transparente von der Gruppe.
Obwohl hier alles voll war, kam ich sehr schnell ran und kaufte eine Karte. Erstaunt war ich über den Preis, die wollten tatsächlich nur 10 DM dafür haben. Schließlich hatte ich noch dreieinhalb Stunden Zeit, bevor sie anfangen würden. Ich entschloss mich, mir das Städtchen mal anzuschauen. Um mir die Zeit etwas zu vertreiben, ging ich in eine Weinhandlung und schaute nach ein paar Angeboten. Ich leistete mir zwei gute Flaschen Rotwein und brachte sie zum Auto. Den Rest der Zeit verbrachte ich in einem Café, vielleicht konnte ich so verhindern, das ich noch vor dem eigentlichen Event einschlief. Nach drei Tassen Kaffee machte ich mich wieder auf den Weg. Endlich war Einlass, wurde aber auch Zeit. Das sah richtig ulkig aus, wie die ganzen Kids in die Halle stürmten, um die besten Plätze zu erwischen. Ich konnte mich nicht dazu bewegen, mich in den Tumult zu stellen. So wartete ich abseits, bis alle Kids in der Halle waren. Mein Blick fiel auf einen Typen, der es genauso machte wie ich. Nur bei einem Blick blieb es nicht, denn ich fand ihn total süß, zumindest aus der Entfernung. Ich schätzte ihn so auf 18 oder 19, also war ich nicht der einzige ältere Fan. Seine weiße Hose klebte an seinen Beinen und die Haare sahen naß aus. Er hatte es wohl nicht geschafft, sich vor dem letzten Regenschauer irgendwo unter zu stellen. Die dünne Lederjacke, die er bei sich hatte, trug er lässig über seiner Schulter. Jetzt schaute er auch noch zu mir rüber! Hoffentlich hatte er nicht bemerkt, wie ich ihn anstarrte. Nur damit es nicht so auffiel, verzog ich mich in den Saal. Immerhin war es auch schon halb sieben. Der Junge folgte mir. Als ich drinnen war, musste ich lachen. Der Saal war eigentlich recht groß, aber die Kids standen alle vor der Bühne zusammengepresst und hinten war alles frei. Ich entschied mich hinten an der Tür stehen zu bleiben, da war mehr Platz und man konnte am Ende des Konzertes schnell verschwinden, ohne in die Menschenmassen zu geraten. Der Typ in seiner weißen Hose stellte sich fünf Meter von mir entfernt an die hintere Wand. Irgendwie hatte ich das Gefühl, beobachtet zu werden. In der Halle hörte man leise Töne einer

Musik, konnte sie aber nicht richtig hören, das Geschrei der Kids war viel lauter. Also, lange konnte ich das hier echt nicht aushalten. Ich verstand nicht, wie man so ausflippen konnte. Oder lag es an mir und ich war doch schon zu alt?
"Hi."
Huch, warum musste mich jetzt auch noch einer so erschrecken? Ich drehte mich um und sah einen etwa 40 Jahre alten Mann, der mich angrinste. In der linken Hand hielt er einen Fotoapparat, die rechte hatte er in seiner Hosentasche.
"Hallo", grüßte ich zurück.
"Warum stehen sie hier hinten so ganz alleine und nicht dort drüben bei den andern Eltern?" fragte er mich in gebrochenem Deutsch. Schien wohl ein Ausländer zu sein.
"Ich gehöre nicht zu den Eltern, bin alleine hierhin gekommen."
"Ach, ein älterer Fan, nicht schlecht."
Nach einem kurzen Smalltalk verzog er sich nach vorne in die Menschenmasse und verschwand in einer Ecke. Endlich hatte ich wieder meine Ruhe und lehnte mich an die Wand. Langsam wurde ich ein wenig ungeduldig. Die Zeit war schon lange verstrichen, wo eigentlich der Beginn des Konzertes hätte sein sollte.
"Hi. Weißt du, mit wem du dich gerade unterhalten hast?"
Ich zuckte zusammen. Ich drehte mich um und sah den Jungen in der weißen Hose neben mir stehen und mich angrinsen. Die Haare waren immer noch nicht trocken, so konnte ich leider nicht die Haarfarbe erkennen, aber er hatte blaue Augen und sein Gesicht war wirklich total süß. Ich merkte, wie ich ihn anstarrte und ihm noch eine Antwort schuldig war.
"Nein, keine Ahnung. Der Typ hat mich einfach von der Seite angequatscht und konnte sehr schlecht Deutsch. Ab und zu musste ich sogar ein wenig englisch reden."
"Der Typ war der Vater von den Moffatts. Wenn ich mich nicht irre, kommen die aus Kanada. Hab ich mal gelesen und von ihm ein Foto gesehen."
Irgendwie fesselten mich die blauen Augen des Jungen. Ich wusste, bei ihm hätte ich keine Probleme, ihm während eines Gespräches in die Augen zu schauen. Bei anderen hatte ich Schwierigkeiten, Augenkontakt zu halten, deshalb hatte ich mir angewöhnt, auf die Nasenspitze meines Gegenübers zu starren. Sogar Patrick konnte ich nicht in die Augen schauen. Bei dem Jungen hier war es anders, das merkte ich. Die Augen waren faszinierend, dazu kamen noch die Spiegelungen des Lichtes hinzu. Ich merkte, wie mir leicht wärmer im Gesicht wurde, weil ich ihn schon wieder anstarrte.
"Ähm,...nein. Das wusste ich nicht, woher auch. Aber was wollte der dann von mir?"
Blöde Frage. Mein Gegenüber brachte mich aus der Fassung.
"Weiß nicht. Vielleicht weil du so alleine und gelangweilt an der Wand lehnst,

als ob dich nichts interessieren würde."
Es stimmte, es stand keiner alleine rum, außer vielleicht noch er.
"Vielleicht sollten wir uns später weiter unterhalten, da kommen sie nämlich."
Damit drehte er sich zur Bühne. Ich schaute auch zur Bühne und sah die vier
Jungs, die zu ihren Instrumenten stürzten und sofort mit dem ersten Song
loslegten. Dann spürte ich ein Zupfen an meinem Hemd. Der Junge hatte
sich wieder mir zugewandt, trat einen Schritt näher, um das Getose und
Geschrei der Kids zu übertönen.
"Hast du was dagegen, wenn ich dir Gesellschaft leiste? Dann muss ich nicht
auch so alleine rumstehen."
In seinem Gesicht zeichnete sich die Frage richtig ab und ich konnte das
erste Mal sein Parfüm riechen. Es war ein angenehmer Duft, dezent und kein
bisschen aufdringlich.
"Nein, habe nichts dagegen. Sollte ich?"
Fiel mir eigentlich nicht mal was Besseres ein, um ihm zu antworten? Er grinste mich an und drehte sich wieder zur Bühne. Beim zweiten Lied der
Moffatts ging der Boy ein paar Schritte nach vorne und begann zu tanzen. Er
kehrte mir dabei seinen Rücken zu, so konnte ich ihn von oben bis unten,
ohne dass er es merkte, betrachten. Er war etwa 1,80 cm groß und schlank.
Die Hose war wieder getrocknet, trotzdem saß sie richtig gut an seinen
Beinen und ich konnte seinen knackigen Po beim Tanzen betrachten. Warum
musste ich eigentlich alle gutaussehenden Jungs immer so anstarren, als ob
ich sie auffressen wollte? Warum waren meine Gefühle immer so stark? Ich
lauschte zusätzlich der Musik, kam aber trotzdem nicht in die Stimmung, wie
die anderen in der Halle. Ich war eher etwas nachdenklich. Trotzdem gefiel
mir die Musik richtig gut und die Zeit verging wie im Flug. Immer wieder hörte
der Boy mit dem Tanzen auf, um sich zu erholen. Nach einiger Zeit hatte ich
mich richtig an seinem Körper ergötzt und konnte an ihm auch nichts Neues
mehr finden.So schaute ich wieder zur Bühne. Dabei merkte ich nicht, wie er
vor mir stand und mich beobachtete. Erst nach zwei weiteren Liedern blickte
ich etwas nach rechts und sah ihn, wie er mich betrachtete.
"Wo warst du gerade mit deinen Gedanken? Bestimmt nicht hier in der Halle,
oder? Hast du Probleme, über die du nachdenkst? Willst du mit mir darüber
reden? Dann können wir gehen."
Damit warf er mir ein Augenzwinkern zu. Ich war perplex. Wie konnte man
einem Fremden so ein Angebot machen, besonders dann, wenn man hier
war, um einer seiner Lieblingsgruppen live zu erleben. Niemals hätte ich
damit gerechnet.
"Sorry, war gerade wirklich woanders. Danke fürs Angebot, aber meine
Probleme gehen nur mich etwas an."
Sofort merkte ich, was ich gesagt hatte. Ich trat wohl mal wieder in das
sprichwörtliche Fettnäpfchen.
"Nochmals sorry, für den letzten Satz. War nicht so gemeint, wie ich es aus-

gedrückt hab. Wollte nur sagen, dass wir uns nicht gut genug kennen, um über meine Probleme zu reden."

Ich konnte nur hoffen, dass ich damit den letzten Satz wieder etwas abgeschwächt hatte.

"Schon gut, war ja nur ein Angebot. Du sahst so aus, als ob du jemanden zum Reden brauchst. Ich bin der Meinung, es ist besser mit einem Fremden darüber zu reden, als mit gar keinem."

Irgendwie wusste ich nicht, wie ich den Typ nehmen sollte. Mir war noch nie einer begegnet, der so offen mit allem umging, man könnte auch sagen, dass er leicht aufdringlich war, aber auf eine Art, die nicht störte.

"Du hast Recht, nochmals danke. Verstehe mich bitte nicht falsch. Ich halte Fremden gegenüber einen gewissen Abstand ein. Lass uns einfach noch die Musik genießen."

Der Junge fing an zu grinsen.

"Ja, schon gut. Ich kann dich verstehen. Macht ja auch nichts, wollte nur behilflich sein." Damit drehte er sich zur Bühne und begann wieder zu tanzen. Plötzlich stockte er in der Bewegung, drehte sich zu mir und streckte mir seine rechte Hand hin.

"Übrigens, damit wir uns nicht mehr so fremd sind. Ich heiße Daniel."

Ich ergriff seine Hand. Er hatte einen kräftigen Händedruck und ich versuchte, den genauso kräftig zu erwidern.

"Hi Daniel, freut mich. Ich heiße Frank."

Mehr brachte ich zu dem Zeitpunkt nicht raus. Warum musste ich auch nur immer so schüchtern sein? Mir fiel aber auch nicht ein, was ich noch hättesagen können. Während des Händeschüttelns schaute er mir in die Augen, als ob er was suchen würde und plötzlich konnte ich seinen Blick nicht mehr erwidern. Hatte ich doch gedacht, dass ich ständig in seine Augen schauen könnte, aber das schaffte ich doch nicht. Deshalb schaute ich runter auf seine Hände. Es kam mir so vor, als ob wir unsere Hände schon ziemlich lange geschüttelt hätten, deshalb lockerte ich meinen Händedruck und versuchte seine loszulassen. Doch es war einfacher gesagt als getan, wenn das Gegenüber nicht mitspielte, klappte das nicht. Mein Blick wanderte wieder rauf zu seinem Gesicht und seinen Augen, die mich immer noch musterten. Plötzlich merkte er wohl, dass er mich immer noch anstarrte. In seinen Augen fing es an zu blitzen und sein Mund verzog sich zu einem Lächeln. Dann lockerte er den Handgriff und ließ meine Hand los, um sich wieder zur Bühne zu drehen. Ich schaute auch wieder hin. Die Moffatts Brüder sangen gerade "Miss you like crazy" a cappella. Keine Ahnung, aber ich fand, dass das Lied in diesen Zeitpunkt voll reinpasste. Irgendetwas hatte mein Nachbar an sich, was mich zu ihm hinzog. Danach verabschiedeten sich die vier Jungs von ihrem Publikum und verließen die Bühne. Sollte das Konzert etwa schon vorbei sein? Kaum zu glauben. Ich warf einen Blick auf meine Uhr, es war schon halb zehn. Das konnte nicht sein, wieso war die Zeit so schnell vergangen?

Das Publikum raste und verlangte eine Zugabe. Wir mussten nicht lange warten und die Jungs stürmten wieder auf die Bühne und brachten noch weitere drei Lieder, bevor sie sich endgültig von ihrem Publikum verabschiedeten. Daniel drehte sich zu mir und deutete auf den Ausgang. Das war eine gute Idee, schnell raus hier, bevor die anderen sich in Bewegung setzten. Wir machten uns auf den Weg, draußen stellten wir uns an den Rand des Vorplatzes. Ich schaute zu Daniel.

"War echt geil das Konzert, auch wenn ich die meisten Lieder gar nicht kannte. Schade nur, dass die Zeit so schnell vergangen ist."

"Ja, du hast Recht. Ähm,.. Frank, was hältst du davon, wenn wir noch einen trinken gehen? Ich habe noch keine Lust nach Hause zu fahren, außerdem habe ich noch Zeit, bevor mein Zug geht und ich mich auf den Weg zum Bahnhof machen muss. Bei der Luft in der Halle habe ich Durst bekommen."

"Eine gute Idee, ich kann auch noch etwas Flüssiges vertragen. Wann fährt denn dein Zug?"

Daniel grinste mich an.

"Der letzte Zug fährt um halb eins nach Aachen. Es ist ein totaler Mist ohne Auto. Ich hätte nicht schon jetzt meine Kiste verkaufen sollen. Mein neuer Golf kommt erst nächstes Jahr im Januar, solange bin ich auf Busse und Züge angewiesen.."

Der Typ kam also aus Aachen. Na dann brauchte ich ja nicht alleine nach Hause zu düsen. Konnte mir ja nur Recht sein.

"Lass uns gehen, es fängt ja schon wieder an zu pissen. Ich glaube mal, du bist heute schon zur Genüge nass geworden. Wie wäre es mit einem italienischen Café, habe ich heute Nachmittag schon drin gesessen."

Daniel zog sich die Jake über.

"Ja, gerne. Einen Cappuccino könnte ich jetzt gut vertragen. Was hast du jetzt, habe ich was Komisches gesagt? Du grinst so komisch?"

Der hatte Augen wie ein Adler. Anscheinend bemerkte er alle meine Reaktionen, oder beobachtete er mich einfach nur so gut?

"Nein, du hast nichts gemacht. Hab mich nur gefreut, dass ich gleich nicht alleine nach Hause fahren muss. Komme nämlich auch aus Aachen und wenn du möchtest, nehme ich dich mit."

Daniel blieb stehen und drehte sich zu mir.

"Hei, super. Toller Zufall. Das Angebot nehme ich gern in Anspruch, aber nur wenn es kein Umweg für dich ist und unter einer Bedingung. Ich darf dich gleich einladen."

Ich zog Daniel an seinem Jackenärmel, damit er sich wieder in Bewegung setzte. Ich hatte keine Lust, noch nasser zu werden.

"O.K., du darfst mich einladen, aber das ist noch kein Grund, hier im Regen stehen zu bleiben. Komm, lass uns zu dem Italiener gehen. Wohnst du direkt in der Innenstadt?"

Wir erreichten das Café und setzten uns rein.

"Frank, was möchtest du trinken?"

"Einen Kaffee, schwarz. Hoffentlich werde ich wieder etwas munterer."

Ich kramte in meiner Jacke, um meine Zigaretten und mein Feuer zum Vorschein zu holen. Daniel ging an die Theke und bestellte einen Kaffee und einen Cappuccino. Dann machte er sich wieder zu unserem Tisch auf und bemerkte meine Zigaretten in der Hand.

"Tust du mir einen Gefallen? Ich kann Zigarettenqualm nicht vertragen, zumindest nicht in geschlossenen Räumen."

Musste er jetzt auch noch so ein süßes Gesicht aufsetzen? Lächelnd und fragend zur gleichen Zeit.

"Nee, ist kein Problem für mich."

Die fragende Mimik verzog sich aus seinem Gesicht, nur das Lächeln blieb. Die Zigaretten legte ich vor mir auf den Tisch.

"Danke, ich bekomme immer von dem Qualm Kopfschmerzen. Keine Ahnung, wie ich das früher bei meinen Eltern ausgehalten habe, die rauchten beide. Übrigens, ich komme von außerhalb von Aachen. Liegt in der Nähe von Walheim, das müsstest du kennen."

Ich konnte mir ein kleines Lachen nicht verkneifen.

"Schade, dann kann ich dich leider nicht mitnehmen, zumindestens dich nicht ganz nach Hause fahren. Ist doch ein ziemlicher Umweg."

Das Lächeln aus Daniels Gesicht verschwand für kurze Zeit.

"Schade, aber ist auch kein Problem. Den Rest gehe ich dann zu Fuß, aber...."

Wer mich nicht kannte, wusste natürlich nicht, dass ich gerade einen Witz gemacht hatte.

"Sorry, Daniel. Das sollte ein Witz sein. Natürlich fahre ich dich nach Hause. Ich wohne selber außerhalb der Stadt, ganz bei dir in der Nähe. Ich merke schon, ich muss darauf achten, wen ich mit meinen Sparwitzen strafe. Die meisten verstehen sie nicht."

Wieder setzte Daniel ein fragendes Gesicht auf. Er hatte eine ziemlich ausgeprägte Mimik, ich fand das aber schön.

"Was sind denn Sparwitze? Ist zwar schön, dass du mich nach Hause fahren willst, aber ich verstehe im Moment nur noch Bahnhof."

Ich musste lachen, bevor ich antworten konnte.

"Sorry, ich bin eigentlich bei meinen Freunden und auch in der Firma bekannt für meine Witze. Sparwitze deswegen, weil man sie sich sparen kann. Man kann einfach nicht über sie lachen, und meistens bedürfen sie auch noch einer Erklärung, damit sie wenigstes halbwegs verstanden werden."

Jetzt musste auch mein Gegenüber lachen.

"Wieso erzählst du sie, wenn sie keinen Sinn haben, auch nicht den, darüber lachen zu können? Versuchst du etwas zu verstecken und andere damit auf einen falsche Fährte zu bringen?"

Bums, das hatte gesessen. Das konnte doch nicht sein, dass alle, die mich kannten, nicht merkten, was mit mir los war, aber Daniel hier, der mich gerade erst drei oder vier Stunden kannte, mich durchschaut hatte. Oder hatte er nur einen Witz machen wollen? Ich konnte nichts mehr sagen, ich war einfach nur baff. Meine Tarnung blätterte und war anscheinend doch nicht so gut, wie ich es glaubte.

"Daniel an Frank. Was ist los? Bist gerade ganz weiß geworden. Habe ich etwas Falsches gesagt, dann tut es mir Leid. Nach deiner Reaktion zu urteilen, habe ich mit meiner Vermutung Recht."

Der Kellner, der gerade die bestellten Sachen brachte, rettete mich.

"Entschuldigen Sie, wo finde ich hier die Toilette?"

Der Kellner deutete in eine Richtung.

"Trink schon mal was. Ich komme gleich wieder. Muss erst mal für kleine Jungs."

Daniel musterte mich, aber erwiderte nichts mehr. Also stand ich auf und ging zur Toilette. Hoffentlich würde die Zeit hier ausreichen, um meine Fassung wieder zurückzugewinnen. Ehrlich, das konnte unmöglich sein, dass Daniel mich so schnell durchschaute und mich auch noch richtig eingeschätzt hatte. Mit Sicherheit war das Zufall, aber wie sollte ich jetzt darauf reagieren? Trotzdem, ich musste wieder zurück.

Ich setzte mich zu Daniel. Er nahm seine Tasse und trank einen Schluck. Dabei schaute er mich an.

"Ich will dir ja nicht zu nahe treten, aber kann es sein, dass ich gerade einen wunden Punkt getroffen hab? Brauchst dir darüber keine Vorwürfe zu machen. Ich kann Menschen sehr gut einschätzen, das hab ich bei meinen Eltern im Laden gelernt. Du siehst dort jeden Typ Mensch und lernst schnell, dich auf ihn einzustellen, damit man ihn freundlich bedienen kann."

Musste der sich jetzt über mich auslassen? Ich verstand die Welt nicht mehr. Alle, die mich längere Zeit kannten, wussten zwar, dass ich nicht gut drauf war, aber keiner erkannte, dass ich ihnen eigentlich nur etwas vorspielte. Jetzt lernte ich jemanden kennen, der mich in kürzester Zeit durchschaute. Irgendetwas musste ich jetzt sagen, trank aber erst mal meinen Kaffee. Daniel griff sich meine Zigaretten, zündete eine an und gab sie mir rüber.

"Sieht so aus, als ob du jetzt eine gebrauchen könntest. Ich vertrag schon den Rauch und ich möchte nicht, dass du jetzt hier total absackst."

Konnte der Typ nicht auch mal was machen, was mich nicht sprachlos werden ließ? Ich nahm zwei tiefe Züge, um mich wieder etwas zu fangen.

"Danke. Sorry, hast mich tatsächlich auf dem linken Fuß erwischt und das kam etwas überraschend. Ich weiß ja jetzt noch nicht mal, wie ich reagieren soll. Lass es bitte darauf beruhen, dass du mich durchschaut hast. Darüber reden möchte ich jetzt nicht. Bitte verstehe mich nicht falsch, aber ich kann darauf zur Zeit nichts erwidern."

Daniel lächelte wieder.

"Kein Problem, muss jetzt auch nicht sein. Aber wenn du mal jemanden zum

Reden brauchst, sage mir einfach Bescheid. Ich bin für dich da."
Ich glaube, ich bekam wieder etwas Farbe.
"Wieso tust du das? Wir kennen uns doch noch gar nicht und trotzdem bietest du mir an, für mich da zu sein. So was gibt es doch eigentlich gar nicht im Leben, sondern nur in Träumen."
Er hatte gerade seine Tasse genommen, um zu trinken und verschluckte sich dabei, weil er lachen musste.
"Nur keine Bescheidenheit. Das hat auch einen Nutzen. Eigentlich bin ich in Köln aufgewachsen, wollte aber unabhängig von meinen Eltern sein. Also bin ich nach Aachen gezogen. Somit habe ich auch meine Freunde verloren, na ja, sagen wir mal, man sieht sich nicht oft. Ich suche jetzt in Aachen neue Freunde und ich glaube, mit dir kann man gut quatschen. Also hat das auch einen Nutzen für mich, nicht nur für dich."
Jetzt musste ich auch lachen und meine Angst bzw. Besorgnis verzog sich wieder.
"Danke, aber so einer wie du ist mir noch nie untergekommen. Deine Freundin kann sich wirklich glücklich schätzen."
Jetzt hatte ich ihn erwischt, auch wenn es nur kurz war. Sein Lächeln verschwand, kam aber wieder, mit einer leichten roten Farbe im Gesicht.
"Ja, wenn ich eine hätte. Ich bin aber noch nie eine Beziehung eingegangen. Ich glaube, ich bin dafür noch nicht reif genug."
Jetzt brach ich in Lachen aus.
"Wie alt bist du, und wann glaubst du denn, reif genug zu sein?"
Wir grinsten uns beide an.
"Ich bin vor zehn Tagen einundzwanzig geworden. Ehrlich gesagt, hatte ich bis jetzt keine Zeit, mich um eine Beziehung zu kümmern. Erst die Ausbildung, dann der Bund und jetzt einen festen Job. Wann soll ich da noch Zeit haben."
Wir redeten noch weiter, bis es halb zwölf war.
"Daniel, vielleicht sollten wir uns so langsam auf den Weg machen. Ich muss morgen wieder arbeiten und du wahrscheinlich auch."
"Wenn es sein muss."
Er stand auf und ging bezahlen. Dann verließen wir das Café und machten uns zu dem Parkplatz auf, wo mein Auto stand. Nach gut 45 Minuten kamen wir bei ihm zu Hause an.
"Hier wohne ich also ganz alleine, in einer viel zu großen Wohnung. Hat mich gefreut dich kennen gelernt zu haben. Vielleicht sehen wir uns mal wieder."
Dann öffnete er die Tür und stieg aus.
"Tschüss, Daniel. Gute Nacht und ich würde mich auch freuen, wenn wir uns mal wiedersehen. Der Abend ist ja noch recht nett geworden."
Daniel bückte sich noch mal zur Tür runter.
"Ja, fand ich auch. Ruf mich doch einfach mal an, wenn du Lust hast. Würde mich sehr freuen. Tschüss und auch dir eine gute Nacht, komm gut heim."

Er schlug die Tür zu und ging zum Haus. Als er die Wohnungstür geöffnet hatte, drehte er sich um und winkte mir zu.

Ich machte mich auf den Weg, um selber ins Bett zu kommen. Plötzlich fiel mir ein, wie sollte ich ihn denn anrufen, wenn ich nicht seine Telefonnummer oder seinen Nachnamen kannte?

Als ich zu Hause ankam, wollte ich gerade aussteigen, als ich einen kleinen Zettel auf dem Beifahrersitz fand. Daniel hatte hier seine Adresse und seine Telefonnummer aufgeschrieben, darunter stand der Satz "Würde mich freuen, dich wieder zu sehen."

Prima, wenigstens einer von uns beiden, der mitdachte. Ich ging ins Haus und machte mich fürs Bett fertig. Ich ließ noch mal den ganzen Tag ablaufen. Daniel wäre wirklich der richtige Typ, mit dem ich mir eine Partnerschaft vorstellen könnte, aber wie würde er darauf reagieren, wenn er wüsste, dass ich schwul war? Ob dann eine Freundschaft noch möglich wäre, bezweifelte ich stark. Wenn ich es mir recht überlegte, war er schon ein komische Kauz. Irgendwie kam er schon sehr nah an Patrick ran. Auch wenn mir der ganze Tag sehr großen Spaß gemacht hatte und ich mich auch noch freute, jemanden kennen gelernt zu haben, so entschied ich mich dafür, Daniel aus allen Erzählungen raus zu halten. Nicht, dass noch jemand auf den Gedanken kommt, ich könnte schwul sein. Dann schlief ich ein.

Der Freitag verlief ganz normal, nur mit dem Unterschied, dass meine Laune sich etwas gebessert hatte. Am Abend traf ich mich mit Frank und wir klönten noch über Gott und die Welt. Keine Ahnung, aber irgendwie konnte ich mich an diesem Abend nicht so richtig auf unsere Gespräche konzentrieren. Ich hatte das Bedürfnis, jemandem zu sagen, wie ich mich fühlte, und auch, dass ich schwul war. Aber ich hatte Bedenken, wenn ich es Frank sagen würde, wie würde er darauf reagieren? Zerbräche dann unsere Freundschaft? Ich wusste, wie er über Schwule redete und ob unsere Freundschaft so stabil war, dass sie das aushalten würde, konnte ich nicht sagen. Also ließ ich alles beim Alten. Natürlich redeten wir an dem Abend über Frauen und prompt fragte Frank mich auch wieder, ob ich eine Freundin hätte. Meine Ausrede, dass ich einfach zu schüchtern sei, zog auch dieses mal wieder, und das Thema wechselte zum Glück. Wir redeten noch über unser Hobby, das Angeln. Auch hier konnte ich mich nicht richtig konzentrieren. In der Zeit wo Frank und ich redeten, dachte ich über Daniels Angebot nach. Sollte ich ihm wirklich sagen, was mich so bedrückte? Aber wie würde er darauf reagieren, wenn ich ihm sage würde, was ich empfand. Und was würde passieren, wenn ich ihm auch noch sagen würde, dass ich ihn mochte? Immerhin kannten wir uns noch nicht lange genug, um Freunde zu sein. So hatte er immer die Möglichkeit einfach abzuhauen, doch ich empfand schon etwas für ihn. Bestimmt keine Liebe, aber ich hätte ihn sehr gerne als Freund gehabt. Ich entschloss mich, ihn am Samstag anzurufen und zu fragen, ob wir uns mal treffen könnten. Währenddessen erzählte Frank die ganze Zeit weiter.

Komisch, dass ihm nicht auffiel, dass ich mit meinen Gedanken ganz woanders war.

Steckt doch mehr dahinter?

Wie gut, dass ich am Samstag mal wieder ausschlafen konnte. Mit Frank wurde es doch später, als ich geplant hatte. Meine Eltern weckten mich zum Mittag und ich machte mich fertig. Nach dem Essen verzog ich mich in den Keller und kramte die Telefonnummer von Daniel aus meiner Kiste mit den wichtigsten Adressen. Irgendwie hatte ich ein komisches Gefühl ihn anzurufen, konnte aber nicht genau sagen warum. Ich wartete vier Klingelzeichen, bevor sich jemand am anderen Ende der Leitung meldete. Die Stimme meines Gesprächspartners war total verschlafen.
"Daniel, bist du es? Hier ist Frank. Ich hoffe, ich habe dich nicht aus dem Bett gerissen?"
Kurze Zeit später kam die Antwort, die aber nicht mehr so verschlafen war. Im Gegenteil, er schien sich sogar zu freuen, mich wieder zu hören.
"Hi. Schön, dass du anrufst. Du hast mich zwar geweckt, aber keine Bange, ich reiße dir deswegen nicht den Kopf ab. Wie spät ist es denn?"
Mann, hatte der einen gesunden Schlaf! Aber hätte ich nicht meine Eltern, wäre ich wohl auch noch im Bett.
"Zwei Uhr nachmittags. Was hast du denn gestern noch gemacht, dass du so fertig bist?"
"Ich war in Köln bei einem Freund. Der ist heute Nacht mit seiner Freundin in den Urlaub gefahren. Ich musste ihn aber vorher noch sprechen, und er hat mich erst um fünf heute Morgen hier in Aachen wieder abgeliefert. Zum Glück lag ihr Reiseziel in meiner Richtung. Egal, was kann ich für dich tun?"
Tja, ist er also noch später ins Bett gekommen als ich. Musste ja schon ziemlich wichtig gewesen sein das Gespräch, aber was ging es mich an.
"Ich wollte nur hören, wie es dir geht und fragen, ob wir uns mal wieder treffen können? Hast du heute schon was vor?"
"Nee, cool. Warte mal, wenn du willst, kannst du so in 20 Minuten vorbei kommen, dann müsste ich geduscht haben. Lass es uns einfach hier ein bisschen gemütlich machen."
Hatte ich absolut nichts dagegen.
"O.K., ich komme dann zu dir. Soll ich noch was mitbringen?"
Ich musste ja höflich fragen, immerhin wurde ich eingeladen. Am liebsten wäre ich sofort gefahren und hätte ihn noch beim Duschen erwischt.
"Nee, hab noch alles zu Hause. Komm einfach vorbei. Freue mich, bis dann. Tschau. Übrigens, zweite Klingel von unten, steht zur Zeit kein Name drauf."
"Tschau, Daniel, bis gleich."
Ich schaute noch schnell auf die Uhr, wie spät es war, und dann nichts wie

nach oben und ich schmiss mich in meine Ausgehklamotten. Zehn Minuten später saß ich im Auto und machte mich auf dem Weg zu meinem neuen Freund. Mann, war ich auf seine Wohnung gespannt, immerhin hatte er mir erzählt, dass sie für ihn alleine zu groß war. Pünktlich 20 Minuten nach dem Telefonat klingelte ich an seiner Haustür. Ich musste etwas warten, bevor der Türsummer ging. Dann sprintete ich in den ersten Stock des Hauses und fand eine offene Wohnungstür. Wie es sich gehörte, klopfte ich an die Tür und wartete, was passiert. Ich hörte Daniel von irgendwoher rufen.

"Frank? Komm einfach rein und mach es dir bequem. Ich bin noch im Bad, hat doch etwas länger gedauert. Kannst du vielleicht einen Kaffee machen? Die Küche findest du am Ende des Flures."

Hm, er hatte ja schon viel Vertrauen zu mir, wenn er mich einfach so in die Wohnung ließ und mich auch noch bat, Kaffee zu kochen.

"Ja klar, mal schauen, ob ich auch alles finde."

"Schaffst du schon", rief er mir aus dem Bad zu.

Also machte ich mich auf den Weg zur Küche. Es schien wirklich eine große Wohnung zu sein, mindestens 100 qm und das für einen alleine, Wahnsinn! Die Küche fand ich schnell, die Kaffeemaschine auch, aber wo stand der Rest? Die Sachen standen natürlich im letzten Schrank, den ich öffnete. Hier waren die Filter, ah, da stand der Kaffee. Jetzt hatte ich alles, um einen Kaffee zu machen und fand auch noch die Zeit, mich ein wenig umzusehen. Die Küche war groß und modern eingerichtet. Obendrein war alles sehr sauber und aufgeräumt. Warum musste ich immer nur so unordentlich sein? In meinen Räumen herrschte immer so lange Chaos, bis es mir über wurde oder ich Besuch bekam. Erst dann konnte ich mich dazu durchringen, aufzuräumen. Lange brauchte ich aber nie, um das Chaos wieder herzustellen. Nun gut, es konnte halt nicht nur solche Typen geben wie mich. Der Kaffee gurgelte und erfüllte den Raum mit einem herrlichen Duft. Plötzlich sah ich Daniel, wie er am Türrahmen lehnte und mich lächelnd musterte. Endlich konnte ich ihn in seiner ganzen Schönheit sehen. Jetzt waren seine Haare nicht durch Regen verklebt. Sie waren dunkelblond und hingen bis fast zu seiner Schulter hinab. Er trug ein enges weißes T-Shirt und eine schwarze Jeans. Irgendwie kam er mir etwas kleiner als am Donnerstag vor. Kein Wunder, er war barfuß in seiner Wohnung unterwegs. Als Daniel sah, wie ich seine Füße betrachtete, brach er in Lachen aus.

"Keine Angst, kannst auch die Schuhe ausziehen. In der ganzen Wohnung ist Parkettboden mit Fußbodenheizung. Ist absolut nicht kalt und ich habe mich noch nie erkältet. Kaffee schon fertig?"

Ich wurde leicht rot, weil ich ihn schon wieder etwas länger betrachtet hatte, als es mir lieb war.

"Ja, gerade durchgelaufen. Wo sind die Tassen?"

Daniel deutete auf einen Schrank und ich nahm von dort zwei Tassen raus. Er selber ging zu einem anderen und brachte einen Teller und Besteck auf den Tisch. Dann öffnete er den Kühlschrank und entnahm ihm alles, was er zum Frühstücken brauchte. Dann wandte er sich mit einem fragenden Blick an mich.

"Hast du schon gegessen?"

Wenn ich ihn so betrachtete, würde ich gerne etwas nehmen, nämlich ihn. Er sah sogar irgendwie noch besser aus als Patrick, zumindest hatte Daniel fast meine Größe und somit war es für ihn schwerer, mir auf dem Kopf zu spucken als für mein Kollege.

"Hab' schon zu Mittag gegessen. Danke, lass dich aber nicht stören."

"Ganz bestimmt nicht, wenn ich Hunger habe, vergesse ich alle meine Manieren."

Er begann zu frühstücken und ich goss uns beiden einen Kaffee ein.

"Milch steht im Kühlschrank, Zucker dort drüben. Ich trinke meinen lieber schwarz."

Mit der linken Hand zeigte er in die Richtung des Zuckers. Ich setzte mich ihm gegenüber. "Nein danke. Ich mag ihn auch lieber schwarz. Sonst werde ich noch dicker, als ich schon bin."

Stimmte ja auch. Ich versuchte mittlerweile alles zu vermeiden, was mich dicker machen könnte.

"Nur keine falsche Bescheidenheit, Frank. Es gibt Menschen, die lieber was in den Händen halten. Außerdem macht die Figur keine Beziehung aus, höchstens ein One Night Stand. Liebe entsteht nicht durch das Aussehen."

Worüber sprach er gerade? Gut, ich hatte zwar damit angefangen, aber dass es in die Richtung geht, konnte ich ja nicht ahnen.

"Du hast gut reden, bei deinem Körper brauchst du dir ja keine Gedanken zu machen. Wenn du willst, kannst du ja .... jede Frau haben."

Fast hätte ich mich verplappert. Ich musste wirklich genau überlegen, was ich sagte. Daniel kaute noch auf dem Brot rum, bevor er mir antwortete.

"Ja, mag sein. Aber wenn eine Frau etwas von dir will, kann man davon ausgehen, dass mehr dabei eine Rolle spielt als dein Körper."

Irgendwie hatte er damit ja Recht, aber ich hatte keine Lust, weiter darauf einzugehen, nachher würde ich noch was preisgeben, was sich nicht wollte.

"O.K., ich lass das mal im Raum stehen. Können wir trotzdem das Thema wechseln? Das hatte ich gestern Abend schon mit meinem besten Freund, Frank."

Daniel nickte, also sprach ich weiter.

"Was hast du denn gestern mit deinem Freund besprechen müssen, dass du solange bei ihm warst? Sorry, geht mich ja nichts an. Bin eigentlich nie so neugierig, aber es muss sehr heftig gewesen sein, da die Dusche dich nicht ganz munter bekommen hat."

Jetzt musste ich grinsen. Mein Gegenüber gähnte gerade sehr herzhaft.

Daniel zog einfach die Schultern nach oben und ließ sie wieder fallen.

"Schon gut. Sven ist mein bester Freund und der Einzige, der alles über mich

weiß. Ab und zu muss ich mich einfach mal mit jemandem über ein paar Dinge unterhalten und mit Sven kann ich das sehr gut. Er versteht mich, diskutiert mit mir über meine Probleme und was ich noch daran so schätze, seine Freundin respektiert das. Meistens ist sie sogar dabei und gibt auch Ratschläge, so wie gestern. Ist halt so wie mit deinem besten Freund."
Beim letzten Satz zuckte ich leicht zusammen.
"Da muss ich dich enttäuschen. Frank ist zwar mein bester Freund, aber er weiß nicht alles über mich. Ich bin selber die einzige Person, die alles weiß. Es gibt Sachen, die kann ich noch nicht mal mit Frank besprechen."
Ehrlich, ich musste aufpassen, was ich sagte. Daniel war echt gut darin, jemanden in ein Gespräch zu verwickeln, ohne dass der andere richtig merkte, worüber eigentlich gesprochen wurde. Beim letzten Satz merkte ich nur, wie ich richtig traurig wurde und fast geweint hätte. Irgendwas hatte Daniel an sich. Plötzlich merkte ich, wie er versuchte, in meinem Gesicht zu lesen und anscheinend verstand er sogar meine Mimik.
"Schon gut, Frank. Ich merke, du hast ziemliche Probleme, kannst sie nur mit niemanden teilen. Macht nichts, vielleicht wenn du etwas mehr Vertrauen zu mir gewonnen hast. Wenn du willst, bin ich immer für dich da. Aber lass uns doch ins Wohnzimmer gehen, dort ist es gemütlicher."
Daniel räumte noch schnell das Geschirr in die Spülmaschine und griff nach seiner Tasse. Ich machte es ihm nach und folgte ihm. Er deutete auf eine große Couch, auf der ich Platz nahm. Er setzte sich in den Sessel mir gegenüber und setzte die Kaffeetasse auf den Glastisch, der zwischen uns stand.
"Was machst du eigentlich beruflich, Daniel?"
Ich war einfach nur neugierig.
"Ich bin Elektriker, auf hochdeutsch Strippenzieher. Werde wohl auch darin mal meinen Meister machen. Ich will nicht ständig nach Anweisung arbeiten. Vielleicht mache ich mich auch mal selbstständig. Und, was machst du?"
Elektriker, kommt ja meinem Beruf etwas nahe.
"Elektroniker. Zur Zeit arbeite ich in einer Firma, die PC Einsteckkarten zur Kommunikation herstellt. Das passt gut zu mir. Eines meiner Hobbys ist nämlich mein Computer."
Daniel verzog leicht sein Gesicht.
"Aha, nichts gegen dich, aber ich mag, ehrlich gesagt, keine Computer. Ich habe zwar selber ein Notebook. Notgedrungen, für mein Hobby."
Wie sollte ich das jetzt verstehen. Hasst PCs, aber braucht einen für sein Hobby? Er sah wohl meinen fragenden Ausdruck im Gesicht, denn er fing an zu grinsen.
"Ja, das hat bis jetzt noch keiner verstanden. Mein Hobby ist die Fotografie und ich benutze auch Digitalkameras, dazu braucht man dann einen Computer."
Einleuchtend, fand ich wenigstens.

"Nicht schlecht so ein Hobby, wenn man es beherrscht. Ich habe beim Fotografieren noch nie das perfekte Motiv gefunden, aber ich fotografiere ja auch nur, wenn ich im Urlaub bin."

Er fing an zu lachen.

"Das kann ich verstehen. Ich habe auch lange dafür gebraucht, um es gescheit zu machen. Mittlerweile klappt es ganz gut und ich habe sogar schon für einen Versandkatalog, ein Fotostudio und eine Agentur gearbeitet. Am liebsten mache ich aber Privataufnahmen, um ehrlich zu sein, sogar Aktfotografie."

Mit dem letzten Satz wurde er leicht rot und ich zog die linke Augenbraue hoch. Das hatte mich etwas überrascht. Wie kommt man dazu, so etwas zu machen? Ich fand es ungewöhnlich. Daniel stand auf und ging in den Nebenraum. Nach kurzer Zeit kam er wieder und hatte ein dickes Fotoalbum im Arm. Damit setzte er sich neben mich und ich konnte die Aufschrift auf dem Deckel des Albums lesen. "Gemischt" stand drauf. Er legte das schwere Teil auf meinen Schoß und ich schlug das Album auf.

"So, das sind so die Arbeiten, die ich mache. Damit kann man 'ne ganz schöne Stange Geld nebenbei verdienen. Ich hoffe, die Bilder stören dich nicht."

Ich schaute ihm in die Augen. Irgendwie griemelte er wie ein kleines Kind. Ich durchstöberte ein paar Seiten des Albums. Es waren Männer und Frauen abgebildet, wohlgemerkt jede Person für sich. Teils posierten sie in Unterwäsche, andere Bilder zeigten, leicht mit durchsichtigen Stoffen verhüllte, Personen und andere wiederum waren nackt. Es waren richtig schöne Bilder, nicht nur wegen der Körper, die zum Teil richtig hübsch waren, sondern auch wegen der Lichteffekte. Ich fragte mich, wie er solche Schatteneffekte hinbekam. Außerdem woher bekam er nur seine Motive? Ich fand, das waren keine Fotos von einem Hobbyfotografen, diese waren viel besser. Obwohl diese Aufnahmen Kunst darstellten, bekam ich einen Ständer in der Hose und es war mir peinlich. Zum Glück hatte ich aber das Album auf dem Schoß, so konnte mein Nachbar nichts merken. Ich musste mich erst mal räuspern, um den Kloß, aus dem Hals zu bekommen.

"Sind die Aufnahmen wirklich von dir? Die sind perfekt, zumindest finde ich das. Wie bekommt man denn solche Lichteffekte in die Fotos? Sorry, ich bin einfach beeindruckt."

Daniel lächelte mich dankbar an und stand auf. Er nahm das Album von meinen Beinen, griff nach meiner Hand und zog mich mit sich. Ich vergaß, das ich noch eine verräterische Beule in der Hose hatte, aber entweder hatte er sie nicht gesehen oder einfach ignoriert. In einem großen Nachbarraum hatte er sich ein richtiges Fotostudio eingerichtet. Eine Ecke war abgetrennt mit Rigipsplatten, auf denen Dunkelkammer geschrieben stand. In dem Raum standen noch ein Sofa, ein paar verschieden Stühle, ein Bett und viele große Leuchten sowie an der Wand eine große Truhe. Das Fenster war mit einem schweren, schwarzen Vorhang abgedunkelt.

"Mein Hobbyraum. Hier mache ich die meisten Fotos, es sei denn, der Kunde will in die freie Natur. Was auch kein Problem ist. Na, keine Lust, mal ein paar Fotos von dir zu machen?"

Ehm, was? Fotos von mir machen? Ich glaubte, ich hatte mich verhört.

"Nee, lieber nicht. Erstens hab ich nicht die Figur und zweitens... nein lieber nicht."

Ehrlich, ich war schon feige, außerdem hatte ich die Befürchtung, auch hier wieder eine Erektion zu bekommen und die könnte ich dann nicht verdecken. Ich kannte meinen Körper und wusste, wie er darauf reagieren würde. Daniel lächelte und schüttelte den Kopf.

"Erstens, schieb nicht alles auf die Figur, so schlecht ist sie nicht, wie du immer tust. Außerdem kann man das sehr gut auf Fotos verdecken, ohne sie zu retuschieren. Zweitens, du brauchst dich nicht zu schämen. Ich habe schon viele gesehen und manch einen sogar mit einem steifen Schwanz. Das spielt man dann runter. Aber es ist schon gut, vielleicht ein andermal. Ich dränge niemanden dazu, jeder soll sich freiwillig dazu bereit erklären. Die betreffende Person muss dazu schon locker sein, sonst werden die Aufnahmen nichts."

Er schaltet das Licht in dem Raum aus und ich folgte ihm ins Wohnzimmer. Ich war aber immer noch neugierig auf sein Hobby.

"Wie kommst du an die Leute, die sich so von dir fotografieren lassen wollen?"

Er zuckte mit den Schultern.

"Ich annonciere in bestimmten Zeitschriften und biete meine Dienste an. Es gibt viele Leute, die professionelle Fotos von sich haben wollen. Frauen, Männer und auch Paare. Sie sind meistens nur überrascht, wenn sie mich sehen, weil ich ja noch recht jung bin, aber die Überraschung legt sich schnell und nach den Fotoshootings ist bis jetzt noch jeder zufrieden nach Hause gegangen."

Ich war perplex. So offen damit umzugehen wie er es tat, könnte ich nie. Daniel stand wieder auf, hob seinen Finger und ging aus dem Zimmer.

"Ich muss dir noch was zeigen, diese Aufnahme finde ich irgendwie total cool."

Als er wieder kam, hatte er ein großes, gerahmtes Bild dabei. Ich konnte noch nicht sehen was es war, er hatte mir die Rückseite zugedreht.

"Diese Aufnahme ist während meines letzten Urlaubs mit meinen Freunden entstanden. Ich bin auch dabei."

Damit drehte er das Bild um. Mir fielen fast die Augen aus dem Kopf. Das Bild zeigte fünf junge Männer und drei Frauen an einem Strand. Sie waren nackt und schwangen ihre Badesachen über ihre Köpfe. Alle schienen Spaß daran gehabt zu haben, denn sie lachten fröhlich in die Kamera. Langsam merkte ich, wie die Wärme in mein Gesicht stieg.

"Das war unser Abschiedsgruppenfoto vom Urlaub. Jeder hat jetzt einen

Abzug in der Größe. Toll nicht, zum Glück sind wir dabei nicht erwischt worden. Ich wollte dir nur zeigen, dass viele Menschen mit ihrer Nacktheit frei umgehen können."

Dann brachte er das Bild wieder zurück. Als ich mich wieder gefasst hatte, ärgerte ich mich nur, dass ich Daniel auf dem Bild nicht erkannt hatte. Er setzte sich mir wieder gegenüber und betrachtet mich so, als ob er auf etwas warten würde.

"'Tschuldige bitte, aber damit hab ich nicht gerechnet, ich bin noch verwirrt. Dass du mir die Aufnahmen von deinem Hobby gezeigt hast, kann ich ja noch verstehen. Aber jetzt das Bild mit deinen Freunden, wo du meintest, dass du auch drauf wärst. Das ist doch was Intimes und ich muss sagen, das ehrt mich."

"Hast du mich auf dem Bild denn nicht erkannt? Willst du es noch mal sehen?"

Ich merkte, wie er sich etwas über mich lustig machte.

"Nein danke. Tu mir bitte den Gefallen, verspotte mich nicht......"

"He, so war es nicht gemeint. Ich wollte dich nicht kränken, aber wenn ich ehrlich sein darf, ich kannte bis jetzt noch keinen, der so verschlossen und schüchtern ist und dabei noch seine Gefühle so versteckt. Ich will nur helfen. Man sieht dir an, dass mit dir etwas nicht stimmt, aber leider nicht was."

Warum musste ich nur Gefühle haben, die so deutlich waren? Ich merkte, wie ich langsam anfing zu zittern und es fehlte nicht viel und ich hätte geweint. Seitdem ich erwachsen war, hatte mich noch nie jemand weinen gesehen. Ich versuchte, immer den starken Mann zu spielen, was bis jetzt auch immer gelang, nur anscheinend hier nicht. Ich musste raus hier, sonst konnte ich für nichts mehr garantieren. Warum löste er bloß solche Gefühle in mir aus und warum konnte er in meinem Kopf lesen? Als ich aufstand und Daniel ins Gesicht blickte, merkte ich seinen bösen Blick.

"Wo willst du hin? Wird es dir jetzt hier zu gefährlich?"

Er merkte wohl, wie er mich ansah. Sogleich wurde sein Gesichtsausdruck wieder sanfter.

"Bitte, Frank, bleib hier. Verzeih mir, ich bin es zu schnell angegangen. Du brauchst mir nichts zu sagen, wenn du nicht bereit dazu bist. Ich glaube, ich hatte dir am Donnerstag beim Konzert etwas über meine Freunde gesagt. Alle meine Bekannten wohnen in Köln oder noch weiter weg und ich brauche hier in Aachen auch Freunde, mit denen ich reden und etwas unternehmen kann. Ich bin nur der Auffassung, gute Freunde sollten übereinander Bescheid wissen und sich alles sagen können. Freundschaft muss zwar erst wachsen, ich würde aber gerne hier und jetzt den Grundstein dazu legen. Ich bin der Meinung, du bist die richtige Person, um dich mein Freund zu nennen. Was sagst du?"

Ich setzte mich wieder, sonst wäre ich wohl auf den Boden gekippt. Meine Beine zitterten immer noch. Irgendwie hatte er Recht und einen weiteren

Freund konnte ich bestimmt brauchen. Vielleicht würde ich mich bei ihm trauen, über mein Schwulsein zu sprechen. Na gut, ich entschied mich, Daniel eine Sache von mir preis zu geben, auch wenn das eigentlich nicht das große Geheimnis war. Er sollte aber als Erster meine wahren Gefühle zu dem Thema mitbekommen. Die kannte bis dahin noch keiner. Zweimal holte ich tief Luft, bevor ich Daniel eine Antwort geben konnte.

"Du hast Recht, mit dem was du sagst. Mir fällt es schwer, mit jemandem darüber zu sprechen, den ich gerade erst zwei Tage kenne. Verstehe mich nicht falsch, aber Vertrauen muss man sich erst mal verdienen und das kann eine Zeitlang dauern."

Daniel lächelte und das gab mir wieder etwas Zuversicht.

"An dir ist ja ein richtiger Philosoph verloren gegangen. Natürlich hast du Recht, aber meine Menschenkenntnis hat mich noch nie getäuscht und ich glaube, nein ich weiß, ich kann dir vertrauen und das werde ich dir beweisen."

"Stop, nicht so schnell. Ich habe nicht so eine Menschenkenntnis, trotzdem bin ich bereit, dir alles zu erzählen, bis auf eine Ausnahme. Über das Thema habe ich noch mit niemandem gesprochen und bin auch noch nicht bereit, es preis zu geben. Vielleicht bin ich auch niemals dazu bereit. Verstehe mich nicht falsch, aber ich kann darüber nicht reden."

Daniel nickte zustimmend.

"Ist gut, Frank. Dann hoffe ich, dass du nichts dagegen hast, wenn ich auch etwas für mich behalte. Das, was ich dir sagen will, ist aber auch kein so großes Geheimnis mehr, Sven weiß darüber Bescheid, aber als Einziger."

Er schluckte noch mal und holte tief Luft.

"Soll ich anfangen, oder willst du?"

Gleiches Recht für alle, sollte er ruhig auch etwas für sich behalten.

"O.K., in Ordnung. Ich glaube, ich will lieber als Erster anfangen. Ich bin ja jetzt schon ziemlich fertig und du bist ja noch recht stabil."

Bei dem Satz musste ich grinsen, wie konnte ich nur so einen Schwachsinn reden.

"Bitte, fang ruhig an. Glaube mir aber, mir fällt es auch schwer, über solche Dinge zu reden und es lässt mich nicht kalt."

Er rutschte sich in eine gemütliche Sitzposition, um mir zu zuhören.

Ich holte noch einmal tief Luft und berichtete über den Unfall, den ich beim Bund hatte. Daniel hörte mir aufmerksam zu, ohne sich auch nur zu regen. Bei mir regte sich dafür um so mehr, nämlich Wut, Trauer und Verzweiflung.

"Daniel, nur damit du weißt. Du bist nicht der Erste mit dem ich darüber rede. Manchmal brauchte ich eine Stütze, um das zu verkraften."

Er regte sich immer noch nicht, also erzählte ich meine wahren Gefühle zu diesem Vorfall, die bis jetzt noch keiner kannte. Mir fiel das Erzählen immer schwerer, ich hatte Probleme, Luft zu holen, die Hände zitterten und ich musste mich konzentrieren nicht zu weinen. Ich registrierte trotzdem Daniels Gesicht. Dann stand er auf, kam zu mir rüber und setzte sich neben mich. Er legte einen Arm um meine Schulter, zog mich zu sich ran. Der andere Arm umfasste meinen Kopf und drückte ihn auf seine Brust. Seinen eigenen Kopf neigte er auf meine Schulter, dann drückte er mich ganz fest an sich. Mir schoss nur ein Gedanke durch den Kopf. Niemand hatte mich so richtig verstanden und niemand hatte mich, seitdem ich erwachsen war, so in den Arm genommen. Es hatte sich keiner solche Mühe gegeben, mich zu trösten. Auch mein bester Freund hatte noch nie versucht, mich so zu trösten. Das war jetzt zu viel für mich. Mein ganzer Körper fing an zu zittern, im Hals wuchs ein riesiger Kloß. Dann begann ich zu weinen, auch wenn ich versuchte, es war für mich unmöglich, meine Gefühle zu unterdrücken. Ich sackte immer mehr in seinem Schoß zusammen, aber wer denkt in so einer Situation an das, was man machte? Meine Hände umfingen seinen Bauch und ich heulte mich richtig aus.

"Ja, Frank, lass es raus. Es hilft nicht, alles zu unterdrücken. Du hast jetzt mich, und ich werde dir helfen, wo ich nur kann."

Als ich wieder aufwachte, war Daniel verschwunden und ich lag komplett auf dem Sofa. Meine Schuhe standen auf dem Boden. Er hatte mich mit einer Decke zugedeckt. Ich musste erst mal meine Gedanken sortieren, was war eigentlich passiert? Dann fiel es mir wieder ein, ich hatte meine Fassung verloren und geweint wie ein Schlosshund. Daniel war der Erste, der mich weinen sah. Was hatte er bloß an sich, das mich so aus der Fassung brachte? Auf jeden Fall wusste ich jetzt eins ganz genau. Wenn ich irgendwann mal zu meiner Homosexualität stehen und eine Partnerschaft eingehen würde, dann müsste es schon so ein Typ sein wie er. Der Partner muss auch mal sanft sein, und auch selber mal weinen können. Starke Typen, so wie ich es bis jetzt versuchte zu sein, konnte ich nicht gebrauchen, natürlich sollte er auch keine Memme sein. Von jedem etwas, das wäre die perfekte Mischung.

Plötzlich roch ich etwas. Es roch, als ob jemand etwas kochen würde. Ich stand auf, faltete die Decke zusammen und entschied mich, ohne Schuhe in die Küche zu gehen. Als ich in der Tür stand, sah ich, wie Daniel gerade dabei war, etwas zu kochen. Er schnitt Gemüse klein. Wow, das ging so schnell wie bei einem Profikoch! Ich glaubte fast, dass er wirklich alles perfekt konnte. Ich schlich mich hinter ihn und legte meine Hände auf seine Schultern. Dabei merkte ich, wie er leicht zusammen fuhr. Er legte das Messer weg und drehte sich zu mir. Ich konnte ein Flackern in seinen Augen ausmachen, schließlich grinste er mich an.

"Na, ausgeschlafen? Geht es jetzt besser?"

"Ja, danke. Entschuldige....."

"He, da gibt es nichts zu entschuldigen. Solange es hilft, ist jedes Mittel recht, und ich glaube, es hat dir geholfen. Mich hat es nicht gestört, falls du das meinst, im Gegenteil, ich kann es nachvollziehen. Was mich nur erstaunt, dass keinem aufgefallen ist, dass du so was mal brauchst. Entweder deine Freunde, Kollegen und deine Familie waren blind, oder du konntest dich bei

ihnen besser verstellen als bei mir."
Ich wusste es nicht, was es nun war, aber das spielte auch keine Rolle mehr.
Ich hatte jemanden gefunden, der mich verstand, und der mir helfen würde,
das zu verarbeiten.
"Ist auch egal. Nochmals danke und ich schulde dir etwas."
Daniel schüttelte seinen Kopf verneinend.
"Quatsch, unter Freunden schuldet man sich nur Freundschaft, sonst nichts.
Aber wenn du unbedingt willst, kannst du beim Kochen helfen."
Damit drückte er mir das Küchenmesser in die Hand und deutete auf das
Gemüse. Ich nahm das Messer und begann mit der Arbeit.
"Wie willst du das Gemüse haben? Gedünstet oder weich gekocht?"
Dabei säuberte ich eine Möhre und steckte sie mir in den Mund, so dass
noch ein ganz großes Stück rausschaute. Daniel schaute zu mir und sein
Blick wurde größer. Dann grinste er mich an.
"Lass es dir schmecken. Weder noch, gebraten mit Butter in der Pfanne.
Dann bleibt das Gemüse knackig und behält seinen eigenen Geschmack."
Als ich mit dem Schneiden fertig war, machte ich ein gutes Stück Butter in die
Pfanne, ließ es schmelzen und schüttete das Gemüse rein. Daniel schaute
mir zu, während er das Fleisch briet. Die Kartoffeln kochten ja von selber.
"Hm, scheinst auch ein bisschen Erfahrung mit Kochen zu haben. Also ich
koche für mein Leben gerne, auch wenn ich bei neuen Versuchen mal was
wegschmeißen muss."
Ich grinste ihn an.
"Viel Erfahrung habe ich nicht mit Kochen. In der Schule habe ich Kochen
gehabt, etwas ist wohl noch hängen geblieben."
Als alles fertig war, bat mich Daniel, schon mal alles aufzufüllen, dann verschwand er für kurze Zeit. Als er wieder kam, hatte er eine Flasche Rotwein
in der Hand.
"Halt, nicht öffnen, Daniel. Ich muss noch Autofahren."
Trotzdem öffnete er die Pulle.
"Freundschaft muss begossen werden. Außerdem, bis ich dich hier weglasse, ist der Alkohol wieder weg. Mach dir mal keine Sorgen."
Überreden konnte er also auch noch gut! Ich nickte, etwas konnte ich
bestimmt trinken. Dann setzten wir uns hin und aßen. Es war wirklich vorzüglich, besonders das Fleisch, solche Gewürze kannte ich noch nicht. Als
wir fertig waren, räumten wir gemeinsam das Geschirr in die Spülmaschine,
schnappten uns die Gläser und die Pulle und verzogen uns ins Wohnzimmer.
Daniel nahm wieder seinen alten Platz ein, und ich den von ihm gegenüber.
Dann prosteten wir uns zu. Daniels Gesicht verfinsterte sich etwas und ich
ahnte schon, dass er mit seinem Geheimnis rauskommen wollte.
"Ich hoffe nur, wir haben nicht zu früh auf die Freundschaft getrunken. Ich
weiß nicht, wie du darauf reagierst, was ich dir jetzt sage. Wenn du danach
gehst, Frank, so kann ich das verstehen."

Jetzt war ich wohl dran, ihm Mut zu machen.

"Meinst du, ich möchte jemanden, der so gut kochen kann, als Freund verlieren? Da hast du dich aber in mir getäuscht."

Daniel schaute mich an und versuchte, ein Lächeln auf sein Gesicht zu bringen, was aber missglückte. Er stand auf und ging zum Fenster, was in meinem Rücken lag. Sein Blick wanderte in der Dunkelheit umher.

"Du hast gut reden, ich weiß nur nicht, wie ich es dir sagen soll, ohne dich zu vergraulen. Ach, Scheiße, Mann. Frank, damit du es jetzt weißt, ich bin schwul."

Er holte noch mal Luft.

"Ich bin schwul, ein Homo, stehe auf Männer und bin nicht normal. Es gibt bestimmt viele, die sagen würden, ich sei krank."

Das hatte gesessen. Damit hatte ich absolut nicht gerechnet, wie auch. Jetzt lernte ich hier meinen ersten Schwulen kennen und er hatte damit auch Probleme. Sollte ich ihm sagen, dass ich genauso fühlte? Nein, das konnte ich nicht. Ich war mir ja selber noch nicht ganz im Klaren darüber. Er aber war es und erwartete bestimmt eine Reaktion von mir. Wie sollte ich darauf am besten reagieren? Sollte ich ihm einfach sagen, dass ich damit keine Probleme hätte? Nein das fand ich zu primitiv. Zumindest musste ich ihm genauso gut verständlich machen, dass ich für ihn da sein wollte, genauso wie er es vorhin für mich war. Ich stand also auf und ging zu ihm rüber. Dann schlang ich von hinten meine Arme um seinen Bauch, zog ihn an mich ran und gab ihm einen Kuss in den Nacken. Schließlich hob ich ihn hoch, setzte ihn wieder ab und ließ ihn los. Er drehte sich langsam zu mir und ich schaute in sein Gesicht, um eine Reaktion zu erkennen. Seine Wangen waren nass, er hatte also geweint. Irgendwie leuchteten aber jetzt seine Augen.

"Bedarf es noch irgendwelcher Worte? Ich habe absolut keine Probleme damit, dass du schwul bist. Du bist auch nicht der Erste, den ich mit diesen Neigungen kennen gelernt habe. Sagen wir mal besser so, von der anderen Person vermute ich es schon längere Zeit, weiß es aber nicht genau, ob er es nun ist. Siehst du noch ein Problem mit unserer Freundschaft?"

Ich sagte ihm natürlich nicht, dass die betreffende Person, bei der ich es vermutete, ich war. Erst mal musste ich mir selber darüber klar werden, auf welcher Seite ich nun stand. Vielleicht lernte ich jetzt durch Daniel, was es bedeutet, schwul zu sein.

"Frank, mit dieser Reaktion habe ich nicht gerechnet. Jetzt hab ich es zwei Personen erzählt, dass ich schwul bin und keiner von beiden hat damit Probleme, und ich hatte immer geglaubt, die meisten lehnen mich ab. Jetzt ist es mir egal, wie du darauf reagierst, aber das muss sein, sorry."

Damit umarmte er mich und gab mir einen Kuss auf die Wange. Sofort ließ er mich wieder los und lachte mich an.

"Damit habe ich keine Probleme, solange das nur ab und zu ist."

Wir setzten uns wieder hin. Jetzt nahm ich aber direkt neben Daniel auf dem

Sofa Platz. Beide tranken wir noch den Rest des Weines, dabei unterhielten wir uns weiter und ich fragte Daniel aus, wie und wann er gemerkt hatte, dass er schwul sei. Er erzählte mir, dass er das schon mit vierzehn gemerkt hatte, dass er mehr auf Jungs stand als auf Mädchen. Damals hatte er es aber auf die Pubertät geschoben, wo so was ja vorkommen konnte. Mit siebzehn wusste er, dass es nicht nur so eine Phase war, die wieder vorbei gehen würde. Da fingen seine Probleme an. Er wollte nicht schwul sein. Mit achtzehn war seine kritische Zeit. Immer wieder dachte er daran, sich das Leben zu nehmen, dafür war er aber zu feige. Dann hatte er sich hingesetzt und mal genau darüber nachgedacht und dabei war ihm aufgefallen, dass er ja gar nicht viel anders war als die Mehrheit auch. Er holt sich abends immer einen runter, wenn er an Männer dachte. Andere Männer denken dabei eben an Frauen. Die Mehrheit der Männer schaute hübschen Frauen hinterher, er hübschen Männern. So groß sei der Unterschied doch gar nicht. Zu der Zeit besorgte er sich viel Literatur über das schwule Leben und fand es plötzlich gar nicht so schlecht. Mit neunzehn hatte er es seinem besten Freund Sven gebeichtet, und der hatte es genauso positiv aufgenommen wie ich. Seitdem konnte er mit jemanden darüber reden und damit war es nicht mehr so schlimm. Er hatte auch schon lange an sein Coming Out gedacht, da aber seine Eltern einen Laden in Köln betrieben, wollte er das ihnen nicht antun. Dabei war es auch geblieben. Bis jetzt hatte er auch noch keinen Kontakt zu anderen Schwulen, und er war auch noch nie mit einem Mann, geschweige denn mit einer Frau, im Bett gewesen. Daniels Problem schien meinem sehr ähnlich zu sein. Es gab nur einen Unterschied, nämlich den, dass er mit jemanden darüber reden konnte. Vielleicht würde es sich ja jetzt ändern.

Tja, so verging die Zeit wie im Flug. Ich machte mich auf den Weg nach Hause, halb zwei morgens reichte ja auch.

"Frank, können wir uns nächsten Freitag wieder treffen? Morgen geht´s leider nicht und unter der Woche ist es vor Weihnachten schlecht."

Ausgerechnet nächste Woche Freitag hatte ich das Weihnachtsfest von meiner Firma.

"Sorry, Daniel, ich habe da aber von meiner Firma aus eine Feier und kann leider nicht. Wie sieht es mit Samstag danach aus?"

Daniel presste seine Lippen aufeinander.

"Nein, geht leider auch nicht. Ich fahre am Samstag in den Weihnachtsurlaub zu meinen Eltern nach Köln, bis über Neujahr. Dann klappt es leider nicht mehr in diesem Jahr, aber wir können noch ein paar Mal telefonieren. Kennst ja meine Handy-Nummer."

Schade, jetzt hatten wir uns so schnell und so gut kennen gelernt, und nun konnten wir uns eine lange Zeit nicht mehr sehen..

"Schade, da kann man aber leider nichts machen. Ja, deine Nummer habe ich, du hast ja meine. Ich kann dir nur viel Spaß mit deinen Eltern wünschen und, Daniel, noch mal Dank für alles."

"Ich weiß nicht wofür. Dafür sind doch Freunde da, außerdem muss ich mich ja auch bei dir bedanken."

Daniel grinste, umarmte mich, gab mir erst einen Kuss auf die linke, einen auf die rechte und zum Schluss wieder einen auf die linke Wange. Dann ließ er mich los und grinste.

"Macht richtig Spaß, kann ich mich dran gewöhnen. Ich glaube, es wird Zeit, mit meinem Schwulsein offen zu leben."

Das fand ich wirklich nett, nur leider konnte ich es ihm nicht sagen.

"Ja, ließ sich aushalten."

Dabei musste ich lachen und Daniel verstand, dass es nur Spaß war. Dann verabschiedeten wir uns noch mal. Schließlich machte ich mich auf den Weg nach Hause, es war ja auch ein langer, aufregender, aber auch schöner Tag gewesen. Als ich im Bett war, dachte ich noch über den Tag nach. Ich konnte mit niemanden über meinen neuen Freund Daniel reden, aus einem einfachem Grund. Was wäre passiert, wenn er plötzlich offen mit seinem Schwulsein leben wollte? Dann hätten wohl auch alle Leute auf mich gezeigt, da ich doch immerhin ein Freund von ihm war. Toller Freund, der sich verleugnete, aber darüber musste ich noch was nachdenken. So schnell konnte ich das nicht entscheiden. Auf jeden Fall hielt ich darüber erst mal meine Klappe. In der Woche bis Freitag telefonierten Daniel und ich noch einmal. Er fragte mich, ob wir uns am ersten Samstag im neuen Jahr bei ihm treffen würden, worüber ich mich sehr freute, und ihm das auch sagte. Den Rest der Woche passierte nichts Besonderes.

Am Freitag war unsere Weihnachtsfeier. Die ganze Firma war mit ihrem Anhang bei unserem Chef zu Hause eingeladen. Ich kam wie jedes Jahr alleine. Ich hatte mein Wichtelgeschenk für Thorsten dabei und war ziemlich gespannt, wie er darauf reagieren würde. Natürlich so, wie ich es mir gedacht hatte. Er verstand sofort, worauf der Funkwecker anspielen sollte und regte sich tierisch auf. Ich konnte nur grinsen. Rolf saß mit seiner Familie mir gegenüber und hatte direkt gemerkt, was los war.

"Ist der Funkwecker von dir?"

Ich schaute zu ihm rüber.

"Natürlich, wer, denkst du, kommt auf so eine Scheißidee? Kann doch nur ich sein."

Dann kam Walter mit seinem Wichtelgeschenk dran und ich musste eingestehen, nicht der Einzige mit schwarzem Humor zu sein. Walter bekam nämlich eine Videokassette mit dem "Kleinen Arschloch" drauf. Ob das auch eine Anspielung sein sollte?

Bei mir hatte sich wenigstens jemand Gedanken gemacht. Ich bekam zwei tolle Druckbleistifte mit neuen Ersatzminen. War zwar auch eine Anspielung, da ich in der Firma ständig nach Bleistiften suchte und keine fand. Ich hatte sogar Glück und bekam raus, wer mich gezogen hatte. Rolf war mein Wohltäter. Na ja, der Abend verlief halt ganz nett, nur mit einem Unterschied für mich. Ich betrachtete meine Kollegen genau. Rolf war mit seiner Frau und seinen Kindern hier und ich grübelte die ganze Zeit darüber, wenn ich nun schwul wäre, so würde ich wohl nie Kinder haben. Auf eine Frau konnte ich verzichten, dafür wäre ja der Mann da. Aber wenn man nun mal gerne Kinder hatte. Tja, man konnte halt nicht alles im Leben haben. Auch die meisten anderen Kollegen hatten ihren Anhang mit und auch das zog mich wieder runter. Meine Laune verschlechterte sich rapide und im Gegensatz zu meinen Kollegen konnte ich mich nicht amüsieren.

Dann begann mein Weihnachtsurlaub. Urlaub konnte man das wahrscheinlich sowieso nicht nennen. Ich saß eigentlich nur im Keller und spielte an meinem Computer. Heilig Abend rief ich Daniel an und wünschte ihm schöne Weihnachten. Er freute sich tierisch und fragte mich, ob ich schon Post von ihm bekommen hätte. Das musste ich aber leider verneinen. Wäre ja nicht schlimm, meinte er, dann käme der Brief bestimmt noch vor Silvester bei mir an.

Unglaublich, ich werde geliebt

Am Montag vor Silvester kam tatsächlich ein Brief aus Köln. Daniel hatte eine Karte mit Weihnachts- und Neujahrsglückwünschen geschrieben, außerdem war der Karte noch ein Brief beigefügt.

"Hallo Frank. Ich bin total froh, dass wir uns getroffen haben und dass du mein Coming-Out so gut aufgenommen hast, dafür kann ich dir nur noch mal danken.

Sven hatte Recht, dass ich dir reinen Wein einschenken sollte, wenn ich an einer richtigen Freundschaft mit dir interessiert wäre. Das war auch der Grund, warum ich am Freitag vor unserem Treffen so lange bei meinem Freund war. Wir haben uns die ganze Zeit über dich unterhalten. Du willst bestimmt jetzt wissen warum. Glaube mir bitte, dass es mir verdammt schwer fällt, das jetzt hier niederzuschreiben, denn hiermit erfährst du mein letztes Geheimnis, was ich dir nicht preisgeben wollte. Aber auch die Idee mit dem Brief stammt von Sven, da er genau weiß, dass ich das niemals dir ins Gesicht sagen könnte. Halte mich für einen Feigling oder auch nicht, aber ich schaffe es wirklich nur auf diesem Wege. Ich habe mich total in dich verschossen. Ja, ich liebe dich von ganzem Herzen und würde am liebsten mein ganzes Leben mit dir verbringen. Leider weiß ich nicht genau von dir, auf welcher Seite der Liebe du selber stehst. Du hast niemals gesagt, dass du wieder eine Frau suchst, nur dass du mit den letzten beiden Frauen Probleme hattest. Auch hast du nie erwähnt, dass du auf Männer stehst. Du siehst also, ich weiß nicht, woran ich jetzt bei dir bin. Ich kann in erster Linie nur hoffen, dass unser erstes Treffen am Samstag im neuen Jahr nicht   ausfällt, weil ich dir jetzt meine Liebe gestanden habe.

Sollte das der Fall sein, so habe ich wahrscheinlich unsere Freundschaft zerstört, obwohl diese gerade erst angefangen hat. Ich konnte aber nicht mit dem Gedanken leben, in Unwissenheit eine Freundschaft aufrecht zu erhalten. Ich weiß, in dem Brief sind lauter Fragen und Annahmen aufgeführt, ich bitte dich aber, mich zu verstehen. Ich muss Klarheit haben, wie es mit uns weitergeht. Also ich hoffe, wir sehen uns am Samstag, wenn nicht, so melde dich doch wenigstens vorher mal bei mir. Ansonsten wünsche ich dir und deiner Familie schöne Weihnachten und ein frohes neues und vor allem gesundes neues Jahr.

Dein dich liebender Daniel.

PS. Vielleicht beginnt das neue Jahr für uns in Freundschaft oder vielleicht sogar, was ich im Stillen hoffe, in einer Partnerschaft, ich wünsche es mir."

Ich musste den Brief dreimal lesen, bevor mir klar war, was er damit ausdrücken wollte. Mir kam es so vor, als ob mir jemand vor den Kopf gestoßen hatte. Ich war total baff und wusste jetzt nicht, wie ich darauf reagieren sollte. Zuerst verzog ich mich in meinen Keller, schaltete die Musik ein und machte es mir bequem. Ich musste über einige Dinge nachdenken und das konnte ich am besten so. Daniel hatte mir also seine Liebe gestanden. Mann, das musste ja Liebe auf den ersten Blick gewesen sein, wenn er das jetzt schon so genau wusste. Was fand er nur an mir? Er könnte, wenn er wollte, alle Schwulen haben. Aber warum hatte er sich mich ausgesucht? Nein, erklären konnte ich es mir nicht, aber das würde er mir bestimmt irgendwann sagen. Wie sollte ich darauf reagieren? Sollte ich offen zu ihm sein und ihm sagen, das auch ich schwul war? Konnte ich ihm sagen, dass ich ihn sehr gern hatte? Liebe war es noch nicht. Die wuchs leider nicht so schnell bei mir. Sicher, wir hatten uns sehr gut verstanden und er sah auch super aus. Nein, für mich musste aber mehr dahinter stecken, bevor ich jemanden lieben konnte. An die Liebe auf den ersten Blick glaubte ich nicht, auch wenn ich eines besseren belehrt worden war. Er hatte es geschafft, mich aus der Fassung zu bringen. Mit so etwas hatte ich nicht gerechnet, auch wenn ich es mir insgeheim wünschte. Trotzdem fand ich es toll, dass mich jemand liebte. Jetzt wusste ich, wenn ich endlich zu mir selber stehen würde, dass ich nicht alleine bleiben musste. Zuerst musste ich mir aber selber darüber klar werden, was ich wollte, und wo ich nun in dieser Welt stand. Meine Gedanken waren total durcheinander. Wie musste sich Daniel aber erst fühlen? Es war bestimmt nicht leicht für ihn, mir das zu beichten. Ich konnte es ja selber an mir sehen, mit was für Problemen ich zu kämpfen hatte. Unglaublich, wie musste er mit sich gerungen haben, bevor er mir diesen Brief schrieb? Sollte ich ihn anrufen und ihm sagen, dass ich damit keine Probleme hatte? Ich entschied mich, am Dienstag nach Köln zu fahren und ihn zu besuchen, zum Glück stand auf dem Brief ein Absender. Trotzdem wollte ich ihm noch nicht sagen, dass ich wahrscheinlich auch schwul war. Konnte mir niemand sagen, wie ich reagieren sollte? Musste das Leben immer so kompliziert und schwer sein? Die Stunden vergingen bei diesen Überlegungen schnell und es wurde Zeit, ins Bett zu gehen. Obwohl ich mir vorgenommen hatte, am nächsten Tag früh aufzustehen, schaffte ich es nicht und schlief bis mittags. Nach dem Essen machte ich mich auf den Weg nach Köln und wenn ich ehrlich war, ich hatte total Schiss. Die ganze Fahrt überlegte ich mir, wie ich mit ihm darüber reden sollte. Das Beste war wohl, alles auf mich zukommen zu lassen.

In Köln suchte ich mir ein Parkhaus und machte mich, mit einem Stadtplan bewaffnet, auf die Suche nach der Straße, die ich auch kurze Zeit später fand. Den Laden konnte man auch nicht übersehen, er war recht groß und führte anscheinend nur Markenklamotten. Vor der Tür holte ich tief Luft, dann betrat ich das Geschäft. Ich schaute mich ein wenig um und suchte die Ladentheke, schon kam ein Mann auf mich zu. Ich schätzte ihn so auf Ende vierzig.

"Guten Tag. Kann ich ihnen behilflich sein, junger Mann?"

Ich merkte recht schnell, wie ich gemustert wurde. Vielleicht hätte ich mir bessere Klamotten anziehen sollen, aber wer rechnete schon mit so was.

"Guten Tag. Ich suche einen jungen Mann mit Namen Daniel Schnitzer. Er soll sich zur Zeit hier aufhalten."

Eigentlich wusste ich nicht, ob er wirklich hier war, aber egal. Fragen kostet ja nichts. Irgendwie musste ich anfangen. Der Verkäufer lächelte mich jetzt freundlich an.

"Ach, sie suchen meinen Sohn. Ja, der ist hinten im Lager. Sind sie ein Freund von ihm? Wen kann ich denn melden?"

Jetzt war es ein freundlicher Empfang und ich wurde nicht mehr so betrachtet, als ob ich mich im Geschäft geirrt hätte.

"Ich heiße Frank Makowski und komme aus Aachen. Bin ein Freund von Daniel. Wenn es ihnen nichts ausmacht, würde ich ihn gerne überraschen."

Irgendwie konnte ich ein leichtes Grinsen nicht unterdrücken, auch wenn ich in meiner Lederjacke anfing zu schwitzen. Der Mann winkte mir zu, ich sollte ihm folgen.

"Kein Problem. Hier ist das Lager, er muss da irgendwo sein. Sie werden ihn schon finden." Mit einer Handbewegung zeigte er auf eine Tür.

"Danke schön. Ich werde auch nichts umräumen."

Irgendwie konnte ich mir die Bemerkung nicht verkneifen, hoffentlich trat ich damit nicht ins Fettnäpfchen. Der Mann lachte aber.

"Wir können immer Hilfe gebrauchen, ich zahle auch nicht schlecht. Wollen sie gleich anfangen?"

Damit machte er sich aus den Staub und ging zur Kasse. Gut, den Kommentar hatte ich verdient. Erstaunlich, jemand, der direkt gekontert hatte und nicht erst dumm aus der Wäsche schaute. So etwas gab es nicht häufig. Trotzdem, ich musste das letzte Wort haben.

"Danke, werde es mir überlegen."

Damit öffnete ich die Tür zum Lager und trat ein. Der Raum war recht groß und voll. Einige Stapel gingen bis unter die Decke, damit wurde es für mich schwerer, hier jemanden zu finden. Schließlich durchstreifte ich die Gänge, bis ich Daniel arbeitend an einem Regal sah. Ich schlich mich an, blieb stehen und musterte ihn. Er trug eine schwarze Jeans und ein schwarzes Hemd, standen ihm wirklich gut. Wie sollte ich mich jetzt bemerkbar machen und ein Gespräch mit ihm anfangen? Das nahm mir aber ein anderer ab.

"Daniel, ich glaube, du hast einen Zuschauer, der offenbar stumm ist."

Ein junger Mann trat gerade aus einem der Gänge und hatte mich erblickt. Ich erschreckte mich und fuhr zusammen. Daniel drehte sich um und erblickte mich, dabei klappte sein Mund auf. Er war völlig überrascht. Keiner von uns sagte etwas, bis der andere Typ auf uns zutrat und uns musterte. Sein Gesicht verzog sich zu einem breiten Grinsen.

"Anscheinend kennt ihr euch beide ja schon so gut, dass niemand mehr was sagen muss."

Der Kommentar war einfach zu blöd und wir drei mussten plötzlich loslachen. Daniel hatte sich als erster gefangen.

"Frank, was machst du denn hier?"

"Ich habe gestern deine Weihnachtskarte bekommen."

Mehr wollte ich im Beisein des anderen jungen Mannes nicht sagen. In Daniels Gesicht kam ein wenig Blässe auf, doch er fing sich schnell.

"Ist O.K.. Darf ich euch bekannt machen? Sven, das ist Frank, mein neuer Freund aus Aachen von dem ich dir schon erzählt hab. Frank, das ist mein bester Freund Sven."

Ich drehte mich zu dem jungen Mann und reichte ihm meine Hand. Er nahm sie sofort und drückte kräftig zu.

"Also du bist Frank. Habe schon viel von dir gehört und so wie es aussieht, machst du mir bald Konkurrenz als bester Freund. Daniel kann von nichts anderem mehr reden."

Damit ließ er meine Hand wieder los und grinste mich frech an.

"Danke, gleichfalls. Ich bin aber bestimmt keine Konkurrenz für dich."

Der Satz war wohl ein Fehler, ich sah wie Daniel zusammen zuckte. Scheiße, wie sollte ich jetzt reagieren? Jetzt dachte Daniel wohl das Falsche, vielleicht war ich doch eine Konkurrenz zu Sven. Ich wandte mich ihm sofort zu.

"He, so war es nicht gemeint. Ich bin hier als dein Freund und würde mich gerne mit dir unterhalten."

Es sah so aus, als ob er sich wieder beruhigen würde. Es kam auch schon wieder etwas Farbe in sein Gesicht.

"O.K., ich verstehe schon. Geht ihr beiden ruhig nach hinten und sprecht euch mal aus. Frank, es freut mich, dich mal kennengelernt zu haben. Daniel, du hast ihn wirklich gut beschrieben, es sieht so aus, als ob er wirklich die meisten Fettnäpfchen findet."

Dabei grinste er sich noch einen ab. Ich hob die Hand zum Gruß, ignorierte ihn aber. Daniel zog mich an der Jacke nach hinten, musste aber auf den letzten Kommentar von Sven verschmitzt lächeln. Aha, so war das also. Hier kannte mich schon jeder. Wir gingen schweigend nach hinten in den Pausenraum. Mein Freund bot mir einen Sitzplatz an und setzte sich mir gegenüber. Die Hände verkrallten sich in seine Oberschenkel, sein Blick war auf den Boden gesenkt. Ich musterte ihn eine Zeitlang, dann musste ich aber was tun. Ich konnte ihn doch nicht so leiden lassen. So legte ich meine Hand auf seine. Das zeigte die gewünschte Wirkung, er schaute mir wieder ins Gesicht, wartete aber mit einer fragenden Haltung darauf, was ich als nächstes machen würde. Scheiße, wie sollte es weitergehen. Ich hatte immer Probleme etwas anzufangen. Er wollte aber bestimmt wissen, was ich für ihn empfand. Plötzlich fand ich die Idee, ihn zu besuchen, nicht mehr so gut und es wurde mir immer wärmer und Schweiß bildete sich auf meiner Stirn. Gut, zog ich mir erst mal die Jacke aus. Wie sollte ich jetzt aus dieser Situation wieder rauskommen? Mir fiel wieder der Brief ein, und warum wir jetzt hier zusammen saßen. Ich schaute ihm tief in die Augen, vielleicht würde mir das helfen. Doch seine Augen waren irgendwie leer, auch wenn sich an den Augenliedern Wasser angesammelt hatte. Jetzt wusste ich, wie ich anzufangen hatte. Einmal holte ich noch tief Luft, da mir das, was ich zu sagen hatte, noch nie über meine Lippen kam.

"Um eine deiner Fragen aus dem Brief direkt zu beantworten, ich möchte immer noch dein Freund sein."

Wieder musste ich Luft holen. Sollte ich ihm vertrauen und ihm mein eigenes Geheimnis erzählen? Ich entschied mich, ihm alles zu sagen, was mich bewegte. Einer musste ja der Erste sein, der das von mir zu hören bekam und er war dafür der Beste. Meine Hand, die auf seiner lag, war richtig nass geworden und drohte wegzurutschen. Daniel legte seine andere Hand noch mit darauf, wartete aber weiter, was ich zu sagen hatte. Wie konnte er nur so eine Geduld haben?

"Daniel, ich konnte dir nicht sagen, ob ich mehr auf Frauen oder auf Männer stehe, weil ich es selber nicht weiß. Das ist auch mein Geheimnis, welches ich dir nicht erzählen wollte. Jetzt ist es raus, womit ich seit drei Jahren kämpfe und du bist der Erste, der es erfährt."

Das letzte hatte mich sehr viel Energie gekostet, aber irgendwie war ich jetzt auch erleichtert. Es war raus und ich hoffte, damit jemanden zum Reden zu haben. Zuerst war keine Reaktion von Daniel zu sehen, doch dann stand er auf, griff meine Hand noch fester, bückte sich und gab mir einen Kuss auf die Stirn.

"Lass uns Kaffee trinken gehen."

Er zog mich mit sich. Wir traten Hand in Hand in den Lagerraum, wo Sven noch damit beschäftigt war, das Regal einzuräumen. Als er uns hörte, drehte er sich um und musterte uns.

"Kann ich mich jetzt an diesen Anblick gewöhnen, oder was ist los?"

Daniel zuckte mit den Schultern.

"Komm mit in die Wohnung, Kaffee trinken."

Was war jetzt los? Wie sollte ich diese Situation interpretieren? Auf jeden Fall zog mich Daniel mit sich in den ersten Stock und Sven folgte uns. In der Wohnung betraten wir das Wohnzimmer, wo mich Daniel auf das Sofa drückte und sich neben mich fallen ließ. Er warf Sven einen Blick zu, daraufhin verschwand er. Ein paar Minuten später, in denen wir geschwiegen hatten, kam er mit einer Kanne und drei Tassen wieder in das Zimmer. Er goss die Tassen voll, reichte sie uns und ließ sich in einen Sessel nieder. Ich trank einen Schluck und verbrannte mir den Mund. Sven lachte und griff nach seiner Tasse.

"Sorry, Leute, aber ich glaube es ist besser, wenn ich euch alleine lasse."

"Nein, bleib hier. Ich glaube, wenn wir über das Geschehene sprechen, so wäre es gut, wenn du dabei bist. Du hast schon mal jemanden mit seinen Problemen geholfen, nämlich mir. Damit bist du bestens geeignet für das Gespräch. Frank, macht es dir was aus, wenn Sven hier bleibt und zuhört?"

Was sollte ich sagen? So schnell konnte sich alles ändern.

"Nein. Ist jetzt sowieso nichts mehr zu ändern. Aber sag mir bitte erst, was du über mich denkst. Nach meinem Geständnis hast du nichts gesagt."

Daniel schaute mir tief in die Augen und lächelte.

"Reicht dir das, wenn ich sage, dass ich mir jetzt mehr Hoffnungen mache als vorher? Hm, ich glaub, ich denke jetzt wohl nur an mich. Eigentlich dachte ich, der Kuss hätte dir gezeigt, was ich empfinde."

Plötzlich war ein Knallen zu hören. Sven hatte mit Wucht seine Tasse auf den Tisch gestellt und sah uns verwirrt an.

"Sorry, Auszeit. Ich komme nicht mehr ganz mit. Ich kenne zwar deinen Brief, Daniel, aber jetzt weiß ich nicht mehr weiter. Wenn ich bleiben soll, so bitte ich doch um Aufklärung."

Jetzt musste ich leicht grinsen. Ich dachte, er hätte sich schon alles zusammen gereimt. Na gut, man sollte ihn vielleicht nicht dumm sterben lassen. Irgendwie fiel es mir jetzt sogar leichter darüber zu sprechen. Meine Blockade schien durch die Offenbarung bei Daniel weggefallen zu sein.

"Wenn du den Brief kennst, kannst du mir ja auch folgen. Ich konnte Daniel nicht sagen, ob ich schwul oder hetero bin, da ich es selber noch nicht weiß. Das war alles, kannst du jetzt besser folgen?"

Daniel mischte sich ein.

"Das war noch nicht alles. Das Wichtigste, er möchte weiterhin mit mir befreundet bleiben, egal was passiert. Ich schätze mal, auch wenn du hetero bist, dass es dich nicht stört, wenn ich dich weiterhin liebe, oder?"

Ich nickte nur zustimmend. Sven kippte seinen Kopf etwas zur Seite.

"Und wo ist jetzt das Problem, Frank? Na gut, ein kleines gibt es ja bei dir, das kann man aber doch lösen."

Jetzt war ich verärgert.

"Wie kannst du beurteilen, ob das ein kleines oder großes Problem ist, wenn du selber so was nicht durchgemacht hast? Empfindest du das als klein, wenn man sich seit drei Jahren den Kopf darüber zerbrochen hat, ob man nun schwul ist oder nicht? Verflucht, so kann doch nur ein Hetero denken. Absolut kein Verständnis."

Von meiner rechten Seite kam nur ein leises Glucksen. Ich schaute zu Daniel und sah, wie er ein Lachen unterdrückte. Jetzt verstand ich gar nichts mehr. Was ging denn hier ab? War ich der Einzige der damit zu kämpfen hatte? Wenn das so weiter gehen würde, sollte ich vielleicht besser gehen. Doch dann hatte Daniel sich wieder gefangen.

"Mach dir nichts draus. So ist Sven auch bei mir vorgegangen und ich habe in der gleichen Art reagiert. Das war nur ein kleiner Test. Wir wollen halt rausfinden, ob du wirklich nicht weißt, wohin du gehörst oder ob du einfach nur ein Problem damit hast, dir selber einzugestehen, dass du schwul bist. Für Sven ist es wahrscheinlich schon klar, erzähl aber einfach mal, wie du dich fühlst. In Wirklichkeit hast du aber gerade selber gesagt, wo du stehst. Du hast die Heteros beschuldigt, dass nur sie so denken können und da du anders denkst, bist du schwul."

Ich schaute Sven an, er saß regungslos in seinem Sessel und hielt wieder seine Tasse.

"Typisch Schwule, fühlen sich immer sofort angegriffen."

Dabei grinste er mich freundlich an, stand von seinem Sessel auf, stellte seine Tasse auf den Tisch und kam zu mir rüber. Dann kniete er sich vor mich und schaute in meine Augen.

"War nicht so gemeint, aber irgendwie musste ich deine Blockaden brechen. Wer solange damit gekämpft hat wie du, der hat schon solche Blockaden aufgebaut, dass er das Problem nicht mehr selber angehen kann. Du kommst nicht mehr an den eigentlichen Kern. Ich kann das nachvollziehen, da ich so was Ähnliches auch durchgemacht hab. Damals war ich zwölf, als meine Eltern sich scheiden ließen und ich versuchte, alles nur zu verdrängen. Dabei wäre ich fast kaputt gegangen, bis mir jemand geholfen hat. Na ja, hat hiermit nichts zu tun. Erzähl einfach mal, wie es bei dir anfing. Versuch aber locker zu bleiben, du bist unter Freunden."

Er klopfte mir auf die Schultern, stand auf und setzte sich auf seinen Platz zurück. Jetzt verstand ich so halbwegs, was sie von mir wollten und wohin das führen sollte. Eigentlich wusste ich das Ergebnis des Gespräches jetzt schon.

"Ja, wo fängt man da am Besten an? Vor etwa drei Jahren merkte ich, das war damals bei der Bundeswehr, dass ich meine Kameraden ausgiebig unter der Dusche betrachtete. Ich musste immer tierisch aufpassen, keinen Ständer zu bekommen, das wäre echt Scheiße gewesen. Später fiel mir auf, dass ich abends im Bett beim Wichsen nicht mehr an Frauen dachte, sondern eher an Männer. Ich versuchte, das zu unterdrücken, aber es gelang nicht, die Männerkörper traten immer in den Vordergrund. Mittlerweile ist es soweit gekommen, dass ich, wenn ich nackte Frauen sehe, keinen mehr hoch bekomme. Gehe ich durch die Stadt, schaue ich Männern hinterher. Ich beobachte jeden Mann, den ich sehe und mustere ihn. Sogar dich, Daniel, habe ich damals beim Konzert gemustert und meine Phantasien gingen mit mir durch. Auch hab ich mich schon verliebt. In einen Kollegen bei mir in der Firma, nur ist er hetero. Ich habe mir sogar Pornographie für Schwule geholt. Mittlerweile glaube ich schon daran, dass ich schwul bin. Doch kehrt immer wieder der Gedanke zurück, dass es nicht sein kann. Immer wieder habe ich mir eine Familie mit Kindern gewünscht. Trotzdem. Heute glaube ich schon daran, von Anfang an schwul gewesen zu sein. Hab es aber immer verdrängt."

Daniel lachte und schüttelte den Kopf.

"Es stimmt nicht, dass du mich auf dem Konzert beobachtet hast, sondern schon vorher. Ich denke aber mal, dass soweit schon alles klar ist. Was meinst du, Sven?"

Sven nickte zustimmend.

"Hat Frank schon selber gesagt, wo sein Problem liegt. Du bist definitiv schwul, kannst es nur leider dir selber nicht eingestehen. Aber, du bist schon auf dem richtigen Weg dahin. Jetzt, wo du mit anderen darüber gesprochen hast, dürfte es einfacher für dich werden. Außerdem kann ich mir gut vorstellen, das schwule Pärchen auch Kinder adoptieren dürfen. Das sollte nicht das Problem sein. Wie gesagt, du hast zwar lange gebraucht, aber ich denke du bist fast am Ziel."

"Ich kann Sven nur zustimmen, Frank. Ich liebe auch Kinder und hätte auch gerne welche. Da passen wir ..."

"Ha, höre ihn dir an. Frank sei vorsichtig. Danny hat schon seine Fangarme nach dir ausgestreckt. Ich würde ihn noch zappeln lassen, das hat er verdient."

"Vorsicht, Sven. Halte dich da raus und riskiere nicht unsere Freundschaft. Ich weiß jetzt woran ich bin und daß sich dass Warten lohnen wird, egal wie lange es dauert. Keine Sorge, Frank, ich gebe dir Zeit."

Das waren wirklich die besten Aussichten, die es geben konnte. Ich hatte neue Freunde gefunden, mit denen ich über dieses Thema reden konnte. Außerdem gab es noch eine Beigabe dazu. Daniel liebte mich und wollte auf mich warten, bis ich selber bereit für alles Weitere war. Etwas fehlte aber von meiner Seite aus.

"Dank an euch beiden, endlich kann ich darüber reden. Daniel, ich muss dir aber noch etwas zu bedenken geben. Abgesehen davon, dass ich nicht weiß, wann ich bereit bin, mir einzugestehen schwul zu sein, wer sagt denn, dass ich dich lieben werde und nicht einen anderen. Nichts gegen dich, aber ich muss dir das sagen. Ich habe dich zwar richtig gern, aber mehr halt noch nicht."

Daniel schlug mit seiner Hand auf meinen Oberschenkel, so dass es laut knallte.

"Ach Frank, glaubst du, ich werde dich jetzt noch loslassen? Du wirst mich bald lieben und deinen Kollegen wirst du ja doch nicht bekommen. Ich kenne ihn zwar nicht, aber ich weiß, ich bin netter als er. Außerdem, wer sagt dir, dass ich mir den Typen nicht selber krallen werde und dich sitzen lasse?"

Es war nicht zu übersehen, bei allen war die Stimmung wieder besser geworden und das sprach einfach für sich. Ich fühlte mich in dieser Gesellschaft einfach nur wohl. Ich griff mir Daniels Kopf, zog ihn zu meinem Mund und flüsterte in sein Ohr.

"Danke für alles, wie soll ich das je wieder gut machen?"

"Du brauchst dich nicht zu bedanken. Ansonsten schulde ich dir noch mehr, denn du bist nach meinem Brief zu mir gekommen. Ich hatte aber eigentlich mit gar keiner Reaktion, bestenfalls mit einem Anruf gerechnet. Da sieht man, dass ich mich in dir getäuscht habe. Zum Glück. Wenn du mir aber danken willst, so heben wir das für die Zeit auf, wo wir zusammen kommen. Solange kann ich noch warten. Ich bin im Gegensatz zu dir ja noch jung."

Der Kerl machte mich wahnsinnig. Noch nie war einer meiner Freunde so nett und lieb zu mir wie er, oder mir war es nur noch nie aufgefallen. Ich legte meinen Kopf auf seine Schulter. "Das ist echt die schönste Zeit seit langem. Ich will nicht, dass sie endet."

"Das liegt an euch beiden, aber ich kann nur sagen ihr seid füreinander geschaffen. Ihr passt sehr gut zusammen. Ähm, ich glaube, ihr solltet aber euch doch trennen und noch etwas mit dem Kuscheln warten. Es kommt jemand die Treppe rauf."

Ich schrak hoch und Daniel schaute mich dankbar an. Er hatte mir ja erzählt, dass er sich noch nicht geoutet hatte. Nein, es sollte keinem blöden Zufall überlassen werden. Jeder sollte selber wissen, wann er dafür bereit sein würde. Immerhin gab er mir auch die Zeit, die ich für mich brauchte. Als die Tür aufging, trat sein Vater in das Wohnzimmer. Er schaute uns an und grinste.

"Alles klar mit euch, Jungs? Was ist mit ihnen, junger Mann, wollten sie nicht arbeiten kommen? Ja, ja, immer die leeren Versprechungen."

Sein Grinsen wurde noch ein Stück breiter. Er schien auch eine komische Ader zu haben, so wie ich. Nur leider wollte mir nicht einfallen, wie ich kontern konnte.

"Ich hab es gewusst. Sie haben ihr Pulver schon verschossen. Echt, die Jugend von heute ist nichts mehr wert, sehe ich ja an meinem Sohn. Habe ich rech,t Daniel?"

Sein Sohn schüttelte seinen Kopf.

"Ja, Paps, genauso wie du sagst. Darf ich dir einen Freund aus Aachen vorstellen? Das ist Frank Makowski, Frank, das ist mein Vater."

"Ach, Sohn, wir kennen uns doch schon längst. Du glaubst doch nicht, dass

ich nicht alle deine minderjährigen Freunde kennen würde. Außerdem kenne ich keinen, der so wie sie angezogen in meinen Laden kommen würde."
Sein Humor reichte mir jetzt. Das wollte ich mir nicht bieten lassen. Er sollte auch sehen, dass es Leute gab, die sein Gerede nicht so einfach hinnahmen. "Reden sie ruhig von Minderjährigen, wenn sie von den beiden reden, aber die haben mich schon in ihre Altersgruppe einsortiert. Das mit den Klamotten, da muss ich sie um Entschuldigung bitten. Daniel hatte mich als Babysitter für sie bestellt und mir nicht gesagt, dass das Baby auf Anzüge mit Krawatte stehen würde. Das nächste Mal komme ich anders, versprochen."
Zuerst war alles still und ich dachte schon, einen Fehler begangen zu haben, doch dann fingen alle an zu lachen.
"Endlich mal einer, der mit mir mithalten kann. Herr Makowski, ich hoffe, sie bringen meinem Sohn das auch noch bei."
Herr Schnitzer kam rüber und reichte mir seine Hand, die ich auch zur Begrüßung ergriff.
Dann wandte er sich ab, verabschiedete sich und ging aus dem Raum. Daniel ließ einen Seufzer entweichen.
"Sorry, Frank, das war mein Vater. Ich weiß nie, wie er reagieren wird und werde auch nie aus ihm schlau. Du scheinst ihn aber beeindruckt zu haben. Sag mal, es ist schon spät geworden, hast du nicht Lust, hier zu übernachten? Wir haben ein Gästequartier, aber du kannst auch in meinem Zimmer schlafen."
Ehrlich gesagt, hätte ich das Gästequartier gerne angenommen, aber meine Eltern wussten ja nicht, wo ich war und würden sich sicher Sorgen machen. "Nein, danke. Sorry, aber es weiß keiner, wo ich bin und meine Eltern machen sich bestimmt Sorgen. Da beide schon älter sind, will ich ihnen das nicht antun. Außerdem will ich mich hier nicht aufdrängen."
"Echt Danny. Wenn du Frank bekommst, hast du den perfekten Fang gemacht. Er will sich nicht aufdrängen. Klasse Argument, muss ich mir merken. Sei doch einfach nicht so verklemmt."
Sven lächelte. Ich hatte keine Ahnung, was er damit ausdrücken wollte, es war mir aber auch egal. Ich musste mich leider auf den Weg machen, und ich war richtig traurig darüber. Immerhin musste ich noch bis Samstag warten, bis ich Daniel wieder sehen konnte.
"Also, Daniel, ich werde mich mal auf den Weg machen. Ich hoffe, wir sehen uns am Samstag, ohne Sven, seine Kommentare sind ziemlich lästig."
Ich warf Sven ein Lächeln zu. Daniel stand vom Sofa auf und kam zu mir rüber. Noch ein schneller Blick zur Tür, hinter der sein Vater verschwunden war, dann umarmte er mich.
"Gilt unser Gruß noch?"
Ich wusste, was er meinte und umarmte ihn ebenfalls. Es gab wieder Küsschen rechts, links und wieder rechts. Auch Sven stand auf und kam zu mir.

"Hast doch nichts dagegen, wenn wir uns auch so verabschieden. Das machen Danny und ich auch, auch wenn ich nicht schwul bin. Ich bin nun mal sein Freund und jetzt auch deiner."
Das war ein Wort. Freunde konnte ich immer gebrauchen.
"Natürlich, Sven. Solange Daniel nicht neidisch wird, kannst du das machen."
Schon gab er mir den Abschiedsgruß.
"Frank, ich bringe dich zur Tür. Wartest du bitte solange auf mich, Sven?"
Daniel ging die Treppe vor und brachte mich zum Ausgang. Unten umarmte er mich wieder und ich sah eine Träne in seinen Augen.
"Frank, nochmals danke dafür, dass du vorbeigekommen bist. Wenn irgendwas sein sollte, ruf mich an, ich bin immer für dich da. Außerdem, was glaubst du, wie glücklich ich jetzt bin nach dem heutigen Tag. Ich liebe dich von Herzen und warte solange auf dich, wie es halt dauert. Brich nichts über's Knie. Ich will dich, wenn du dafür bereit bist und nicht früher, verstanden?"
Das nannte ich einen Abschied. Der Tag hatte mir unwahrscheinlich viel gebracht, und es konnte jetzt nur noch aufwärts gehen.
"Ich danke dir, Daniel. Niemals habe ich geglaubt, dass man Freundschaft so schnell aufbauen kann, du hast mich eines besseren belehrt. Jetzt zeigst du mir auch noch, dass es einen Menschen außerhalb der Familie gibt, der mich liebt. Das ist mehr, als ich mir jemals vorgestellt hab. Ich freue mich schon tierisch auf Samstag, wenn wir uns wieder sehen."
Ich fand, ich war ihm einen besseren Abschied schuldig als gerade noch oben. Deshalb schlang ich meine Arme um seinen Körper und gab ihm direkt einen Kuss auf den Mund. Seine Augen weiteten sich und er wollte etwas erwidern. Ich machte aber nur "Pssst", um den Moment nicht kaputt zu machen. Dann löste ich mich, drehte mich und wollte gehen. Er hielt mich aber am Arm fest, drehte mich noch mal zu sich, schaute mir in die Augen und lächelte. Dann ließ er mich ziehen und winkte.
"Bis Samstag, Frank."
Ich tigerte zum Parkhaus und machte mich auf den Weg. Jetzt hatte ich sehr viel zum Nachdenken. Nur eins wusste ich jetzt schon. Das Jahr 97 hörte viel schöner auf, als es angefangen hatte.
Kurz nach Mitternacht im neuen Jahr rief ich bei Daniel in Köln an und seine Mutter meldete sich am Telefon.
"Ach sie sind es, Herr Makowski. Frohes neues Jahr wünsche ich ihnen und dass all ihre Wünsche in Erfüllung gehen. Einen Augenblick, ich hole meinen Sohn an die Leitung."
Ich war überrascht, dass mich sogar schon Daniels Mutter kannte. Erstaunliche Familie, und obendrein so herzlich.
"Danke schön. Auch ihnen und ihrem Mann ein frohes neues und gesundes Jahr."
"Ich wollte ihnen noch danken. Endlich geht unser Sohn etwas glücklicher

48

durch das Leben. Wir können uns zwar nicht erklären warum, aber es scheint mit ihnen zu tun zu haben. Wenn er von ihnen erzählt, leuchten seine Augen. Ich freue mich, sie mal persönlich kennen zu lernen. Unser Sohn kennt auch kein anderes Thema mehr. Er freut sich einfach, jetzt einen Freund in Aachen zu haben. Ich hole meinen Sohn, Moment."

Schon war sie verschwunden. Was sollte ich davon halten? Langsam ging mir das etwas zu schnell, denn ich hatte keine Kontrolle mehr über diese Dinge.

"Hi, mein Liebster. Ich wünsche dir ein gutes neues Jahr. Wie geht´s dir?"

"Hi, Daniel. Eigentlich gut, nur dass ich hier zur Zeit alleine rumsitze und Silvester feiere."

"Och, ich hätte dich einladen sollen. Willst du nicht noch vorbei kommen? Du kannst auch hier pennen."

"He, ich will mich nicht in deine Familie drängen, obwohl ich das wohl schon gemacht habe. Selbst deine Mutter konnte mit meinem Namen was anfangen."

"Hehe, da bin ich schuld dran. Habe meinen Eltern von dir erzählt, als sie fragten, wie es mir in Aachen gehen würde. Blieb mir ja keine andere Wahl, oder? Wahrscheinlich konnte ich aber mein Schwärmen für dich nicht unterdrücken."

"Schon gut, macht nichts. Bleibt es eigentlich bei Samstag, oder hast du da schon was vor? Enttäusche mich bitte nicht."

"Den Tag lass ich mir nicht nehmen, Frank. Ich freue ich mich schon richtig darauf, dich wieder bei mir zu haben. Übrigens, am 23. Januar kommt Sven mit seiner Freundin zu mir zu Besuch. Er freut sich, dich wieder zu sehen. Wenn du willst, kannst du auch bei mir pennen."

"Weißt du was, lass uns das am Samstag bereden. Ich bin relativ müde und ich möchte dich nicht zu lange aus der Runde deiner Familie entreißen."

"Ja, gut, Frank. Dann bis Samstag. Noch was, ich liebe dich. Bis dann, tschau."

"Tschüss, Daniel. Wünsche dir noch eine schöne und gute Nacht."

Ich legte auf und entschied, ins Bett zu gehen. Ich war müde und wollte die Gelegenheit zum Ausschlafen nutzen. Außerdem hatte die Nacht auch Vorteile. Wenn ich schlief, merkte ich nicht, was ich dachte. So was war dann immer erholsam. Trotzdem freute ich mich auf Samstag, auch wenn ich nicht wusste, worauf ich mich eigentlich am meisten freute. Auf jeden Fall hatte ich einen neuen Freund gefunden. Insgeheim wünschte ich mir, dass ich endlich zu mir selber stehen würde. Damit schlief ich ein.

Wie gewohnt, stand ich am Freitag zum Mittag auf. Nachmittags bekam ich einen Anruf von Daniel.

"Hallo, Schatz, wie geht´s? Ich darf doch Schatz zu dir sagen?"

"Hi, Daniel. Unter einer Bedingung. Ich darf Danny sagen, so wie es Sven macht."

"Frank, ich kann dir nichts abschlagen. Du kannst mich so nennen wie du möchtest. Hör mal, weswegen ich eigentlich anrufe. Wann hast du vor, morgen zu kommen? Ich würde vorschlagen gegen halb drei, weil ich heute erst spät nach Hause komme."

"O.K., kein Problem, so kann ich noch zu Mittag essen. Brauchst du noch was, soll ich noch was besorgen?"

"Nein, ich brauch nur dich. Kannst du vielleicht morgen ohne Auto kommen? Ist ja nicht soweit zu Fuß, aber dann kannst du wenigstens was trinken ohne dass ich mir Sorgen machen muss."

"Ja, ist gut. Quäle ich mich morgen halt zu dir."

"Faule Sau, Frank. Tut dir auch mal gut, dich etwas zu bewegen. Aber das werden wir schon in den Griff bekommen. Da kenne ich keine Gnade. Ich freue mich schon. Tschau, Liebster, und denk mal an mich."

"Ich werde dir morgen mal faule Sau zeigen. Bis morgen, Danny, freue mich schon. Übrigens, ich denke ständig an dich, was glaubst du denn? Tschüs."

Nannte er mich wirklich faule Sau, aber wo er Recht hatte!

"He, versprich mir nicht, was du nicht halten kannst. Übrigens, das höre ich gerne, dass ich nicht mehr aus deinen Kopf gehe. Kann ich mir vielleicht doch Hoffnungen machen. Bis morgen, tschau, Schatz."

Ich war echt auf morgen gespannt. Es interessierte mich, ob er mich auch mit Schatz ansprechen würde, wenn wir uns gegenüber saßen. Außerdem wüsste ich zu gerne, warum er gerade mich liebte. Wir kannten uns noch nicht so gut, vielleicht würde er es sich anders überlegen, wenn er erst mal meine Macken kannte. In meinem Körper konnte er sich ja nicht verliebt haben. Ich war genau das Gegenteil von ihm. Er war schlank und muskulös, ich war es eben nicht. Vielleicht fand ich das aber noch raus.

Was fühle ich denn?

Shit, die Nacht hatte ich echt schlecht geschlafen. Meine Eltern schauten mich etwas böse an, da ich etwas zu spät zum Essen kam. Konnte ich aber nicht ändern. Wenn ich müde und verspannt war, half mir immer eine längere, heiße Dusche und die hatte ich auch genossen. Nach dem Essen musste ich noch etwas die Zeit verstreichen lassen, bevor ich mich auf den Weg zu meinem Freund machen konnte. Ehrlich, ich war echt gespannt, ob ich ihn wieder unter der Dusche antreffen würde. Anscheinend ging mein Wunsch nicht in Erfüllung. Der Türsummer ging sofort nach meinem Klingeln und das, obwohl ich 10 Minuten zu früh war. Er öffnete mir die Wohnungstür, aber mit der Tür verdeckte er seinen Körper. Nur sein Kopf schaute, ob ich zu ihm raufkam. Ich betrat die Wohnung und schloss die Tür hinter mir. Hatte ich ihn doch wieder erwischt. Er stand, nur mit einem Handtuch um die Hüften, vor mir, ansonsten zeigte er mir seine schönen Nacktheit. Diesmal zögerte ich

nicht und schaute mir seinen Oberkörper an. Einfach nur schön. Alles war richtig proportioniert und schon wieder wusste ich nicht, was er an mir fand. Er könnte doch jeden haben. Dann schritt Daniel auf mich zu, grinste mich an.
"Hast du jetzt alles gesehen?"
Ich wurde leicht rot. Um es aber nicht zu deutlich werden zu lassen, ging ich auf ihn zu. Ich umarmte seinen Körper und gab ihm Küsschen links, rechts und wieder links zur Begrüßung. Danach ließ ich ihn los und ging einen Schritt zurück. Ich bemerkte, dass Daniel rot geworden war und zuerst raffte ich nicht warum.
"Ich gehe mich mal fertig machen. Setze dich, ich komme gleich."
Als er gerade gehen wollte sah ich, warum er errötete. Das Handtuch hatte vorne eine Beule bekommen.
"Danny, war ich das da vorne?"
Ich zeigte auf seinen Schwanzabdruck. Er schaute verschämt an sich herab.
"Ja. Konnte es nicht unterdrücken, als du mich begrüßt hast."
Ich lächelte ihn an. Hm, es war schön, bei ihm so eine Reaktion hervorzurufen.
"Null Problemo, Danny. Brauchst nicht rot zu werden. Geh dich ruhig fertig machen... Ich meine anziehen. Das andere bekommst du hoffentlich wieder in den Griff."
"Ja, ja. Mach dich nur lustig über mich. Ich dachte du würdest etwas Verständnis zeigen, aber nein, du lässt mich einfach so hängen."
Damit ging er wieder ins Bad.
"Danny, er hängt nicht, ich glaube, zur Zeit steht er."
Den Kommentar konnte ich mir nicht verkneifen. Ich verzog mich in die Küche und erforschte, ob Kaffee da war. Nein, hatte er noch nicht gemacht. Also machte ich mich an die Arbeit und deckte auch gleich den Tisch, damit er frühstücken konnte. Ich wollte ihn halt überraschen.
"Frank, wo bist du? Verstecken gilt nicht."
"In der Küche."
Daniel betrat die Küche und schaute sich um, dann setzte er sich an den Tisch.
"Das ist aber wirklich eine nette Entschuldigung für deinen letzten Kommentar. Das würde ich mir jeden Tag gefallen lassen, so verwöhnt zu werden. Möchtest du nicht mein Haushälter werden? Hättest nur die Aufgabe, nackt in der Wohnung umher zu laufen."
"O.K., ich glaube die Sticheleien sollten wir für heute ruhen lassen. Ich wollte dich vorhin auch nicht treffen."
"Nee, hast du auch nicht, mein Vater ist schlimmer. Nur, es passt nicht zu dir. Trotzdem finde ich es süß, dass du mich jetzt mit einem gedeckten Tisch und frischem Kaffee verwöhnst."
Ein leichtes Grinsen konnte ich mir nicht verkneifen. Sollte man sich merken,

dass man mit kleinen Sticheleien Daniel ärgern konnte. Der Kaffee war durch und ich goß uns beiden ein. Ich setzte mich ihm gegenüber und beobachtete ihn beim Essen. Es sah fast so aus, als ob das zur Gewohnheit werden würde, ihn unter der Dusche zu erwischen. Ich verkniff es mir, das laut zu sagen. Wahrscheinlich würde es mir schwer fallen, meinen anerzogenen schwarzen Humor einzuschränken. Nachdem er mit dem Essen fertig war, verteilte ich den restlichen Kaffee und wir machten es uns im Wohnzimmer gemütlich. Ich ließ mich wieder auf das Sofa fallen.

"Hast du was dagegen, wenn ich mich zu dir setze? Ich werde auch die Finger bei mir lassen, auch wenn es schwer fällt, Frank."

"Bitte, warum fragst du? Das ist deine Wohnung und ich weiß, dass du schwul bist und bei mir sieht es ja auch nicht viel anders aus. Also komm schon zu mir."

"Danke, aber du sollst dich wohl fühlen, deswegen die Frage. Ich dachte, es wäre dir unangenehm."

"Schon gut. Setz dich zu mir. Ich habe damit keine Probleme, besonders da ich weiß, dass du nicht über mich herfallen wirst und....."

Daniel grinste mich an.

"Woher willst du das wissen. Du hast doch meine Reaktion, als ich dich reingelassen habe, bemerkt. Man weiß doch, dass es einen Punkt gibt, wo der Kopf aussetzt und der Schwanz das Denken übernimmt. Vielleicht passiert mir das wieder."

"Ha, das kann ich nicht glauben. Nicht, wenn du es nicht willst. Aber es wäre schön, wenn du mich auch mal ausreden lässt. Ich wollte mich noch rächen für deinen Kommentar gestern am Telefon, mit der faulen Sau."

Damit schubste ich Daniel runter auf das Sofa und versuchte ihn einzukeilen, so dass er sich nicht mehr bewegen konnte. Nach einer kurzen Schrecksekunde aber kam von ihm die Gegenwehr. Zuerst konnte ich ihn noch unten halten, aber er hatte seine Beine so zwischen uns gebracht, dass ich ihn nicht unter Kontrolle bringen konnte. Kurze Zeit später bekam er die Oberhand und ich musste mir selber eingestehen, dass er doch um einiges kräftiger war als ich. Daniel drückte mich von sich und zwang mich aufs Sofa. Dann setzte er sich auf meinen Schoß und hatte mich festgepinnt. Ich konnte mich nicht mehr bewegen. Er grinste.

"Fast hättest du mich gehabt, aber jetzt lass ich dich verhungern."

Wir schauten uns lange in die Augen, dann musste ich laut auflachen. Daniel schaute mich fragend an.

"Was hast du? Also, wenn ich unten läge, würde ich nicht lachen."

"Schau doch mal auf deine Hose. Gleich setzt wieder dein Gehirn aus. Nee, Danny, als ob du nur das eine im Kopf hättest."

Er schaute zu sich runter, zog kurz seine Schultern hoch.

"Glaubst du, dir geht´s besser? Was meinst du, wo ich gerade drauf sitze? Du bist nicht besser als ich."

Shit, er hatte Recht. Ich bemerkte nicht, dass ich selber einen Steifen in der Hose hatte. Nur, ich konnte jetzt auch nichts mehr machen, irgendwie war die Situation auch zu geil. Daniel kam mit seinem Gesicht zu mir runter.

"Du bist jetzt in meiner Gewalt."

Was hatte er vor? Das sollte ich schnell merken. Er kam immer weiter zu mir runter und gab mir einen Kuss auf den Mund. Ich war ziemlich baff und reagierte nicht. Daniel fasste das wohl als Einladung auf und küsste mich weiter. Das ging mir zu schnell und ich drehte meinen Kopf zur Seite. Daniel wurde wohl gerade bewusst, was wir gemacht hatten. Er sprang von mir auf und stellte sich mit dem Rücken zu mir an das Sofa.

"Frank, verzeih mir. Das wollte ich nicht. Bitte....."

Ich stand auf und legte meine Hände auf seine Schultern.

"He, schon gut. Mach dir keine Sorgen, ich hatte ja angefangen."

Ich drehte ihn zu mir, da sah ich, dass er Tränen in den Augen hatte. Keine Ahnung, wie man jemanden in so einer Situation wieder beruhigte, also gab ich ihm einen Kuss auf den Mund.

"Komm, setz dich wieder zu mir. Ich muss mich entschuldigen. Durch mich ist erst diese Situation entstanden."

Irgendwie musste ich ihn ja beruhigen. Er sagte immer noch nichts zu mir und schaute mich auch nicht an. Zumindest saß er wieder bei mir auf dem Sofa. Ich legte ihm meinen Arm um die Schulter und zog ihn zu mir. Ich merkte, dass er schwer atmete.

"Ich werde auf dich warten, so lange es eben dauert. Du musst mir nur zeigen, wenn du so weit bist. Verzeih mir noch mal wegen gerade, Frank. Verstehe mich bitte nicht falsch, aber ich habe mich noch nie auf Sex eingelassen. Ich will es halt wissen, wie es ist, mit einem Mann zu schlafen und ich will mein erstes Mal mit dir erleben, trotzdem werde ich dich zu nichts zwingen."

"He, Danny, schon gut. Ich habe ja auch noch keine Erfahrung mit einem Mann. Du bist sogar der Erste, den ich geküsst habe. Auch mich reizt es, wie es ist, mit einem Mann zu schlafen, aber irgendwie habe ich noch eine Blockade. Trotzdem, du kannst nichts falsch machen und wenn mir etwas nicht passt, so werde ich es direkt sagen. Versprochen. Gerade ging es mir ein bisschen zu schnell, ich glaube das hast du auch gemerkt. Das ist aber kein Grund, sich jetzt dafür schuldig zu fühlen, klar?"

Daniel zog meinen Kopf an seine Brust und wuschelte mit seinen Händen durch meine Haare.

"O.K.. Aber weise mich rechtzeitig in meine Schranken, wenn ich zu weit gehe. Ich will dich nicht verletzen und vor allem nicht verlieren."

Ich ließ es mir gefallen, so in seinen Armen zu liegen. Durch ihn bekam ich die Kraft, die ich noch brauchen würde, damit ich selber zu mir finden konnte.

"Sag mal, Danny, wer weiß jetzt darüber Bescheid, dass du schwul bist? Du bist so zuversichtlich, als ob du keine Probleme damit hättest, darüber zu sprechen."

"Ha, du Scherzkeks."

Er legte meinen Kopf auf seine Oberschenkel, so dass ich ihm von unten ins Gesicht sehen konnte.

"Bis jetzt gibt es drei Menschen, die über mich Bescheid wissen. Das bist du, Sven, und natürlich seine Freundin. Meine Eltern wissen es nicht und ich weiß auch nicht, ob ich es ihnen jemals sagen kann. Ich möchte sie nicht verletzen."

Er schnaubte einmal kurz, als ob er Verachtung zum Ausdruck bringen wollte.

"Eher habe ich vor der Reaktion meiner Eltern Angst. Ich will mich schützen und nicht sie. Aber es ist immer leichter sich einzureden, dass man es für die anderen macht."

Ich sah ihm ganz tief in die Augen und er erwiderte meinen Blick eisern. Keiner rührte sich, wir schauten uns nur eine Zeitlang so an. In dem Moment konnte ich sehen, was mit ihm vorging. Man merkte, er hatte keine Lust mehr, mit seinen Gefühlen Versteck spielen zu müssen. Er hatte aber Angst davor, wie es seine Mitmenschen aufnehmen würden.

"Ich kann lesen, was in dir vorgeht, Danny. Hör mal, du hast mir schon so viel geholfen und ich möchte das wieder gut machen. Du kannst immer auf mich zählen."

Er grinste mich von oben an und strich mit seiner Hand über mein Gesicht.

"Ich möchte zur Zeit nur eins, und zwar dass du mit dir ins Reine kommst und weißt, was du möchtest. Mehr will ich zur Zeit gar nicht, danach,.... einfach alles auf einen zukommen lassen. Auch wenn du dich nicht für mich entscheiden solltest, so habe ich wenigstens einen Freund, der mit sich wieder was anzufangen weiß, und mit dem man über alles reden kann. Das würde mir schon reichen, auch wenn es mir schwer fiel."

Er nahm meine Brille ab und legte sie auf den Tisch. Als ich was sagen wollte, verschloss er mit einem Finger meine Lippen und schüttelte verneinend den Kopf. Er hatte Recht, ich hätte diesen Moment durch reden nur zerstören können. Die ganze Zeit schaute er mir tief in die Augen und ich erwiderte seinen Blick, da ich ihm in nichts nachstehen wollte. Dabei schwirrten meine Gedanken durch den Kopf. Daniel liebte mich tatsächlich, auch wenn ich mir nicht erklären konnte warum. Wie sollte es jetzt weitergehen? Der nächste Schritt musste jetzt von mir kommen und ich wusste absolut nicht, wie der Weg zu beschreiten war. Es gab keinen, mit dem ich über Daniel reden konnte, zumindest nicht ganz offen. Scheiße, warum musste immer alles so kompliziert sein? Mit Frank konnte ich nicht darüber reden, er mochte keine Schwulen. Meine Eltern? Um Gottes Willen, lieber nicht, auch wenn sie immer so schön sagten, man könnte mit ihnen über alles reden. Die würden es wahrscheinlich gar nicht verstehen. Sie hatten halt eine andere Auffassung darüber. Meinem Bruder würde ich so etwas bestimmt nicht als Ersten anvertrauen. Marcus, nee. Der sprach lieber immer nur über seine Probleme. Ich konnte nicht glauben, dass er mir eine Hilfe sein konnte. In der Firma hatte ich auch keinen, also war ich auf mich alleine gestellt. Daniel schaute immer noch in meine Augen, als ob ich für ihn ein Buch wäre, indem er gerade las. In dem Moment merkte ich etwas in mir. Ich empfand viel mehr für ihn als nur Freundschaft. Leider konnte ich nicht sagen, was es für ein Gefühl war. Liebe? Möglich, ich war mir nur nicht sicher.

"Frank? Wir sollten uns langsam ums Essen kümmern, ich bekomme langsam wieder Hunger."

"Hunger? Jetzt schon, wie spät ist es denn?"

"Halb sieben."

Sein Grinsen wuchs in die Breite.

"Was? Haben wir solange hier gesessen? Muss langweilig für dich gewesen sein."

Er strich wieder mit seiner Hand über meine Stirn.

"Bestimmt nicht. Solange ich mit dir zusammen sein kann, ist nichts langweilig. Ich konnte die ganze Zeit deinen Überlegungen folgen. Du trägst immer noch einen inneren Kampf mit dir aus. Frank, wenn ich dir helfen kann, so sage es doch."

Ich erhob mich von seinem Schoß, griff seine Hand und drückte sie.

"Nein, leider nicht. Das muss ich alleine durchstehen. Komm, lass uns in die Küche gehen."

Wir standen auf und schritten immer noch Hand in Hand in die Küche. Ich fand es schön, ihn so zu halten. Anscheinend kamen langsam meine wahren Gefühle durch. In der Küche begannen wir uns etwas zu essen zu machen. Daniel wollte Pizza backen. Nun gut, ich fertigte den Teig und er holte die restlichen Zutaten. Dazu hatte mein Freund wieder mal eine Flasche Wein geöffnet.

"Sag mal, du scheinst ja auch richtig gut zu leben."

Damit deutete ich auf den Wein.

"Nur wenn ich lieben Besuch habe, alleine habe ich keine Lust, den Wein zu trinken. Es wäre Vergeudung."

Nach dem Essen setzten wir uns wieder ins Wohnzimmer. Daniel legte eine Kuschel-Rock ein, zündete einige Kerzen an und kam zum Sofa.

"Hast du was dagegen, wenn ich es mir gemütlich mache?"

"Hä? Was soll die Frage, du bist bei dir zu Hause."

Er grinste mich an.

"Danke, Schatz."

Damit legte er seinen Kopf auf mein Schoß. Hoffentlich bekam ich jetzt keinen Steifen, das wäre mir peinlich, aber ich hatte mich im Griff. Wenn er es so haben wollte, bitte. Die rechte Hand legte ich ihm auf seine Brust und mit der linken streichelte ich seinen Kopf. Er grunzte zufrieden.

"Darf ich dich was Persönliches fragen, Danny?"

"Na klar, nur zu. Unter Freunden soll es keine Geheimnisse geben."

"O.K.. Mich würde mal interessieren, wieso du mich liebst. Ich bin ja nicht der Traum....."

"Frank. Warum denkst du immer nur, dass du vielleicht nicht den Traumkörper hast wie andere. Mir ist dein Körper nicht so wichtig wie dein Charakter, aus einem einfachen Grund. Deinen Charakter kann ich nicht verändern, für das Aussehen kann man immer noch was tun. Ich liebe dich und mein Kopf sagt mir, du bist der Richtige. So einfach ist das. Und das Schönste, schon als ich dich auf dem Konzert beobachtet hatte, merkte ich direkt, dass du anders bist. Du hast einfach was im Kopf und wenn man glaubt, alles zu kennen, folgen noch weitere Rätsel."

"Wie geht das? Du sagst, du liebst meinen Charakter, den kanntest du damals aber noch nicht."

"Du hast mich falsch verstanden. Ich liebe auch deinen Körper, nein, ich liebe dich so, wie du bist. Natürlich kannte ich damals noch nicht deinen Charakter, aber ich hatte dich schon eine ganze Weile beobachtet und hab direkt gemerkt, dass du dich von den meisten Personen unterscheidest. Du hast dich von den anderen total abgesondert und mir kam der Gedanke, dass du schüchtern bist. Trotzdem hast du der Frau geholfen, ihren Kinderwagen die Treppe hoch zubringen und das kleinen Mädchen, was hingefallen war und weinte, hast du getröstet, solange bis der Vater kam. Wer würde das heute noch machen? Jeder kümmert sich doch um seinen Kram. Und als ich bemerkte, wie du mich beobachtet hast und zu dir hinschaute, hast du verschämt auf die Erde geguckt. Das hat mich einfach schon damals fasziniert."

"Seit wann hattest du mich beobachtet? Ich habe dich erst kurz vor dem Konzert bemerkt."

"Ach, du bist mir schon lange vorher aufgefallen. Ich stand drei Leute hinter dir, als du deine Eintrittskarte gekauft hast. Dann habe ich dich wieder bei dem Weinhändler erblickt. Damit wusste ich, dass du dir was aus gutem Wein machst. Später bin ich an dem Café vorbeigekommen, wo du drin gesessen hast. Überall habe ich dich alleine gesehen, aber trotzdem wusstest du, was mit deiner Zeit anzufangen."

"Ups, und ich habe nicht bemerkt wie du mir hinterherspioniert hast? Wann hattest du gemerkt, dass du was für mich empfindest?"

"Schon recht früh. Als wir nach dem Konzert in dem Café saßen, merkte ich, dass du ein richtig dufter Typ zum Unterhalten bist. Abends, als du mich zu Hause abgesetzt hattest, kam in mir das Gefühl auf, viel mehr für dich zu empfinden. Im Bett ist es mir dann klar geworden, dass ich Liebe für dich empfand."

"Sozusagen Liebe auf den ersten Blick. Ich wollte nie glauben, dass es so was gibt. Du beweist mir aber das Gegenteil, finde ich süß."

Daniel setzte sich wieder richtig hin und griff nach seinem Weinglas.

"Wie wäre es, wenn wir auf Brüderschaft trinken? Damit habe ich wieder eine

Gelegenheit, dich zu küssen."
Er grinste mich verschmitzt an. Auch ich nahm mein Glas.
"Ja, gerne. Ich wüsste nicht, mit wem ich es lieber täte als mit dir."
Dann kreuzten wir unsere Hände und tranken aus den Gläsern. Schließlich gaben wir uns einen Kuss, wobei ich merkte, dass Daniel seine Augen schloss.
"Du kleiner Genießer, Danny."
Ich konnte mir ein Lachen nicht verkneifen. Dann stellten wir unsere Gläser wieder weg.
"Danny, auf dass unsere Freundschaft ewig hält und dass ich endlich mir selber im Klaren werde, ob ich auch dich liebe."
Damit gab ich ihm noch einen Kuss auf seinen Mund. Ich musste das tun, er sollte sehen, dass er bei mir was bewirkt hatte. Daniel zog die Augenbrauen hoch und schaute mich aus großen Augen an.
"Soll das heißen, dass es sich lohnt, auf dich zu warten?"
"Ja, ich glaube schon. Mir ist mittlerweile bewusst, dass ich für dich mehr empfinde als nur Freundschaft. Lass mir bitte noch etwas Zeit, ich kann das Gefühl noch nicht richtig deuten."
"Alles was du willst, ich liebe dich, Frank."
Damit lehnte er seinen Kopf an meine Schulter. Als ich ihn betrachtete, sah ich, wie ihm Tränen die Wangen runterliefen. Ich strich sie ihm weg und legte meinen Kopf an seinen. Keiner sagte etwas, um nicht den Moment zu zerstören. So blieben wir einige Zeit sitzen.
Irgendwann war die Musik aus. Ich stand langsam auf, damit Daniels Kopf nicht von meiner Schulter knallte und legte die zweite CD ein. Als ich mich umdrehte, sah ich ihm direkt in die Augen. Daniel winkte mich wieder zu sich und ich folgte seiner Aufforderung und setzte mich neben ihn. Er kuschelte sich wieder an mich. So blieben wir eine ganze Zeit sitzen, doch plötzlich bekam ich Schmerzen in meinen Schultern und schreckte hoch. Ich hatte nicht richtig gesessen und verkrampfte mich dabei. Ein leichtes Stöhnen entwich meinen Lippen, Daniel schreckte hoch und schaute mir fragend in die Augen. Er stand auf, verschwand aus dem Zimmer und ich wusste nicht, was passiert war. Kurze Zeit später kam er wieder und hatte eine Flasche in der Hand, die er auf den Tisch stellte. Es war Massageöl. Jetzt wusste ich, was er vor hatte und ich hob meine Arme. Er zog mir den Pullover und mein Shirt über den Kopf. Dann öffnete er den Gürtel und den Knopf meiner Hose. Schließlich kniete er sich hin und zog mir die Schuhe aus, wobei er aber seinen Blick nicht von meinen Augen nahm. Zum Schluss legte er mich auf den Bauch. Daniel rückte mich in die Mitte des Sofas und kniete sich über mich, so dass er sich auf meinen Hintern setzten konnte. Toll, wir verstanden uns, ohne auch nur ein Wort gesprochen zu haben und plötzlich wusste ich, dass ich ihm vollkommen vertrauen konnte. Er würde nichts machen, was ich nicht wollte.

Daniel tropfte mir das Öl auf meinen Rücken und begann mich zu massieren. Zuerst sanft und schließlich immer kräftiger. Dabei rutschte er von meinem Hintern runter zu den Beinen, so dass er mit den Händen noch die Hose runterstreifen konnte. Er massierte mir sogar mein verlängertes Rückgrat. In mir stieg richtige Wärme auf und mein Schwanz presste sich in das Sofa. Das war mir aber jetzt egal, ich lag ja auf dem Bauch. Es war einfach nur romantisch, bei Kerzenschein und leiser Musik ihn so zu spüren und ihm zu vertrauen. Daniel knetete mich richtig durch und ließ sich dabei viel Zeit.
"Leg dich bitte mal auf den Rücken."
Was?
"Ähm, das geht nicht. Außerdem wird dann das Sofa ölig."
Daniel erhob sich etwas von mir, legte seine Hände an meine Seiten und drehte mich einfach um. Er erblickte meinen Zustand in der Hose und grinste. Ohne was zu sagen, setzte er sich auf meinen Schwanz, griff nach der Ölflasche und träufelte etwas davon auf meine Brust. Seine Hände massierten meine Brust, meinen Bauch und meine Seiten. Er ging sogar etwas unter den Bauchnabel. Das löste in mir einen richtigen Schauer aus und ich zitterte leicht. Er massierte mich immer weiter, ohne dass er meinem Zustand Beachtung schenkte. Nach einiger Zeit erhob er sich, stellte sich neben das Sofa und reichte mir seine Hand, die ich auch ergriff. Mit einem kräftigen Ruck zog er mich hoch, so dass ich neben ihm zu stehen kam. Er fing schrecklich an zu lachen. Mir fiel auch direkt auf, warum. Die Hose war auf den Boden gerutscht und ich stand, nur in meinem Slip bekleidet, der es gerade noch schaffte, meinen Ständer vor ihm zu verdecken. Tja, peinlich, aber aus der Situation versuchte ich mich wieder einigermaßen zu befreien. Ich griff nach meinem Shirt, streifte es mir über und zog meine Hose hoch. Dann setzte ich mich wieder auf das Sofa, griff nach Daniels Hand und zog ihn zu mir. Er versuchte sich dagegen zu wehren, verlor aber sein Gleichgewicht und landete neben mir.
"Ich muss mir erst die Hände waschen. Die sind total ölig."
Interessierte mich nicht. Ich griff mit beiden Händen seinen Kopf und gab ihm einen dicken Kuss auf die Stirn.
"Danke, Danny. Brauchst du auch noch eine? Ich glaube, ich kann das auch."
"Nee, Frank. Heute nicht, aber du brauchst immer noch eine. Leider darf ich diese aber nicht bei dir machen, oder?"
Ich schaute ihn fragend an. Ich wusste wirklich nicht, was er wollte, doch er deutet auf meinem Schoß.
"Ja, du hast recht. Der probt gerade einen Aufstand, aber ich konnte es einfach nicht verhindern. Tut mir Leid."
"Schon klar. Du brauchst dich nicht für deinen Zustand zu entschuldigen. Jetzt weiß ich genau, wie du auf mich reagierst. Wenn dein Körper mich schon will, braucht dein Kopf auch nicht mehr lange."
Er stand auf und ging ins Bad. Dann kam er wieder, goss uns Wein nach

wechselte noch mal die CD und setzte sich wieder zu mir. So blieben wir eine Zeitlang sitzen, bis ich merkte, dass mich die Müdigkeit übermannte.

"Danny, ich glaube es wird Zeit, schlafen zu gehen."

Er drehte sich zu mir und umschlang mich mit seinen Armen.

"O.K.. Ich bin auch müde. Willst du hier schlafen oder tigerst du lieber nach Hause?"

"Ich werde dich für diese Nacht alleine lassen. Wann sehen wir uns wieder?"

Daniels Gesicht verfinsterte sich etwas.

"Die nächste Zeit wohl nicht. Muss noch ein paar Überstunden für die Firma machen. Also unter der Woche ist es besser zu telefonieren und am kommenden Wochenende bin ich in Köln. Wie wäre es mit Montag in einer Woche?"

Ich hob leicht meine Schultern.

"Ja, gern. Hoffentlich kommst du auch mal dazu, dich auszuspannen. Ich werde auch versuchen, die Zeit sinnvoll zu nutzen."

"Und ich dachte schon, du bist mir böse, wenn wir uns solange nicht sehen."

"Nein, wie könnte ich dir dafür böse sein, wenn man dir ansieht, dass du es selber nicht gut findest."

Ich stand vom Sofa auf und zog mir meinen Pullover an. Draußen war es bestimmt kalt. Wie gut, dass ich gleich zu Fuß gehen musste, ich merkte gerade, dass der Wein doch Spuren hinterlassen hatte. Daniel stand auf, griff sich meine Jacke und hielt sie mir zum Anziehen hin, dann drehte er mich wieder zu sich und wir schauten uns tief in die Augen.

"Frank, ich liebe dich ganz doll. Hoffentlich weißt du das."

Was sollte ich darauf sagen, am besten gar nichts. Ich gab ihm einen Kuss auf seinen Mund. Daniel umschlang mich mit seinen Armen und drückte mich an sich.

"Ich möchte nicht, dass du gehst. Bleib doch."

"Danny, ich muss aber."

Er lockerte seine Umarmung, griff nach meinen Händen und begleitete mich zur Tür. Hier umarmte er mich noch mal und gab mir Küsse auf die Wangen. Schließlich ließ er mich los und ich wandte mich zum Gehen. Auf der Treppe drehte ich mich zu ihm und winkte. Schließlich war ich aus dem Haus und durchschritt die kalte Nacht. Ein Blick auf meine Uhr zeigte, zwei Uhr war durch. Die Kälte der Nacht half mir, etwas klarer im Kopf zu werden, den Alkohol besser zu verarbeiten, und die ganze Strecke bis nach Hause konnte ich nur an Daniel denken. Plötzlich wurde mir bewusst, was ich wollte und ich verstand meine Gefühle. Ich liebte ihn, auch wenn ich Angst vor der Zukunft hatte, aber ich wollte endlich mein Leben so führen, wie ich es für richtig hielt. Das nächste Mal, wenn wir uns sehen würden, würde ich ihm meine Gefühle mitteilen. Ich war gespannt, wie er darauf reagieren würde. Zu Hause angekommen, machte ich mich direkt auf den Weg ins Bett und konnte sofort einschlafen. Am Sonntag Abend telefonierten wir kurz. Dann war auch schon mein Urlaub wieder zu Ende und ich musste arbeiten gehen. Meine Stimmung hatte sich gebessert, trotzdem versuchte ich, meinen Kollegen und Freunden das nicht zu zeigen. Ich war noch nicht bereit, jemandem zu sagen, warum ich mich plötzlich geändert hatte.

Am Freitag traf ich mich mit Frank zu ein paar Bieren. Er hielt auch eine ganz schöne Überraschung für mich parat. Er hatte sich beruflich neu orientiert und dabei eine Person kennen gelernt, die auch schwul war und damit offen lebte. Niemals hätte ich für möglich gehalten, dass Frank seine Meinung über uns Schwule ändern könnte, aber das hatte er getan. Er kam sogar mit Rupert, so hieß der Bekannte von ihm, sehr gut aus und plötzlich änderte sich meine Situation total. Ich war trotzdem nicht bereit, ihm mein Geheimnis preis zu geben, aber ich erzählte ihm, dass ich jemanden kennen gelernt hatte, der auch schwul war, und ich mit ihm recht gut auskam. Mehr wollte ich zu dem Zeitpunkt nicht zugeben.

Nach unserem Treffen machte ich mir zu Hause über die neue Situation Gedanken. Mein Freund hatte sich geändert, obwohl ich immer dachte, dass es für ihn unmöglich sein würde. Wie würde er darauf reagieren, wenn er erfuhr, dass er die ganze Zeit mit einem Schwulen befreundet war. Ich dachte zwar nicht mehr, dass die Freundschaft kaputt gehen würde, vielleicht würde sie aber nicht mehr so sein, wie sie einmal war.

Am Sonntag rief ich Daniel an und wir unterhielten uns kurz und ich erzählte ihm, was ich am Freitag von meinem besten Freund erfahren hatte. Daniel war überrascht.

"Tja, anscheinend können sich auch Menschen, die schon ziemlich lange an einer Meinung festhalten, ändern. Vielleicht sehen wir auch nur immer alles zu schwarz? Ach, Frank, leider können wir uns auch die nächste Zeit nicht sehen, es sei denn, recht spät. Zur Zeit haben wir in der Firma viel zu tun und alle machen viele Überstunden. Ich glaube fast, dass wir uns das nächste Mal erst wieder am 23. sehen können, wenn auch Sven da ist. Ist das schlimm?"

Was sollte ich da noch sagen, aber so hatte ich wenigstens noch etwas Zeit, mich auf das bevorstehende Gespräch mit Daniel vorzubereiten.

"Natürlich ist das schlimm, Danny. Aber deswegen werde ich mir nicht einen neuen Freund suchen. Zuerst kommt die Arbeit, dann das Vergnügen. Außerdem habe ich auch noch einiges zu tun. Mach dir deswegen mal keine Sorgen."

Die restliche Zeit, bis Danny und ich uns wieder sahen, verging recht schnell. Natürlich hatte ich mich auf das Treffen mit ihm richtig gefreut, aber ich machte mir auch immer mehr Gedanken wie ich es ihm beibringen sollte, was ich für ihn empfand. Am Donnerstag vor unserem Treffen rief er mich in der Firma an. Er bat mich, am Freitag gegen 17 Uhr bei ihm zu sein. Er würde für uns alle kochen. Sven und seine Freundin wären dann auch schon da, außerdem müsste er was feiern. Sein neuer Wagen war eingetroffen. Am

Freitag traf ich eine viertel Stunde vor der vereinbarten Zeit bei meinem Freund ein. Draußen waren gerade Sven und eine Frau dabei, einen Wagen auszuladen. Ich grüßte Sven schon von weitem. Als er mich erkannte, kam er auf mich zu.

"Hi, Frank. Schön dich wieder zu sehen. Na, wie geht's dir denn so?"

Er umarmte und küsste mich auf die Wange.

"Darf ich dir meine Freundin vorstellen? Schatz, das ist Frank, von dem ich dir schon erzählt habe. Frank, das ist meine Freundin Susanne."

Susanne kam auf mich zu und gab mir auch einen Kuss auf die Wange.

"Ich hab' schon viel von dir gehört, Frank. Darfst mich ruhig Susi nennen. Schön, dass du da bist, ich kenne da jemanden, der sich schon tierisch darauf freut, dich wieder zu sehen."

Sie grinste breit über beide Ohren. Sven nahm mich am Arm und zog mich zum Auto. Er setzte sich auf die Ladefläche und schaute mich eine Weile an.

"Erzähl mal, wie geht's dir denn jetzt so, wo du mit uns über deine Gefühle gesprochen hast?"

Ich schaute ihm in die Augen und konnte ein Grinsen nicht unterdrücken.

"Ach, weißt du, Sven. Es kann sein, dass es heute noch mehr zu feiern gibt. Mir ist jetzt klar, was ich will. Hoffentlich akzeptiert ihr es auch."

Sven kippte seinen Kopf nach rechts und schaute mich fragend an. Er brauchte gar nichts zu sagen, ich wusste, was er wissen wollte.

"Ja, ich weiß jetzt, dass ich schwul bin und noch was, ich bin mir jetzt auch darüber klar geworden, dass ich Daniel liebe. Nur er weiß es noch nicht."

Plötzlich packte mich Susi von hinten und umarmte mich. Sven stand von der Ladefläche auf und legte mir seine Hände auf die Schultern. Er schaute mir ganz tief in die Augen und lächelte.

"Dann wird es aber Zeit, dass die betreffende Person es auch erfährt. Frank, ich freue mich für euch. Ihr passt wirklich sehr gut zusammen."

Susi ließ mich los und Sven drückte mich zum Hauseingang. Zu dritt schritten wir in die Wohnung. Im Wohnzimmer rief Sven nach Daniel.

"Danny, wo bist du? Wir brauchen Hilfe beim Ausladen."

"In der Küche. Mein Schatz müsste gleich eintreffen. Er kann euch dann helfen, ich muss mich um das Essen kümmern. Zuerst schickt ihn aber zu mir. Ich will erst einen Kuss von ihm."

Langsam geriet ich ins Schwitzen. Ich wusste plötzlich nicht, wie ich Daniel das jetzt sagen sollte. Es sollte eigentlich ein besonderer Moment für ihn und natürlich auch für mich sein. Außerdem machte ich mir Gedanken über unsere Zuschauer. Sven drückte mich in die Küche und blieb mit seiner Freundin im Türrahmen stehen. Ich schritt auf Daniel zu, der zum Herd gewandt stand. Er hatte gerade eine Bratpfanne in der Hand und wendete das Fleisch. Zuerst zögerte ich, doch dann umschlang ich Daniel mit meinen Händen und zog ihn ganz fest an meinen Körper. Mein Kopf näherte sich seinem Ohr und ich flüsterte:

"Danny, ich liebe dich von ganzem Herzen. Ich will dich."
Auf seine Reaktion war ich nicht gefasst. Daniel schrie auf, ließ die Pfanne los und die Gabel fallen, drehte sich in meiner Umarmung um und schaute mir in die Augen. Dann kam er meinem Gesicht immer näher und wir küssten uns auf den Mund. Daniel hielt sich immer noch zurück, um nicht alles zu zerstören, aber ich wollte ihm zeigen, dass ich es ernst meinte. Mit der linken Hand drückte ich seinen Kopf fest an meinen und versuchte mit meiner Zunge seinen Mund zu öffnen. Er ließ es geschehen und meine Zunge erforschte seinen Mund. Ohne den Kuss zu unterbrechen, umschlossen seine Hände meinen Körper, hoben mich hoch und setzten mich auf dem Küchentisch ab. Jetzt drückte er meine Zunge aus seinem Mund, nur damit er seine in meinen schieben konnte. Keine Ahnung, wie lange wir uns liebkosten, aber plötzlich holte uns Susis Stimme in die Realität zurück.
"He, Jungs. Auffressen könnt ihr euch später, aber ich weiß nicht, wie ich mit dem Kochen weiter machen soll. Sven und ich werden nicht mehr von der Liebe alleine satt."
Daniel zog sich aus meinem Mund zurück. Jetzt konnte ich mir sein Gesicht richtig betrachten. Es sah so aus, als ob er auf Wolke sieben schweben würde und über seine Wangen liefen Tränen. Ich ließ es mir nicht nehmen, sie mit meiner Zunge wegzulecken. Er nahm seine rechte Hand und durchwühlte meine Haare, dann gab er mir noch einen Kuss und flüsterte mir ins Ohr.
"Fortsetzung folgt. Schatz, ich liebe dich auch von ganzem Herzen und du kannst mich haben, für immer und ewig. Das ist heute der schönste Tag meines Lebens."
Plötzlich hörten wir Sven hinter uns lachen.
"Hört auf mit den vokalen Schweinereien, dazu ist später auch noch Zeit. Schatz, du bleibst bei Danny. Frank, kannst du mir helfen? Du bist wenigstens kräftiger als Susi. Geht mit dir bestimmt schneller, den Wagen zu entladen."
"Vorsicht, was du sagst, Sven. Sonst gibt es Liebesentzug fürs Wochenende."
Sven lächelte.
"Ach Schatz, dann mache ich bei Frank und Danny mit und du kannst sehen, wo du bleibst."
Daniel hob ein Messer zur Warnung und grinste.
"Ha, da habe ich auch noch ein Wörtchen mitzureden. Frank gehört mir alleine, pass auf, sonst   mache ich dich zum Eunuchen."
Wir mussten alle lachen, und Sven zog mich mit sich nach unten und wir entluden den Wagen.
"Frank, ich freue mich für dich, dass du dich endlich selber gefunden hast. Besonders natürlich, dass Danny und du zusammen gekommen seid. Für die Zukunft wünsche ich euch viel Glück und wenn es mal zu Problemen kom-

men sollte, ich bin für euch beide da - und Susi natürlich auch."
"Danke, Sven ich weiß es zu schätzen. Ich denke, die Zeit wird zeigen, was aus uns wird."
Ich selber war einfach nur glücklich. Endlich konnte ich mal wieder was Positives für mich verzeichnen. Ich hatte mich selber gefunden und dazu noch einen ganz tollen und netten Freund. Natürlich hatte ich noch Angst, besonders davor, wenn andere mitbekommen würden, dass ich schwul war. Aber ich hatte jetzt wenigstens jemanden, der mich unterstützte.
Sven und ich brachten den ganzen Kram ins Gästezimmer. Schließlich rief uns Susi zum Essen. Der Tisch war schon gedeckt, sogar mit einer Kerze. Daniel saß am Tisch und winkte mich neben sich. Er ergriff meine Hand und gab mir einen Kuss. Wir ließen uns das Essen schmecken.
Nach dem Essen verschwanden Susi und Sven ins Gästezimmer, um sich einzurichten. Ich blieb bei Daniel und half ihm, die Küche wieder in Ordnung zu bringen. Als wir fertig waren, ergriff er meine Hand und zog mich mit sich nach draußen. Dort zeigte er mir sein neues Auto. Einen neuen Golf GTI mit 150 PS. Ein schönes Auto.
"Heute ist der schönste in meinem Leben und das verdanke ich dir, Frank. Zuerst bekomme ich mein Traumauto, und dann gestehst du mir deine Liebe. Das müssen wir feiern. Komm, wir gehen zu den anderen."
Daniel schritt zuerst die Treppe rauf und ich hatte seinen knackigen Hintern vor meinem Gesicht. Oben angekommen, packte ich ihn an die Hüften, drückte mich an ihn und gab ihm einen zärtlichen Kuss in den Nacken. Er grunzte zufrieden und zog mich ins Wohnzimmer, wo die beiden schon auf dem Zweiersitz Platz genommen hatten. Daniel setzte sich aufs Sofa und zog mich auf seinen Schoß. Er umfasste mich mit seinen Armen und drückte mich an sich, wobei er mir meinen Hals küsste.
"Ist das nicht ein schönes Paar, Sven?"
Susi griff hinter sich, zog einen Fotoaparat hervor und begann uns zu fotografieren.
"Nicht, Susi, ich bin nicht so fotogen. Du brauchst den Film nicht an mir zu verschwenden."
Daniel kniff mich in die Brust.
"Klappe, Schatz. Daran wirst du dich gewöhnen müssen. Ich möchte dich auch verewigt wissen. Ich habe dir schon mal gesagt, dass du mir so gefällst, wie du bist. Wenn du noch mal sagst, dass du nicht fotogen bist oder dergleichen, werde ich dich durchkitzeln, bis du um Gnade winselst, egal wo wir sind. Verstanden?"
"Schon gut, aber....."
Weiter kam ich nicht. Daniel reagierte sofort und begann mich zu kitzeln. Er hatte direkt die richtigen Stellen erwischt. Ich wollte flüchten und ließ mich von seinem Schoß auf das Sofa fallen, doch er legte sich auf mich und machte solange weiter, bis ich keine Luft mehr bekam.

"Gnade. Schon gut, ich habe verstanden. Ich gebe mich geschlagen."
Mein Freund hörte sofort mit der Quälerei auf, ich blieb erst liegen, um mich zu erholen. Danny machte aber keine Anstalten, sich von mir zu erheben.
"Danny, ich habe schon den ersten Film voll, soll ich noch einen einlegen?"
Ich schaute nur resigniert zu Susi, doch die lachte nur.
"O.K., ich habe verstanden. Macht doch, was ihr wollt. Ich glaube, ich bin in der Minderheit." Daniel fasste das wohl als Aufforderung auf, denn er drückte meine Knie auseinander und legte sich dazwischen. Sofort begann er mich wieder zu küssen. Von der Seite kam ein Kichern.
"He, ihr beiden, ihr habt noch Gäste. Das könnt ihr euch für später aufheben, wenn Susi und ich nicht zuschauen müssen. Danny, du wolltest doch eine Runde Risiko spielen."
"Lass doch die beiden, Schatz. Sieht doch richtig sexy aus und vielleicht kannst du ja noch was lernen."
Zuerst herrschte Stille im Raum, doch dann musste wir alle lauthals lachen. Danny gab mir noch ein Kuss und flüsterte mir ins Ohr.
"Aufgehoben ist nicht aufgeschoben. Du kannst dich noch auf was gefasst machen."
War das eine Drohung oder nur eine geile Ankündigung? Daniel drückte sich von mir hoch und stand auf.
"Was grinst ihr beiden denn wieder so? Glaubt ihr, dass ihr besser wart, als ihr euch kennen gelernt habt?"
Ich schaute zu den beiden rüber, um den Grund für Daniels Kommentar zu sehen. Beide schmunzelten. Sven antworten ihm.
"Danny, unter flüstern versteht man, so leise zu reden, dass es andere nicht mitbekommen."
Daniel schüttelte nur den Kopf.
"Ist doch egal."
Er ging zum Schrank und kramte das Spiel raus, schließlich holte er noch Gläser und eine Flasche Wein, die Susi mitgebracht hatte. Susi verschwand noch kurz im Gästezimmer und kam mit ein paar Süßigkeiten zum Knabbern zurück.
"Wir haben doch gerade gegessen. Denkt doch bitte an meine...."
Scheiße, ich musste mir das langsam verkneifen. Ich sah nur, wie Daniel die Gläser wegstellte und auf das Sofa zusprang. Der Versuch, mich zu schützen, ging in die Hose und Daniels Körper landete schwer auf mir. Nur leider hatte ich meinen Kopf erhoben und seiner knallte mit meiner Nase zusammen. Ich war ausgeknockt und ein paar Tränen liefen aus meinen Augen. Als mein Freund merkte, dass ich auf das Kitzeln nicht reagierte, hörte er auf.
"Was ist los, Frank? Habe ich dich verletzt?"
"Ich hatte immer angenommen, Liebesbekundungen würden schmerzfrei ablaufen. Du hast meine Nase getroffen."
Na ja, mein Sarkasmus war zwar noch da, aber ich war ganz schön benom-

men. Daniel streichelte meinen Kopf, um mich zu trösten.

"Tut mir Leid, das wollte ich nicht. Geht's besser?"

"Schon gut, lass mich noch etwas Luft holen."

Schließlich setzten wir uns auf. Sven hatte in der Zwischenzeit die Flasche geöffnet und schenkte uns ein. Dann begannen wir das Spiel, jeder gegen jeden. So gegen zehn stand ich als Sieger fest.

"Frank, bleibst du heute Nacht bei mir?"

Daniel schaute mich bittend an. Wie konnte man jemandem mit so einem Gesichtsausdruck etwas abschlagen.

"Ja gerne, ich wüsste nicht, was ich lieber täte."

Danny sah mich dankbar an und wir alle machten uns bettfertig. Wir wünschten uns eine gute Nacht und Susi konnte sich einen letzten Kommentar nicht verkneifen.

"Hört mal, ihr beiden. Seid bitte leise. Es gibt auch noch Leute, die schlafen wollen."

"Ach, ich wusste nicht, dass du schlafen wolltest, Schatz. Ich dachte, wir würden versuchen, die beiden zu übertönen?"

Ein hämisches Grinsen war auf Svens Gesicht zu sehen und Susi lief rot an.

Die Liebe eines Mannes ist unschlagbar.

Daniel schaltete die große Deckenleuchte in seinem Zimmer aus, so dass nur noch die Nachttischlampe brannte. Er setzte sich auf sein Bett und deutete mir an, neben ihm Platz zu nehmen. Ich folgte seiner Aufforderung und drehte mich zu ihm. Er schaute mich mit großen Augen an und wartete auf meine Reaktion. Die konnte er haben. Ich legte ihm eine Hand um seine Schulter und die andere auf seinen Oberschenkel. Schließlich näherte ich mich seinem Kopf und küsste ihn, wobei ich seinen Körper auf das Bett drückte und mich auf ihn legte. Er umfasste mich mit seinen Armen und drückte mich an sich. Wir küssten uns die ganze Zeit, wobei mal ich und mal er den Mund des anderen mit der Zunge erforschte. Eigentlich hatte ich immer damit gerechnet, dass mich Ekel überkommen würde, wenn ich den Speichel eines anderen in meinem Mund hätte. Aber er schmeckte nur zu gut und ich wollte immer mehr von ihm haben. Keine Ahnung wie lange wir so geknutscht hatten, aber plötzlich merkte ich, dass Daniel sein Gesicht schmerzerfüllt verzog. Scheiße, hatte ich ihm irgendwo weh getan. Ich drehte mich von ihm runter und er sprang ganz schnell vom Bett auf und gab einen kleinen Schrei von sich. Er griff sich um seine rechte Wade und knetete diese durch. Ich musste lachen. Es sah zu komisch aus, Daniel hatte einen Krampf bekommen. Eine Zeitlang schaute ich ihm zu, bis ich merkte, dass der Schmerz wohl langsam nachließ.

"Kann ich dir irgendwie helfen?"

Daniels Stimme zitterte ein wenig, als er mir antwortete.

"Ja, du könntest vielleicht die Wade etwas massieren. Das Öl steht da auf dem Tisch."

Nur zu gerne. Er hatte mir ja auch schon geholfen. Die Ölflasche warf ich erst mal auf das Bett, dann kniete ich mich vor meinen Freund und zog ihm seine Schuhe aus. Er schaute mir dabei gespannt zu. Schließlich fasste ich an seine Hose, öffnete seinen Gürtel, den Knopf und schließlich den Reißverschluss. Die Hose glitt zu seinen Füßen. Er stieg langsam aus dem Knäuel, dabei schaute er mir unentwegt zu. Mehr war ich aber zu dem Zeitpunkt nicht bereit zu tun, also schubste ich ihn auf das Bett zurück. Auch ich zog mir die Schuhe aus und gesellte mich zu meinem Freund. Tja, auf dem Rücken liegend konnte ich ihm nicht helfen, also drehte ich ihn auf den Bauch und was musste ich sehen? Seinen knackigen Hintern. Er hatte nur einen String-Tanga an, der seine knackigen Pobacken zum Vorschein brachte. Daniel verschränkte seine Arme unter seinem Kopf und machte es sich bequem. Ich griff nach dem Öl und träufelte mir etwas davon in die Hand und begann seine rechte Wade zu massieren. Mann, das musste ein ganz schöner Krampf gewesen sein, die Wade war steinhart. Mit der Zeit wurde sie aber wieder lockerer und Daniel fing wohlig an zu seufzen.

"Noch immer Schmerzen, Schatz?"

"Nein, die Wade fühlt sich wieder normal an, Dank dir."

Ich träufelte mir wieder etwas Öl in die Hand und massierte seinen rechten Oberschenkel, dann begann ich mit dem linken Bein. Schließlich massierte ich seinen Hintern und griff auch mal etwas fester zu. Daniel wand sich im Bett hin und her und seufzte. Er wollte sich zu mir umdrehen, aber ich wusste, wie ich das verhindern konnte. Ich setzte mich auf seinen Po und nahm ihm damit die Kraft sich zu drehen.

"Du bist jetzt mein, entspanne dich."

Er gab schließlich auf und ich zog ihm seine Kleider vom Oberkörper. Er half mir dabei, indem er seinen Körper leicht vom Bett hob. Mal schauen, ob das Öl kalt war. Ich träufelte ein wenig auf seinen Rücken, Daniel versteifte sich. Auch seinen Rücken und Nacken verschonte ich nicht mit einer Massage. Mein Freund schnurrte dabei wie eine Katze. Irgendwann war das Öl in seinen Körper eingezogen und ich küsste ihn auf seine Schulter. Leider musste ich mich dafür etwas vorbeugen und damit verlagerte ich meinen Schwerpunkt. Mein Gefangener nutzte die Gelegenheit, hob sich leicht und drehte sich. Ich verlor das Gleichgewicht und landete neben ihm auf dem Bett. Daniel rollte sich auf mich und schaute mich mit verträumten Augen an. Schließlich schmunzelte er und gab mir einen langen Kuss wobei seine rechte Hand sich an meiner Hose zu schaffen machte. Der Gürtel und die Knöpfe waren kein Problem und seine Hand wanderte unter meinem Pullover zu meiner Brust, wo er mich lange streichelte. Irgendwann richtete er sich auf und zog meine Klamotten nach oben. Ich half ihm, indem ich mich aufrichtete und die Arme hob. Als er es geschafft hatte, drückte er mich wieder zurück aufs Bett und rutschte ein wenig zu meinen Beinen. Mit beiden Händen griff er an die Hosenbeine und riss sie mir vom Körper. Auch die Socken mussten dran glauben. Zum Schluss legte er sich wieder auf mich. Ich schlang meine Arme um seinen Oberkörper und zog in fest an mich. Daniel leckte mit seiner Zunge über mein Kinn zu meinem Mund, den ich leicht öffnete, um schließlich seine Zunge in mir aufzunehmen. Wieder kam Bewegung in ihn, er legte sich auf meine Beine, um mit seinen Knien diese zu spreizen. Ich spürte ihn jetzt ganz, seine Brust lag auf meiner und sein steifer Schwanz drückte sich an meinen. Das Gefühl war einfach unbeschreiblich, und meiner reagierte mit kompletter Steifheit auf diese Berührung.

"Hi, bin ich daran Schuld?"

Daniel lächelte mich an und ich lächelte zurück, um seine Frage zu beantworten. Schließlich leckte er weiter durch mein Gesicht, bis seine Zunge mein Ohr erreichte. Er bohrte seine Zungenspitze in meine Ohrmuschel. Oh, das kitzelte und ich musste kichern. Mein Ohrläppchen verschwand in seinem Mund und er saugte daran, zum Abschluss knabberte er mit seinen Zähnen darauf rum. Woher wusste er nur, wie er mich reizen konnte?

"Schatz, woher....."

Weiter kam ich nicht, er legte seine linke Hand auf meinen Mund. Na gut, sollte er ruhig weitermachen. Ich öffnete meinen Mund und verschlang seinen Zeigefinger, an dem ich zu lutschen begann. Auch meine Zunge war nicht untätig, die wickelte sich um den Eindringling. Aus Daniels Mund entwich ein kleiner Seufzer und er presste sich noch stärker an meinen Penis. Er leckte mit seiner Zunge weiter zu meinem Hals. In dem Moment wurde es mir klar, jetzt hatte er mich. Ich würde alles für ihn machen, nur damit er nicht aufhörte. Aber an meinem Hals blieb er nicht. Er rutschte weiter, bis seine Zunge meine linke Brustwarze erreichte, die er zu saugen begann und mit seinen Zähnen leicht biss. Oh Shit, hatte ich doch wirklich geglaubt, meinen Körper zu kennen. Aber solche Empfindungen, wie er in mir auslöste, hatte ich noch nie. Ich konnte mein eigenes Stöhnen hören. Schließlich zog mein Wohltäter seinen Finger aus meinem Mund und führte seine Hand zu meiner anderen Brustwarze, die er zwischen seinen Fingern hin und her zwirbelte. Keiner hatte bis jetzt solche Reaktionen in meinem Körper ausgelöst, auch ich selber nicht, und ich spürte, dass ich mich nicht mehr lange beherrschen konnte. Meine Atmung wurde immer schwerer. Daniel ließ von meinen Brustwarzen ab und seine Zunge wanderte weiter zu meinem Bauchnabel, in dem er sie versenkte. Oh Gott, lange konnte ich das Spiel wirklich nicht mehr mitspielen, und ich hob ihm mein Becken entgegen. Die Gelegenheit nutzte er und zog mir die Unterhose runter. Dabei berührte er mit seiner Hand kurz meinen Ständer und ich musste laut stöhnen.

"Stop."

Daniel kniete sich hin und schaute mich an. Diese Gelegenheit nutzte er, um

das letzte Kleidungsstück von mir auf den Boden zu werfen. Dann betrachtete er mich lange.

"War was, Schatz?"

Er kniete immer noch zwischen meinen Beinen, die Gelegenheit nutzte ich,
um mich aufzurichten.

"Nö, du wärst nur fast nass geworden."

Ich konnte mir ein Lächeln nicht verkneifen. Ich schaute mir Daniel von oben
bis unten an. Womit hatte ich nur so einen Boy verdient? Mit meinen Händen
strich ich an seinen Seiten runter, bis ich an den Bund seines Slips stieß. Hier
griff ich zu und zog ihn soweit es ging runter. Sein steifer Prügel sprang mir
entgegen und ein kleiner Tropfen seines Vorsaftes klatschte auf meinen
Bauch. Mann, was war das? Ich hatte zwar schon gesehen, dass Daniel nicht
behaart war, aber da unten hatte er auch keine Haare. Total geil. Ich wollte
ihn wieder auf mir spüren, so packte ich seinen Hintern mit den Händen und
ließ mich nach hinten fallen. Er konnte sich nicht halten und landete wieder
auf mir. Seine Unterhose störte immer noch ein wenig und ich winkelte mein
rechtes Bein an und streifte mit meinen Zehen diese über seine Beine.
Endlich spürten wir uns ganz, sein Stachel schmiegte sich neben meinem auf
meinen Bauch und sein Gewicht gab noch den richtigen Druck dazu. Daniel
näherte sich meinem Mund, und unsere Zungen trugen den nächsten Kampf
aus, dabei bewegte er seinen Unterleib immer hin und her, so dass unsere
Ständer an unseren Körper gerieben wurden. Das war doch etwas zuviel des
Guten. Ich stöhnte ihn an.

"Sorry, aber gleich wird's klebrig."

Daraufhin drückte er noch fester seinen Schwanz gegen meinen und
umschloss meinen Mund vollkommen mit seinem. Ich wollte nicht alleine den
Spaß haben, also griff ich mit jeder Hand eine seiner Pobacken und zog sie
auseinander. Anscheinend erreichte ich die gewünschte Wirkung, denn
Daniel hob seinen Kopf leicht an und entließ einen lauten Seufzer. Für mich
war das zuviel, ich gab mich dem hin, was nicht mehr aufzuhalten war. Ich
spritzte meinen Saft zwischen unsere Körper und zog dabei noch kräftiger an
Daniels Hintern. Schließlich spürte ich, wie er anfing zu zittern und wie er seinen eigenen Saft, mit einem erstickten Schrei, zwischen uns pumpte.
Ermattet fiel er auf mich. Zwischen uns war es warm und nass geworden,
aber in dem Moment störte es mich nicht. Ich ließ seinen Hintern los und
streichelte seinen Kopf. Er hatte sich anscheinend noch mehr verausgabt als
ich. Er brauchte ein wenig Zeit, bis er seinen Kopf aufrichtete und mich küsste.

"Du Ferkel, Frank. Du hast mich nass gemacht."

Dabei bewegte er seinen Unterleib auf und ab und man hörte leichtes
Schmatzen und ein echt geiler Geruch von unserer Sauerei stieg mir in die
Nase. Ich musste lachen und Daniel stimmte mit in meine Heiterkeit ein.

"Ich glaub, wir sollten uns trocken legen, sonst kleben wir noch fest. Hast du zufällig ein Handtuch hier, Danny?"

"Nee. Gehe ich aber jetzt holen. Wartest du hier?"

Damit kniete er sich hin, strich mit einer Hand über seinen Bauch, um unseren Samen zu entfernen und schmierte ihn mir auf die Brust. Dann erhob er sich vom Bett, dabei bemerkte ich seinen Freudenstab, der immer noch ziemlich gut in der Gegend rumstand. Das konnte ja was werden, der war ja immer noch geil. Aber viel besser ging es mir zur Zeit auch nicht. Schließlich verließ er das Zimmer, ließ aber die Tür offen. Ich blieb ungeduldig liegen. Hätte ich mich bewegt, wäre das Bett nass geworden und wir mussten hier drin noch schlafen. Plötzlich wurde ich durch einen Blitz geblendet und ein zweiter folgte sogleich. Scheiße, Daniel nutzt meine Situation aus, um seinem Hobby nachzugehen. Zu spät, um zu reagieren. Er stand in der Tür und betrachtete mich mit einem zufriedenen Ausdruck, schließlich warf er mir das mitgebrachte Handtuch zu. Ich griff danach und trocknete Bauch und Brust. Daniel nutzte die Gelegenheit und machte weitere Fotos von mir. Das ließ mich irgendwie geil werden und mein kleiner Mann richtete sich wieder zur vollen Größe auf. Ich setzte mich auf die Bettkante und winkte meinen Lover zu mir, jetzt war ich dran, ihn fertig zu machen. Er machte noch ein paar Fotos aus der Nähe, schließlich legte er aber die Kamera auf den Tisch und kam zu mir.

Ich öffnete meine Beine und er stellte sich vor mich und schaute mich an. Rache. Mir stieg ein geiler Geruch in die Nase und ich griff nach seinem leicht geschrumpften Schwanz und spielte ein wenig mit ihm. Daniel warf seinen Kopf in den Nacken, somit konnte er nicht mehr sehen, was ich weiter vor hatte. Mein Kopf näherte sich seinem wachsenden Glied und ich nahm es in den Mund. Meine Hände legte ich wieder auf seinen Hintern und drückte ihn in mich. Erstaunlich, fürs erste Mal konnte ich ein ganz schönes Stück von ihm aufnehmen. Daniel ließ wieder einen erstickten Schrei aus seinem Mund entweichen. Schließlich fasste er mit seinen Händen meine Schultern um sich festzuhalten, und seinen Kopf hatte er auf seine Brust gekippt. Mit halbgeschlossenen Augen beobachtet er, was ich machte. Zuerst spielte ich nur mit meiner Zunge um seinen Schwanz, aber ich wollte ihn noch mehr reizen. Mit einer Hand packte ich seinen Prügel und ich begann, mit meinem Mund immer auf und ab zu fahren. Daniels Stöhnen wurde immer lauter und seine Knie fingen an zu zittern. An seinem Hintern merkte ich, dass er sich leicht verkrampfte, das war mein Zeichen, um mit dem Spiel aufzuhören. Ich drückte ihn wieder auf das Bett zurück und spreizte seine Beine. Meine Zunge ließ ich an seinen unbehaarten Oberschenkeln hin und her gleiten. Ich erreichte seinen Sack und nahm eines seiner Eier in den Mund, das andere versorgte ich mit der Hand. Auch ich wurde immer geiler und wollte ihn jetzt überall verwöhnen. Ich drückte Daniels Beine in die Luft und leckte von seinem Sack tiefer, bis ich an seinem Po ankam. Die Zunge ließ ich ein paar Mal durch seine Ritze gleiten, bis ich sie schließlich über seinem Loch positionierte.

Hier ließ ich sie ein wenig kreisen und drückte sie dann in sein Loch. Durch Daniels Körper ging ein Zittern und er wälzte seinen Kopf hin und her. Nie hatte ich für möglich gehalten, dass ich mal jemandem seinen Arsch lecken würde, aber es war nichts Schlimmes oder Abstoßendes dabei. Im Gegenteil, ich fand es selber geil. Meine Zunge drang immer weiter in sein Loch und mit einer Hand streichelte ich seine Eier. Es machte mich richtig geil und ich dachte, wie würde es sein ihn jetzt zu ficken. Ich verwarf den Gedanken auf später und verwöhnte ihn weiter. Irgendwie fand ich, wurde es Zeit, ihn von seinen Qualen zu erlösen. Also ließ ich meine Zunge wieder nach oben an seine Eier wandern, die ich noch mal ausgiebig leckte. Schließlich erreichte ich den Schaft seines Gliedes, den ich auch noch ein paar Mal mit der Zunge verwöhnte. Dann griff ich nach dem Gegenstand meiner Begierde mit einer Hand, stülpte meine Lippen über seine Eichel und ließ den Schwanz in meinen Mund einfahren. Dabei konnte ich ihn schmecken, denn er hatte sich schon gut bekleckert. Ich ließ ihn in meinem Mund wieder ein- und ausfahren, wobei ich die Lippen immer fester um seine Stange presste. Mit der anderen Hand suchte ich seinen Hinterausgang, setzte den Zeigefinger an und drückte ihn langsam ins Loch. Das war zuviel für meinen Freund. Er versuchte meinen Kopf mit einer Hand wegzudrücken und stöhnte.
"Ich komme."
Ich ließ aber seinen Stengel in meinem Mund, ich war selber einfach zu geil. Den Zeigefinger drückte ich noch ein Stück tiefer in ihn und ich merkte, wie er wieder zitterte und seinen Schließmuskel zusammen zog. Sein Schwanz wurde in meinem Mund noch ein Stück größer. Diesmal hielt er sich nicht zurück. Als er kam, schrie er richtig, wölbte mir seinen Unterkörper entgegen und mir schoss es durch den Kopf, das hatten bestimmt auch die anderen gehört.
Schließlich legte ich mich neben meinen erschöpften Freund und beobachtete ihn. Es dauerte eine Zeitlang, dann wandte er mir seinen Kopf zu und lächelte mich mit strahlenden Augen an.
"Ich liebe dich, ich will immer mehr von dir."
Er legte sich auf mich und gab mir einen zarten Kuss auf den Mund.
"Hmm, du schmeckst verdammt gut."
Damit leckte er mir den Mund aus und griff sich meinen Steifen, um ihn etwas zu wichsen.
"Sag mal, warum hast du meinen Saft geschluckt? Hast du keine Angst?"
Tja, dafür war es jetzt zu spät, aber ich wollte es ja. Trotzdem hatte ich jetzt ein schlechtes Gewissen. Hatte ich mir doch vorgenommen, vorsichtig mit Sex zu sein, ich wollte ja noch länger gesund bleiben! Jetzt hatte ich aber seinen Saft getrunken und wenn er infiziert gewesen wäre, so wäre ich es jetzt bestimmt auch. Scheiße, was sollten jetzt diese Gedanken? Es war passiert, und ich hatte meine Kontrolle verloren, ich hatte mich nicht mehr im Griff gehabt und ließ das zu, was ich nie wollte. Was sollte ich jetzt sagen? Es war passiert,

außerdem hatte er ja noch nie Sex gehabt, damit war das Risiko doch gering.
"Doch schon, aber ich wollte alles und ich vertraue dir. Du hast gesagt, ich
wäre dein Erster, also war das Risiko gering. Bei mir sieht es etwas anders
aus, aber mein letzter Test liegt ein halbes Jahr zurück und er war negativ.
Außerdem hatte ich seit über drei Jahren nur mich selber."
Daniel küsste mich auf den Mund.
" Wie du schon sagtest, du bist mein erster Lover. Dann sind wir uns einig?
Wir wollen beide ohne?"
"Ja, immerhin brauchen wir beide ja keine Sorgen mehr zu haben."
"Gut, dann kann ich mich jetzt an dir rächen."
"He, wieso rächen, war es denn nicht schön?"
"Ich zeig es dir, Schatz."
Damit drehte er mich auf den Bauch, spreizte meine Beine und kniete sich
dazwischen. Mit beiden Händen zog er meinen Hintern auseinander und
leckte mit seiner Zunge durch meine Rille. Dann presste er sie in mein Loch.
Ich schnappte mir das Kopfkissen und biss hinein, nicht weil es schmerzte,
sondern weil ich nicht vor Lust laut aufschreien wollte. Mit der Zunge drang
er immer weiter in mich und ich hob ihm meinen Hintern entgegen. Er griff
sich mit einer Hand meinen Steifen und wichste ihn. Keine Ahnung, wie lange
er mich so verwöhnte, aber irgendwann ließ er seine Zunge wieder durch
meine Rille gleiten, bis sie meinen Sack erreicht hatte. Daniel nahm direkt
beide Eier in seinen Mund und verwöhnte sie mit der Zunge. Wie gut, dass
ich das Kopfkissen hatte, sonst hätte ich geschrien. Plötzlich merkte ich, wie
ein Finger sich an meinen Anus zu schaffen machte und erst ein wenig in
mich eindrang. Der Druck ließ nicht nach, und der Finger glitt immer weiter in
mich. Daniel machte mit dem Finger richtige Fickbewegungen. Es war einfach nur geil. Ich merkte, wie mein Freund meinen Schwanz in den Mund
nahm. Er hatte sich auf seinem Rücken unter mich gelegt, so dass er mit seinem Gesicht unter meinem Schwanz lag und mit seinem Kopf machte er Auf-
und-Ab-Bewegungen. Ich wusste, lange konnte ich das nicht aushalten. Was
war das? Daniel drückte mir noch einen zweiten Finger in den Arsch und fickte mich immer weiter, und ab und zu spreizte er die Finger, um mich zu deh-
nen. Das war´s, ich merkte wie mir der Saft in die Eier stieg.
"Danny..."
Das war das Einzige, was ich noch rausbringen konnte. Dabei krümmte er
seine Finger in meinem Po. Ich verausgabte mich tierisch und meine Knie zitterten, aber ich konnte nicht zusammenbrechen, da mein Freund noch unter
mir lag. Daniel leckte mich sauber und jagte damit noch einige Schauer durch
meinen Körper. Seine Finger zog er jetzt langsam aus mir raus und er kroch
unter mir hervor. Ich ließ mich fallen, jetzt hatte ich wirklich keine Kraft mehr.
Langsam aber sicher bekam ich wieder Luft. Danny drehte mich wieder auf
den Rücken und näherte sich meinem Mund, den ich auch sofort öffnete, um
ihn zu empfangen. Dann presste er seine Lippen auf meine und unsere

Zungen trafen sich wieder zu einem Kampf.

"Danny, du bist eine geile Sau. Ich liebe dich und gebe dich nicht wieder her. Das ist eine Drohung. Verstanden?"

"Natürlich, mein Schatz, das gleiche gilt für mich."

Wir streichelten uns noch eine Zeitlang, dann schlief ich wohl ein. Mitten in der Nacht wachte ich auf, weil mich etwas am Schwanz kitzelte. Ich brauchte einige Zeit, bis ich registrierte, was da abging. Daniel hatte sich gedreht und lag jetzt mit seinem Kopf zu meinen Füßen. Er hatte wieder meinen Schwanz im Mund und bearbeitete ihn mit voller Hingabe. Mein kleiner Freund war schon vor mir aufgestanden. Neben meinem Kopf war Daniels Unterleib gebettet und er hatte auch wieder einen Harten. Ohne zu zögern, packte ich zu und steckte ihn in den Mund. Mein Freund stoppte einen kurzen Augenblick mit seiner Bewegung, dann registrierte er, dass ich wieder wach war und machte mit seine Bemühungen weiter. Schließlich legte er sich über mich, steckte mir seinen Schwanz von oben in den Mund und bewegte sich auf und ab. Mit einer Hand spielte ich an seinen Eiern, mit der anderen an seinem Loch. Leider konnte ich ihn nicht lange verwöhnen. Er hatte ja schon einen gewissen Vorsprung, so musste ich seinen Schwanz aus dem Mund nehmen, damit ich nicht versehentlich mit den Zähnen draufbiss. Als er merkte, dass ich schon soweit war, steckte er mir ohne Vorwarnung seinen Zeigefinger in mein Loch. Das war zuviel und ich verlor fast das Bewußtsein. Ich konnte nur die Realität hinter einem Dunstschleier wahrnehmen. Schließlich erholte ich mich wieder. Daniel saß auf meinem Brustkorb, sein steifer Schwanz ragte in mein Gesicht.

"Hey, wieder da? Ich habe mir schon etwas Sorgen gemacht."

"Ja, geht wieder, was war los? Mir tun nur etwas die Arme weh."

Er grinste und plötzlich merkte ich, er hatte sich mit den Beinen auf meine Arme gesetzt. Ich konnte mich nicht wehren. Angst hatte ich keine, da ich ihm vertraute. Doch wollte ich wissen, was er jetzt vor hatte.

"Was hast du vor?"

"Sieh hin und genieße."

Damit fasste er sich selber an seinen Schwanz und begann ihn zu wichsen. Seine Hand flitzte immer schneller über seinen Schaft und kurze Zeit später erreichte er sein Ziel. Ich öffnete meinen Mund, um auch noch was zu bekommen. Daniel brach über mir zusammen und legte sich auf mich. Mit seiner Zunge leckte er mir seine Sauerei aus dem Gesicht. Schließlich kuschelte er sich wieder an mich, und wir schliefen zufrieden ein. Irgendwann wachte ich auf, draußen war es hell geworden. Das Bett war leer, Daniel war schon aufgestanden ohne mich zu wecken. So ein Schuft. Ein Blick auf die Uhr, erst zehn. Ich entschied mich, ihn zu suchen und ging aus dem Zimmer. Er war aber nirgends zu finden. Wohin hatte er sich jetzt verzogen? Plötzlich ging eine Tür auf. Susi schritt verschlafen auf den Flur und erblickte mich. Sie lächelte.

"Morgen. Du scheinst etwas in Eile zu sein, wenn du so rumläufst."
Damit deutete sie auf mich. Scheiße, ich hatte vergessen, dass wir nicht alleine waren und somit hatte ich mir nichts übergezogen. Mir wurde es im Kopf richtig heiß. Plötzlich hörte ich in der Tür einen Schlüssel und die Eingangstür ging auf. Daniel und Sven kamen in die Wohnung, sahen uns und fingen an zu lachen. Mein Freund kam auf mich zu, gab mir einen Klapps auf den Hintern und küsste mich.
"Morgen, Langschläfer. Toilettengang ist erlaubt, aber dann wieder ab ins Bett. Keine Widerrede."
Damit die Situation nicht peinlicher wurde als sie schon war, verzog ich mich ins Bad. Einmal Wasserlassen, Zähneputzen, dann entschied ich mich auch noch für eine Dusche. Nichts wie zurück ins Schlafzimmer. Wenn Daniel es so wollte! Schade war nur, dass ich etwas Hunger verspürte. Lange brauchte ich aber nicht zu warten und die Tür ging auf. Daniel kam mit einem Tablett rein und stellte es auf den Tisch. Er hatte Frühstück gemacht. Auch eine rote Rose stand auf dem Tablett. Daniel zog sich wieder komplett aus und kam zu mir unter die Decke. Er gab mir einen dicken Kuss.
"So, für meinen Schatz eine Rose und Frühstück ans Bett. Ich hoffe, dem Herr ist das genehm."
Ich lachte und schüttelte den Kopf.
"Ja, natürlich. Nur eins will ich noch klarstellen. Lass mich nie wieder morgens alleine, ohne mir zu sagen, wo du bist. Ich hatte schon die Befürchtung, du hättest mich verlassen."
Damit drückte ich ihn tief ins Bett und gab ihm einen langen Kuss um ihm zu zeigen, dass ich es ernst meinte.
"Sorry, ich wollte nicht, dass du dir Sorgen machst. Ich hatte gehofft, du würdest nicht merken, dass ich weg bin. Versprochen, ich werde es nie wieder machen."
Damit grinste er mich an. Sollte ich ihm das nun glauben? Eher nicht. Nachdem soweit alles geklärt war, frühstückten wir im Bett. Daran hätte ich mich gewöhnen können. Frische Brötchen, ohne aufzustehen.
"Danke für die Überraschung, Schatz. Frühstück im Bett, was hast du denn noch vor?"
Daniel legte sich zurück und lächelte.
"Alles, was du auch willst."
Na gut, sollte er ruhig haben. Ich stellte das Tablett wieder zurück auf den Tisch griff nach meinem Kopfkissen und deckte Daniel damit den Kopf ab. Er wehrte sich dagegen.
"Liegen lassen. Vertrau mir."
Er hörte sofort auf und entspannte sich. Ich zog ihm die Decke weg, griff nach dem Honig, der noch auf dem Tablett stand und tauchte einen Löffel ein. Schließlich ließ ich den Honig auf den ganzen Oberkörper und seinen Schwanz tropfen. Daniel spannte seine Muskulatur an und kicherte.

"Was machst du, es kitzelt."

"Ich spiele Biene Maja."

Schließlich leckte ich seinen Körper mit meiner Zunge vom Honig sauber. Erst den Hals, dann seine Brust, Bauch und Bauchnabel. Schließlich kam ich wieder an seinen Baumstamm, der sich noch im Ruhezustand befand. Erst leckte ich seine Eier sauber und als ich merkte, wie sein Schwengel darauf reagierte, nahm ich ihn einfach ganz in den Mund und säuberte ihn. Mann, war das ein Gefühl, einen Schwanz im Mund steif werden zu lassen. Ich leckte ihn noch ein bisschen, dann wichste ich mit einer Hand weiter. Mit der anderen griff ich unter das Bett. Es war für ihn dumm gelaufen. Ich hatte im Bad eine Flasche mit Gleitmittel gefunden, noch original verschlossen. Ich öffnete die Flasche, war etwas umständlich mit einer Hand, aber es ging, und träufelte etwas über Daniels Schwanz. Ich wichste ihn weiter, so verteilte ich alles über seinen Steifen.

"Nee, Schatz, anscheinend hast du Spaß mit dem Honig."

Ich musste lachen, sagte aber nichts weiter. Schließlich schmierte ich mir noch mit dem Gleitmittel meinen Hintern ein. Wenn der wüsste, was ich mit ihm anstellen würde. Ich wollte ihn einfach nur in mir spüren, er sollte aber nicht wissen, was ich machte und er tappte immer noch im Dunkeln. Schließlich kniete ich mich über ihn, mit der einen Hand positionierte ich seinen Schwanz an mein Loch und senkte mich auf ihn ab. Als ich seine Eichel an meinem Loch spürte, machte ich etwas langsamer. Schmerzen wollte ich mir nicht verursachen. Das Beste, Daniel raffte immer noch nichts. Auch dann noch nicht, als seine Eichel in mir verschwand. Ich musste eine Pause einlegen, um mich an den Eindringling zu gewöhnen, doch nach kurzer Zeit ging es weiter. Diesmal flutschte ein gutes Stück in mich und ich saß schon fast auf meinem Freund auf. Jetzt erst merkte er, dass er nicht meinen Mund spürte. Er riss sich das Kopfkissen runter und sah mich mit großen Augen an. Das war für mich der Moment, ihn komplett in mich aufzunehmen und ich ließ mich auf seinen Schoß sinken. Autsch, das war doch wohl etwas zu schnell und ich verzog mein Gesicht vor Schmerz.

"Frank, alles in Ordnung? Was machst du nur für Sachen?"

Auch wenn er diese Frage stellte, er war trotzdem von meiner Aktion begeistert. Daniel streichelte mit der einen Hand mein Oberschenkel, mit der anderen griff er sich meinen schlaffen Schwanz und wichste ihn. Er schaffte es, mich zu entspannen. Mein kleiner Mann wurde steif und der Schmerz wich einem schönem Gefühl. Erst jetzt, als der Schmerz nachließ, nahm ich Daniels Eindringling richtig in mir wahr und das Gefühl war unbeschreiblich. Ja, das war genau das, was ich wollte. Jetzt wunderte mich nichts mehr, warum es früher mit Frauen nicht klappte. An einer Stelle fehlte ihnen halt was. Daniel wichste immer noch meinen Stab und ich begann mich langsam von seinem Glied zu erheben. Als ich nur noch seine Eichel in mir hatte, senkte ich mich wieder etwas schneller ab und ich musste laut stöhnen. Nicht vor Schmerz, das Gefühl war anders und richtig schön. Auch Daniel hörte auf zu wichsen, verschloss die Augen und stöhnte. Ich entschied mich, ihn in mir zu lassen und legte mich auf seine Brust. Daniel öffnete die Augen näherte sich meinem Mund und küsste mich leidenschaftlich. Seine Arme umfassten meinen Oberkörper und drückten mich an sich, mit seinen Händen streichelte er meinen Rücken und Po.

"Habe ich dir weh getan?"

Er war richtig süß, wieso sollte er mir weh getan haben? Ich hatte es doch so gewollt, und trotzdem machte er sich um mich Sorgen? Wir blieben eine ganze Weile so liegen ohne uns zu bewegen und verwöhnten uns. Mann, war das ein Gefühl, ihn so in mir zu spüren, aber ich wollte ihm auch was Gutes tun, also spannte ich meine Muskulatur an meinem Hinterausgang, eher Eingang, an und lockerte sie wieder. So begann ich, seinem Schwanz Streicheleinheiten zu verpassen. Man konnte richtig in seinem Gesicht erkennen, was für Vergnügen ich ihm damit bereitete. Jetzt kam in Daniel Bewegung. Er packte mich wieder fester und drehte sich zur Seite. Ich konnte mich nicht halten und glitt neben ihn, leider verlor ich meinen Eindringling, doch ihn störte das nicht. Er kniete sich zwischen meine Beine, hob sie an und drückte meine Knie an meine Brust. Jetzt war ich ihm ausgeliefert. Vorsichtig und langsam drückte er zu, so dass seine Eichel wieder in mich glitt. Er aber hörte nicht auf, sondern drang immer weiter in mich, bis ich seine Eier an mein Hintern spürte. Er war wieder komplett in mir, ohne dass ich auch nur den geringsten Schmerz spürte. Schließlich packte er meine Beine und positionierte sie an seine Hüften. Ich nutzte die Gelegenheit und umschloss seinen Körper mit meinen Beinen und drückte ihn noch fester in mich, dabei fiel er auf meine Brust. Er blieb so liegen und küsste mich am Hals, dann fing er an, seinen Unterleib auf und ab zu bewegen. Sein Schaft fuhr mal aus mir raus und wieder in mich ein, dabei drückte sein Unterleib schwer auf mein eigenes Glied. Durch meinen Körper gingen richtige Stromstöße und ich umschloss ihn noch zusätzlich mit meinen Armen. Die Welt hätte in dem Moment untergehen können, ich hätte es nicht gemerkt. Er stieß immer wieder in mich, wobei er an Geschwindigkeit noch zulegte. In mir wurde es richtig warm, nichts war mehr von Schmerzen zu spüren, nein, im Gegenteil, ich wurde immer geiler und ließ es auch lautstark aus mir raus. Ich wusste nicht, wie lange er mich so verwöhnt hatte, aber irgendwann war ich auf Wolke sieben. Mein Ventil konnte nicht mehr den Samen zurückhalten und ich feuerte meinen heißen Saft zwischen unsere Körper, dabei verkrallte ich meine Finger in Daniels Rücken. Er war anscheinend auch schon reif. Er warf seinen Kopf in den Nacken und drückte seine Luft aus den Lungen. Ich merkte, wie es in mir warm wurde. Schließlich brach er kraftlos über mir zusammen und blieb auf mir liegen. Eine ganze Zeitlang brauchten wir, um uns wieder zu erholen, das hielt mich aber nicht davon ab, ihm seinen Nacken zu kraulen. Langsam hob er seinen Kopf von meiner Brust und schaute mir in die Augen, näherte sich mit seiner rechten Hand meinem Gesicht und streichelte über meine Wange.

"Am liebsten würde ich so liegen bleiben und später wieder weitermachen. Frank, ich liebe dich ganz doll, für ewig."

"Glaube ich dir aufs Wort, scheinst ja auch noch in Form zu sein."

Ich ließ meine Hand auf eine seiner Hinterbacken fallen, um den letzten Satz zu bestätigen, mein Freund zuckte dabei etwas zusammen und schmiegte sich wieder fester an mich. Dabei spürte ich wieder seinen Schwanz, der sich immer noch in mir befand, und nachdem, was ich spürte, war er noch nicht im vollkommenen Ruhezustand. Leider wurden wir gestört. Ein leises Klopfen war an der Tür zu hören, dann ging sie auf. Susi trat in das Zimmer und erblickte uns.

"Äh.., bin gleich wieder weg. Wie war das mit der Fahrt ins Grüne? Ich glaube, ich lass euch noch etwas Zeit. Kommt ihr gleich?"

Peinlich, peinlich, musste sie jetzt reinkommen? Dummerweise lagen wir auch noch auf der Decke, es gab kein Möglichkeit, uns ihren Blicken zu entziehen. Schließlich schloss sie die Tür wieder von außen. Kurze Zeit später konnte man sie noch mal aus dem Flur hören.

"Sven, bleib hier."

Daniel zuckte mit den Schultern.

"Ich glaube, wir sollten sie nicht länger alleine lassen. Lässt du mich bitte aus deiner Umarmung raus?"

"Was bekomme ich dafür, wenn ich das mache, mein Schatz? Außerdem glaube ich, klebst du an mir fest, ich konnte mich ja auch mal wieder nicht beherrschen."

Daniel musste lachen und gab mir ein Kuss.

"Komm, lass uns duschen. Wir werden noch genug Zeit miteinander haben."

Ich öffnete meine Beine und stellte sie angewinkelt an Daniels Seiten, um ihn zu entlassen.

"Glaubst du? Du hast mich aber schon süchtig nach dir gemacht."

Daniel stemmte sich mit seinen Händen von mir hoch, zog sich aber nicht aus mir zurück. Mit der rechten Hand griff er nach dem Handtuch, was neben uns lag, wischte meinen und seinen Bauch sauber.

"Hast dich wirklich nicht beherrschen können, du Sau."

Schließlich drückte er das Handtuch unter meinen Hintern und zog langsam seinen Schwanz aus mir raus. Als er mich verließ, musste ich seufzen. Selbst dieses Gefühl erzeugte einen Schauder in meinem Körper. Er richtete sich auf, stellte sich vors Bett und reichte mir eine Hand. Ich ergriff diese und mein Freund zog mich in seine Arme hoch. Ein abschließender Kuss und wir zogen uns unsere Unterhosen an. Beide verließen wir das Zimmer und gingen zum Bad.

Der Tag danach

Im Wohnzimmer saßen unsere Freunde und grinsten uns an.
"Morgen, ihr beiden. Sorry, wenn ich bei irgendwas gestört habe. Wollte ich nicht, aber bei euch war es plötzlich so still. Da dachte ich, dass ich stören konnte. Hm, Pech."
Daniel nahm mich in seinen Arm.
"Schon gut, wir waren fertig."
Was? Ich drehte meinen Kopf zu ihm und schaute ihn böse an.
"Stimmt das etwa nicht, Schatz?"
"Vielleicht redest du von dir, ich hatte gerade erst angefangen. Ich kann einfach nicht mehr meine Finger von dir lassen."
Er löste seine Umarmung und schlug mir seine flache Hand auf den Hintern.
"Los, mach, dass du ins Bad kommst. Sonst werde ich dir noch zeigen, wer die meiste Ausdauer von uns hat."
Ich gab mich geschlagen und verschwand im Bad, Daniel folgte mir und schloß die Tür hinter sich. Nach so einem Frühstück brauchte ich tatsächlich wieder eine Dusche, also zog ich mir meine Hose runter und verschwand hinter der Tür. Daniel folgte mir und stellte sich hinter mich. Er preßte sich an mich, dabei merkte ich, dass sein Freudenstab schon wieder oder noch immer halb steif war. Er hatte eine tolle Kondition. Egal, ich griff nach der Seife, drehte mich um und begann meinen Peiniger zu säubern. Bei seinem Vorbau ließ ich mir besonders viel Zeit. Seine Reaktion, sein Lümmel wurde wieder knallhart. Ich wollte aber das Duschen so schnell wie möglich abschließen. So drehte ich ihn um, kümmerte mich um seinen Rücken, besonders aber um seinen Hintern. Hier ließ ich meine Hand durch seine Spalte wandern und steckte auch mal kurz einen Finger in sein Loch. Ich verpasste ihm halt eine gründliche Reinigung.
"Noch eine kurze Innenreinigung. So jetzt bist du fertig."
Ich blieb vor ihm knien, schaute zu ihm hoch, doch es dauerte eine Weile bis er sich drehte. Dabei schlug mir sein harter Schwanz mitten ins Gesicht. Von mir hatte er zur Zeit nichts mehr zu erhoffen, also stellte ich mich hin und reichte Ihm die Seife. Auch Daniel wusch mich und mit meinem Schwanz beschäftigte er sich auch ausgiebig. Nicht schon wieder, er richtete sich zu seiner vollen Größe auf. Damit hatte ich nicht gerechnet, aber Danny hatte die besondere Gabe, mich wieder in Stimmung zu versetzen. Nee, die anderen warteten doch auf uns, außerdem wollte ich meinen Freund ärgern. Was sollte ich jetzt nur machen? Eine kurze Drehung und ich stützte mich an der Duschwand ab. Meinem Freund präsentierte ich jetzt meine Rückfront, die er auch sogleich wusch. Mit meinem Hintern beschäftigte er sich auch etwas länger und drückte mir zwei seiner Finger hinten rein. Wow, ein Ruck ging durch meinen Körper und mein Schwanz wuchs noch etwas mehr. Abgestützt an der Wand ließ ich mich von ihm verwöhnen. Dann entschied ich mich

anders, griff mit einer Hand nach den Ducharmaturen und drehte das heiße Wasser zu. Zwar wusste ich, was kam, aber es trieb mir doch die Luft aus den Lungen. Daniel schrie auf, ließ von mir ab und sprang aus der Dusche. Ich musste mir echt das Lachen verkneifen, drehte das Wasser komplett aus und folgte ihm. Wenn Blicke töten könnten, wäre ich jetzt wohl nicht mehr auf der Welt. Anscheinend hatte ich ihn bei irgendwas gestört. Die ganze Zeit konnte er seinen Blick nicht von mir wenden, ich tat aber so, als ob es mich nicht kümmern würde. Ein Griff und ich hatte das einzige Handtuch hier im Bad und trocknete mich schnell ab, dann ging ich zu meinem Liebsten und trocknete auch seinen Körper. Erst den Kopf, den Rücken, die Beine eine kurze Drehung, schließlich seine Brust und denn Bauch. Bei seinem besten Stück ließ ich mir wieder etwas mehr Zeit. An der Reaktion seines Gliedes konnte ich sehen, dass er mir den Vorfall mit der Dusche verziehen hatte. Am liebsten hätte ich das ausgenutzt, um ihn noch einmal zu verwöhnen, aber die Zeit drängte. Ein paar Wichsbewegungen und ich ließ von ihm ab, zog meine Unterhose an und verließ das Bad. Im Wohnzimmer saßen noch immer Susi und Sven und warteten. Susi erblickte mich und warf mir einen fragenden Blick zu.

"Wer hat so geschrien?"

"Das war ich. Sorry, muss noch was erledigen. Dauert bestimmt nicht lange." Daniel war hinter mir aufgetaucht. Er hatte seinen Slip wieder an, aber seinen Zustand konnte man deutlich erkennen. Er dirigierte mich ins Schlafzimmer, warf mich aufs Bett und kam zu mir. Mit beiden Händen griff er meinen Slip und riß ihn vom Körper. Mit seinem Kopf näherte er sich meinem schlaffen Schwanz und nahm ihn in den Mund. Schnell hatte er mich in Höchstform gebracht. Als er merkte, dass ich kurz vorm Orgasmus stand, ließ er von mir ab, kroch aus dem Bett und zog sich an. Das war brutal und gemein. Jetzt wusste ich, was ich ihm angetan hatte. Geschah mir zu Recht, warum sollte er mich nicht auch so behandeln? Mir blieb also nichts anderes übrig als aufzustehen. Daniel war eher fertig und beobachtete mich. Ein hämisches Grinsen war auf seinem Gesicht zu sehen. Als ich fertig war, umarmte ich ihn, drückte meine Lippen auf seine und drang mit meiner Zunge in seinen Mund. Er packte mit beiden Händen meinen Hintern und zog mich an seinen Körper hoch. Fast hätte ich in der Hose abgeschossen, nur mit Mühe konnte ich das unterbinden. Schließlich verließen wir Hand in Hand das Zimmer und gingen zu unseren Freunden. Beide schüttelten sie ihren Kopf, als sie uns sahen.

"Typisch, frisch verliebt. Sie kommen einfach nicht voneinander los. Nehmt euch ein gutes Beispiel an uns."

Vielleicht hätte das Sven nicht sagen sollen. Susi schlug ihn mit der flachen Hand auf seinen Schenkel. Es war ein lautes Klatschen zu hören und Sven konnte einen Schmerzensschrei nicht unterdrücken.

"So so, das werde ich mir merken. Wenn du meinen Körper schon über hast,

werde ich heute nacht bei Frank und Daniel schlafen. Vielleicht bekomme ich sie noch auf die richtige Seite. Ich gebe mir bestimmt viel Mühe dabei."
Susi grinste uns beide an und beide wussten wir, dass sie nur Spaß machte. Trotzdem konnte ich mir einen Kommentar nicht verkneifen.
"Ich weiß jetzt, dass ich auf der richtigen Seite bin und keiner kann mir das mehr nehmen. Und Daniel werde ich auch nicht mehr hergeben. Ich werde schon wissen, wie ich ihn zu verteidigen habe."
Daniel zog mich zu sich und gab mir einen Kuss. Er streichelte mich mit einer Hand an meiner Wange.
"Dito, Schatz. Du bist jetzt auch mein."
Damit war das Thema geklärt und auch beendet. Kurze Zeit später verließen wir gemeinsam das Haus, stiegen in Daniels neues Auto und machten eine Probefahrt durch die Eifel. An einem Parkplatz machten wir kurz Rast und entschieden, bei dem Sonnenschein noch etwas spazieren zu gehen, obwohl es ziemlich kalt war. Susi und Sven gingen Arm in Arm voraus und ich schaute fragend zu Daniel. Er kam näher und nickte mir zu. Mit einer Hand packte ich ihn, zog ihn zu mir und legte einen Arm um seine Hüften. So folgten wir dem anderen Pärchen, das schon ein Stück voraus gegangen war. Irgendwann kamen wir in ein Dorf, aber auf dem Weg dorthin schienen wir für einige Leute eine Attraktion zu sein. Alle drehten sich nach uns um und begannen zu tuscheln. Eigentlich war mir das egal, solange mir keiner begegnete, der mich kannte. Sonst hätte ich ein ziemliches Problem gehabt, aber darüber wollte ich mir erst Gedanken machen, wenn es soweit war. Zur Zeit fühlte ich mich sauwohl. Sollten doch die Leute denken, was sie wollten, Hauptsache, mir ging es gut. Und das tat es. Endlich mal wieder nach einer sehr langen Zeit. Da waren mir doch die Spießer, die über uns herzogen, scheißegal. Neid herrschte halt überall.
Luft und Liebe machten uns irgendwann hungrig und so beschlossen wir, in einem Restaurant einzukehren. Die Gäste musterten uns, als ob wir Außerirdische seien, dafür war der Kellner um so netter, der auf uns zustürzte. Mit einer freundlichen Geste zeigte er uns einen freien Tisch, dabei entfernte er noch schnell das "Reserviert"- Schild. Daniel und ich setzten uns zusammen und fassten uns an den Händen. Mann, war ich in ihn verschossen. Der Kellner brachte uns die Karten und fragte nach den Getränkewünschen, die er dann auch sofort servierte. Ein Glück, ich brauchte nicht zu fahren, also konnte ich mir einen Rotwein genehmigen. Wir bestellten das Essen und unterhielten uns ein wenig. Etwa zwanzig Minuten später kam der Kellner mit dem Gaumenschmaus und wir ließen es uns schmecken. Immer wieder tauchte er bei uns auf, fragte, ob es uns schmecken würde und ob wir noch was bräuchten. Als wir fertig waren brachte er uns einen Kräuterschnaps und einen Espresso zum Verdauen. Gesättigt und zufrieden riefen wir wieder unseren Kellner und baten um die Rechnung.

"Wollen sie schon gehen? Ich kann ihnen noch einen guten Nachtisch emp-
fehlen."

Sven schaute zu ihm rauf.

"Ja, wir müssen, danke. Ich muss ihnen ein Lob für die Bedienung aussprechen, so was habe ich noch nie gehabt."

Der Kellner lachte.

"Danke, das hört man gerne. Irgendwie musste ich sie ja von unseren glot-
zenden Gästen ablenken. Außerdem, solche netten Pärchen wie sie hat man
ja nicht alle Tage."

Mit dem letzten Satz hob er seine Hand und zeigte auf uns. Das Lob lief runter wie Öl und dabei wurde ich etwas rot im Gesicht. Daniel ging es auch nicht
besser, er klappte seinen Mund auf. Doch fasste er sich als Erster.

"Danke für das Kompliment. Das gibt einem wenigstens den Mut, sich so in
der Öffentlichkeit zu zeigen. Sie haben damit keine Probleme?"

"Nö, wieso auch. Mein kleiner Bruder ist auch schwul und an ihm sehe ich,
wie schwer es sein kann. Da dachte ich mir, eine Aufmunterung könnte nicht
schaden. So, ich hole mal die Rechnung."

Damit verschwand er für einen kurzen Moment und kam mit der Rechnung
wieder. Wir zahlten und legten noch ein saftiges Trinkgeld oben drauf.
Freundlichkeit und guter Service gehören auch belohnt. Als unser Kellner das
Geld griff und zählte, sah man sein Gesicht strahlen.

"Oh, Wahnsinn. Das hatte ich noch nie. Herzlichen Dank, kommen sie bald
wieder."

Sven schlug ihm mit der flachen Hand auf die Schulter.

"Schon gut, so was gehört belohnt."

Damit standen wir auf, zogen unsere Jacken über und gingen zur Tür. Der
Kellner ging voran, öffnete uns die Tür und verabschiedete uns freundlich.
Draußen war es schon dunkel, für diese Jahreszeit war es ja auch normal,
aber musste es so kalt sein? Daniel schmiegte sich fest an mich. Susi schaute uns beide an.

"Und, was machen wir jetzt? Ich würde gerne nach Hause, immerhin müssen
wir noch ein Stück zum Auto laufen."

Alle nickten wir ihr zustimmend zu, somit machten wir uns auf den Weg. Nach
einem kleinen Fußmarsch erreichten wir das Auto, doch bevor wir einstiegen,
mussten wir noch den Schnee entfernen. Es hatte angefangen zu schneien.
Nach einer leichten Rutschpartie mit dem Auto erreichten wir das wohlig
warme Heim. Wir machten es uns gemütlich, doch Daniel hastete wieder in
die Küche. Konnte der nicht mal Ruhe finden? Ich folgte ihm. In der Küche
hatte er gerade einen Topf mit Glühwein auf den Herd gesetzt.

"Schatz, du brauchst nicht rumstehen. Setz dich zu den anderen."

Das wollte ich aber nicht. Mein Verlangen von heute morgen nach meinem
Schatz hatte sich nicht verflüchtigt. Ich näherte mich ihm, umarmte ihn und
knabberte an seinem Ohrläppchen. Daniel griff an meinen Gürtel und zog

mich dicht zu sich hin.

"Kannst wohl keine Sekunde die Finger von mir lassen."

"Soll ich denn wirklich?"

"Untersteh dich. Sonst binde ich dich ans Bett und lass dich nicht mehr fort." Hui, hatte er es schon wieder so nötig? Leider musste seine Drohung warten, der Glühwein sollte nicht kochen. Ich griff mir noch die Gläser sowie eine Kelle und wir betraten wieder das Wohnzimmer. Da bot sich uns ein Schauspiel. Anscheinend konnte Susi auch nicht ihre Finger bei sich lassen. Sie lag auf ihrem Freund, der hatte schon sein Oberteil verloren. Beide hatten uns nicht bemerkt, denn sie ließen erst voneinander ab, als Daniel geräuschvoll den Topf auf den Tisch setzte.

"Och, sorry. Ich wollte nicht stören."

Susi richtete sich auf und Sven suchte nach seinem Pullover, fand ihn aber nicht und gab es schließlich auf. Jetzt konnte man auch deutlich seinen Zustand sehen, er hatte eine große Beule in der Hose. Danny und ich setzten uns wieder auf die Couch. Ich schenkte den Glühwein aus und gab jedem ein Glas. So saßen wir eine Weile und tranken. Susi und Sven entschuldigten sich und verschwanden in ihr Zimmer. Nun waren Daniel und ich alleine. Er nutzte sofort die Gelegenheit und stürzte sich auf mich.

"Wollen wir da weiter machen, wo wir heute morgen aufgehört haben? Ich hätte Lust."

Als Antwort gab ich ihm einen Kuss. Er stand auf, zog mich hoch und auch wir verschwanden in unsere Gemächer. Mein Freund riss mir richtig die Kleider vom Leib, so schnell konnte ich nicht gucken und als ich nichts mehr an hatte schubste er mich aufs Bett. Dort blieb ich liegen und schaute ihm beim Ausziehen zu. Als auch er nichts mehr anhatte, kam er zu mir gekrochen und legte sich auf mich. Wir versanken in einem langen Zungenkuss. Mann, wie ich das liebte, das sah man mir auch an. Eine Zeitlang verwöhnten wir uns so, dann richtete sich mein Freund auf.

"Schatz, kannst du heute nacht wieder bei mir bleiben?"

"Schwierig, ich denke da an meine Eltern. Ich weiß nicht ob sie gerafft haben, dass ich heute nicht zu Hause war. Aber bei zwei Tagen merken sie es bestimmt und ich will nicht, dass die blöde Fragerei losgeht, wo ich denn war."

"Ja. Wann stehen deine Eltern auf?"

"So gegen sechs morgens, warum? Was hast du vor?"

"Och, wie wäre es, wenn du bis halb sechs bei mir bleibst, dann nach Hause fährst und dich in dein Bett legst? Wenn du ausgeschlafen hast, erwarte ich dich wieder bei mir. Was ist? Außerdem kannst du mit deinem Alkoholspiegel sowieso nicht mehr fahren."

"Ja, ja, und du kannst hier genüsslich ausschlafen. Das hab ich gerne. Du hast Recht, es bleibt uns nichts anderes übrig und ich will ja auch bei dir bleiben. O.K., einverstanden. Stelle aber bitte den Wecker."

Daniel stieg aus dem Bett und schaltete seinen Wecker ein. Dann sprang er wieder ins Bett, rutschte zu mir runter, nahm meinen Schwanz in den Mund und verwöhnte mich solange, bis ich fast gekommen wäre. Nein, ich wollte jetzt aber noch nicht kommen. Schnell entzog ich mich ihm und drehte mich auf den Bauch.

"He, was soll das?"

"Ich will noch länger etwas von dir haben. Fast wäre es zu spät gewesen."

"Na und? Traust du mir nicht zu, dich wieder auf Vordermann zu bringen?"

Ich kam nicht zu einer Antwort. Daniel legte sich auf mich und spreizte mit seinen Knien meine Beine. Langsam streichelte er meine Schultern, biss mir in die Haut und ließ seine Zunge mein Rückrat runter wandern. Als er meinen Po erreichte, spreizte er mit den Händen meine Backen und verwöhnte mich mit seiner Zunge. Schließlich drang er mit ihr noch in mich ein. Mann, brachte er mich auf Touren, ich grabschte mir ein Kissen und schlug meine Zähne rein, damit ich nicht zu laut stöhnte. Trotzdem hob ich ihm mein Becken entgegen. Er nutzte die Gelegenheit und schob mir ein Kissen unter den Bauch und machte dann weiter. Plötzlich ließ er von mir ab, kam mit seinem Kopf an mein Ohr und flüsterte leise.

"Frank, darf ich dich ficken?"

"Was für eine Frage, natürlich. Aber bitte langsam."

Mit einer schnellen Bewegung hatte er die Flasche mit dem Gleitmittel vom Nachtisch genommen und schmierte meinen Po ein. Dabei steckte er erst einen, später zwei Finger in mein Loch, um es auf das Kommende vorzubereiten. Dabei leckte er noch meine Backen. Als er merkte, dass ich für ihn bereit war, zog er seine Finger aus mir zurück und leckte mit seiner Zunge wieder mein Rückrat rauf, bis er den Nacken erreicht hatte. Mit einer Hand positionierte er seine Eichel an meinen Eingang und drückte vorsichtig zu. Langsam spreizte sich der Muskel und ließ den Eindringling ein. Seine Eichel war verschwunden, da stoppte er sein Vordringen und gab mir Gelegenheit, mich wieder daran zu gewöhnen.

"Komm schon, ich glaube ich kann´s vertragen."

Das ließ er sich nicht zweimal sagen und der Druck nahm wieder zu. Schließlich spürte ich seinen Sack an meinem Hintern. Hm, er musste sich mal wieder rasieren. Daniel legte sich auf mich, er atmete schwer.

"Schatz, du bist zu eng. Ich glaube fast, ich komme gleich."

Damit stützte er sich auf seine Hände und begann sich leicht in mir zu bewegen. Mit jedem Stoß erhöhte er die Geschwindigkeit, mit der er mich fickte. Kurze Zeit später war er am Ziel. Dabei biss er mir in die Schulter. Schade, das ging mir etwas zu schnell. Diesmal hatte ich nicht die Gelegenheit, mit ihm zu kommen. Daniel ließ sich erschöpft auf mich fallen und nach einiger Zeit glitt sein geschrumpfter Freund aus mir. So blieben wir erst mal liegen. Als er wieder zur Ruhe gekommen war, drehte er sich von mir runter. Ich nutzte die Gelegenheit und setzte mich im Bett hin, da ich leichte Kreuzschmerzen bekommen hatte.

"Jetzt bist du reif."

Daniel rutschte auf dem Bauch liegend zu mir und nahm meinen mittlerweile erschlafften Schwanz in seinen Mund. Mit schnellen Bewegungen zeigte er mir, wie man mich wieder auf Hochtouren brachte. Er brauchte nicht lange und er hatte das Ergebnis im Mund, danach lutschte er meinen kleinen Freund sauber. Jetzt war ich auch geschafft, nutzte die Pause, um mich wieder richtig hinzulegen. Daniel rutschte zu mir hoch, legte seinen Kopf auf meine Brust und zog über uns beide die Decke.

"Wie wäre es mit einer Runde schlafen? Ich bin ziemlich fertig."

Ich musste lachen.

"Hat einen tollen muskulösen Körper, aber die Kondition lässt doch zu wünschen übrig. Ich kann dir aber nichts abschlagen."

Als Antwort biss er mir kräftig in meine Brustwarze.

"Aua!"

Das schmerzte. Er merkte wohl, dass die Liebkosung zu fest war, denn er leckte meine Warze so lange, bis der Schmerz verschwand und ich ihm seinen Kopf streichelte. So schliefen wir ein. Keine Ahnung, wie lange wir geschlafen hatten, schließlich schrillte der Wecker und schreckte uns aus dem erholsamen Schlaf. Daniel hatte mich die ganze Nacht als Kissen benutzt. Als der Wecker losging, sprang er als Erster aus dem Bett und schaltete ihn ab. Ich folgte ihm und begann mich anzukleiden. Kurze Zeit später stand ich vor seiner Tür und bekam noch einen Abschiedskuss.

"Hier, mein Zweitschlüssel. Damit kommst du ins Haus und in die Wohnung. Bis später dann."

Endlich weiß ich, wer ich bin

So entließ er mich. Ich fuhr schnell zu mir und schlich ins Haus. Meine Eltern waron noch nicht wach, so begab ich mich in mein Zimmer und legte mich noch etwas hin. Eine Zeitlany lag ich noch wach und dachte über das nach, was so passiert war. Jetzt wusste ich definitiv, ich bin schwul. Keine der beiden Mädchen hatte mir das gegeben, was mir Daniel gab. Ich fragte mich wirklich, ob nicht jeder andere Heteromann, der es mal mit einem anderen Mann getrieben hatte, sagen würde, Männer wären die besseren Liebhaber. Mir war klar, ich würde mich nie wieder auf eine Frau einlassen. Außerdem wurde mir noch etwas anderes klar. Ich wusste jetzt genau, dass ich Daniel liebte und um ihn kämpfen würde. Zur Mittagszeit weckte mich mein Vater. Komisch, während des Essens hatte niemand gefragt, wo ich gestern war. Gesättigt und wieder munter begab ich mich zu Daniel. Vorher fuhr ich noch kurz nach Belgien und holte ein paar Brötchen. An der Tanke holte ich einen Strauß Rosen. Dann aber nichts wie hin zu meinem Lover. Schellen brauchte ich ja nicht mehr. Als ich seine Wohnung betrat, war immer noch alles still. Ob die immer noch im Bett lagen? Mal schnell ins Schlafzimmer geschaut, tatsächlich mein Freund schlief noch. Er lag auf der Seite und die Decke war etwas verrutscht, so dass sein nackter Hintern sichtbar war. Gelegenheit, noch etwas zu kuscheln! Ich zog mich aus, stieg langsam ins Bett und kuschelte mich von hinten an ihn. Mein Schwanz berührte seinen Hintern und wurde dabei steif. Damit er nicht störte, legte ich ihn in die Spalte zwischen Daniels Pobacken. Mann, war das schön, einfach nur neben jemanden, den man liebte, zu liegen. Eine halbe Stunde später rührte sich Daniel. Noch etwas verschlafen griff er hinter sich und hatte plötzlich meinen Schwanz in der Hand.

"Geile Begrüßung. Alles steht schon stramm."

Ich küsste ihn in den Nacken. Dabei versuchte er, meinen Steifen in sein Loch zu stecken. Verschreckt zog ich mich zurück und entzog mich seiner Hand. Mein Freund drehte sich ruckartig um und schaute mir fragend ins Gesicht.

"Sag mir nicht, du bist nur passiv und willst mich nicht ficken. Tue mir das bitte nicht an."

Woran der schon wieder dachte. Aber irgendwie hatte er Recht. Wir hatten über unsere Vorlieben noch nicht gesprochen.

"Nein, natürlich nicht. Nichts lieber als das, aber nicht so. Dein erstes Mal soll genauso schön sein wie meins. Immerhin will ich dich abhängig machen."

Keine Antwort. Er legte nur seine Hand auf meinen Kopf und gab mir zärtlich einen Zungenkuss. Das reichte mir. Plötzlich flog die Tür vom Zimmer auf. Sven stand im Türrahmen und betrachtete uns.

"Da hat schon jemand Brötchen geholt. Wollen wir frühstücken?"

Mussten die immer stören? Auch wenn beide sehr nett waren, so war ich doch froh, dass sie sich bald wieder auf den Weg zu ihrem Zuhause machen würden. Daniel reagierte als Erster.

"Raus. Macht Kaffee."

Keine Widerrede und die Tür schloss sich von außen.

"So, jetzt kannst du loslegen. Fick mich, aber mach schnell. Die warten bestimmt nicht lange."

So nicht, mein Freund.

"Nee, ich brauche dafür Zeit und wenn wir die nicht haben, so verschieben wir das. Einverstanden?"

"Alles, was du willst, aber was machen wir mit unseren Latten?"

Da wusste ich schon was. Schnell drehte ich ihn auf den Rücken und setzte mich auf seine Oberschenkel. Jetzt konnte ich unsere Schwänze mit einer Hand greifen und wichsen. Dabei legte ich ein ganz schönes Tempo vor. Daniel ging das Gefühl durch und durch. Er warf seinen Kopf hin und her. Mir ging es auch nicht besser, aber ich musste immerhin noch was tun. Doch es war ein Wahnsinnsgefühl, seinen Steifen an meinem zu spüren und uns

gleichzeitig zu wichsen. Kurze Zeit später verkrampfte sich Daniel und sein kleiner Freund fing an zu zucken. Dann sprudelte er los. Das brachte auch mich über die Schwelle. Beide pumpten wir unseren Saft auf seinen Körper. Mann, war das ein Gefühl, und jetzt auch noch der Geruch. Die Situation nutzte ich und leckte seinen Körper wieder sauber. Er schaute mir dabei zu.
"Gibst du mir auch was ab?"
Mit einem Finger strich ich über seine Brust, sammelte den begehrten Nektar und steckte ihn in seinen Mund. Er saugte daran, schließlich drehte er sich und säuberte auch noch meinen kleinen Mann. So gestärkt, beschlossen wir, die anderen nicht länger warten zu lassen, aber eine Dusche musste sein. Diesmal wanderten wir wie Gott uns geschaffen hatte durch die Wohnung zum Bad. Die beiden anderen schauten uns dabei zu und grinsten. In der Dusche wuschen wir uns gegenseitig, aber ohne das Spiel vom Vortag zu wiederholen. Schnell trockneten wir uns ab, zogen uns im Schlafzimmer an und stürzten uns dann auf den Kaffee. Der war schon fertig. Wir setzten uns an den Tisch und genossen die frischen Brötchen. Plötzlich erblickte Daniel den Rosenstrauß, den ich auf dem Herd gestellt hatte.
"Für mich?"
"Siehst du hier im Raum noch jemanden, den ich abgöttisch liebe? Also, ja, der ist für dich."
Daniel sprang auf, umarmte mich und gab mir einen leidenschaftlichen Zungenkuss. Nach dem Kuss kam er an mein Ohr.
"Ich liebe dich auch. Du bist das Beste, was mir passieren konnte."
Ich lächelte ihn an und bedankte mich mit einem Augenschlag bei ihm. Er verstand mich ganz genau. Nach dem Essen setzten wir uns ins Wohnzimmer und unterhielten uns noch über Gott und die Welt. Um sechs machten sich unsere Freunde wieder auf den Weg zu sich nach Hause. Jetzt waren wir alleine. Daniel kam zu mir und setzte sich neben mich.
"Du weißt gar nicht, wie ich dich liebe, Frank. Mit dem Herzen liebe ich dich und mit meinem Kopf weiß ich, dass du der Richtige für mein zukünftiges Leben bist. Was glaubst du, was mein Herz gemacht hat, als du mir am Freitag deine Liebe zu mir gestanden hattest. Wir kennen uns zwar noch nicht lange, aber lang genug, um zu sagen, ich will keinen anderen."
"Mir geht´s genauso, auch wenn ich viel länger brauchte, um es mir einzugestehen. Jetzt weiß ich es aber. Ich will nur dich und ich würde alles für dich tun. Sogar in die Welt schreien, dass ich schwul bin, auch wenn ich eigentlich noch nicht dazu bereit bin, aber um dir zu zeigen dass ich es ernst meine."
Daniel lachte.
"Nein, das fordere ich noch nicht von dir. Du hast richtig gehört, noch nicht. Wenn ich selber dazu bereit bin, so will ich auch, dass du es bist. Irgendwann möchte ich ganz frei und offen leben können und jedem zeigen, was für einen lieben Freund ich habe. Noch was, du hast schon etwas für mich getan, was

unschätzbar Wertvolles."

Ich runzelte die Stirn, konnte mir nicht erklären, was er jetzt meinte.

"Was denn? Hilf mir mal auf die Sprünge?"

"Du hast es nicht gemerkt?"

"Nein, was denn? Ich hoffe, ich habe nichts vergessen."

"Anscheinend doch, Schatz. Wenn wir zusammen sind, rauchst du nicht mehr. Ich will ja nicht, dass du damit sofort aufhörst, aber du hast bewiesen, dass du keine Kippen brauchst, wenn wir zusammen sind."

Bums, wo er Recht hatte, hatte er Recht. Es war mir nicht aufgefallen, dass ich in der Zeit nie geraucht hatte. Jetzt, wo er es sagte, fiel es mir auch ein. Anscheinend brauchte ich die Dinger wirklich nicht, wenn Stress und Verzweiflung durch Liebe und Glück ersetzt wurden.

"Du hast Recht, war mir nicht aufgefallen. Bin mal gespannt, ob das so bleibt. Ich kann dir aber nicht versprechen, nicht auf der Arbeit zu rauchen."

"Brauchst du nicht. Wenn du aufhören willst, unterstütze ich dich dabei, aber zwingen werde ich dich nicht. Zumindest bei der Sache lasse ich dir deinen eigenen Kopf."

"Danke, Schatz. Lieb, dass du mir ein Laster lässt."

Eine Weile blieben wir so sitzen, dann verabschiedeten wir uns voneinander.

"Noch was, Schatz. Den Wohnungsschlüssel sollst du auch nutzen. Wenn du kommen willst und kannst, so komme vorbei. Wenn ich nicht da bin, so warte einfach auf mich."

Er hatte volles Vertrauen zu mir, toll. So verabschiedeten wir uns und ich fuhr nach Hause.

Diese Nacht konnte ich erst mal nicht einschlafen. Mir ging zuviel durch den Kopf. Das Geständnis, dass ich Daniel liebte, unsere erste Nacht zusammen und die Liebesbekundungen. Jetzt wusste ich genau, dass ich schwul war und war obendrein froh, besonders darüber, dass ich endlich über mich im Klaren war. Verdammt, ich war sogar stolz. Nur eines trübte meine Stimmung, es niemanden sagen zu können, sich verstecken zu müssen, immer vorsichtig zu sein, und dabei den Menschen, die mich mit schlechter Laune kannten, nicht zeigen zu können, dass es mir wieder gut ging. Hätten sie gesehen, wie schnell sich meine Laune geändert hatte, es wären bestimmt Fragen gestellt worden und lügen wollte ich nicht. Meiner Familie, meinen Freunden und Kollegen etwas vorzuspielen, das war noch akzeptabel. Hab ich ja schon immer gemacht. Diese Gedanken verflogen sofort, als mir wieder bewusst wurde, dass ich jemanden liebte und auch selber geliebt wurde. Das war auch das Letzte, an das ich mich erinnern konnte, dann schlief ich ein.

Der Montag war ein ganz normaler Arbeitstag. Ich war ja schon in Übung, den Leuten etwas vorspielen zu müssen, nur mit dem Unterschied, dass ich jetzt nicht meine schlechte Laune, sondern meine gute Laune verstecken musste. Mittags rief Daniel in der Firma an. Er teilte mir mit, dass er diese

komplette Woche noch Überstunden machen müsste, und wenn ich vorbeikommen wollte, solle ich nicht zu früh kommen. Ich entschied mich aber
dafür, dass er früher schlafen gehen sollte, um sich für Samstag auszu-
schlafen. Daniel war einverstanden. Wir machten aus, uns am Samstag um
vierzehn Uhr zu treffen. Die Woche wollte nach dem Anruf leider nicht mehr
vergehen.

Es wurde endlich Samstag und ich fuhr nach einigen kleinen Einkäufen zu
Daniel. Er lag immer noch im Bett und schlief. Plötzlich schellte das Telefon
und ich ging ohne zu überlegen ran, nur damit er nicht wach wurde. Was für
ein Fehler!

"Hier bei Daniel Schnitzer."

"Hallo, wer ist da? Hier ist Daniels Vater."

"Guten Tag, Herr Schnitzer. Frank Makowski, falls sie mich noch kennen."

"Ach hallo, Frank, ähm, darf ich du sagen? Ich bin übrigens Harald."

"Aber klar doch Herr Schn...., Harald. Was kann ich für dich tun?"

"Ist mein Sohn in der Nähe?"

"Schon, aber der pennt noch und ich wollte ihn noch nicht wecken. Ist es dringend?"

"Nein, eigentlich nicht. Richte ihm bitte aus, dass er nächsten Samstag zu
uns kommen soll. Schön, dass du wenigstens schon auf bist. Stört dich das
nicht, wenn er so lange schläft?"

Scheiße, jetzt erst merkte ich, was ich da angerichtet hatte. Er sprach so von
mir, als ob ich mit Daniel zusammen leben würde, was ich natürlich am liebsten getan hätte, aber es war ja nicht so. Schnell eine Ausrede!

"Wieso stören? Nein, er hat mir gestern seinen Schlüssel gegeben, damit ich
ihn gegebenenfalls wecken kann. Wir haben uns für drei Uhr verabredet."

"Ach so, ich dachte nur.... Na, ist auch egal. Ich muss dir nur sagen, dass sich
mein Sohn zum Positiven verändert hat, seitdem er dich kennt. Das sagen
auch Sven und Susi. Die sind auch ganz begeistert von dir. Also, ich will nicht
länger stören, aber vergiss nicht, Daniel die Nachricht zu geben, ja?"

"Nein, ganz bestimmt nicht. Schönes Wochenende und Grüße an deine Frau.
Tschüs."

"Tschüs Frank, und drück mal unseren Sohn etwas von uns."

Damit legte er auf. Was sollte jetzt der letzte Satz bedeuten? Ich hatte
Scheiße gebaut, wie konnte ich das Daniel beibringen und .... O.K., da musste man gemeinsam drüber sprechen.

Ich ging in die Küche und machte Frühstück für meinen Liebsten. Ich stellte
alles auf ein Tablett und machte mich auf zu seinem Bett. Er schlief immer
noch, Mann, hatte der einen gesunden Schlaf. Das Tablett stellte ich auf den
Tisch, beugte mich zu seinem Mund runter und gab ihm einen Kuss auf seine
Lippen. Er schlug die Augen auf, umarmte mich und drückte mich aufs Bett.

"Guten Morgen mein Liebster."

"Auch dir einen guten Morgen, hier,dein Frühstück. Ich muss dir was beichten."

"Schatz, keine Hemmungen. Ich möchte, dass wir in unserer Beziehung über alles sprechen können. O.K.? Schieß mal los."

"Dein Vater hat gerade angerufen und ich bin rangegangen, damit du nicht aufwachst."

Daniel griff nach dem Tablett und begann während meines Berichtes mit dem Frühstück.

"Na und, was ist dabei? Hätte ich auch gemacht."

"Danke, aber ich habe gesagt, du schläfst noch. Wie sollte ich erklären, was ich in deiner Wohnung suche? Hatte ihm zwar gesagt, dass du geweckt werden wolltest und du mir deswegen den Schlüssel gegeben hast, aber dein Vater scheint wohl nicht auf dem Kopf gefallen zu sein."

Daniel verzog leicht sein Gesicht und überlegte.

"Hm, hast Recht. Was hat er noch gesagt?"

"Du hättest dich, seitdem du mich kennst, zum Positiven verändert. Das hätten auch unsere Freunde gesagt. Sie wären auch von mir begeistert. Außerdem soll ich dich von deinem Vater drücken."

Jetzt grinste mein Freund.

"Tja, anscheinend ist es jetzt raus. Habe mir schon fast gedacht, dass sie es ahnen. Nur keiner von uns hatte bis jetzt den Anfang zu diesem Thema gemacht. Ich glaube, ist auch besser so. Weswegen hatte er den angerufen?"

Ich war erst mal sprachlos, dass Daniel das so locker aufnahm.

"Ich soll dir ausrichten, dass du sie nächsten Samstag besuchen sollst."

"Ach so, na gut. Du kommst aber mit, bitte. Hat dich mein Vater nicht noch um was gebeten? Was ist jetzt damit?"

Wie, ich sollte am nächsten Samstag mit zu seinen Eltern fahren? Was sollte das jetzt? Wollte er etwa mit der Wahrheit rausrücken? Auch gut, oder auch nicht, das war aber Daniels Entscheidung, nicht meine.

Danny hatte inzwischen das Frühstück beendet und das Tablett wieder auf den Tisch gestellt. Jetzt saß er vor mir und wartete. Auf was? Natürlich, ich sollte ihn von seinem Vater umarmen. Ich wusste nicht, was ich lieber täte als das. Also drückte ich ihn an mich. Sein Kopf ruhte auf meiner Schulter. Plötzlich merkte ich, dass Daniel weinte. Was hatte ich jetzt gemacht? Ich drückte ihn weg und schaute fragend in seine Augen.

"Schatz, ich hätte einen Wunsch. Ich möchte heute den ganzen Tag neben dir liegen und dich bei mir spüren. Ist das möglich?"

Wie bitte? Ich verstand nichts mehr.

"Ja, klar. Aber wieso weinst du?"

Daniel erzählte mir, was in der Woche so gelaufen war und er Stress hatte und ich war nicht da. Er hatte mich vermsstt und wollte nur, dass ich ihn jetzt in meinen Armen festhielt. Das konnte er haben. Als ich mich hinlegen wollte, zeigte er mir einen Vogel.

"Ich wollte dich und nicht deine Klamotten spüren."

Aha, daher wehte der Wind. Ich zog mich aus, legte mich hin und kuschelte mich dicht an ihn. Er biss mir leicht in die Nasenspitze.

"Verzeih, Frank. Herzlichen Dank für das schöne Wecken und das Frühstück am Bett. Ich mache das wieder gut. Du hast mir total gefehlt und ich will jetzt einfach nur deine Nähe spüren."

"Du Schussel. Wieso wieder gut machen? Das gehört für mich zu einer Partnerschaft und darin muss man so etwas nicht wieder gut machen. Offen darüber reden, hast du gesagt."

Daniel schlug mir mit seiner Hand auf meinen Hintern.

"Hast Recht. Wieder gut machen muss man, wenn man etwas angestellt hat. Höre mal, wir sollten uns bald Gedanken machen, wie wir uns unsere Partnerschaft so vorstellen."

Ich musste ihm zustimmen. Jeder sollte über den anderen Bescheid wissen, sonst würde unsere Beziehung wohl nicht lange gut gehen.

"Ja gerne. Und was stellst du dir jetzt so vor?"

Daniel fing an zu kichern.

"Vorsicht, Schatz. Ich kann in deinen Augen lesen und zur Zeit steht dir wieder die Geilheit im Gesicht geschrieben. Ich stelle mir aber gerade jetzt was anderes vor. Zwar habe ich auch Lust, und auch schon eine Latte, aber ich möchte heute nur nah bei dir liegen, sonst nichts."

Ich verstand ihn. Gerne, das konnte er haben. Nur machte ich mir etwas Gedanken, ob ich meine Finger bei mir halten konnte. Daniel merkte wohl, was in mir vorging, denn er lachte mich an.

"Ja, gut. Wenn du das möchtest. Kein schlechter Vorschlag, bin nämlich auch ziemlich kaputt."

Zuerst schaute mich Daniel mit zugekniffenen Augen und gerunzelter Stirn an, schließlich lachte er.

"Aber sicher doch."

Zur Bestätigung griff er mir in den Schritt und massierte leicht meine Latte, aber nur ganz kurz. Daniel legte sich wieder auf den Rücken und deutete mir an, mich neben ihn zu legen. Also legte ich mich auf den Bauch, rutschte zu ihm und legte meinen Kopf auf seine Brust. Mit der rechten Hand umfasste ich seinen Körper und zog ihn zu mir hin. Mein Freund begann mir den Nacken und meinen Kopf zu streicheln. Hmmm, perfekt. Es musste tatsächlich nicht immer nur Sex sein. Alleine das Beisammensein und Miteinanderkuscheln verursachte bei mir die schönsten Gefühle. Wir lagen nur so zusammen und streichelten uns. Keiner von uns sagte ein Wort, wir genossen einfach nur. Keine Ahnung wie lange das so ging, doch schließlich überfiel mich die Müdigkeit und ich schlief in Dannys Armen ein. Wach wurde ich erst wieder, als mich etwas am Ohr kitzelte. Als ich die Augen aufschlug, bemerkte ich, dass mein Kopf immer noch auf der Brust meines Freundes lag. Daniel blies mir in mein Ohr, um mich wieder in die Realität zu holen.

"Sag mal, bin ich so langweilig? Du schläfst anscheinend immer in meinen Armen ein."

"Sorry, wollte dich nicht kränken. Langweilig, du? Bei dir fühle ich mich einfach nur sauwohl und geborgen. Nichts belastet mich, ich kann nur an dich denken. Da kann es mal passieren, dass mein Körper seinen Schlaf fordert. Wie lange war ich denn weg?"

"Knapp eine Stunde. Du brauchst dich nicht zu entschuldigen. Das zeigt mir dein Vertrauen zu mir."

"Danke. Wieso hast du mich nicht früher geweckt? Was hast du denn in der Zeit gemacht?"

Daniel kraulte mich am Nacken. Wahnsinniges Gefühl.

"Ich habe dich die ganze Zeit gestreichelt und beobachtet. Du, ich hätte dich noch nicht wach gemacht, aber ich muss mal was wegbringen."

"Oh, sorry."

Mit einem Ruck gab ich mein Kopfkissen wieder frei. Er stand aus dem Bett auf, drehte sich noch einmal zu mir, warf mir noch einen Handkuss zu und verließ das Zimmer. Nach einiger Zeit kam er wieder, blieb aber im Türrahmen stehen und betrachtete mich.

"Du siehst so schön aus, wenn du da so liegst."

Ich stand auf, ging zu ihm und umarmte ihn. Ich wendete ein bisschen Kraft auf und trug ihn zum Bett, wo ich seinen Körper sanft auf die Matratze bettete. Er schob sich noch etwas höher, das war meine Gelegenheit und ich setzte mich auf seine Oberschenkel. Daniel hob leicht seinen Oberkörper, umfasste meinen Nacken und zog mich zu sich runter. Leise flüsterte er mir ins Ohr.

"Schatz, ich will dich ganz spüren. Jetzt sofort."

Ich dachte, er wollte heute nur kuscheln! Mir sollte es nur recht sein! Ich legte ich ihn auf den Bauch, packte seine Hüften und zog ihn so zu mir hoch, dass er vor mir kniete. Mit beiden Händen streichelte ich seinen Rücken, wobei ich aber seinem Hintern immer näher kam. An meinem Ziel spreizte ich seine Backen und näherte mich mit meinem Gesicht dem Zielgebiet meines Verlangens. Erst ließ ich meine Zunge durch sein Tal gleiten, bis ich seinen Kranz erreicht hatte. Hier leckte ich noch ein wenig rum, bevor sich meine Zunge in ihn bohrte. Daniel hatte seinen Kopf im Kissen vergraben und stöhnte. Nach einiger Zeit zog ich mich wieder zurück, befeuchtete den Zeigefinger und bohrte ihn langsam in ihn. Ein lauter Seufzer war noch durch das Kissen zu hören. Daniel versuchte mir zu entkommen, das ließ ich aber nicht zu. Auf dem Rücken liegend, näherte sich mein Mund seinem Schwanz. Den verschlang ich und bearbeitete weiter seinen Hintern. Das war leider zuviel für ihn und er spendete mir sofort seinen Saft. Schade, nichts hatte darauf hingedeutet, wie weit er schon war. Schließlich richtete ich mich auf, drehte Daniel auf den Rücken und bohrte meine Finger wieder in ihn. Von vorne verwöhnte ich seinen Schwanz weiter mit meinem Mund, der kam auch nicht mehr zur Ruhe und blieb hart.

"Frank, bitte jetzt. Ich will dich spüren. Das ist einfach zu geil. Ich wills endlich wissen."

Trotz Orgasmus war er immer noch geil? Nicht übel, doch ich war mir sicher, dass ich ihn noch schaffen würde.

"Du solltest dich das erste Mal auf mich setzen. Ist besser."

Daniel schüttelte den Kopf.

"Leg dich auf mich. Du wirst mir schon nicht weh tun."

Gut, wenn er meinte. Die Finger zog ich wieder zurück und schmierte sein Loch richtig mit Gleitmittel ein, wobei ich auch einen großen Batzen in ihn drückte. Dann machte ich noch meine eigene Latte flutschig. Dannys Beine drückte ich auf seine Brust und positionierte mich an seinen Hintern. Ich musste mich gewaltig zurückhalten, damit ich nicht einfach in ihn stieß. Die Situation war zu geil, aber ich hatte mich im Griff, auch wenn es nur die Angst war, ihm weh zu tun. Leicht drückte ich zu und drang etwas in sein Loch ein. Ich entschloss mich, den Druck konstant zu halten, um mit sehr viel Vorsicht in ihn zu gleiten.

"Nicht verkrampfen, Schatz. Ich will nicht, dass es weh tut."

Daniel schüttelte seinen Kopf.

"Es tut nicht weh, aber ich kann einfach nicht lockerer lassen. Es geht nicht, tut mir Leid. Vielleicht sollten wir doch eine andere Position probieren?"

Ich hatte mal etwas über so eine Situation gelesen, aber was war es nur? Ein Schock würde zur Entspannung helfen? Mal ausprobieren. Mit der flachen Hand schlug ich meinem Freund auf den nackten Hintern, nicht zu leicht, aber auch nicht zu fest.

Daniel ließ ein leises "Autsch" entweichen. Doch es half und mein Steifer rutschte ein ganz schönes Stück in ihn rein. Jetzt nur nicht aufgeben. Ich verstärkte den Druck und glitt komplett in ihn. So verharrte ich, um ihm die Möglichkeit zu geben, sich an den Eindringling zu gewöhnen.

Danny stöhnte mir entgegen.

"Wow, ich spüre dich ganz. Das ist der absolute Wahnsinn."

"Habe ich dir weh getan?"

Daniel verneinte es mit einem Kopfschütteln. Schließlich begann ich mich in ihm zu bewegen. Erst langsam, wobei ich meinen Schwanz fast ganz rauszog, schließlich immer schneller und mit kürzeren Bewegungen. Meinem Schatz gefiel es anscheinend sehr gut, er stöhnte vor sich hin, warf seinen Kopf hin und her und verkrallte seine Hände in die Matratze. Dass es mir gefiel, war ja wohl klar, ich hatte meinen Spaß. Auch ich konnte mir das Stöhnen nicht verkneifen. Langsam begann ich zu schwitzen und merkte auch, dass mir der Saft in die Eier stieg. Lange würde es wohl nicht mehr so weiter gehen, schnell versuchte ich noch, an etwas anderes zu denken, doch ich hatte Danny vergessen. Der bäumte sich plötzlich auf und feuerte aus seinem Schwengel eine Ladung nach der anderen. Dabei zog er sein Loch so zusammen, dass ich es auch nicht mehr halten konnte. Ein letzter tiefer Stoß und ich war auch reif. Danach brach ich auf seiner Brust zusammen und klatschte in seine Pfütze. Wir brauchten einige Zeit, um uns zu erholen. Daniel war der Erste, der wieder zu Kräften kam. Er hob meinen Kopf und schob mir seine Zunge in den Mund. Wir blieben noch einige Zeit so liegen, schließlich zog ich mich aus Danny zurück. Er reagierte mit einem tiefen Einatmen.

Später verzogen wir uns in die Dusche, dort fickte ich ihn noch einmal. Er war total spitz, konnte ich auch verstehen. Geschafft, aber zufrieden trockneten wir uns ab und verkrochen uns ins Bett. Im Nu waren wir zusammengekuschelt eingeschlafen.

Wie geht's mit uns weiter?

Am nächsten Morgen wurde ich ganz sanft von meinem Freund geweckt. Nach dem Frühstück fuhren wir wieder in die Eifel und gingen ein ganz schönes Stück spazieren, natürlich Hand in Hand. Plötzlich zuckte ich zusammen.
"Was hast du, Schatz?"
Mit einer Hand deutete ich nach vorne, wo ein Pärchen uns entgegen kam.
"Die kenne ich."
Daniel reagierte sofort und ließ meine Hand los, wobei er auch noch einen Schritt zur Seite machte. Ich konnte ihn nur dankbar anschauen.
"Keine Sorge, Frank. Wenn du nicht willst, dass Bekannte dich so sehen, so kann ich das verstehen."
Das Pärchen ging vorbei und wir grüßten uns freundlich. Noch ein kurzer Smalltalk und sie verschwanden wieder. Als sie etwa zehn Meter von uns weg waren, machte ich einen Schritt auf meinen Freund zu und gab ihm einen Kuss auf den Mund, dann gingen wir vorerst getrennt durch die Lande.
"Frank, wir sollten wieder mal so langsam. Ich muss noch etwas an meinem Notebook arbeiten, es funktioniert nicht richtig. Und ich habe keine Lust, dass es irgendwann abkracht und ich alle Fotos auf der Festplatte verliere."
Ehrlich gesagt, war ich ihm für den Vorschlag dankbar, ich war schon ziemlich kaputt.
"O.K.. Voraussetzung, ich darf dir bei dem Problem helfen."
Daniel nickte zustimmend. Somit machten wir uns auf den Weg. Zu Hause machte ich mich an dem Computer zu schaffen.
"Kommst du denn damit klar?"
Ich schaute Danny etwas böse von der Seite an.
"Hör mal, willst du mich ärgern? Ich kenne diese Dinger und ihre Macken recht gut. Arbeite schließlich jeden Tag damit, leider."
"Hä? Ich dachte du magst die Dinger."
"Schon. Trotzdem bin ich der Meinung, diese Dinger sind die schlimmste Erfindung der Menschheit. Sie helfen zwar bei der Arbeit, aber sie rauben einem auch den letzten Nerv. Ich bin ein gutes Beispiel."

Mein Freund lachte laut auf.

"So kann man sich in dir täuschen. Trotzdem. Nerven hast du noch, das sage ich dir."

Er verließ das Zimmer und ließ mich arbeiten. Keine Ahnung, was er wieder machte. Na gut, so kümmerte ich mich erst mal um den Rechner. Nach einer Stunde lief das Ding wieder stabil und machte keine Mucken mehr. Doch es hatte mir wieder einen Nagel für meinen Sarg beschert. Ich schaltete das Notebook ab und machte mich auf die Suche nach meinem Süßen. Wo fand ich ihn? Natürlich in der Küche. Er wurde gerade mit Kochen fertig.

"Ah, Schatz. Hast du es geschafft?"

Mit einer Handbewegung nach hinten deutete ich ihm an, dass es nur ein Klacks für mich war.

"Erzähl, was war es denn? Habe ich was falsch bei der Installation gemacht?"

"Ähm, ja, kann man so sagen, ist aber auch verständlich. Normales Problem bei Notebooks, die alles integriert haben. Ressourcen Konflikte, es waren Interrupts mehrfach belegt. Da gehört schon etwas Kenntnis zu."

"Mann, da holt man sich schon eines der teuersten Dinger und muss immer noch alles selber machen."

Mir fiel was ein und ich musste lauthals lachen.

"Wenn du mich nicht hättest, müsstest du wirklich alles selber machen."

Mit der Hand machte ich eine wichsende Handbewegung. Daniel grinste, doch plötzlich hatte ich einen nassen Lappen im Gesicht. Dann trug mein Freund das Essen auf und wir ließen es uns schmecken. Gesättigt räumten wir die Küche auf und setzten uns mit einem Kaffee ins Wohnzimmer.

"Frank, mal eine ernstes Thema. Wie stellst du dir unsere Zukunft vor?"

Uff, jetzt hatte er mich erwischt. So genau wusste ich es selber auch nicht, hatte mir darüber noch keine Gedanken gemacht. Außerdem war ich zur Zeit so froh über mein neues Leben, dass ich noch gar nicht so weit in die Zukunft schaute.

"Ehrlich? Ich weiß es nicht. Nur eins weiß ich bestimmt, ich möchte sie mit dir verbringen. Glaubst du nicht, dass es dafür zu früh ist?"

Daniel zog seine Schultern hoch.

"Keine Ahnung, aber ich denke mal, wenn alles von vornherein klar ist, so werden später mit Sicherheit weniger Probleme auf uns zukommen."

"Ich glaube, du hast Recht. Ich habe da schon meine Vorstellungen. Wenn wir dazu bereit sind, offen mit unserem Schwulsein zuleben und uns nicht mehr verstecken müssen. Natürlich eine gleichberechtigte Partnerschaft. Zusammenziehen und gemeinsam leben, z.B. bei mir. Vieles zusammen machen, aber trotzdem seine Freiheiten haben. Ich meine, man macht zwar sehr viel zusammen, braucht aber nicht alles mit seinem Partner zu machen. Somit kann ich wenigstens auch mal an meinen Computer."

Beide mussten wir lachen.

"Ja, ist schon ein Anfang. Hast du noch mehr? Vielleicht wichtige Dinge."

"Lass mal nachdenken, ja klar. Ehrlichkeit, Vertrauen, Treue und Einfühlungsvermögen. Das sind wichtige Dinge für mich. Andere fallen mir auch noch ein."

"Da hast du sie, Frank. Ehrlich bin ich, vertrauen kann man mir und Einfühlungsvermögen habe ich auch. Die Treue macht mir einige Sorgen. Ich glaube zwar, ich bin treu, aber nehmen wir mal an, wir leben schon einige Zeit zusammen. Plötzlich läuft dir ein Typ über den Weg, der dir gefällt, würdest du ihn von der Bettkante stoßen? Ich weiß es, ehrlich gesagt nicht."

"Hmm, ich bin ehrlich. Wie soll ich das heute beantworten. Ich will dich nicht kränken, aber ich glaube, es gehören zwei dazu, damit so was passiert, dass man fremd geht."

Daniel schaute mich fragend an.

"Wie soll ich das verstehen? Sicher, du und der Fremde. Oder wie meinst du das?"

"Nein, ich meinte eigentlich dich und mich. Gehen wir mal davon aus, wir leben einige Zeit zusammen und ich würde dir etwas beim Sex mit mir verweigern, weil ich keinen Spaß dran finde, als Beispiel dein Hobby, die Aktfotografie. Ähm, blödes Beispiel. Sagen wir Fesselspiele, SM oder Outdoor, was weiß ich. Verzichten willst du bestimmt nicht darauf, also wirst du es dir woanders holen. Vielleicht ist das etwas hoch gegriffen. Kann ja sein, dass es bei uns nicht mehr so funktioniert oder unser Sex zum Standardsex verkommt, dann willst du bestimmt mal eine Abwechslung."

Die ganze Zeit grinste er mich an.

"Du hast dir wohl schon Gedanken gemacht. Du scheinst gut Bescheid zu wissen."

"Nee, ich war eigentlich nur im Redeschwall. Ist mir gerade so durch den Kopf geschossen. Was sagst du dazu?"

Mein Freund schüttelte seinen Kopf hin und her, als ob er nicht darauf antworten könnte.

"Ich gebe dir Recht, aber wie du schon sagtest, man kann dagegen was tun. Du hast schon einige Vorschläge genannt, wie man sich behelfen kann."

Ich winkte mit der Hand, um eine Auszeit zu bekommen.

"Moment, weiß nicht mehr, was ich gesagt habe. Ich habe doch keine Vorschläge genannt."

"O.K., Vorschläge nicht direkt, du sagtest aber einige Punkte. Als Beispiel Out-door, Fesselspiele, SM und natürlich Fotografie. Gut, ich mag auch nur einen Vorschlag davon, nämlich den letzte, bin aber der Meinung, die anderen Dinge sollte man nicht ausschließen. Vielleicht findet man ja auch noch Gefallen daran. Wir sollten uns darauf einigen, alles uns zu sagen, nicht nur von irgendwelchen Dingen träumen. Kann ja sein, dass der andere auch davon träumt, nur keiner den Mut hat, darüber zu sprechen. So was sollte es bei uns nicht geben. Dafür liebe ich dich zu sehr, um dich durch so was zu verlieren."

"Danke, Danny. Ich glaube dass sich so was realisieren läßt, zumindest von meiner Seite. Ist damit das Thema fremdgehen erledigt?"

"Weiß ich nicht genau. Man kann ja nie wissen, was in zwei Jahren sein wird. Kennst du keinen, den du nicht von der Bettkante verweisen würdest? Ich gebe es zu, ich habe da auch meine Träume, aber trotzdem bin ich nicht bereit, dafür unsere Partnerschaft aufs Spiel zu setzen. Ich werde dir auf jeden Fall niemals untreu, ohne dass du es vorher weist."

Ich schüttelte nur verneinend den Kopf, musste aber innerlich über meinen Freund lachen, auch wenn das eigentlich ein ernstes Thema war.

"Woran du schon wieder denkst. Immer nur an das eine, eine Partnerschaft besteht aber auch noch aus anderen Dingen. Also ich sehe......"

"Stop, da muss ich mal einhacken. Ich gebe dir zwar Recht, du hast mir aber gezeigt, wie geil und super Sex sein kann und ich glaube, man kann wirklich süchtig danach werden. Außerdem finde ich, dass der Sex das Vertrauen zu seinem Partner ausdrückt."

"Hast ja auch Recht. Noch zu deiner Frage, Danny. Ja, es gäbe einen, den ich nicht von meinem Bett verweisen würde, aber du brauchst dir keine Sorgen zu machen. Die betreffende Person kann nichts dafür, sie ist aber hetero. Ansonsten hätte ich wahrscheinlich schon längst versucht, ihn für mich zu kriegen, noch bevor ich dich kannte. Aber jetzt habe ich dich und mehr will ich nicht."

Jetzt grinste Daniel mich an.

Wer ist denn die betreffende Person?"

"Es ist der Azubi aus meiner Firma. Vielleicht lernst du ihn irgendwann mal kennen, aber denke dran, ich hatte ihn zuerst ins Auge gefasst."

Eine Weile blieb es zwischen uns still, beide waren wir am Nachdenken. Es hatte sich gezeigt, dass es sehr schwer werden würde, richtig treu zu bleiben. Wobei ich aber auch schon wusste, dass für mich in den nächsten Jahren keine Gefahr bestand, einen anderen Sexpartner aufzureißen. Dafür war ich einfach zu verklemmt, außerdem konnte ich mir nicht vorstellen, dass ich mal jemand anderen als Daniel haben wollte. Plötzlich war es mir einfach zu ruhig.

"Danny, ich glaube wir sollten wieder ernst werden. Beide scheinen wir nicht davor gefeit zu sein, nicht fremd zu gehen. Ich stimme dir zu, dass man über alles offen sprechen sollte und ich denke, es gilt auch für dieses Thema, aber bitte bevor es passiert, und nicht erst wenn es zu spät ist."

Er stimmte mir zu.

"Ja, genau meine Meinung. Nur eins muss ich dabei auch gestehen. Ich sehe zwar auch für uns beide diese Gefahr, bin aber trotzdem nicht bereit, dich mit jemanden teilen zu müssen. Man kann dir ansehen, dass du genauso denkst. Mein Vorschlag zur Güte, wahrscheinlich hat jeder auch irgendwann mal einen Wunsch, über den man reden sollte. Wenn einem von uns jemand gefällt und mit ihm ins Bett möchte, sollte er dem Partner das sagen. Dieser sollte zustimmen und dann nehmen wir ihn uns gemeinsam vor. Ich glaube, mir würde auch mal ein Dreier Spaß machen. Halt, ich bin noch nicht fertig. Das sollte jetzt nicht heißen, dass so was in nächster Zeit passiert, kann ja in fünf Jahren sein. Zur Zeit bist du für mich mein Ein und Alles, am liebsten sollte es auch so bleiben aber ich kann es nicht versprechen. Was hältst du von meinem Vorschlag?"

"Ja, wäre eine Überlegung wert."

Ich legte eine kurze Pause ein und dachte über etwas nach.

"Ich denke, die Lösung ist akzeptabel, aber wer will uns in zwanzig Jahren noch haben? Man sollte darüber reden, wenn es soweit ist."

Leider war der Sonntag zu schnell vergangen und es wurde Zeit zu gehen. Mann, jedesmal war die Zeit des Abschieds beschissen.

"Danny, mein Schatz. Ich sollte jetzt wohl besser gehen. Bist du morgen rechtzeitig zu Hause?"

"Scheiße, schon wieder so spät? Am liebsten würde ich dich nicht gehen lassen."

Er kam näher, nahm mich in den Arm und drückte ganz fest zu.

"Morgen ist Montag? Ja, da bin ich pünktlich zu Hause. Bevor du gehst, fordere ich aber noch mein Recht auf Liebe. Ich brauche noch was, um ohne dich vernünftig schlafen zu können."

Der konnte wirklich nie genug bekommen, hoffentlich würde ich auch weiterhin seinen Wünschen und Erwartungen entsprechen. Eine Antwort war aber zu diesem Zeitpunkt überflüssig, dafür gab ich ihm einen langen Zungenkuss als Bestätigung für seinen Wunsch.

Nach einer Stunde machte ich mich ausgelaugt aus dem Staub, um endlich wieder mal etwas zu pennen und wieder zu Kräften zu kommen.

Diesmal sahen wir uns während der Woche jeden Abend. Wir hatten immer lange, ausführliche Gespräche und natürlich die schönste Nebensache der Welt. Am Freitag konnte ich nicht zu Daniel, da Frank sein Recht als Freund einforderte, mich auch wieder mal zu sehen. Die Zeit mit Frank verging schnell und ich wollte mich früh aus dem Staub machen, da ich am Samstag mit Danny ja nach Köln wollte. Er hatte mich gebeten, ihn um zehn zu wecken, da ich etwas zärtlicher als sein Wecker war. Am Samstag also früh aus den Federn. Es war doch spät geworden und am liebsten wäre ich liegen geblieben. Meine Eltern wunderten sich, warum ich schon so früh auf war, die Standardfrage fehlte natürlich auch nicht.

"Wo willst du denn hin?"

Was sollte man auf so eine Frage antworten, besonders dann, wenn man nichts sagen wollte?

"Weg. Komme wohl auch erst am Sonntag wieder."

Damit war das Gespräch beendet und ich machte mich aus dem Staub.

Schnell fuhr ich noch beim Bäcker vorbei und besorgte unser Frühstück. Ich beeilte mich, zu meinem Freund zu kommen, da ich meinen Weckpflichten nachkommen musste. Als ich bei Danny ankam, kam mir ein andere Mieter entgegen.

"Sie wollen in den ersten Stock? Der ist bestimmt noch nicht wach, er schläft immer lange."

Warum mussten Nachbarn immer so neugierig sein? Bestimmt konnte man den Typen gut verarschen.

"Ich bin der Weckservice inklusive Frühstück. Habe also einen Schlüssel."

Mann, der war wirklich doof.

"Wie, so was gibt es auch schon? Was kostet das?"

Damit verzog er sich und ließ mich wieder in Ruhe. Schnell zu Daniel in die Wohnung, bevor der Nachbar raffte, dass ich ihn verarscht hatte. Mein erster Gang war der Weg in die Küche, Frühstück und Kaffee machen. Ich hatte auch schon ziemlichen Hunger. Als alles fertig war, machte ich mich mit dem Tablett in Dannys Zimmer. Der hatte schon wieder vergessen, das Fenster beim Schlafen zu öffnen und obendrein die Heizung an. Kein Wunder, dass ich ihn jetzt in seiner vollen Schönheit betrachten konnte, er hatte die Decke weggeschoben. Mein Schatz lag auf dem Rücken, dabei ein Bein angewinkelt. Sah einfach nur verlockend aus! Wie sollte ich ihn heute wach bekommen? Ich entschied mich für eine Sauerei. Bevor er aufwachen konnte, öffnete ich den Honig und träufelte ein schönes Muster auf seine Brust. Nichts zu machen, so bekam ich ihn nicht wach! Ich entschloss mich für eine andere Variante. Erst zog ich mich aus, kniete mich dann über Danny und schleckte mit meiner Zunge der Honig wieder auf. Das war einfach lecker. Immer noch kam keine Reaktion von ihm, oder? Doch, sein kleiner Freund reagierte. Als seine Brust sauber war, schaute ich in sein Gesicht. Er hatte die Augen geöffnet und strahlte mich an.

"Guten Morgen, Langschläfer. Los auf geht's. Frühstück, aufstehen, duschen, anziehen und dann nichts wie los."

"Gut, dann das Frühstück."

Daniel schubste mich von ihm runter und verwöhnte mich. Nach einiger Zeit ließ er sich meinen frischen Aperitif schmecken. Da wollte ich mich natürlich nicht lumpen lassen und versorgte ihn auch bestens. Meine Belohnung war sein Mineraliendrink. Danach probierten wir die Brötchen. Waren auch nicht schlecht, aber das andere war besser. Nach der zweiten Tasse Kaffee stand mein Langschläfer aus dem Bett auf, griff meine Füße und zog mich auf den Boden.

"He. Das hat weh getan."

Keine Antwort. Dafür zog er mich weiter, bis wir am Badezimmer ankamen. Hier reichte er mir seine Hand und zog mich hoch, dirigierte mich in die Dusche. Ich musste zugeben, ich genoss es, jedes Mal mit ihm zu duschen, wobei wir aber diesmal wirklich nur duschten. Ehrlich. Schnell trockneten wir uns ab. Daniel stellte sich vor das Waschbecken, um sich fein zu machen. Dabei streckte er mir leicht seinen Po entgegen. Dazu konnte ich nicht nein sagen, also näherte ich mich ihm. Dabei stieß meine Latte an seinen Hintern. Keine Reaktion von Daniel. Na warte. Ich positionierte meinen Steifen an sein Loch und drückte langsam zu. Mit Genuss glitt ich in ihn, aber er reagierte nicht, im Gegenteil. Er begann sich die Zähne zu putzen. Jetzt war ich baff. Er hatte wohl keine Lust, also zog ich mich langsam wieder aus ihm raus. Plötzlich packte er an meinen Po und schob mich wieder in ihn. Gut, also begann ich ihn zu ficken. Zuerst war immer noch nichts von ihm zu spüren, doch dann ließ er alles fallen, bückte sich weiter runter und begann ein Stöhnkonzert. Ich wollte aber nicht, dass nur ich meinen Spaß hatte, also griff ich nach vorne und packte seinen Schwanz, um ihn zu wichsen. Das hätte ich vielleicht nicht machen sollen. Er schoss seine Ladung direkt in das Waschbecken. Das brachte auch mich über die Schwelle. Vielleicht sollte ich mir merken, wenn ich meinen Freund fickte, seine Prachtlatte nicht zu berühren. Sonst war immer alles zu schnell vorbei.

Der erste Schritt ins richtige Leben

Nach einer kurzen Ruhepause machten wir uns fertig und fuhren schließlich mit Daniels Auto zu seinen Eltern. Eine Stunde später kamen wir bei ihnen an. Ich war ziemlich überrascht. Seine Eltern wohnten außerhalb von Köln. Eigentlich dachte ich, sie würden über dem Laden wohnen, da sie da auch noch eine Wohnung hatten. Mein Freund hatte einen Schlüssel und so stürmten wir die Wohnung. Da kam uns auch schon seine Mutter entgegen.
"Da ist ja mein verlorener Sohn. Guten Morgen, Daniel."
Damit umarmte sie ihren Sohn.
"Hallo, Mum. Nicht so stürmisch, sonst falle ich noch um."
"Lass mich doch. Wir haben uns so lange nicht mehr gesehen."
Sie löste sich aus der Umarmung und kam zu mir.
"Also du bist Frank, von dem ich schon einiges gehört habe. Ich bin Eva."
Daraufhin tat sie etwas, was mich aus der Fassung brachte. Sie umarmte mich und drückte mir einen Kuss auf die Wange. Bums, was sollte das jetzt? Ich wusste in dem Moment absolut nicht, wie ich reagieren sollte. Auch Daniel schaute überrascht zu mir.
"Noch mal herzlich willkommen bei uns. Fühle dich wie zu Hause."
"Ähm, danke Frau Schn........ ich meine Eva."
Mehr brachte ich zur Zeit nicht raus. Meinem Freund ging es nicht besser. Eva löste sich von mir, ließ ihren Blick zwischen Daniel und mir schweifen. Dann fing sie schrecklich an zu lachen.
"Schon gut, steht nicht wie die Ölgötzen da. Kommt ins Wohnzimmer und setzt euch, ich muss leider wieder in die Küche. Ach Daniel, dein Vater ist

noch einkaufen, müsste auch gleich kommen."

Damit verschwand sie wieder und ließ uns stehen. Ich war immer noch total perplex. Daniel fasste sich als Erster, packte mich am Ärmel und zog mich ins Wohnzimmer.

"Sage mir mal, was ich von deinen Eltern halten soll? Jetzt weiß ich gar nicht mehr weiter."

Er gab mir keine Antwort. Er zog einfach seine Schultern hoch und ließ sie wieder sinken. Aus ihm war zur Zeit nichts raus zu bekommen. Es herrschte kurzes Schweigen, schließlich entschied ich mich zum Angriff überzugehen.

"Wo ist die Küche, Danny?"

Er deutete mit einer Handbewegung in eine Richtung und ich machte mich auf den Weg. In der Küche sah ich Eva, wie sie gerade am Herd hantierte, um das Mittag fertig zu machen. O.K., jetzt oder nie, dachte ich mir.

"Kann ich dir helfen, Eva?"

Sie drehte sich zu mir um und lächelte.

"Ach, Frank. Das ist aber süß. Ja, du kannst das Gemüse klein schneiden."

Ich fand alles auf dem Tisch und begann meine Arbeit. Wie sollte ich jetzt weiter vorgehen?

"Hilfst du meinem Sohn auch immer beim Kochen?"

Konnten sie mich nicht mal was fragen, worauf ich eine Antwort wusste? Was sollte ich sagen, die Wahrheit? Dann wäre ja rausgekommen, dass ich jedes bisschen Freizeit bei ihrem Sohn verbrachte. Lügen? Nein, lieber nicht. Ich entschied mich, ihrer Frage auszuweichen.

"Eva, ... ich weiß nicht wie ich auf all das hier reagieren soll. Sie... nein du, hast mich mit deiner Begrüßung total aus der Fassung gebracht. So was habe ich noch nicht erlebt."

Eva grinste mich an.

"Tut mir Leid, das wollte ich nicht. Vielleicht war ich etwas zu stürmisch. Gut, ich lass euch beiden etwas Zeit, aber nach dem Essen wollten wir mal was mit Daniel und dir besprechen. Gut, dass du mitgekommen bist. Versuch dich etwas zu entspannen, so schlimm sind wir auch nicht."

Ihr Grinsen wurde immer breiter. In mir kam der Verdacht hoch, dass jemand über Danny und mich geplaudert hatte, aber wer? Sie gab mir noch etwas Zeit und begann mit einer Konversation. Wir sprachen über Gott und die Welt, außerdem über mich und meinen Beruf, und was ich sonst noch so machen würde. Irgendwann war ich mit dem Gemüse fertig und half ihr dann beim Kochen. Daniel schaute kurz in die Küche.

"Ist alles in Ordnung bei dir, Frank?"

Ich hätte mein Gehirn besser auf Schnelligkeit trainieren sollen. Ich kam nicht zum Antworten, das erledigte seine Mutter.

"Ja, es ist alles in Butter. Frank hilft mir wenigstens. Ist Harald schon zurück?"

"Nö. Kann ich auch noch helfen?"

"Du kannst schon mal den Tisch decken. Du weißt ja, wo alles steht."
Daniel kam erst zu mir, drückte sich leicht an mich und griff mit seiner Hand über meine Schulter nach einer Möhre, die er sich auch sogleich in den Mund steckte. Dann machte er sich auf den Weg. Eva drehte sich zu mir und lächelte mich wissend an. Scheiße, sie hatte bemerkt, wie Daniel sich an mich schmiegte. Leider konnte ich es nicht verhindern, rot zu werden. Anscheinend hatte es keinen Sinn, sich weiter zu verstecken. Kurze Zeit später trat Harald in die Küche, ging zu seiner Frau und drückte ihr einen Kuss in den Nacken.

"Hallo, Schatz, ich habe alles bekommen. Ist das Essen bald fertig?"

"Ja, kannst dich schon rüber setzen."

Harald kam zu mir und begrüßte mich, indem er meinen Kopf mit einer Hand wuschelte.

"Hallo, Frank. Du bist ein komischer Kauz. Versprichst mir im Laden zu helfen, tust es aber nicht. Jetzt komme ich nach Hause und du hilfst meiner Frau beim Kochen. Was soll ich bloß von dir halten?"

Ein leichtes Lachen konnte er nicht unterdrücken. Gut, auf Witze konnte ich reagieren.

"Ihre Frau ist aber hübscher als sie."

Eva drehte sich zu mir hin und warf mir ein Augenzwinkern zum Dank zu, nur Daniels Vater musste wieder einen drauf geben.

"Ach, ich wusste nicht, dass du auch Augen für Frauen hast."

"Harald!!!!"

Eva wollte ihn noch stoppen, aber es war zu spät. Ich ließ nur meine Kinnlade runterknallen. Seine Frau kam zu mir und legte ihre Hand auf meine Schulter.

"Schon gut, Frank. Wir wissen über euch Bescheid. Du brauchst dich nicht zu schämen und wir reißen dir bestimmt nicht den Kopf ab. Nimm es locker. Ich hatte dir ja schon klar gemacht, dass du willkommen bist. Sicherlich fällt es dir und auch Daniel schwer, darüber zu sprechen, aber wir wollen jetzt Klarheit haben. Deswegen freuen wir uns auch, dass du mitgekommen bist. Jetzt sollten wir aber essen, danach ist auch noch Zeit."

Damit kümmerte sie sich wieder um ihre Töpfe. Ich war immer noch sprachlos.

"Entschuldige bitte, Frank. Der letzte Satz ist mir einfach so rausgerutscht. Der sollte nicht beleidigend sein. Auch von meiner Seite willkommen bei uns und sei versichert, du gehörst jetzt zur Familie."

Puh, die wussten alles und nahmen es auch noch so locker auf. Nie hätte ich mit so einer Reaktion gerechnet. Wie wird das Daniel wohl aufnehmen? Aber jetzt musste ich wohl etwas erwidern.

"Du hast mich nicht gekränkt, Harald. Ich habe nur meine Fassung verloren. Ich suche sie immer noch, aber ich ahnte nicht, dass ihr beide über uns Bescheid wisst. Woher?"

Eva hatte schon die Töpfe in die Schüsseln entleert.

"Nein, jetzt nicht. Erst essen, dann können wir darüber sprechen. Das ist ein Befehl."

Na gut. Ich griff mir auch zwei Schüsseln und folgte den beiden. Daniel hatte schon den Tisch gedeckt und Platz genommen. Ich setzte mich neben ihn, seine Eltern uns gegenüber. Beim Essen wurde recht wenig gesprochen und wenn, dann nur, wie es uns beiden in Aachen gefallen würde. Nach dem vorzüglichen Mahl bat man uns, im Wohnzimmer Platz zu nehmen. Daniels Eltern beschlagnahmten die Couch, der einzelne Sessel war mit irgendwas Verpacktem verstellt, so blieb uns nur der Zweiersitz. Beide setzten wir uns da rein, schließlich griff ich Daniels Hand. Er schaute mich überrascht an, zog sie aber nicht weg. Seine Eltern lächelten nur. Ich beschloss, meinen Freund im Großen und Ganzen über die Situation aufzuklären.

"Du brauchst jetzt wohl meinen Beistand, und ich deine Hand."

Die Überraschung wich einem fragenden Gesicht. Schließlich schaute er seine Eltern an und die nickten nur lächelnd.

"Na, wenn das so ist."

Auf diese Reaktion war ich nicht gefasst. Er rutschte näher zu mir, kuschelte sich an meine Seite, drehte meinen Kopf und gab mir einen innigen Zungenkuss. Kurz war ich baff, doch dann erwiderte ich seine Zuneigung. Seine Eltern hielten sich auch an den Händen und schauten uns zu.

"So haben wir das gerne, nicht war, Eva? Sind wirklich ein schönes Paar. Endlich können sie sich so geben, wie sie sind."

"Ja, stimmt. Susi und Sven hatten Recht."

Daniel ließ mich los und wandte sich an seine Eltern.

"Ach, denen haben wir das hier zu verdanken? Na warte."

Eva hob drohend den Zeigefinger.

"Jetzt mach mal langsam, mein Sohn. Von den beiden wissen wir nur, dass du jetzt endlich einen Partner gefunden hast. Wir wussten schon seit langem, dass du schwul bist. Glaubst du wirklich, so etwas bleibt uns verborgen? Sven hatte uns nur über Frank aufgeklärt. Als Harald ihn das erste Mal gesehen hatte, glaubte er nicht, dass Frank schwul sein könnte."

Ich musste lachen.

"Tja, anscheinend kann ich doch sehr gut Versteck spielen. Ich kenne keine Person, die mein Spiel durchschaut hat,..... stimmt nicht. Es gibt jemanden, der genau wusste, dass ich was verstecke und dass, obwohl er mich noch nicht lange kannte. Euer Sohn hatte mich recht schnell durchschaut."

Daniel drückte ganz fest meine Hand, sagte aber nichts weiter. Dafür fand sein Vater die Sprache wieder.

"Ich verstehe das nicht. Unseren Sohn hatten wir schnell durchschaut, auch wenn er selber daran schuld war. Aber dir sieht man nichts an, noch nicht einmal, dass du etwas versteckt hast. Zumindest ich hatte gedacht, als wir uns das erste Mal sahen, du seiest einfach nur ein Freund von Daniel."

Jetzt reagierte mein Freund doch.

"Stop mal. Wie habt ihr denn rausbekommen, dass ich auf Männer stehe und nicht auf Frauen?"

Eva stand von ihrem Sessel auf und kam zu uns rüber. Sie nahm neben Daniel auf der Armlehne platz.

"Glaubst du wirklich, deine Eltern sind bescheuert? Wenn wir im Urlaub waren, hast du dich jedes Mal am Strand auf den Bauch legen müssen, wenn ein netter Typ vorbei kam. Bei Frauen haben wir die Reaktion nicht gesehen. Außerdem hattest du mal in deinem Zimmer eine Zeitschrift liegen , ich glaube die Queer. Das waren schon Zeichen genug für uns, aber es folgten noch andere. Wir wussten jetzt, worauf wir achten mussten. Bei dir war es nur zu offensichtlich."

Daniel verzog überrascht sein Gesicht.

"Und ich dachte immer, dass ich vorsichtig genug war. Anscheinend aber nicht. Was dachtet ihr über mich, als ihr es bemerkt habt und warum habt ihr mich nicht zur Rede gestellt?"

"Ach weißt du, Eva und ich dachten, du würdest uns das schon selber sagen, wenn du bereit dazu bist. Am Anfang war es für uns recht schwierig, damit umzugehen, aber wir waren offen und haben uns über alles informiert. Uns wurde klar, dass du das eigentliche Problem hattest und nicht noch Eltern gebrauchen konntest, die dir eine Szene deswegen machen. In letzter Zeit wollten wir dich aber zur Rede stellen, weil deine Laune sich verschlechtert hatte und da wollten wir nicht mehr zusehen."

"Deine Laune wurde plötzlich wieder besser und ich habe, ohne dass es Harald wusste, deinen Freund Sven zu Rede gestellt. Ich wollte wissen, was passiert war. Er schaffte es nicht mehr sich rauszureden, rückte schließlich damit raus, dass du schwul bist und dass du dich verliebt hattest. Damals als ich ihn fragte, wusste er aber noch nicht, wie Frank darauf reagieren würde. Uns beiden fiel aber sofort auf, dass du dich geändert hattest und das war auch der Grund, warum dein Vater Frank so inspizierte. Harald kam aber an und meinte sofort, dass aus euch beiden wohl nichts werden würde, da er sich sicher war, dass Frank nicht schwul war. Wie man sich doch bloß täuschen kann!"

Ich fing an zu lachen. Die Situation war zu komisch. Daniel schaute mit leerem Gesicht zu seiner Mutter, sein Vater grinste und seine Mutter redete auf ihn ein. Irgendwas sollte ich wohl machen, denn in meinen Liebsten sollte ja wieder eine Reaktion einkehren. Ich biss ihn leicht in den Nacken, wobei ich meine Arme um ihn legte, um ein Gefühl der Stärke zu vermitteln. Dankend drehte er sich um und gab mir einen Kuss. Eigentlich sollte ich zu den Thema auch was sagen, es betraf ja auch mich.

"Mein Schatz. Ich glaube, wir müssen noch an deiner Tarnung arbeiten. Sagt mal, ihr beiden."

Damit wandte ich mich zu Eva und Harald.

"Ihr habt nichts dagegen, dass euer Sohn jetzt einen Mann liebt und dass ihr keine Enkelkinder bekommen könnt?"

Eva legte mir eine Hand auf die Schulter.

"Warum sollten wir damit Probleme haben? Wir lieben unseren Sohn und akzeptieren ihn so, wie er ist, auch du gehörst jetzt zur Familie, denke bitte daran. Und das mit den Kindern, da sehe ich eigentlich nicht das Problem. Wenn ihr beide welche haben wollt, so kriegt ihr das auch noch hin. Wir werden euch bei allem unterstützen."

Was sollte man dazu noch sagen? Jetzt gehörte ich schon zur Familie, auch wenn ich meinen Freund noch nicht lange kannte und keiner wusste, was noch passieren würde.

"Ich kann mich nur meiner Frau anschließen, Frank. Daniel und du sollten wissen, wir werden euch in jeder Hinsicht unterstützen und wenn ihr euch beide irgendwann mal dazu aufraffen solltet, der Welt bekannt zu geben, dass ihr euch liebt, so werden wir das auch unterstützen. Habt ihr das verstanden?"

Ja, verstanden hatten wir sie. Daniels Gesichtsausdruck verbesserte sich.

"Dass ihr beiden darauf so reagiert, hätte ich nicht gedacht. Eigentlich auch nicht, dass ihr das von mir schon so lange wisst. Das erste Mal kam mir der Gedanke, als Frank von dem Telefonat mit dir, Paps, erzählte. Ich bin aber trotzdem noch nicht bereit, mich in der Öffentlichkeit als schwul zu zeigen und Frank auch nicht. Außerdem hat er Bedenken mit seinen Eltern, da die schon etwas älter sind und dazu mit Sicherheit eine andere Einstellung haben. Wir werden das langsam angehen."

Ich konnte ihm nur Recht geben und nickte zur Zustimmung.

"Wie ihr beiden wollt, aber ihr wisst jetzt, wie Eva und ich dazu stehen. Wenn ihr mal jemanden zum Reden braucht, so könnt ihr jederzeit zu uns kommen."

"Wie ihr seht, vor uns braucht man keine Angst zu haben und meinen Mann habe ich ja im Griff."

Dabei musste sie lachen und zwinkerte ihm zu.

"Wie stellt ihr euch eigentlich jetzt eure Zukunft vor? Wollt ihr ewig so verschwiegen weiterleben oder wollt ihr zusammen ziehen?"

Genau so eine Frage hatte ich von seiner Mutter schon erwartet. Zum Glück reagierte Danny sofort. Daniel und ich hatte darüber noch nicht ausführlich gesprochen.

"Ach weißt du, Mum, die Zeit wird alles bringen. Wir sind erst kurz zusammen und es muss sich erst alles entwickeln. Aber wenn ich ehrlich bin, würde ich sofort mit Frank zusammen ziehen, auch wenn dann jeder mitbekommt, dass wir schwul sind. Das wäre mir aber in dem Moment egal. Hauptsache, ich habe ihn ständig bei mir."

Damit drehte er sich zu mir und schaute tief in meine Augen.

Was musste ich da hören? Daniel wollte jetzt schon mit mir zusammenleben? Das ging echt schnell, aber der Gedanke ging mir auch durch den

Kopf. Ich war mir jetzt schon sicher, dass er der Richtige war. Mich störte nur der Gedanke, dass jeder sehen würde, dass ich schwul war. Ich strich meinem Freund mit den Fingern über seine Wangen.

"Würde ich gerne, besonders da ich weiß, dass du derjenige bist, mit dem ich zusammen leben möchte, aber gerade erst habe ich mir selber eingestanden, schwul zu sein. Bitte lass mir für den nächsten Schritt noch etwas Zeit." Daniel griff meine Hand und drückte sie fest, ließ sie aber nicht mehr los. Harald meldete sich wieder zu Wort.

"Ihr beide könnt ja nach Köln ziehen, zum Beispiel in die Wohnung über unserem Laden. Arbeit bekommt ihr bestimmt auch hier und wenn ihr beide bei mir im Laden arbeitet. Aber so bekommt keiner den ihr kennt mit, das ihr zusammen lebt. Wir hätten unseren Sprößling wieder in unserer Nähe und dazu noch dich, Frank. Nicht dass wir euch kontrollieren wollen, aber wir vermissen unseren Sohn."

Niemals hatte ich damit gerechnet, dass sich Eltern darüber freuen würden, dass ihr Sohn schwul war und einen Mann liebte, aber hier sah es tatsächlich so aus. Hier konnte man Kraft schöpfen um den nächsten Schritt einzuleiten. Hoffentlich würde ich das auch packen.

"Danke, Paps, aber ich glaube, wir müssen unseren Weg selber gehen. Die Zeit wird es zeigen, aber wir werden schon gemeinsam das Beste für uns daraus machen."

Daniels Mutter streichelte ihrem Sohn über den Kopf, dann beugte sie sich zu mir rüber und gab mir einen Kuss auf meine Wange. Es war nur toll, so eine Familie kennen zu lernen. Doch schließlich schaute sie uns ernst an.

"Sagt mal, ihr beiden. Habt ihr eigentlich schon miteinander geschlafen? Habt ihr euch geschützt? Bitte denkt daran, dass Eltern sich halt auch Sorgen machen."

In mein Gesicht stieg die Röte, irgendwie war das absolut nicht mein Thema. Zum Glück brauchte ich auch hierauf nicht zu antworten. Daniel würde bestimmt einige Zeit brauchen, mich so locker zu bekommen, dass ich über dieses Thema so einfach reden konnte.

"Typisch meine Mutter. Ja, wir haben Sex zusammen und nein, wir haben uns nicht geschützt. Erstens hatten wir dazu nicht die Gelegenheit, zweitens vertrauen wir uns gegenseitig und drittens sind wir nicht infisziert, wenn du das meinst."

Ups, wie konnte man nur so mit seinen Eltern reden. Wahnsinn, niemals war das ein Thema in meiner Familie, zumindest war es das noch nie gewesen. Tja, meine Erziehung war doch anders gelaufen als bei anderen, das lag aber an meinen Eltern. Harald fing darauf an zu lachen, Eva schaute nur etwas überrascht.

"Unser Sohn. Nie konnte er so mit uns reden. Du scheinst einen guten Einfluss auf ihn zu haben, Frank. Bin mal darauf gespannt, was sich noch so alles an unserem Sohn verändert hat und auch bestimmt noch wird."

Ich musste prusten. Einen guten Einfluss hatte ich bestimmt nicht auf Daniel, zumindest nicht in der Beziehung, eher hatte er den guten Einfluss auf mich. Da spürte ich aber auch schon den Ellbogen von ihm in meinen Nieren. Harald sah das und schüttelte seinen Kopf.

"Wie heißt das bei euch, bumsen? Also sagt mal, ist das Bett euch nicht zu klein, wenn ihr es miteinander treibt, bzw. zusammen schlaft, oder wie ihr auch das immer nennen wollt?"

Jetzt war wohl Daniel etwas überrascht von seinen Eltern.

"Papa!!"

Gut wenn sie es so haben wollten, hier konnte ich auch mal wieder mitspielen. Für den Schabernack war ich zuständig.

"Ach weißt du, Harald. Eigentlich ist das Bett wirklich zu klein, aber erst wenn wir zusammen schlafen wollen. Daniel schlägt immer um sich, wenn er träumt und er zieht mir die Decke weg."

"Aha. So ist das also, Schatz. Na warte."

Eva hatte gerade noch Zeit, von der Armlehne aufzuspringen. Sonst wäre sie wohl runtergefallen, als Daniel sich auf mich stürzte und mich durchkitzelte.

"He, ihr beiden. Das könnt ihr machen wenn ihr alleine seid, aber nicht hier. Uns reichte schon das Bild."

Daniel hörte sofort auf und schaute mir fragend in die Augen. Was war jetzt? Was für ein Bild? Ich fasste mich diesmal als Erster. Anscheinend waren Überraschungen in der Familie gang und gäbe.

"Was für ein Bild? Was hat denn jetzt mein Freund wieder angestellt, wovon ich nichts weiß?"

Beide lachten. Harald stand vom Sofa auf und ging zum Sessel, auf dem das eingepackte Etwas stand. Er riss die Verpackung weg. Scheiße, was war das? Es war ein großes, eingerahmtes Bild zu sehen, auf dem Daniel und ich zusammen im Bett schmusten, und das auch noch wie Gott uns schuf, nämlich nackt. Zuerst sagte keiner etwas, doch dann packte ich mir ein Herz.

"Wo habt ihr das her?"

"Tja, überlegt mal. Sven und Susi waren bei Danny, als ihr endlich zueinander gefunden hattet. Susi hatte einige Fotos von euch gemacht und meine Frau fand das schön, euch so was zu schenken. Ich kann mich hier nur anschließen und das ist wenigstens noch eine Aufnahme, die man jemanden zeigen kann."

Die würden was zuhören bekommen, wenn ich die beiden wieder sehen sollte. Daniel starrte immer noch auf das Bild, hatte sich aber wieder aufgerichtet.

"Ihr braucht nicht rot zu werden. Wir wissen schon, wie man so was macht. Es war aber Haralds Idee, euch so was zu schenken, und wir entschieden uns für diese Aufnahme. Daher wissen wir auch, dass das Bett wohl etwas zu klein ist. Eigentlich wollten wir das Bild nur benutzen, wenn ihr eure Liebe abgestritten hättet. Wir wollten nur klare Verhältnisse schaffen."

Eine lange Zeit sagte keiner was, doch Harald brach dann die Stille.

"Also, Eva und ich hatte uns entschieden, euch für den ersten Schritt, den ihr gerade gemacht habt, ein neues Bett zu schenken. Daniel, du weißt doch, wo mein Freund arbeitet. Fahrt beide dahin, sucht euch was aus und er soll die Rechnung an uns schicken. Über das Bett könnt ihr ja das Bild hängen."
Endlich kam in meinen Freund auch wieder Bewegung. Er stand auf, ging zu seinen Eltern und umarmte beide.
"Danke, das werden wir gemeinsam machen. Mum, Dad, ich danke euch beiden dafür, wie ihr es aufgenommen habt."
Beide wurden etwas verlegen und schauten auf den Boden. Mir kam in den Sinn, mich auch zu bedanken, so was erlebte man nicht alle Tage. Nur, wie sollte ich das anstellen? Ich stand auf und reichte Eva meine Hand. Die reagierte aber auf meine Geste anders als ich erwartet hatte.
"Bedankt man sich so bei dir in der Familie? Bedenke bitte, du gehörst jetzt zu uns, also verhalte dich auch so."
Damit stand sie auf, umarmte und drückte mich an sich. Jetzt wusste ich, was sie meinte, also sollte sie es auch so bekommen. Ich gab ihr einen Kuss auf die Wange. Auch Harald umarmte ich.
"Ich danke euch beiden. Besonders dafür, dass ihr mich so nett in eure Familie mit aufnehmt, ohne mich eigentlich zu kennen."
"Jetzt hör aber auf, Frank. Es reicht doch, dass unser Sohn dich kennt und dich so liebt, also können wir das auch, oder? Keine Widerrede! Es ist nun mal so, nimm es einfach hin. Wir werden uns oft genug sehen und unterhalten, um uns besser kennen zu lernen."
Was sollte man darauf antworten? Ich konnte wirklich nur allen wünschen, so aufgenommen zu werden, denn das erleichterte einiges. Nur leider ist das oft nicht so, aber diesmal hatte ich das Glückslos gezogen.
Wir vier unterhielten uns dann noch weiter. Zum Kaffee verschwand ich mit Eva in der Küche, um ihr wieder zu helfen. Hier nahm sie mich alleine ins Gebet und dankte mir dafür, dass ich aus Daniel wieder einen Menschen gemacht hatte. Wieso aus Daniel? Ich erzählte ihr von meinen Gefühlen und was Daniel für mich getan hatte. Trotzdem bestand sie auf der Tatsache, dass ich ihren Sohn verändert hatte und sie erzählte mir, wie er in der letzten Zeit in sich zusammen gebrochen war. Das hätte sich schlagartig mit mir geändert. Ein besseres Lob konnte ich wirklich nicht bekommen. Dabei hatte ich eigentlich gar nichts gemacht. Mir kam es auch nie so vor, dass mein Liebster etwa die gleichen Probleme hatte wie ich. Nach dem Kaffee gerieten wir immer tiefer in Gespräche und merkten nicht, wie die Zeit verging. Gegen zehn verabschiedeten wir uns, schnappten das Bild und machten uns auf den Weg nach Hause. Zum Glück saß mein Freund am Steuer, denn kurze Zeit später war ich eingeschlafen. Erst zu Hause weckte mich Daniel sanft durch einen Kuss auf die Stirn. Schließlich gingen wir zu ihm hoch. Beide waren wir tierisch müde, deshalb machten wir uns fürs Bett fertig und schliefen auch schnell Arm in Arm ein.

Am nächsten Morgen erwachte ich als Erster. Mein Freund lag auf dem Rücken und ich konnte seine komplette Schönheit betrachten. Mann, war ich doch ein Glückspilz! Ich hatte einen Partner gefunden und auch noch diese Liebe. Niemals könnte ich ihn in irgendeiner Sache verletzen. Zwar war mir klar, dass ich einiges machen müsste, damit unsere Liebe ewig hielt, aber ich war mir in der Sache sicher, dass ich das schaffen konnte. Keine Ahnung wie lange ich ihn so betrachtet hatte. Irgendwann schlug mein Traumprinz die Augen auf und schaute zu mir hoch.

"Guten Morgen, mein Schatz. Was gibt es an mir so zu betrachten?"

"Wie kannst du nur so eine unsinnige Frage stellen? Du bist mein Traumprinz mit einem Superkörper, Spitzencharakter und obendrein liebe ich dich über alles. Reicht das?"

Danny kam zu mir hoch, umarmte mich und verschlang meine Zunge. Mir reichte das vollkommen als Antwort und ich wusste, er empfand das gleiche für mich. Ich drückte ihn wieder aufs Bett zurück und wir knutschten noch eine Weile. Schließlich entschieden wir, gemeinsam zu duschen und zu frühstücken. Komisch, auch diesmal konnten wir nicht die Finger unter der Dusche von uns lassen. Danach fuhren wir in die Stadt und gingen gemeinsam frühstücken.

So verlief auch die nächste Woche, wobei wir uns jeden Abend trafen und gemeinsam unseren Feierabend verbrachten. Entweder mit Fernsehen, Kino, mal Darten, Billard oder sonstiges. Außer am Freitagabend. Hier   musste ich etwas Zeit opfern und mit Frank ausgehen. Er sollte ja ganz bestimmt nichts merken. Komisch, aber es wurde wieder mal das Thema Schwule angesprochen. Warum wohl, nur weil er jetzt einen neuen Freund hatte, der schwul war, oder hatte er obendrein mich durchschaut? Nach längerer Zeit konnte ich mir die Frage selber beantworten. Er hatte mich nicht erkannt. Nein, wir kamen wie sooft auf das eigentlich für mich leidige Thema Freundin. Komisch, aber meine alte Ausrede, dass ich dafür wohl zu schüchtern wäre, zog immer noch. Der Abend verlief wie die meisten, das hieß, wir trennten uns ziemlich spät voneinander.

Damit blieb mir leider nicht viel Schlaf übrig, da Danny und ich uns früh auf den Weg zum Möbelhaus machten. Dort schnappten wir uns Haralds Freund. Schnell hatten wir unser Bett gefunden, es war riesig. Zwei mal zwei Meter. Der Verkäufer schaute uns von oben bis unten missmutig an. Wahrscheinlich wurde es ihm wohl bewusst, dass das wohl unsere zukünftige Spielwiese sein sollte, aber gesagt hatte er nichts. Er wollte wohl nur was verkaufen. Erst als wir ihm mitteilten, an wen die Rechnung gehen sollte, fiel ihm die Kinnlade runter. Jetzt hatte er Daniel zuordnen können, aber auch hier war kein Ton zu hören. Was sollte er auch sagen? Uns war es eigentlich egal, mit ihm würden wir so schnell wohl nichts mehr zu tun haben, trotzdem hatten wir jetzt mal eine Art Ablehnung uns gegenüber gespürt. Was soll's, das würde bestimmt auch nicht das letzte Mal sein. Das Bett sollte am nächsten

Samstag angeliefert werden, da es im Lager war.

Nach dem Einkauf gingen wir essen, dann fuhren wir in den Wald. Wir wollten nur alleine sein, und dazu war ein Spaziergang im Wald geeignet. Eine Stunde waren wir schon unterwegs, da zog mich mein Freund vom Weg runter, drückte mich an einen Baum und knutschte mich richtig doll ab.

"Wenn es jetzt etwas wärmer wäre, hättest du schon keine Klamotten mehr an. Ich bin absolut spitz auf dich."

"Ich glaube, bei der Kälte würdest du meinen kleinen Mann wahrscheinlich gar nicht mehr finden. Mein eingebautes Thermometer sagt, wenn du schon wieder spitz bist, so sollten wir uns in wärmere Gefilde begeben."

Gesagt getan, wir machten uns wieder auf den Weg zum Auto und nichts wie ab nach Hause. In Daniels Wohnung fielen wir schon kurz hinter der Wohnungstür über einander her und alle Klamotten mussten in Windeseile dran glauben. Schließlich verzogen wir uns ins Schlafzimmer. Hier versorgte ich erst gründlich meinen Freund, dann er mich.

Es war schon wieder recht spät geworden und ich entschied mich, nach Hause zu fahren. Meine Eltern sollten ja nicht mitbekommen, dass ich immer wieder woanders übernachtete. Komisch, bis jetzt hatten sie mich noch nicht zur Rede gestellt. Entweder hatten sie nichts gemerkt, oder sie wollten einfach nichts sagen. War mir eigentlich auch egal, Hauptsache, ich musste mit ihnen nicht darüber reden.

Am Sonntag schlief ich wieder lange, aß noch schnell zu Mittag und schon wieder war ich außer Haus, natürlich bei meinem Liebsten. Danny musste mich natürlich überraschen. Er war wach, hatte auch schon gegessen und wartete sehnsüchtig auf mich. Den ganzen Sonntag machten wir uns einen gemütlichen Tag. Zuerst unterhielten wir uns, hauptsächlich über die Probleme, die wir bei unserer Arbeit hatten. Danach wollten wir eine Runde Karten spielen.

"Wie wäre es, wenn wir um Kleidungsstücke spielen? Wer ein Spiel verliert, muss einen Teil seiner Klamotten ausziehen. Wer gewinnt, der darf zugucken, man kann aber keine Kleidung zurück gewinnen. Na, was hältst du davon?"

Ich grinste. Auf was für Ideen mein Liebster immer kam. Anscheinend hatte er wieder was mit mir vor, ansonsten hätte er bestimmt nicht diesen Vorschlag gemacht.

Gesagt getan. Wir spielten Schwarze Sau und jeder von uns verlor regelmäßig ein Kleidungsstück. Mein Freund war aber der Erste, der nichts mehr anhatte, wobei ich noch in meinem Slip saß. Trotzdem spielten wir weiter, doch mir war das Glück hold und Danny verlor schon wieder. Er hatte aber nichts mehr, was er mir spenden konnte.

"Tja, schade. Ich dachte, ich würde dich auch noch nackt sehen, aber ich habe schon wieder verloren. Jetzt darfst du dir etwas von mir wünschen."

Das war ein Angebot, nur was sollte ich mir wünschen?

"Sollte dir eigentlich klar sein, was ich mir wünsche. Es kann nur eine Sache geben, die mir wichtig ist. Ich möchte, dass es mit uns eine Ewigkeit so weitergeht, ohne dass wir uns irgendwie auseinander leben. Alles andere braucht man sich nicht zu wünschen, da ich glaube, das wird sich, wenn die Zeit dafür reif ist, ergeben."

Daniel schaute mich mit großen Augen an, kam zu mir rüber, schloss seine Arme um mich und gab mir einen Kuss auf den Mund.

"Ja, das andere braucht man sich wirklich nicht zu wünschen. Man ist selber seines Glückes Schmied. Das hast du richtig schön gesagt und das gilt auch für mich."

Wir hielten uns eine Zeitlang fest, dann kam aber wieder Bewegung in meinen Freund.

"O.K., frage ich anders. Was möchtest du gerne jetzt mit mir anfangen? Irgendwie muss ich ja meine Spielschulden einlösen."

Na gut, eine Sache wollte ich schon einmal mit ihm ausprobieren, hatte mich aber nicht getraut, ihm das zu sagen. Jetzt war die Gelegenheit gekommen.

"Du schuldest mir nie was. Aber wenn du unbedingt willst, ich würde dich gern verwöhnen und du darfst dabei gar nichts machen, dich selber nicht berühren und mich auch nicht. Alles kommt von mir."

Daniel schaute mich mit verkniffenen Augen an.

"Natürlich, das erfülle ich dir gern. Aber eins ist mir immer wieder an dir aufgefallen. Du versuchst deinen Partner zu verwöhnen, aber um dich kümmerst du dich erst mal gar nicht. Warum?"

Das war mir selber noch nicht bewusst geworden. Woher sollte ich das auch wissen? Daniel war ja immerhin mein erster Mann, mit dem ich über eine normale Freundschaft weit hinausging. Irgendwie ging mir das jetzt durch den Kopf. Er beobachtete mich aufmerksam, doch langsam musste ich wohl antworten.

"Kann ich dir nicht sagen, da es mir selber nicht bewusst war. Stört dich das? Ich will einfach nur dich glücklich machen, das andere ist zweitrangig."

Danny schüttelte seinen Kopf.

"Nein, stört mich absolut nicht. Warum sollte es auch? Ist schließlich meine Aufgabe, dich zu verwöhnen."

"Ach, weisst du, Schatz. Mir reicht es manchmal auch schon, einfach nur neben dir zu liegen, ohne irgend eine Befriedigung zu erhalten. Ich bin immer noch der Meinung, eine Partnerschaft besteht nicht nur aus Sex, sondern aus vielen Faktoren mehr."

Danny schaute mich mit einem breiten Grinsen an und strich mit einer Hand über meinen Kopf.

"Du hast vollkommen Recht, aber ich finde, Sex ist ein wichtiger Bestandteil einer Beziehung. Hier kann man sein Vertrauen, seine Liebe, Zuneigung und Hingabe zum Partner ausdrücken. Und genau das werde ich jetzt auch machen. Komm mit ins Schlafzimmer. Ich will nicht länger auf dich verzichten."

Damit stand er auf und verließ das Wohnzimmer. Ich folgte ihm und betrachtete die ganze Zeit seinen wohlgeformten Knackarsch. Mann, er wusste ganz genau, wie er mich reizen konnte. Auf dem Weg ins Allerheiligste entledigte ich mich auch meiner restlichen Kleidung. Als ich in der Tür stand, sah ich Daniel mit dem Rücken auf dem Bett liegen. Seine Hände hatte er unterm Kopf verschränkt und wartete geduldig auf das, was ich mit ihm anstellen würde. Ich wusste ganz genau, was ich machen wollte. Ihn verwöhnen. Ihn immer wieder bis an den Rand seines Höhepunktes treiben und den Abschluss hinauszögern. Also legte ich mich zu ihm und begann, ihn am ganzen Körper mit meinen Händen und meiner Zunge zu verwöhnen. Auch seinen Schwanz und Hintern ließ ich nicht aus. Es war bloß gut, dass mir Daniels Körper diesmal genau zeigte, wann er vor seinem Orgasmus stand. Wenn ich diese Zeichen sah, brach ich sofort mein Spiel ab und ließ ihn ein wenig abkühlen. Das machte ich eine Zeitlang, doch irgendwann bettelte Daniel um Erlösung. Diese gönnte ich ihm nicht, im Gegenteil, ich verstärkte meine Bemühungen und schaffte es, ihn eine Zeitlang auf der Schwelle zu seinem Höhepunkt zu halten, bevor ich in seinen Hintern kniff, um ihn runter zu holen. Das brachte wieder die gewünschte Abkühlung. Daniel ließ noch eine Zeitlang dieses Spiel zu, später versuchte er sich aber selber zur Erlösung zu bringen, doch ich verweigerte ihm den Zugang zu seinem Schwanz und hielt seine Hände fest. Gut, irgendwann sollte ich mit der Quälerei aufhören und ihn zu seiner ersehnten Erfüllung bringen. So nahm ich seinen Ständer in den Mund und versuchte ihn so zu verwöhnen, dass er wieder kurz vor seinem Höhepunkt stand, aber nicht zur Erlösung kam. Den bereitete ich ihm anders, indem mein Zeigefinger sich in sein Loch bohrte. Feierabend! Mit einem lauten Schrei bäumte er seinen Körper auf und kam zu seiner Erlösung. Mir kam es fast so vor, als ob er gar nicht mehr aufhören wollte. Schließlich brach sein Körper auf dem Bett zusammen und seine Eruption versiegte. Ich richtete mich auf und schaute ihm zu, wie er sich erholte. Sein ganzer Körper bebte noch, seine Augen waren geschlossen und sein Mund war geöffnet. Langsam aber sicher beruhigte sich sein Atem. Ich genoss diesen Anblick, aber erstaunlicherweise hatte mein Freund immer noch einen Ständer. Da konnte ich mir einen Kommentar nicht verkneifen.

"Hm, anscheinend habe ich es nicht geschafft, dir Erlösung zu verschaffen. Soll ich noch mal ran?"

Vielleicht hätte ich das nicht sagen sollen. Anscheinend brauchte er keine Erholung mehr. Mit einer schnellen Bewegung richtete er sich auf, schmiss mich aufs Bett und setzte sich auf mich.

"Du geiler Bock, ich werde dir jetzt zeigen wie weit du mich gebracht hast."

Damit stieg er wieder von mir, griff sich meine Beine und hob sie so hoch, dass die Knie meine Brust berührten. Er setzte seinen Ständer an mein Loch und drang in mich ein. Mann, war das ein Gefühl! Ich verspürte keinen Schmerz, nur Verlangen nach ihm. Mein Spiel hatte auch mich geil gemacht.

Mit schnellen Bewegungen fickte er mich, wobei er mit seiner rechten Hand meinen Schwanz wichste. Keine Pause, keine Erholung, Daniel wollte nur zur Erlösung kommen, die auch nicht lange auf sich warten ließ. Als ich spürte, wie er in mir kam, brachte mich das über die Schwelle und auf meiner Brust bildete sich eine Pfütze. Daniel brach über mir zusammen und blieb eine Zeitlang auf mir liegen. Dabei klebte mein Saft unsere Körper zusammen. Mein Freund hatte sich als Erster wieder erholt.

"Glaube ja nicht, dass das schon meine Rache von eben war. Die kommt, wenn du nicht mehr daran denkst. Aber jetzt erst mal ab unter die Dusche, du klebst."

Wer war wohl daran schuld? Danny zog sich langsam aus mir zurück und half mir vom Bett auf. Plötzlich blieb er mit dem Blick auf seinen Nachttisch, stehen. Was war jetzt los?

"Was hast du, Schatz?"

"Hast du mal auf die Uhr geschaut? Du hast mich fast drei Stunden verwöhnt."

"Nee, das glaube ich dir nicht, Danny. Du hast wahrscheinlich die Uhr vorher falsch abgelesen. Mir kam es auf jeden Fall nicht so lange vor, außerdem glaube ich nicht, dass ich dich solange hätte verwöhnen können."

"Ist mir egal, was du glaubst, Frank. Aber ich kann Uhren lesen und ich weiß, dass du mich solange gequält hast."

"Wieso quälen, hat es dir nicht gefallen? Dann werde ich so was nicht mehr machen."

"Natürlich hat es mir gefallen, gar keine Frage, aber es war trotzdem eine Qual, nicht die gewünschte Erlösung zu erhalten. Und ich werde dir das auch noch zeigen, wie das ist. Warte es nur ab, meine Zeit kommt auch noch."

Wir gingen gemeinsam unter die Dusche. Kurz sauber gemacht, abgetrocknet und zurück ins Schlafzimmer. Dort legten wir uns noch etwas hin und schmusten, bis es für mich wieder Zeit wurde. Wir verabredeten uns wieder für Montag nach der Arbeit. Komisch, die Zeit in der Arbeit verging leider nicht mehr so schnell, wenn man sich auf den Feierabend freute.

Ich kannte jetzt Daniel schon zweieinhalb Monate, aber mir kam es so vor, als ob wir uns schon eine halbe Ewigkeit kennen würden. Niemals hatte ich damit gerechnet, mich so schnell in jemanden zu verlieben, aber es war mir passiert und ich war total in ihn verschossen. Das Einzige, was mich störte, ich konnte keinem meiner Freunde, Kollegen oder meinen Eltern was erzählen. Es durfte ja niemand wissen. Wie würden meine Kollegen darauf reagieren, wenn sie erfahren würden, dass ich schwul war. Mit Patrick redete ich ab und zu über meinen neuen Freund. Er wusste, dass er schwul war und ich erzählte ihm auch, dass wir mal was unternahmen. Ich hatte aber niemals erwähnt, dass ich mit ihm zusammen war, geschweige, dass ich Daniel liebte. Das Komische, ich betrachtete Patrick jetzt mit ganz anderen Augen. Nicht mehr mit dem Verlangen, ihn zu lieben, sondern nur noch als guten

Freund. Vielleicht aber auch etwas mehr. Wir verstanden uns immer gut und ich dachte, dass es mit ihm wohl keine Probleme geben würde, wenn er irgendwann erfuhr, dass ich schwul war. Trotzdem war ich nicht bereit, mich jemandem mitzuteilen und so blieb mir nichts anderes übrig, als meinen Kollegen und Freunden weiterhin etwas vorzuspielen. Zwar war mir klar, dass ich das nicht ewig machen konnte, aber die Zeit war einfach noch nicht reif.

Am Abend traf ich mich mit meinem Liebsten und wir redeten über unsere Arbeit. Er hatte einigen Stress und ich versuchte, ihn wieder aufzumuntern. Auch ich hatte Stress in der Firma gehabt und obendrein teilte ich ihm mit, dass ich mal für ein paar Tage weg müsste. Daniel sah darin keine Probleme. So verging die Zeit bis Freitag und beide freuten wir uns auf das Wochenende, an dem wir etwas Zeit für uns haben würden. Warum konnte eigentlich nicht immer Wochenende sein? Daniel wollte sich am Freitagabend mit einem Kollegen treffen. Ich hatte nichts dagegen, so hatte ich wieder etwas Zeit für meine Freunde. So traf ich mich mit Frank, diesmal aber in seinem Laden. Bei ein paar Dosen Bier zockten wir eine Runde an den Computern. So verging der Abend recht schnell und ich machte mich früh auf den Weg nach Hause.

Am Samstag sollte das bestellte Bett für uns kommen. Leider kam es anders als ich dachte. Ich überhörte den Wecker und wurde erst zum Mittag wach. Scheiße, jetzt musste ich mich beeilen und kurze Zeit später war ich bei meinem Engel. Der erwartete mich schon freudig.

"Frank, was war mit dir los? Wir hatten uns doch für früher verabredet."

"Sorry, Schatz. Hab den Wecker überhört. Kannst du mir noch mal verzeihen?"

Mit einem breiten Grinsen auf seinem Gesicht gab er mir einen Kuss.

"Was bleibt mir anderes übrig? Komm mal mit ins Schlafzimmer."

Ich folgte ihm ins Allerheiligste und da stand es! Das Bett war riesig. Es war schon fertig aufgebaut und auch bezogen, sozusagen fertig, um es mal auszuprobieren.

"Wow, hier sieht es noch größer aus als im Möbelhaus. Ich hoffe, du kannst mir verzeihen, dass du alles alleine machen musstest?"

"Nee, kann ich nicht. Dafür wirst du jetzt bluten."

Gesagt, getan und er warf mich aufs neue Bett. So hatten wir beide die Gelegenheit, es uns gemütlich zu machen und die Qualität des Bettes zu testen. Leider hatten wir nicht die ganze Zeit für uns. Nach etwa einer Stunde schellte es an der Tür. Daniel zog sich schnell eine kurze Hose und ein T-Shirt über, deutete mir an liegen zu bleiben und verschwand in der Tür. Kurze Zeit später erschien er wieder.

"Schatz, anziehen. Wir haben Besuch."

Ich schaute ihn fragend an und wollte mich eigentlich gar nicht mehr rühren, aber Danny zog mir die Decke weg und scheuchte mich von der Matratze.

Wenn es denn sein musste. Wieder ordentlich gekleidet, machten wir uns gemeinsam auf den Weg ins Wohnzimmer. Ich war überrascht, Eva und Harald saßen auf der Couch. Als sie uns kommen sahen, standen sie auf. "Hallo, Frank. Tut mir Leid, wenn wir euch gestört haben, aber meine Frau meinte, wir sollten euch besuchen fahren." Tja, also was blieb uns anderes übrig? Zuerst begrüßte ich Eva und Harald und zwar so, wie es sich für eine Familie gehört. Mit einer Umarmung und einem Kuss. Dann setzten wir uns zu Daniels Eltern und unterhielten uns. Sie wollten natürlich wissen. wie es uns ging und ganz besonders, wie wir uns unsere gemeinsame Zukunft vorstellen würden. Besonders Eva war stark daran interessiert.

"Ich würde ganz gerne wissen, ob ihr euch beide schon entschieden habt, offen mit eurer Homosexualität zu leben, oder wie lange ihr euch noch verstecken wollt? Bitte denkt beide daran, dass es für euch nicht einfacher, sondern eher schwieriger wird. Ihr könnt euch nicht ewig verstecken, und wahrscheinlich wollt ihr beide wohl auch irgendwann zusammen ziehen."

Man konnte wirklich sagen, dass sie wie eine Mutter redete, die sich Sorgen machte und wirklich nur das Beste für uns wollte. Eigentlich sollte man ihr dafür dankbar sein, aber ich war der Meinung, sie sollte uns unser Leben leben lassen. Wir mussten selber entscheiden, was wir machen wollten und keiner sollte uns reinreden.

"Mum, bitte. Nein, wir haben uns noch keine Gedanken gemacht, zumindest haben wir darüber noch nicht gesprochen. Mit Frank würde ich lieber heute als morgen zusammen ziehen, aber ich denke, das müssen wir mal gemeinsam besprechen."

Jetzt hatte mich sogar mein Freund überrascht. Was hatte er gerade gesagt, er wolle jetzt schon mit mir zusammen leben? Damit hatte ich nicht gerechnet, aber ich war noch nicht soweit.

"Stop zusammen. Habt ihr euch abgesprochen? Irgendwie glaube ich fast, überrumpelt zu werden."

Ich hatte Recht, es war abgesprochen und ich kam nicht mehr aus der Diskussion raus. Es blieb mir nichts anderes übrig, als mich der Sache zu stellen. Ich versuchte, dem zu entgehen, indem ich meinen Freund mit einbezog. Dachte ich doch, er würde auch noch nicht soweit sein sich zu outen. Damit lag ich aber falsch.

"Nein, mein Schatz. Ich will mit dir offen leben. Ich will jedem zeigen, dass ich dich liebe. Außerdem habe ich mich mit dem Thema schon offen auseinander gesetzt und bin zu dem Entschluss gekommen, dass ich keine Probleme mehr damit habe, offen schwul zu leben. Meine Eltern wissen es, mein bester Freund, einige andere Freunde jetzt auch, nur meine Kollegen in der Firma wissen es noch nicht."

Tja, was sollte ich dazu noch sagen? Ich war sprachlos, denn er hatte mich überrumpelt. Gehofft hatte ich, dass wir darüber gemeinsam sprechen würden, aber mein Liebster hatte sich entschieden, ohne dass ich wusste, wie mir eigentlich geschah.

"Moment mal, nicht so schnell. Ich dachte, die Entscheidung liegt bei mir und Danny. Bis jetzt sind wir noch nicht dazu gekommen, darüber zu diskutieren. Ich fühle mich irgendwie in etwas hineingepresst."

Daniel näherte sich mir und umarmte mich.

"Schon gut, Frank, ich will dich zu nichts drängen, nur dich dazu ermuntern, dir darüber mal Gedanken zu machen, wie unsere Zukunft aussehen soll. Ich habe mit meinen Eltern darüber gesprochen. Solltest du dich dazu entschließen, offen damit zu leben und es auch deinen Eltern, Freunden und Kollegen sagen, so hast du meine und die Unterstützung meiner Eltern."

Es war schön, so was zu hören, trotzdem ging mir das zu schnell.

"Ja, danke. Ich habe mir natürlich auch schon meine Gedanken gemacht, aber ich bin noch nicht bereit. Ich weiß nicht, wie meine Freunde, Kollegen und besonders meine Eltern darauf reagieren. Kann ja sein, dass ich mich deswegen mit meinen Eltern verkrache und ich weiß nicht, was ich dann machen soll."

"Du machst dir zu viele Gedanken. Meine Frau, mein Sohn und ich haben darüber gesprochen und uns entschieden. Wenn es mit deiner Familie Probleme geben sollte, so kannst du bei uns wohnen. Denke immer daran, wir wollen dich zu nichts drängen. Die Entscheidung liegt bei dir."

Daniel streichelte mir über den Kopf, wollte mir so seine Unterstützung zeigen.

"Das ist nur ein Angebot und keiner will dir eine Pistole auf die Brust setzen. Du musst selber entscheiden, was du machen willst. Ich werde solange auf dich warten, wie es nötig sein wird. Du kannst dir damit auch Zeit lassen, trotzdem wird sich an unser Beziehung nichts ändern. Du sollst nur wissen, dass ich lieber früher als später mit dir zusammen wohnen möchte."

Ich schaute ihm in die Augen und konnte Zuneigung und Liebe erkennen. Wie sollte ich mich jetzt verhalten? Darüber musste ich mir erst selber klar werden.

"Danke, ich weiß euer Angebot sehr zu schätzen, aber ich brauche Zeit. Erst vor kurzem habe ich mir selber eingestanden, schwul zu sein, jetzt fehlt mir die Kraft, es anderen zu sagen. Wenn du jetzt sagen würdest, ich müsste mich entscheiden, ob wir weiterhin zusammen bleiben wollen und du damit verknüpfen würdest, dass ich mich outen soll, würde ich es natürlich machen. Du sollst wissen, ich tue alles für dich, aber..."

"Stop, Schatz. Ich werde nie etwas von dir verlangen, wenn du es nicht selber willst. Das solltest du wissen und das gehört dazu. Ich will, dass wir glücklich werden und da gehört besonders Vertrauen in eine Beziehung und das habe ich."

Mir fiel ein Stein vom Herzen. Mein Freund forderte das nicht von mir und ehrlich gesagt, hatte ich nicht hundertprozentig damit gerechnet. Das zeigte mir, dass ich noch einiges von ihm zu lernen hatte.

"Danke Danny, für dein Vertrauen. Ich werde dich bestimmt nicht enttäuschen. Aber für mich ist die Zeit einfach noch nicht reif. Das werden wir aber dann gemeinsam durchstehen."

Damit war das Thema beendet. Wir vier unterhielten uns noch eine Zeitlang, schließlich wollten seine Eltern uns wieder alleine lassen. Zuerst sahen sie sich aber noch ihr Geschenk an. Ihnen gefiel es sehr gut und sie machten sich wieder auf den Weg nach Hause. Daniel und ich aßen etwas zu Abend und machten es uns auf unserer Spielwiese bequem. Die ganze Zeit hielten wir uns in den Armen und irgendwann war ich eingeschlafen. Als ich erwachte, war es schon längst dunkel und das Zimmer wurde nur durch die kleine Lampe auf dem Nachtisch erhellt. Mein Freund schlief noch, er hatte seinen Kopf auf meine Brust gelegt. Eine Zeitlang schaute ich ihm zu und währenddessen schossen mir viele Gedanken durch den Kopf. Doch musste ich ihn wieder wecken. Die Uhr zeigte schon längst, dass der Samstag wieder vorbei war. Mein Schatz schlug langsam die Augen auf und schaute mich an.

"Danny, ich muss leider wieder nach Hause."

Er schüttelte nur mit dem Kopf und hielt mich fest. Er machte keine Anstalten, seinen Kopf von meiner Brust zu nehmen.

"Nein, ich möchte, dass du bei mir bleibst. Ich lass dich nicht mehr gehen. Bleibe doch bei mir."

Ich hätte das wirklich gerne gemacht, aber ich musste doch meine Tarnung aufrecht erhalten.

"Wir haben bald viel Zeit für uns. Wenn meine Eltern in den Urlaub fahren, werde ich die ganze Zeit bei dir bleiben. Reicht das nicht?"

Vielleicht hätte ich die Frage nicht stellen sollen.

"Natürlich nicht. Wo denkst du hin, Frank? Ich möchte ständig mit dir zusammen sein, kannst du das nicht verstehen?"

Natürlich konnte ich das. Sogar nur zu gut, da es mir genauso ging.

"Doch, aber ich muss trotzdem. Ich komme in ein paar Stunden wieder zu dir."

Das schien ihn etwas zu trösten, denn er hob seinen Kopf und ließ mich aufstehen. Kurze Zeit später verabschiedete ich mich und trat den Heimweg an.

Irgendwann lag ich in meinem Bett. In letzter Zeit machte ich mir immer mehr Gedanken über unsere Beziehung, und zwar immer dann, wenn ich meinen Freund verlassen musste. Irgendwie merkte ich immer wieder einen Stich im Herzen. Ich konnte mit meinem Schwulsein noch nicht umgehen, somit konnten wir auch nicht jede Minute für uns haben. So langsam sollte man sich wirklich darüber Gedanken machen, ob man nicht doch ganz offen damit leben sollte.

Am Sonntag wieder, wie eigentlich jeden Sonntag, schnell aufstehen, essen und ab zu meinem Engel. Auch diesmal war er schon wach und ich wunderte mich.

Dannys Hobby

"Nanu, Schatz. Wie kommt es, dass du jetzt schon den zweiten Sonntag vor meinem Guten-Morgen-Kuss wach bist?"

"Ach, ganz einfach. Ich hatte dir gestern vergessen zu sagen, dass ich heute Besuch bekomme. Es hat sich ein Pärchen auf mein Inserat gemeldet, das gerne Aktfotografien von sich hätte. Die werden wahrscheinlich so in einer Stunde hier auftauchen."

"Oh, schade. Ich hatte gehofft, dass wir den Sonntag für uns haben. Aber Arbeit ist halt Arbeit. Dann werde ich wohl besser wieder gehen."

"Du bleibst schön hier. Wir sind ein Paar und werden auch gemeinsam alles machen. Das betrifft auch das. Wenn es die Kunden stört, so ist das nicht mein Problem. Ich gebe dich als meinen Helfer aus, besser gesagt als meinen Beleuchter. So muss ich auch nicht immer wieder die Kamera verlassen."

"Also gut, wenn es dich nicht stört. So werde ich bleiben und dich unterstützen."

"Was nimmst du für einen Stundenlohn? Ich finde, du gehörst dafür bezahlt."

Jetzt war ich perplex. Ich war sein Freund und sollte auch noch für solche Dienste bezahlt werden? Das hätte ich doch aus Freundschaft gemacht.

"Ich will kein Geld. Das mache ich für dich und nicht für die Leute."

"Das müssen die ja nicht wissen. Ich weiß das und kann das auch verstehen, aber wie du schon sagtest. Das ist Arbeit und dafür wird man normalerweise bezahlt, auch bei mir. Keine Widerrede. Den Lohn machen wir hinterher aus, O.K.?"

Na gut, wenn er unbedingt wollte. Wir gingen in seinen Arbeitsraum und bereiteten alles vor. Daniel zeigte mir, was ich alles machen sollte und was er mir für Anweisungen geben würde. Plötzlich schellte es an der Tür. Ich ging sie öffnen. Vor mir standen zwei Männer, der Ältere um die 30 und den jüngeren schätzte ich auf 23 bis 24. Ich war etwas überrascht.

"Ja, bitte? Kann ich ihnen helfen?"

Der ältere Mann wandte sich an mich.

"Hi, wir haben am Dienstag miteinander telefoniert, wegen den Aufnahmen."

Ah, ja. Was sollte ich jetzt davon halten? Da hatte mir wohl Danny etwas verschwiegen, ich hatte mit Mann und Frau gerechnet. Dieser Schlingel.

"Guten Tag, kommen sie doch rein. Wir haben nicht telefoniert, das war mein Arbeitgeber, Herr Schnitzer. Ich bin der Beleuchter. Eigentlich hatte ich mit einem Mann und einer Frau gerechnet."

Beide Männer betraten die Wohnung, schauten sich um und der ältere wandte sich wieder an mich.

"Richtig, Herr Schnitzer hatte mir gesagt, dass er jetzt noch eine zweite Person hätte, die ihm hilft. Ich kann nachvollziehen, dass sie eine Frau erwartete haben. Gibt es damit Probleme?"

Ich konnte mir in dem Augenblick ein Lachen nicht verkneifen und beide Männer schauten mich überrascht an.

"Nein, ich denke nicht, aber da sollten sie lieber den Chef fragen. Folgen sie mir bitte."

Zu dritt gingen wir in den Arbeitsraum und ich stellte meinem Freund das Pärchen vor. Daniel fiel die Kinnlade runter und schaute mich fragend an. Ich zuckte nur mit den Schultern. Der jüngere Mann wandte sich an seinen Partner.

"Tim, ich glaube wir sind hier auch nicht erwünscht. Komm, lass uns gehen, bevor es wieder Ärger gibt."

Beide drehten sich zur Tür, doch jetzt reagierte Daniel.

"Nein, bitte bleiben sie. Es gibt damit absolut keine Probleme. Ich habe auch schon Schwule fotografiert. Sie haben sich aber als Pärchen ausgegeben und nichts weiter gesagt, deswegen sind wir wohl etwas, na gut, überrascht."

Daniel warf mir einen Blick zu und beide mussten wir lachen. Jetzt wollte unser Besuch wissen, was wir an dieser Situation komisch fanden. Ich nickte Danny zustimmend zu. Er wusste sofort, was ich meinte. Wir verstanden uns schon ohne etwas zu sagen.

"Tut mir Leid, aber wir finden die Situation komisch. Vielleicht sollten wir uns vorstellen. Sie kennen mich ja schon, ich bin Daniel und das hier ist Frank. Er ist mein Freund,... nein besser gesagt Lebensgefährte."

Jetzt mussten auch unsere beiden Gäste lachen, da sie sofort verstanden was hier abging. Somit war das Eis zwischen uns gebrochen. Beide stellten sich vor. Der ältere hieß Tim, war 33 Jahre alt und der jüngere hieß Ralf und war 21. Beide waren jetzt genau drei Jahre zusammen und ich war total baff. Hier spielte der Altersunterschied keine Rolle, nur die Zuneigung. Ich dachte, Danny und ich hätten einen großen Altersunterschied, aber so konnte man sich irren. Wir unterhielten uns eine Zeitlang, was wir so machten, wie man sich kennen gelernt hatte und was die Zukunft bringen würde. Sie erfuhren auch, dass wir noch unter einem Deckmantel zusammen waren. Beide konnten das zum Teil nachvollziehen. Sie hatten noch nie versteckt, dass sie schwul waren, auch Ralf nicht. Als er das seinen Eltern mit 15 Jahren gesagt hatte, gab es bei ihm einen großen Bruch in der Familie, der sich noch vergrößerte, als er Tim kennen lernte. Somit war er schnell ausgezogen und hatte seitdem keinen Kontakt mehr zu seinen Eltern. Man sollte sich wirklich gut überlegen, was man machen wollte, aber er würde trotzdem jedem raten, offen damit zu leben. Ralf stimmte dem zu, auch wenn es mit seiner Familie Probleme gab. Er meinte, seine Eltern hätten ihn wohl nie geliebt, denn sonst hätten sie ihn auch so akzeptiert, wie er war. Er wollte niemals mehr Kontakt zu seinen Eltern aufnehmen. Sie sollten schon selber kommen. Irgendwo hatte er auch seinen Stolz. Die Gesprächsrunde hatte nur positive Seiten, die erkannte ich sofort. Erstens, Danny und ich konnten was lernen und zweitens lernt man sich so besser kennen und baute damit ein Vertrauen auf. Danny meinte mal zu mir, wenn kein Vertrauen zwischen Fotograf und seinem Motiv bestände, so würden die Fotos auch nichts werden.

Etwa zwei Stunden unterhielten wir uns über Gott und die Welt. Schließlich gingen wir gemeinsam an die Arbeit. Tim und Ralf hatten ihre Scheu verloren und legten so richtig los. Daniel gab mir währenddessen Anweisungen, wie ich das Licht auszurichten hatte. Irgendwie machte mir die Arbeit Spaß und ich verlor meine ganze Scheu. Tim und Ralf machten das sehr gut. Mal posierten sie alleine und mal zu zweit vor der Kamera. Mal hatten sie noch was an, mal waren sie nackt. Ich sah zwar die ganze Zeit aufmerksam zu, konnte mir aber nicht vorstellen, wie die Posen auf einer Aufnahme wirken würden. Selbst die Lichteffekte sahen für mich zu dem Zeitpunkt eher normal aus. Nach etwa weiteren vier Stunden und etlichen Filmen war die Session vorbei. Ralf und Tim zogen sich wieder an und wir machten es uns im Wohnzimmer bequem. Eine Zeitlang unterhielten wir uns noch über die Posen und Aktionen, die beide gerade hingelegt hatten, doch schließlich machten wir einen Termin aus, wann beide zu uns kommen sollten, um sich die Aufnahmen anzuschauen. Wir setzten nächste Woche Donnerstag fest, dann wären die Fotos bestimmt schon entwickelt. Wobei die meisten schwarzweiß waren, die Daniel selber entwickeln wollte, aber ein Film war in Farbe und diesen musste er zu einem Bekannten geben. Somit würde das halt eine Zeitlang dauern. Beide waren einverstanden.

Schließlich waren wir wieder alleine. Zuerst nutzten wir die Zeit, uns etwas zum Abendbrot zu machen, doch dann wollte mein Freund die Schwarzweiß-Aufnahmen entwickeln. Er war selber gespannt, wie diese geworden waren. Leider konnte ich ihm dabei nicht helfen., also machte ich es mir auf dem Sofa bequem und schaltete die Glotze ein. Irgendwann fielen mir die Augen zu und als ich wach wurde, saß mein Freund mir mit seiner Kamera gegenüber und schaute mich an. Ich wusste natürlich jetzt nicht, ob ich für ihn auch wieder mal ein Motiv war oder ob ich noch eins werden sollte. Eine lange Zeit schauten wir uns in die Augen, keiner sagte etwas, doch wurde es meinem Liebsten zu bunt. Er stand auf, kam auf mich zu und legte sich neben mich aufs Sofa, dabei kuschelte er sich an mich. Es sagte immer noch keiner was, aber wir hielten uns ganz fest in den Armen. Das war auch das, was ich wollte. Wir brauchten uns nichts zu sagen, so gefiel es mir besser. Irgendwann brach Danny die Stille.

"Schatz, willst du mal die Fotos sehen?"

Selbstverständlich wollte ich. Ich nickte zustimmend und er stand auf und holte die Bilder. Alles Schwarzweiß-Aufnahmen und als ich sie durchsah, war ich überrascht. Ich hatte nicht in Erinnerung, dass die Posen der beiden Männer so schön waren. Die Ausleuchtung stimmte auch, sie waren einfach nur perfekt. Jetzt wusste ich, was man alles mit einer Kamera anstellen konnte.

"Wie hast du das nur so hinbekommen? In der Realität ist mir nicht aufgefal-

len, dass das so gut aussah. Ich glaube, ich sollte bei dir in die Lehre gehen."
Daniel grinste mich an.
"Danke für dein Lob, Schatz. Du kannst gerne bei mir in die Lehre gehen, aber was willst du denn von mir lernen?"
Och Mann, dieser Schuft. Er wusste genau, was ich meinte, aber er musste das natürlich wieder zweideutig sehen und das erkannte man auch an seinem Grinsen.
"Du weißt ganz genau, was ich meine, was anderes kannst du mir ja auch nicht beibringen. In anderen Dingen bin ich besser als du."
Irgendwie musste ich ihn auch mal ärgern und ab und zu tat ich das gerne. Manchmal erreichte ich auch mein Ziel, aber diesmal war es nicht der Fall.
"O.K., O.K., du hast gewonnen. Wenn du willst, versuche ich dir die Fotografie näher zu bringen. Ich kann dir zeigen, worauf man zu achten hat, aber ich bin der Meinung, dass man dafür ein Händchen braucht und nicht jeder hat die Begabung."
"Gut, du kannst es mir erklären, aber mache dir nicht die Hoffnung, dass ich es demnächst genauso gut kann wie du. Das glaube ich wirklich nicht."
Wir redeten noch etwas weiter, schließlich wurde es sehr schnell später und wir wollten auch ins Bett, da wir leider wieder arbeiten mussten.
Am Montag musste ich ihm nach der Arbeit etwas beichten. Durch unsere zukünftige Zeitplanung wurde ein Strich gemacht. Das musste ich mir leider selber anrechnen, da ich vergessen hatte, dass meine Mutter ja am nächsten Samstag Geburtstag hatte und wir uns leider nicht sehen konnten. Daniel nahm das aber sehr gut auf und meinte, ich hätte jetzt einen Ausgleich zu seiner Vergesslichkeit geschaffen. Als ich ihn fragend ansah, erwähnte er nur letzten Sonntag. Er hatte ja auch vergessen, mir rechtzeitig mitzuteilen, dass er einen neuen Auftrag hatte. Gut, so waren wir quitt, nur mit dem Unterschied, dass wir uns den ganzen Samstag nicht sehen würden.
So verging auch die ganze Woche. Am Donnerstag erschienen Tim und Ralf bei Daniel. Wir beide zeigten ihnen die Aufnahmen, die Farbaufnahmen waren auch mittlerweile eingetroffen. Beide waren von den Bildern begeistert und meinten, sie würden uns sofort weiterempfehlen. Nie hätten sie gedacht, dass die Bilder so schön werden würden. Danach erledigten wir das Geschäftliche, auch ich bekam einen sehr guten Lohn. Nach einem kurzen Smalltalk machten beide sich wieder auf den Weg.
Diese Woche verabredete ich mich am Freitag nicht mit anderen Freunden, da ich auch mal ein bisschen mit meinem Liebsten unternehmen wollte. So gingen wir am Freitag ins Kino, in den Film Armageddon. Der Film war nur genial. Beiden saßen wir zusammen und Daniel lernte ich hier von einer neuen Seite kennen. Er kuschelte sich bei einigen Szenen an mich und weinte ab und zu. Anscheinend ging ihm die Geschichte ziemlich ans Herz und da war es gut, dass er bei mir eine Schulter zum Anlehnen hatte. Nach dem Kino machten wir uns noch einen schönen Abend in einer Kneipe. Ich

brauchte nicht mehr zu fahren, also gönnte ich mir einen Rotwein. Daniel hielt die ganze Zeit meine Hand über dem Tisch und drückte sie.

"Sag mal, Schatz, irgendwas ist doch mit dir. Was hast du auf dem Herzen?"

"Der Film hat mich ziemlich mitgenommen, Frank. Versprich mir bitte etwas."

"Wenn ich das kann? Alles was du möchtest, also schieß los. Was hast du auf dem Herzen?"

"Lass mich niemals im Stich, auch nicht, wenn es darum geht, die Welt zu retten. Ich möchte mir niemals Sorgen um dich machen. Versprich mir das, bitte."

Ich musste grinsen. Wie kam er bloß auf den Gedanken, ich würde ihn alleine lassen und dann auch noch, dass ich die Welt retten würde? So was kommt ja nur in Filmen vor, aber nie in der Realität. Zum Glück. Somit konnte ich ihm das Versprechen ruhig geben, denn ich würde niemals in die Verlegenheit kommen, es zu brechen.

"Wie kommst du bloß wieder auf solche Hirngespinste? Du bist wirklich schon Fernseh geschädigt. Komm wieder in die Realität zurück."

Danny drückte ganz fest meine Hand und schaute mir tief in die Augen. Jedes Mal, wenn er mich so anschaute, wurde ich butterweich.

"Jetzt hör auf, dir mit mir einen Spaß zu machen. Ich meine das vollkommen ernst. Du weißt auch ganz genau, was dazwischen kommen kann und ich will nicht, dass das mal passiert. Versprich mir, dass du mich niemals im Stich lässt."

Darauf wollte er also hinaus. Jetzt wusste ich, womit Daniel Probleme hatte und ich war der Meinung, auch hier konnte ich ihm das Versprechen geben, ohne damit mal in Schwierigkeiten zu kommen. Ich wollte selber nicht mehr zurück. So gefiel mir das Leben besser, besonders natürlich mit meinem Freund.

"O.K., jetzt weiß ich, worauf du hinaus willst. Ich kann dir versprechen, dass in der Richtung nichts mehr passieren wird. Reicht dir das, wenn ich das so sage?"

Daniel legte seine andere Hand auf meine und streichelte diese.

"Ja, das reicht mir, bis jetzt. Ich glaube dir."

"Das freut mich, du kannst mir ruhig glauben. Aber wie bist du jetzt darauf gekommen? Hat das mit dem Film zu tun?"

Daniel schüttelte verneinend seinen Kopf und beugte sich zu mir.

"Nein, Schatz. Der Film hat es nur etwas verstärkt. Ich möchte nur mein Leben mit dir verbringen."

"Gut, das kann ich verstehen. Wie gesagt, ich verspreche es dir."

Ich näherte mich seinem Kopf und gab ihm einen langen Kuss. Leider hatte das die Bedienung in der Kneipe mitbekommen. Die kam direkt auf uns zu.

"He, Jungs, das macht doch bitte zu Haus, aber nicht hier. Das ist eine saubere Kneipe."

Bitte was? Danny schaute die Frau mit großen Augen an, konnte aber nichts sagen. Mir kochte die Galle über.

"Was soll das? Wenn Mann und Frau sich hier knutschen, geht das doch auch in Ordnung und bei uns machen sie so einen Aufstand?"

"Tut mir Leid, aber ich muss mich nach den Gästen richten und die würde so was stören. Also bitte unterlassen sie das."

"Hat sich ein Gast über uns beschwert?"

"Nein, es hat sich über sie noch kein Gast beschwert. Wir wollen aber auch nicht, dass es erst soweit kommt."

Mir reichte es. Ich nahm 20 Mark aus der Tasche und donnerte sie auf den Tisch. Daniel verstand sofort. Somit standen wir auf und verzogen uns aus der Kneipe, ohne auch nur ein weiteres Wort gesagt zu haben. Da es schon recht spät war, entschieden wir, nach Hause zu fahren. Danny brachte mich noch nach Hause. Vor der Tür stieg er mit aus und kam zu mir rüber. Dort verabschiedete er sich mit einem dicken Zungenkuss von mir.

"Schatz, wir sehen uns doch am Sonntag, oder?"

"Ja, natürlich, meinst du, ich lass dich noch alleine? Ich gebe dir keine Gelegenheit, mich los zu werden."

Gesagt getan, wir verabschiedeten uns und Danny machte sich auf den Weg. Ich ging dann ins Bett, machte mir aber über den heutigen Abend noch meine Gedanken. Der Film war total Klasse, aber auf die Szene in der Kneipe hätte ich verzichten können. Jetzt war ich mal über meinen Schatten gesprungen und hatte mich in der Öffentlichkeit ganz so verhalten, wie ich war, nämlich schwul, und musste dann das erleben. Darum zog ich es noch vor, meine Liebe für Daniel für mich zu behalten. Solche Reaktionen konnte ich zur Zeit nicht brauchen. Trotzdem hatte ich mich nicht verkrochen, sondern hatte auf die Anmache der Bedienung reagiert. Darauf war ich stolz. Für mich bedeutete dass einen kleinen Schritt in die richtige Richtung. Schnell schlief ich dann ein.

Am Samstag feierte ich mit meiner Familie den Geburtstag meiner Mutter. Am Abend löste sich der Familienzusammenhalt, der bei uns eigentlich noch nie sehr ausgeprägt war, komplett auf. So entschied ich mich, noch am Abend meinen Liebsten zu überraschen. Als ich in seine Wohnung kam, lag er auf dem Sofa und schlief vor dem Fernseher. Jetzt wollte ich mich mal rächen, schnappte mir seinen Fotoapparat und machte von ihm einige Aufnahmen. Den Knipser brachte ich wieder an seinen Platz. Er sollte erst später sehen, dass ich ihn erwischt hatte. Mit einem sanften Kuss weckte ich meinen Prinzen aus seinem Traum. Zuerst öffnete er nur leicht seine Augen, als er aber erkannte, wer ihn so süß geweckt hatte, umarmte er mich heftig und ließ mich eine Zeitlang nicht mehr los.

"Was machst du denn hier? Ich hatte gedacht, du feierst den Geburtstag deiner Mutter."

"Hallo, Schatz, ausgeschlafen? Die Feier ist zu Ende und ich wollte dich sehen."

"Das freut mich, dass du gekommen bist, aber was mache ich mit meinem Ersatzlover? Nein, freue mich sehr, dass du hier bist."

Er gab mir wieder einen Kuss. Ich legte mich neben meinen Liebsten auf das Sofa und umarmte ihn. So blieben wir eine Zeitlang liegen.

"Frank, bitte bleibe heute Nacht bei mir. Ich brauche dich heute Abend."

Wie? Er wusste doch ganz genau, dass meine Eltern nicht mitbekommen sollten, dass ich auswärts schlief.

"Vermisst du mich so, dass du mich so dringend brauchst, oder was ist mit dir los?"

Daniel strich langsam mit seiner Hand über meinen Kopf.

"Ich hatte heute Nacht einen Alptraum und da wäre es mir lieb, wenn du bei mir bleibst."

Das konnte ich sehr gut verstehen. Ich selbst hatte sehr oft Alpträume und ich war mir sicher, dass sie nicht so schlimm wären, wenn ich jemanden bei mir gehabt hätte.

"Das tut mir Leid. Willst du mir von dem Traum erzählen? Vielleicht kann ich dir helfen?"

Daniel schüttelte verneinend seinen Kopf.

"Nein, Schatz. Mir reicht es, wenn du bei mir bleibst und mir deine Kraft gibst."

Gut, konnte er haben und zur Bestätigung, gab ich ihm einen Kuss. So eine Situation erforderte halt drastische Maßnahmen. Er verstand sofort und drückte mich ganz fest an sich, um mir zu danken. Er machte sich daran, vom Sofa hoch zu kommen. Keine Ahnung, was er vorhatte, also ließ ich ihn ziehen und beobachtete ihn. Als er vor mir stand, griff er sich meine Hand, zog mich hoch und schleifte mich mit ins Schlafzimmer.

"Sorry, ich habe auch schlecht geschlafen und bin richtig müde. Leistest du mir Gesellschaft?"

Es war mir eigentlich zu früh, um schlafen zu gehen, aber ich konnte meinem Liebsten nichts abschlagen. Ich nickte, um ihm zu zeigen, dass es mir Recht war. Wir machten uns also bettfertig und gingen schlafen. Daniel kuschelte sich ganz dicht neben mich und legte seinen Kopf auf meine Brust.

"Ich wünsche dir eine gute und ruhige Nacht, mein Schatz. Hoffentlich heute mit einem erholsamen Schlaf."

"Danke, mein Liebling. Wenn du bei mir bist, so kann ich nur gut schlafen. Nochmals herzlichen Dank, dass du heute Nacht bei mir bleibst."

"Ich bin immer für dich da. Jetzt versuch aber, eine Runde zu pennen."

Die ganze Zeit streichelte ich über seinen Kopf, bis ich merkte, dass seine Atmung langsamer und ruhiger wurde. Er war eingeschlafen und ich brauchte auch nicht mehr lange auf meinen Schlaf zu warten.

Am nächsten Morgen wurde ich von meinem Liebling ganz sanft geweckt. Er saß auf meinem Schoß und leckte mein Gesicht ab. Was hatte er vor? Er verlangte sein Recht nach Zärtlichkeit und sollte es auch bekommen. Danach machten wir gemeinsam Frühstück, das wir uns gemütlich schmecken ließen. Der Sonntag war recht schön und so entschlossen wir, spazieren zu gehen. Wir fuhren in die Eifel, denn erstens war die Landschaft dort viel schöner und zweitens, die Möglichkeit dort jemanden zu treffen, den man kannte, war sehr gering. Wir gingen Hand in Hand durch die Stadt. Irgendwann hörte ich, wie mein Name gerufen wurde. Daraufhin drehte ich mich um, schaute durch die Gegend, konnte aber nicht ausmachen, wer mich gerufen hatte. Es waren einfach viel zu viele Menschen unterwegs. Plötzlich tauchte ein Pärchen auf. Es war ein Freund von mir, den ich seit langem nicht mehr gesehen hatte. Beide kamen sie auf uns zu und Tom hob die Hand.

"Hi, Frank. Schön dich mal wieder zu sehen. Wie lange ist es jetzt her, ich glaube seit der Berufsschule?"

"Grüß dich, Tom. Ja, ist schon sehr lange her. Wie geht es dir denn so?"

Seit etwa vier Jahren hatten wir uns nicht gesehen und jetzt trafen wir uns hier in der Stadt. Mir war aber die ganze Zeit nicht aufgefallen, dass ich immer noch Daniels Hand festhielt. Tom schaute uns beide an.

"Darf ich dir meine Freundin vorstellen? Das ist Silke. Silke, das ist Frank. Ich kenne ihn aus meiner Lehre."

Silke gab mir ihre Hand und wir grüßten uns.

"Frank, stell uns doch mal deinen Begleiter vor."

Mist. Jetzt wurde mir erst klar, was geschehen war. Ich hatte vergessen, meinen Freund loszulassen. Nun war es zu spät und ich konnte mich nicht mehr rausreden.

" Das ist mein Freund Daniel. Daniel, das ist Tom."

Daniel gab den beiden die Hand und grüßte sie, doch Tom schien das nicht ganz zu raffen.

"Ähm, Frank. Wie soll ich das verstehen, dass Daniel dein Freund ist? Bist du homosexuell?"

Mir blieb jetzt nichts anderes übrig, als die Wahrheit zu sagen. Aus der Situation konnte ich nicht mehr heil rauskommen. Obendrein musste ich noch erklären, was es mit uns beiden auf sich hatte. Eigentlich dachte ich, dass diese Situation eindeutig genug war.

"Du kannst ruhig schwul sagen. Das ist mir lieber als homosexuell. Daniel ist mein Partner und ich bin mit ihm zusammen."

Danny griff in diesem Moment wieder meine Hand und drückte sie ganz fest. Damit gab er mir Kraft, das durchzustehen. Als ich ihn ansah, grinste Daniel und zwinkerte mir zu. Man sah ihm an, dass er froh war. Es erfüllte ihn mit Stolz, dass ich anfing, zu mir selber zu stehen.

"Hm, na ja. Finde ich gut, dass du das so eingestehst. Jetzt kann ich auch dein Verhalten nachvollziehen und besser verstehen, dass du damals an den Tag gelegt hast. Gegenüber Frauen warst du immer so zurückhaltend."

Wir unterhielten uns noch eine Weile auf der Straße, doch Silke machte den Vorschlag, sich in ein Restaurant zu setzen. Gesagt, getan und wir unterhielten uns beim Essen noch eine ganze Weile. Tom und Silke fanden das gut, dass ich zu meinem Schwulsein stand. Als ich ihnen erzählte, dass ich nur dazu gestanden hatte, weil es ja keine Möglichkeit mehr gab, mich rauszureden, mussten wir alle darüber lachen. Tom konnte nicht verstehen, warum ich mich versteckte. Daniel erklärte ihm aber, warum wir uns noch nicht offen zeigen wollten. Das konnte er nachvollziehen, verstand aber nicht, warum es noch Menschen gab, die etwas gegen Schwule hatten. Wir unterhielten uns sehr lange. Tom und ich tauschten unsere Adressen aus. Wir verabschiedeten uns und mein Freund und ich machten uns auf den Weg nach Hause. Das Wochenende war schon wieder vorbei. Bald würden meine Eltern in den Urlaub fahren und wir hatten schon ausgemacht, die ganze Zeit gemeinsam zu verbringen.

Die Woche selber fing richtig toll an. In der Firma entschied man sich, bei einigen Kunden unserer Firma einen Vorort-Service durchzuführen. Starten sollten wir am Dienstag nächste Woche und am Donnerstag der gleichen Woche wieder zurück kommen. Bayern mit dem Auto zu bereisen würde auch nicht schlecht sein. Besonders da ich sehr gerne Auto fuhr. Da gab es nur ein weiteres Problem. Meine Eltern wollten diese Woche am Samstag verreisen und somit hatte ich keinen, der auf das Haus achten konnte. Da musste ich wohl wieder einmal die Nachbarn bemühen. Nur wie sollte ich das meinem Freund beichten? Besonders, da wir jetzt die Gelegenheit hatten, längere Zeit zusammen zu sein. Es gab keine Möglichkeit für meine Familie mich zu kontrollieren, was ich in der Zeit machte. Zwar hatte ich ihm schon so was angedeutet, aber leider fiel die Entscheidung sehr kurzfristig. Irgendwie hatte ich aber die Hoffnung, dass er das verstehen würde. Plötzlich fiel mir ein, was ich machen konnte. Ich telefonierte etwas durch die Stadt und schaffte es tatsächlich, das zu bekommen, was ich wollte. Ich bestellte bei einem Holländer zweihundert rote Rosen und verabredete mich mit dem Lieferanten vor Daniels Wohnung. Zum Glück hatte ich seinen Schlüssel. Zur Mittagszeit verzog ich mich mal kurz aus der Firma und fuhr zu seiner Wohnung. Der Händler wartete schon auf mich. Ich schloss die Tür auf und wir beide transportierten die Rosen in die Wohnung. Plötzlich tauchte auch noch der Nachbar von Daniel auf. Natürlich konnte er sich einen blöden Kommentar nicht verkneifen und so bekam auch der Lieferant mit, dass die Rosen für meinen Freund und nicht für eine Freundin waren. Zuerst musterte er mich komisch, aber dann grinste er mich an. Er sagte mir, dass er das schon komisch fand, das ein Mann seiner Freundin so viele Rosen schenken würde. Das hätte er noch nie erlebt, aber jetzt konnte er sich das erklären. Schwule Männer hatten für so was eher ein Händchen, als hetero Männer. Er fand das total klasse und damit war das Thema gegessen.

Ich hatte nur ein Problem. Zwar hatte ich an die Rosen gedacht, aber nicht daran, dass niemand so viele Vasen in der Wohnung hatte. Tja, vielleicht sind

Schwule romantisch, aber an alles denken, das können auch wir nicht. Zum Glück war der Lieferant darauf vorbereitet. Bei so vielen Blumen gab es Einwegvasen dabei.

Nach einer Stunde waren wir fertig und ich machte mich wieder auf den Weg in die Firma. Komischerweise wollte jetzt die restliche Zeit bis zum Feierabend nicht mehr vergehen. Doch schließlich war es geschafft und ich machte mich auf den direkten Weg zu meinem Liebsten. Perfektes Timing. Ich kam zum gleichen Zeitpunkt wie Daniel an. Wir begrüßten uns auf der Straße.

"Danny, ich muss dir etwas beichten. Ich hoffe, du nimmst mir das nicht übel."

"Was hast du denn jetzt schon wieder angestellt? Komm, lass uns erst ins Haus gehen, mir ist es zu kalt."

Ups, nein. Das wollte ich noch nicht. Er sollte die Überraschung erst später sehen.

"Du weißt doch, dass meine Eltern bald weg fahren. Leider ist mir für nächste Woche schon was dazwischen gekommen. Ich muss am Dienstag mit einem Kollegen nach Bayern fahren und wir werden wahrscheinlich erst am Donnerstag nach Hause kommen. Ist das ein Problem für dich?"

Daniel schaute mich eine Zeitlang an.

"Sicher ist das ein Problem für mich, solange nichts von dir zu hören und zu sehen. Nein, Quatsch, das werde ich schon durchstehen. Ist ja nicht lange und wir haben ja auch noch genügend Zeit für uns, wenn deine Eltern weg sind. Komm jetzt, mir ist kalt. Außerdem habe ich dann mal etwas Zeit für meine anderen Verehrer."

Ich gab ihm einen kleinen Klaps auf seinen Hintern. Verarschen lassen wollte ich mich nicht. Auf jeden Fall hatte er das wirklich gut aufgenommen, auch wenn wir schon vieles für die Zeit, wo ich alleine sein sollte, geplant hatten. Wir schritten die Treppen zu Dannys Wohnung hinauf, da kam schon wieder der Nachbar.

"Und wie gefällt ihnen ihre Wohnung, Herr Schnitzer?"

Daniel runzelte die Stirn und winkte mit seiner rechten Hand vor seinem Gesicht, um anzudeuten, dass der Nachbar wohl blöd sei. Wenn mein Freund nur wüsste. Als wir an seiner Wohnung ankamen, schloss mein Liebster die Tür auf. Ich wollte nicht, dass er sofort sah, was ich mit seinem Wohnzimmer angestellt hatte, drehte ihn deswegen zu mir und gab ihm einen langen Kuss. Mit dem Rücken zu den Blumen, drückte ich ihn in die Wohnung und warf hinter mir die Tür ins Schloss.

"Nanu, Frank. Bist du schon wieder geil auf mich oder was sollte das vor der Tür? Hast du nicht mitbekommen, dass der Sohn meines Nachbarn uns beobachtet hat?"

Das war mir egal. Ich glaubte ja so wieso schon, dass das ganze Haus wusste, dass mein Freund schwul war. Also warum sollte wir uns jetzt noch verstecken, zumindest hier brauchte man das nicht.

"Nein, mein Schatz, ich habe ihn nicht gesehen. Ich wollte nur nicht, dass du so schnell dein Zimmer siehst."

Daniel schaute mir fragend in die Augen.

"Was soll das heißen?"

Damit drehte er sich um und sah die ganze Bescherung. Seine Augen weiteten sich und sein Mund klappte auf. Die Überraschung war mir gelungen.

"Als Wiedergutmachung dafür, dass du mich drei Tage lang nicht sehen wirst."

Mein Freund schaute sich im Zimmer um, dann drehte er sich zu mir, schloss mich in die Arme und gab mir einen langen und zärtlichen Kuss auf den Mund. Ich konnte kleine Tränen in seinen Augen sehen. Wow, ich dachte nicht, dass ihn das so berühren würde.

"Du bist verrückt, Frank. Aber ich find das trotzdem total süß von dir. Ich habe dich ganz doll lieb, Schatz. Ganz, ganz doll."

Damit zog er mich zum Sofa und kuschelte sich ganz dicht neben mich.

"Wie kann ich dir nur zeigen, wie sehr ich dich liebe. Du hast es mir jetzt so gezeigt, da kann ich wohl nicht mithalten, aber..."

Ich drückte ihm meinen Mund auf seine Lippen, ich wollte nicht, dass er weiter redete. Nein, einen weiteren Beweis für seine Liebe brauchte ich wirklich nicht. Jedes Mal, wenn wir uns sahen, zeigte er mir, wie sehr er mich mochte und liebte.

"Halt mal deinen Mund, Schatz. Du brauchst mir nichts zu beweisen, du zeigst es mir immer wieder. Denke daran, ein Geschenk braucht man nicht mit einem Geschenk zu beantworten, nur damit man dem anderen seine Liebe zeigt. Liebe drückt sich in anderen Sachen aus, nicht nur in Blumen. Nur habe ich Schwierigkeiten, dir das auf anderem Wege zu zeigen."

Eine Zeitlang sagten wir nichts, sondern kuschelten uns nur aneinander.

"Du bist ein großer Idiot. Ich spüre ständig deine Liebe und du zeigst sie mir auch deutlich. Ich freue mich trotzdem über so einen schönen Beweis. Woher wusstest du, dass ich rote Rosen mag?"

"Susi hatte mir so was angedeutet, dass du gerne Blumen hast und rote Rosen ganz besonders. Außerdem, rot ist die Farbe der Liebe."

Mit seiner rechten Hand strich er mir über die Wange.

"Du hast ja für mich ein Vermögen ausgegeben. Ich kann ehrlich gesagt darauf nichts erwidern, das hat mir die Sprache geraubt."

"Mann, Schatz. Du sollst wissen, mir ist nichts zu teuer für dich und Geld soll in einer richtigen Beziehung keine große Rolle spielen. Außerdem hatte ich das ja letztens bei dir erst verdient."

Daniel legte mir einen Finger auf den Mund und deutete mir an zu schweigen.

"Du hast zwar Recht damit, wenn du sagst, in einer wahren Beziehung soll Geld keine große Rolle spielen, aber leider gehört es dazu. Aber was soll's, ich freue mich riesig darüber. Nochmals herzlichen Dank, Schatz. und ich

mach das wieder gut, auf meine Weise."
Wir kuschelten uns ganz eng aneinander und machten es uns auf dem Sofa unter dem Rosenmeer bequem. Daniel freute sich tierisch auf die Zeit, wenn meine Eltern im Urlaub sein würden. Da hatte er Gelegenheit, mich den ganzen Abend und jede Nacht zu spüren.

Der erste Streit

Als ich am Donnerstag zu ihm kam, hatte mein Schatz total schlechte Laune. Leider besserte sie sich auch nicht durch meine Anwesenheit. Durch irgend eine Kleinigkeit hatten wir auch an diesem Abend unseren ersten Streit. Ich kann zwar heute nicht mehr sagen, worum es ging, weiß aber noch, dass der Krach ziemlich heftig war. Beide brachten wir uns gegenseitig auf die Palme, so dass zum Schluss keiner mehr etwas sagte. Aus diesem Grund verschwand ich recht schnell von meinem Freund. Ich hatte keine Lust, seine Laune ewig zu spüren. Es schmerzte mich, sein Blitzableiter zu sein. Bei der Verabschiedung umarmte er mich ganz lieb und gab mir einen dicken Kuss. Zu Hause setzte ich mich in den Keller und dachte über den vergangenen Abend nach. Mir war zwar klar, dass es irgendwann mal Streit geben würde, trotzdem tat es mir richtig weh.
Gegen zwölf klingelte das Telefon. Es war Daniel, der sich bei mir für seine Laune entschuldigte und natürlich auch für die Worte, die er mir an den Kopf geworfen hatte. Von meiner Seite aus bekam er auch eine Entschuldigung, ich hatte mich auch nicht ganz so unter Kontrolle gehabt und meine Worte waren auch nicht von der feinsten Art. Er bat mich, diesen Streit zu vergessen und fragte mich ganz kleinlaut, ob es an unserer Beziehung etwas ändern würde. Als er mich das fragte, konnte ich mein Lachen nicht mehr unterdrücken. Manchmal war er zu naiv. Ich erwiderte ihm, er solle sich darüber nicht seinen hübschen Kopf zerbrechen. Wenn er mich loswerden wollte, müsste er sich schon etwas Besseres einfallen lassen, außerdem fand ich Streitereien in einer Partnerschaft normal. Nur dass der Auslöser der Ärger aus der Firma war, fand ich schade. Wir unterhielten uns noch eine Zeitlang über den Vorfall und gaben uns noch am Telefon ein Versprechen. Niemals sollte es mehr wegen beruflicher Dinge Streit geben. Man könnte zwar über die Probleme reden, aber nicht streiten, zumindest wollten wir das für die Zukunft so versuchen. Ich fragte ihn, was er am Freitag vorhätte. Er sagte mir aber, dass er mir nicht böse wäre, wenn ich den Freitag wieder für Freunde reserviert hätte. So verblieben wir und wünschten uns gegenseitig eine gute Nacht.
Am Freitag erhielt ich einen Anruf in der Firma von meinem Liebsten. Er wollte wissen, wohin ich heute Abend ausgehen würde. Ich berichtete ihm von unseren damaligen Stammkneipe. Daniel war davon angetan, da er

Griechen und ihre Küche liebte. Als ich nachfragte, warum er das alles wissen wollte, meinte er kleinlaut, er würde gerne mal meinen Freund kennen lernen. Zuerst war ich von dem Vorschlag nicht angetan, als er mir aber seinen Plan vorstellte, war ich begeistert. Er wollte nur vorbeikommen und sich als normaler Gast verhalten. So könnte er, ohne mich in Gefahr zu bringen mich zu outen, meinen Freund Frank begutachten. So wollten wir es machen.

Am Abend holte ich ihn von zu Hause ab und gemeinsam machten wir uns auf den Weg. Dort trennten sich unsere Wege. In dem Moment wurde mir dann bewusst, dass ich dieses Spiel eigentlich nicht mehr so mochte und es doch Zeit werden würde, offen zu leben. Frank war schon in der Kneipe und wartete auf mich. Er hatte noch Florian, einen Freund von sich, mitgebracht. Wir unterhielten uns schon ein Weilchen, als die Tür aufging und mein Freund die Gaststätte betrat. Wir wechselten nur einen kurzen Blick und er setzte sich an den Tisch neben uns. Ich musste mich richtig darauf konzentrieren, nicht ständig zu ihm hinüber zu sehen, oder aufzustehen und mich neben ihn zu setzen. An diesem Abend entschloss ich mich, meine Freunde und Kollegen langsam aber sicher darauf vorzubereiten, dass ich schwul war. Frank und ich kamen wieder auf das Thema Schwule zu sprechen. Er hatte zwar seine Meinung über uns grundlegend geändert, schuld dafür war Rupert, aber irgendwie konnte er immer noch nicht vernünftig über das Thema reden. Auch wenn ich Rupert damals noch nicht kannte, er musste immerhin einen ganz schönen Einfluss auf Frank gehabt haben. Ich berichtete Frank natürlich über meine Freundschaft zu Daniel, von dem er ja wusste, dass er schwul war und sagte ihm auch, dass er mittlerweile ein sehr guter Freund von mir geworden war. Innerlich musste ich über das Thema und meine Lüge, besser gesagt, über mein Versteckspielen lachen, durfte es mir aber nicht anmerken lassen. Ab und zu sah ich zu meinem Liebsten. Der genoss wieder einmal die griechische Küche und wir bestellten uns auch eine Runde mit Essen. Das Thema über Schwule war noch lange nicht ausgestanden. Frank bot mir seine Hilfe an, wenn mein neuer Freund Daniel mich anmachen würde. Wieder musste ich mir mein Lachen verkneifen. Ich erwiderte, Daniel würde wohl bestimmt nicht an Geschmacksverirrung leiden. Plötzlich bemerkte ich einen finsteren Blick meines Freundes, so blieb mir nichts übrig, als das wenigstens wieder gerade zu biegen. Sofort korrigierte ich meine Aussage. Ich erzählte Frank, dass Daniel sich in mich verliebt hatte, er aber mich in soweit respektierte, als dass er seine Finger von mir ließe. Trotzdem sagte er mir jedesmal, wie gerne er mich mochte. Ein Blick zu Daniel und ich sah, dass er mit der Aussage zufrieden war, zumindest für den Anfang. Trotz der ganzen Diskussion wusste ich aber immer noch nicht, wie Frank reagieren würde, wenn er erfuhr, dass ich schwul war und schon seit längerem eine Beziehung führte. Ermüdet gab ich Daniel das vereinbarte Zeichen. Als mein Freund aufstand, schubste er mit der

128

Stuhllehne aus Versehen Frank. Der reagierte natürlich sofort wie meistens. Er machte Daniel von der Seite an und fragte, ob er nicht aufpassen könnte. Mich regte das auf und ich wollte eigentlich darauf reagieren, aber ich erhaschte noch rechzeitig den Blick meines Freundes. Er machte mir deutlich, mich bedeckt zu halten, also tat ich ihm den Gefallen oder sollte ich besser sagen, mir den Gefallen. Daniel entschuldigte sich bei Frank und ging dann seine Rechnung bezahlen; schließlich verließ er das Lokal. Frank ließ noch einen Kommentar hinaus, damit war aber das Thema gegessen. Ich machte mich auch auf den Weg und an der nächste Straßenecke wartete mein Liebling. Ich nahm Danny in den Arm und gab ihm einen langen Kuss. Ich entschuldigte mich für den blöden und überflüssigen Kommentar von Frank. Daniel winkte aber ab. Er meinte, Frank wäre ein komischer Kauz und wahrscheinlich käme er mit ihm nicht zurecht. Dabei beließen wir es und machten uns auf den Weg. Ich setzte Daniel zu Hause ab, verabschiedete mich und fuhr zu mir, um schnell ins Bett zu kommen.

Am Samstag weckten mich meine Eltern sehr früh. Sie wollten sich verabschieden, bevor sie in den Urlaub fuhren. Ich wartete nur darauf, dass sie das Haus verließen und machte mich auf den Weg zu meinem Freund. Vorher fuhr ich noch schnell am Bäcker und Fleischer vorbei, um das Frühstück zu besorgen. Leise schloss ich seine Wohnungstür auf, es war noch alles ruhig. Daniel schlief, so zog ich mich auch aus und legte mich mit in das Bett. Mann, hatte der einen Tiefschlaf. Er bemerkte mich nicht, sollte mir auch Recht sein. Ich kuschelte mich eng an ihn und legte einen Arm um seine Brust, schließlich schlief ich auch wieder ein. Der gestrige Tag war zu viel für uns beide. Irgendwann wurde ich aus meinen Träumen geweckt. Danny biss mir ganz sanft in die Nase.

"Schatz, aufwachen. Was machst du denn schon bei mir, ich dachte, wir sehen uns nachmittags?"

Ich zog seinen Kopf zu mir und gab ihm einen langen Zungenkuss.

"Meine Eltern sind schon sehr früh gefahren und ich wollte unbedingt zu dir. Kannst du das nicht verstehen?"

"Doch sicher, geht mir ja auch nicht anders. Komm, lass uns duschen. Wir müssen ja nicht den ganzen Tag im Bett verbringen."

Daniel erblickte natürlich mein hämisches Grinsen.

"Ja, ich weiß, dir ist es sicher Recht, aber wir sollten auch mal was anderes unternehmen."

Schließlich verzogen wir uns in die Dusche, aber hier ließ ich es mir nicht nehmen, ihn und mich zu verwöhnen. Es war eigentlich immer dasselbe. Wenn wir unter der Dusche mit unseren Liebesspielen anfingen, dauerte es immer sehr lange, bevor wir wieder trocken waren. Nackt gingen wir in die Küche und machten uns ein gutes Frühstück. Der Kaffee war noch nicht ganz fertig, als es an der Tür schellte. Beide schauten wir uns an, und in unseren Gesichtern war der Frust zu erkennen.

"Frank, kannst du mal die Tür öffnen? Könnte ja die Post sein."
Ich verzog mein Gesicht zu einem Schmollmund, schließlich machte ich mich auf den Weg und zog mir meine lange Hose an. Für was anderes war ich zu faul. Als ich die Tür öffnete, sah ich zwei Personen. Einmal war es tatsächlich der Postbote, der für meinen Freund ein Paket hatte, die andere Person war ein Junge, so um die sechzehn, den ich schon öfters hier im Haus gesehen hatte. Der Junge hatte sich zuerst gefasst.
"Guten Morgen, ich denke, die Post ist im Moment wichtiger. Mach die mal zuerst."
Ähm, ich war etwas verwirrt. Ich wusste nicht, was ich von der Situation halten sollte. Schließlich wandte sich der Postbote an mich.
"Ich habe hier ein Paket für Herrn Schnitzer. Ist der da? Das muss er entgegen nehmen."
Ich war gerade dabei mich umzudrehen und ihn zu rufen, doch der Mann kam mir zu vor.
"Oder sind sie Herr Makowski? Sie können auch das Paket entgegen nehmen, da es auch an sie gerichtet ist. Dazu benötige ich aber ihren Ausweis."
Ein Paket an Daniel und an mich? Von wem kam denn das? Na gut, also reichte ich dem Postboten meinen Ausweis. Der schrieb sich noch ein paar Sachen auf und reichte mir, nach meiner Empfangsbestätigung, das Paket.
"Ich wünsche Ihnen noch ein schönes Wochenende."
Mit einem leichten Grinsen machte er sich wieder aus dem Staub, jetzt stand ich mit dem Paket vor der Tür.
"Und, was kann ich für dich tun?"
Der Junge schaute mich mit großen, erwartungsvollen Augen an.
"Ich würde gerne sie und ihren Freund was fragen. Ist was Privates und bedarf etwas Zeit. Bitte weisen sie mich nicht ab."
Das Letzte sagte er mit einer ziemlich traurigen Stimme, da hatte er mich an meinem weichen Punkt getroffen, und ich konnte ihm seine Bitte nicht abschlagen.
"Na, dann komm mal rein in die Stube. Setze dich einen Augenblick auf das Sofa da, ich komme gleich wieder."
Das Paket stellte ich auf den Tisch, verschwand kurz im Schlafzimmer und griff mir Daniels Hose. Damit ging ich in die Küche, wo Daniel mich erwartete. Als er die Hose sah, runzelte er kurz die Stirn.
"Tschuldige, Schatz. Aber wir haben Besuch. Du solltest wenigstens das anziehen. Ach ja, wir haben noch ein Paket bekommen. War an uns beide gerichtet, steht aber kein Absender drauf."
Daniel schüttelte kurz seinen Kopf, zog sich aber die Hose an. Ich ging zurück zu unserem Besuch und bat ihn in die Küche.
"Tut mir Leid, aber wir haben noch nichts gegessen. Ich hoffe, dich stört es nicht? Wenn du selber noch was willst, einfach Bescheid sagen."
Der Junge stand auf und folgte mir.

"Wenn ihr noch einen Kaffee für mich habt? Das würde mir reichen."
Als der Junge die Küche betrat, schaute mein Freund vom Tisch auf.
"Dave, was machst du denn hier?"
Der Junge nahm an einer freien Stelle am Tisch Platz. Währenddessen kramte ich noch eine Tasse aus dem Schrank, die ich unserem Besucher gefüllt vor die Nase setzte.
"Danke. Tut mir Leid, wenn ich störe, aber ich muss sie beide was fragen und brauche auch ihren Rat."
Ich setzte mich neben Daniel und begann mir ein Brötchen zu schmieren.
"Frank, das ist David. Er ist der Sohn meines arroganten Nachbarn, der immer wieder über uns lästert. Dave, ich glaube, du kennst schon meinen Partner Frank?"
Ich schaute zu dem Jungen, der mich erwartungsvoll anblickte.
"Angenehm. Wie wäre es, wenn du uns duzt? Immerhin bin ich der Ältere und kann das Du anbieten."
Sofort schlug mir Danny mit seiner Faust auf die Schulter.
"Das Du ist O.K., aber bilde dir nichts auf deine paar Jahre Vorsprung ein. Also Dave, das ist Frank und ich bin Daniel. Schieß los, was möchtest du von uns?"
Dave rutschte unruhig auf seinem Stuhl hin und her, bevor er antwortete.
"Danke für das Du. Mit der Frage möchte ich solange warten, bis ihr mit dem Essen fertig seid."
Ich nickte zur Zustimmung. Daniel und ich ließen es uns schmecken, boten auch unserem Gast was an, doch er wollte nichts, außer seinen Kaffee. Nach dem Frühstück räumten wir den Tisch ab und verzogen uns mit einer frischen Tasse der schwarzen Brühe ins Wohnzimmer. Mein Freund und ich be- schlagnahmten das Sofa, Dave setzte sich uns gegenüber. Er war ziemlich unruhig und spielte ständig mit seinen Händen.

Ratschläge verteilen, obwohl man selber noch Rat braucht

"So, schieß los. Was brennt dir so auf dem Herzen? Übrigens, ich weiß zwar nicht, worum es geht, aber an dir kann man sehen, dass es ein heikles Thema ist. Alles, was hier gesprochen wird, bleibt unter uns, versprochen."
Damit sah Daniel mich an und ich bestätigte mit einem Nicken. Mann, mein Freund hat wohl seinen Beruf verfehlt. Immer wieder fand ich, er konnte sich sehr gut in andere Personen versetzen und viel Vertrauen aufbauen, außerdem sah er immer, wenn es einer anderen Person nicht gut ging. Das hatte er mir schon sehr oft bewiesen, besonders in der Phase, in der wir uns selber kennen lernten. Dave schluckte, bevor er loslegte.
"Nur um mich zu vergewissern. Ihr beide seid doch schwul, oder?"
Beide nickten wir zustimmend. Eigentlich dachten wir, in dem Haus wäre es

schon bekannt.

"Dann ist gut. Somit habe ich die Richtigen gefunden. Ihr müsst mir helfen."

Ups. Womit kam er jetzt? Danny und ich schauten uns fragend in die Augen. Von Dave kam wieder mal nichts, er schwieg eine Zeitlang.

"So, Dave, du hast Frank und mich neugierig gemacht. Womit können wir dir helfen und wieso sind wir die Richtigen? Wofür?"

Eine Weile sagte keiner was, doch dann fasste unser Gast Mut.

"Ich habe ein Problem, und ich weiß nicht, wie ich es lösen soll. Bald werde ich siebzehn und bis jetzt hatte ich noch nie eine Freundin. Was soll's, es hilft nicht, mich davor zu verstecken. Ich glaube, ich bin schwul. Deshalb habe ich euch aufgesucht, um mehr darüber zu erfahren."

Wir sahen uns alle drei an. Jetzt hatte sich ein Jugendlicher uns ausgesucht, damit wir ihm helfen sollten. Dabei wussten wir selber noch nicht genau, wie wir mit dem Thema in unserer Situation umzugehen hatten. Zwar waren Danny und ich uns bewusst, dass wir nur auf das eigene Geschlecht standen, aber... Eigentlich durfte ich ja nur von mir reden. Ich war ja derjenige, der noch nicht bereit war, offen damit umzugehen. Bei meinem Freund sah es anders aus. Mein Liebster blieb ganz ruhig, genauso wie Dave, also wollte ich das Schweigen brechen.

"Und jetzt hast du uns ausgesucht, damit wir dir helfen? Ich glaube fast, da solltest du dich besser an meinen Freund wenden. Ich kann dazu nicht viel sagen. Ich weiß zwar, dass ich schwul bin, lebe aber damit noch nicht offen. Am besten ist es, wenn ich mich aus der Gesprächsrunde entferne, da ich nicht glaube, dir dabei eine Hilfe zu sein."

Als ich aufstehen wollte, hielt mich mein Freund an der Hand fest und deutete mir, mich wieder neben ihn zu setzten. Dave schaute mich ganz offen an.

"Du kannst mir bestimmt auch helfen. Du lebst doch schon offen. Vielleicht nicht so wie du, besser gesagt, ihr es haben wollt, aber hier im Haus weiß es jeder und du hast es mir auch noch mal selber gesagt. Damit kannst du mir bestimmt auch einige Fragen beantworten."

Er hatte vollkommen Recht. Ich war eigentlich nur zu feige, es den Leuten zu sagen, mit denen ich ständig zu tun hatte. Andere wussten es ja, als Beispiel Daniels Eltern, Sven, mein Bekannter Tom, und wir gingen gemeinsam durch die Stadt und hielten Händchen. Somit konnte ich vielleicht doch einen Beitrag dazu beisteuern. Daniel schaute mir die ganze Zeit ins Gesicht. Ich glaubte, er versuchte meine Gedanken zu lesen und so wie ich ihn kannte, wusste er wahrscheinlich auch schon, was in mir vorging. Ich warf ihm ein Augenzwinkern zu, das reichte und er wusste, ich würde ihn unterstützen. Er lächelte und zeigte mir damit, dass er mich verstanden hatte.

"Gut, Dave, du hast mich überzeugt. Womit können wir helfen? Du hast ja schon selber gesagt, dass du schwul bist."

Er schluckte kurz. Ihm fiel es schwer, darüber zu sprechen.

"Ich habe gesagt, ich glaube schwul zu sein. Ich weiß es selber noch nicht, und da steckt auch mein Problem. Das frisst mich auf."

Irgendwie hatte er wohl das gleiche Problem, was ich auch hatte und wahrscheinlich konnte ich ihm doch dabei helfen. Jetzt mischte sich auch Daniel in das Gespräch ein.

"Wo siehst du dein Problem? Wie kommst du überhaupt darauf, schwul zu sein, das muss ja einen Grund haben."

"Ja, hat es. Kann ich ganz offen reden, ohne euch auf die Füße zu treten?"

Beide nickten wir. Man merkte, dass er uns noch nicht ganz vertraute.

"Gut. Wisst ihr, alle meine Freunde in der Schule und im Sportverein reden über Weiber, und wie man sie am besten rumkriegt, um mit ihnen zu pennen. Dann geben sie auch immer wieder mit ihren Abenteuern an. Ich kann das nicht. Erstens habe ich noch nie mit einem Mädchen und zweitens habe ich auch kein Bedürfnis danach. In der Dusche, nach dem Sport schaue ich immer auf die Körper meiner Freunde, in der Stadt schaue ich nicht den Weibern hinterher, sondern den Jungen und beim Onanieren denke ich an Männer. Das Schlimmste aber für mich ist, wenn ich bei einem Freund bin und wir schauen uns ein Porno an. Das lässt mich kalt, wobei der andere immer eine Beule in der Hose hat. Die interessiert mich viel mehr."

Hier stoppte er und holte wieder tief Luft. Im Inneren musste ich grinsen, mir kam das alles recht bekannt vor, und eigentlich konnte ich mir denken, was noch folgt. Das hatte ich selber auch schon alles durchgemacht. Ob das bei jedem gleich ist?

"Ihr werdet jetzt wohl sagen, dass das wohl eindeutige Zeichen sind, aber ich habe Angst davor. Nicht unbedingt davor, schwul zu sein, sondern mich nicht wehren zu können. Ich bin nicht volljährig und muss noch mit meinen Eltern leben. Wenn ich manchmal meinen Vater über euch sprechen höre, reicht mir das. Ich gehe auch noch zur Schule und in einen Sportverein und das führt bestimmt zu Problemen."

Er schwieg und wartete, wie wir darauf reagieren würden. Daniel schaute mich an, hob die Hand und deutete auf mich.

"Ich glaube, du bist dafür eher geeignet."

Was sollte ich darauf erwidern? Ich drückte fest seine Hand, um ihm zu zeigen, was ich davon hielt, aber mir blieb ja nichts anderes übrig.

"Hast du wirklich nur Angst, wie andere damit umgehen werden, oder hast du selber damit ein Problem?"

Dave schaute mich eine Weile an, bevor er sich zu einer Antwort durchringen konnte.

"So gesehen, habe ich auch ein Problem. Zwar habe ich mir noch nie Gedanken über eine Familie gemacht, aber ich habe Angst, von der Norm abzuweichen."

Da konnte ich ihm helfen. Hierüber hatte ich mir selber schon oft genug den Kopf zerbrochen.

"Überlege mal, was du gesagt hast. Du willst nicht von der Norm abweichen, aber beschreibe mir mal, was die Norm ist."

Eine Weile überlegte er und schüttelte verneinend den Kopf. Er wusste darauf keine Antwort.

"Gut, ich sage es dir. Die Norm haben wir Menschen selber geschaffen. Alles, was die Mehrheit ist, ist für uns Norm oder normal. Das ist doch Blödsinn. Wirst du dir ein Fahrrad von einer bestimmten Marke kaufen, weil es die meisten Leute fahren, auch wenn es dir selber nicht gefällt? Mit Sicherheit nicht! Schau mal, man sagt, dass es etwa acht bis zehn Prozent Homosexuelle in Deutschland gibt, ganz offiziell. Hier kann man nicht mehr von einer Minderheit reden!"

Dave hob die Hand und ich unterbrach meine Ausführung.

"Ja gut, mag sein, dass es doch so viele sind, aber warum fällt es allen immer noch so schwer, darüber zu reden, zum Beispiel auch dir?"

Eine gute Frage, aber auch hier konnte ich eine Antwort geben. Wenn man sich selber damit schon so lange beschäftigt hatte, den konnte so schnell nichts überrumpeln.

"Mir fällt es schwer, weil ich feige bin. Eigentlich ist es ganz einfach, warum man damit viele Probleme hat. Überlege mal. Schwule werden in den Medien schlecht behandelt. In den Filmen werden sie fast immer mit einem weiblichen Touch belegt und ab und an mit zwei linken Händen. Siehst du einen weiblichen Touch an mir oder Danny? Ist unsere Stimme anders? Nein. Die Medien zeigen uns falsch. Auch unsere Eltern erzählen uns immer was Falsches, weil sie es selber nicht besser wissen. In der Schule wird das Thema Homosexualität nicht oder nur kurz durchgenommen und wenn, lachen alle darüber. Alle sind und werden falsch informiert, viele fassen Homosexualität immer noch als Krankheit auf. Und noch was Besonderes. Als Kinder, wenn wir noch gar nichts von der Sexualität verstehen, benutzen wir schwul immer noch als Schimpfwort, obwohl wir den Begriff selber nicht begreifen. So was prägt sich ein."

Jetzt machte ich mal eine Pause und nahm einen Schluck Kaffee. Ich wollte sehen, ob Dave selber was dazu sagen wollte, er blieb aber ruhig. Mein Freund wollte aber was sagen.

"Oh, Schatz. Ich wusste ja gar nicht, dass du dir so viele Gedanken darüber gemacht hast. Warum hast du dann aber noch Angst, darüber zu sprechen, wenn du dir eigentlich schon alle Argumente genommen hast, warum man sich verstecken soll?"

Manchmal konnte mich Danny richtig auf die Palme bringen, besonders dann, wenn er mir in den Rücken fiel. Ich warf ihm einen bösen Blick zu, weiter kam ich auch nicht.

"Ja, Frank, warum versteckst du dich noch. Hast du mit deiner Neigung Probleme?"

Genau das hatte Danny wohl provozieren wollen. Gut, wozu hat man Freunde?

"Ich sagte schon, ich bin feige. Außerdem habe ich sehr viele Fehler begangen, bis ich mir selber eingestand, dass ich auf Männer stehe. Also, meinen Eltern habe ich es noch nicht gesagt, weil ich davon ausgehe, dass es zu einem Krach kommt. Ich habe zwar die Möglichkeit aus dem Elternhaus zu verschwinden, aber die Familie wollte ich noch nicht spalten. Meine Annahme beruht darauf, dass meine Eltern schon alt sind. Beide sind um 1930 geboren, also genau in der Zeit, wo man nicht schwul sein durfte. Ich habe Angst, sie verstehen es nicht. Meinen Kollegen und Freunden habe ich es noch nicht gesagt, weil ich hier Fehler begangen habe. Erst seit kurzem weiß ich, besser gesagt habe ich mir selber eingestanden, dass ich schwul bin und zuvor hatte ich auch mal Kontakt zu Frauen. Alle denken also, ich wäre hetero und den Glauben habe ich bis jetzt aufrecht erhalten. Ich habe auch hier Angst auf die Reaktion, da ich allen was vorgemacht habe. Wenn mich aus dem Grund meine Freunde verlassen, werde ich sie auch nicht halten. Dann waren sie auch keine richtigen Freunde."

Ich hoffte, damit die Frage beantwortet zu haben und schaute meinem Freund in die Augen, wartete noch auf einen Kommentar von ihm.

"Ja, so sieht es halt aus, wenn man sich lange Zeit selber verleugnet, Schatz. Ich muss aber Frank auch in Schutz nehmen. Er fängt an, seine Fehler langsam auszubügeln. Er bereitet zumindest seine Freunde langsam darauf vor, um denn Schock zu mildern. Trotzdem kann man nicht ausschließen, dass er dadurch Freunde verlieren wird, aber viele wird er dadurch auch gewinnen."

"Danke, Danny, dass du mir auch mal beistehst. So sieht es halt aus, Dave. Bedenke aber bitte, dass ist das, was ich dazu zu sagen habe. Bestimmt gibt es Leute, die nicht meiner Meinung sind, ist auch gut so. Also nur raus mit weiteren Fragen. Du hast gesehen, wir sprechen offen darüber."

"Gut. Wann habt ihr beiden gemerkt, dass ihr euch mehr zum gleichen Geschlecht hingezogen fühlt? Bei mir kam es schon sehr früh auf. Eigentlich kann ich mich nicht daran erinnern, mal daran gedacht zu haben, mit einem Mädchen zu pennen."

Die Frage sollte Danny als Erster beantworten, ich hatte schon genug geredet. So griff ich wieder nach meinem Kaffee.

"Bei mir war es genauso wie bei dir, Dave. Ich wusste es auch schon recht früh, tat es aber am Anfang noch als pubertäre Phase ab. Aber auch ich muss eingestehen, ich habe zu lange damit versteckt gelebt."

Jetzt schaute Dave auf mich und wartete auf meine Antwort.

"Weißt du, die Frage ist schwer zu beantworten, aber ich werde es versuchen. Richtig rausgekommen ist es während meines Wehrdienstes vor drei Jahren, und erst vor kurzem habe ich es mir selber eingestanden, schwul zu sein. Mittlerweile bin ich glücklich zu wissen, wohin ich gehöre und auch stolz. Natürlich habe ich mir Gedanken gemacht, wann ich eigentlich das erste Mal gewünscht hatte, mit einem Mann Sex zu haben. Mittlerweile ist mir bewusst geworden, dass ich auch schon früher diese Neigungen hatte.

Leider habe ich die Neigung immer verdrängt oder nie verstanden. Damals, als ich mit elf Jahren meine Sexualität kennen gelernt hatte, war ich schwul, wusste es aber nicht. Als Beispiel, jeder kennt den Film die Blaue Lagune und jeder Junge denkt an das Mädchen darin. Ich aber dachte immer nur an den Jungen, das weiß ich jetzt. Nur habe ich leider immer gedacht, ich wäre neidisch auf den Körper des Jungen, da ich den ja nie hatte, verstand aber nicht meine eigenen Gefühle. Leider lernte ich mich erst später richtig kennen und dadurch sind viele Fehler entstanden. Einer davon ist, dass ich mich immer noch verstecke. Das bedarf jetzt eines langen Weges, den Fehler wieder gut zu machen und das fällt mir verdammt schwer. Ich kann nur für mich hoffen, dass ich es schaffe und dass ich meinen Freund nicht enttäusche."

Damit gab ich Danny einen Kuss auf seinen Mund. Der fasste meinen Kopf und drückte mich an sich, um mir zu zeigen, dass er warten würde. Unser Gast wartete einen Moment, bis wir fertig waren, bevor er sich wieder an uns wandte.

"Wie sieht es mit dir aus, Daniel. Wissen jetzt alle, dass du schwul bist?"

"Nein, auch nicht. Zur Zeit wissen es nur meine Eltern und einige Freunde von mir. Ich will Frank die Zeit geben, die er braucht. Wenn ich offen damit lebe, so bekommen es Franks Freunde auch mit. Das aber dann von einer dritten Person und das wäre nicht gut. Deswegen warte ich noch, ansonsten habe ich damit keine Probleme mehr. Und noch was, meine Eltern haben es sehr gut aufgenommen und unterstützen uns beide, wo sie nur können und Sven, mein Freund, der hat mir in der schwersten Zeit Beistand geleistet. Für mich ist es bis jetzt positiv gelaufen."

Danach schwiegen wir eine Weile. Dave sah man an, dass er alles erst verarbeiten musste, bevor er weitere Fragen stellen konnte.

"Für mich klingt das jetzt, als sollte ich offen mit meinen Gefühlen leben! Also soll ich es meinen Freunden und Eltern sagen?"

Ich winkte erschreckt ab.

"Stop. Das, was wir geschildert haben, betrifft in erster Linie uns. Bei dir sieht es etwas anders aus. Oder was meinst du?"

Damit wandt ich mich wieder an meinen Freund. Ich hatte jetzt die Befürchtung, einen Fehler gemacht zu haben.

"Frank hat Recht, deine Situation ist anders. Sicher soll man damit offen leben, aber als erstes musst du dir selber im Klaren sein, dass du auch schwul bist. Dann kannst du dir weitere Gedanken machen. Bedenke, wenn es zu einem Krach mit deinen Eltern kommt, hast du ein gewaltiges Problem. Mit der Schule und mit dem Sportverein musst du selber wissen, was du tust. Du wirst mit Sicherheit so genannte Freunde verlieren, auf die kann man dann aber auch verzichten."

Ich wusste jetzt wirklich nicht, ob wir Dave geholfen hatten, oder ob er durch uns eine Dummheit begehen würde. Man konnte nur hoffen, dass er sich selber genug Gedanken darüber machen würde, was zu tun wäre und wie er damit umzugehen hatte.

"Ich muss auch noch was sagen, Dave. Noch mal, das was wir gesagt haben, betrifft uns, und du musst dir überlegen, was du für dich selber verwenden kannst. Jeder kann dir Ratschläge geben, du solltest dir aber be-wusst sein, alles, was andere erzählen, trifft nicht unbedingt auch auf dich und deine Situation zu."

Hoffentlich hatten wir ihn nicht zu sehr verwirrt. Eine Weile überlegte er noch, schließlich schmunzelte er, bevor er sich wieder an uns wandte.

"Wie soll ich mir eigentlich klar darüber werden, ob ich schwul bin oder nicht? Dazu müsste ich es doch ausprobieren, wie es mit einem Mann ist zu schlafen. Würdet ihr das nicht auch so sehen?"

Daniel zog seine Schultern hoch.

"Ich sehe das nicht so und Frank wohl auch nicht. Immerhin wusste ich, bevor ich mit Frank schlief, dass ich schwul bin. Hätte es mit uns beiden nicht geklappt oder wäre das erste Zusammensein ein Reinfall gewesen, so wäre ich aber immer noch schwul."

"Schade, eigentlich wollte ich euch beide bitten, mir zu zeigen, wie die Liebe zwischen Männern so ist. Wahrscheinlich wäre mir die Entscheidung dann leichter gefallen."

Als er das sagte, verschluckte ich mich und begann zu husten. Daniel schaute mich an, aber in seinem Gesicht stand nicht Freude, sondern Überraschung. Er hatte damit auch nicht gerechnet.

"Ähm, ich glaube, du siehst an unserer Reaktion, was wir davon halten. Du hast ja Frank schon total aus der Fassung gebracht. Sicherlich ist das für uns ein tolles Angebot, wir lehnen es aber doch dankend ab. Wir haben da eine andere Auffassung als du."

Ich hatte mich wieder gefangen, das kam einfach zu plötzlich. Zum Glück hatte Daniel darauf schon reagiert und ich wollte das jetzt noch etwas unterstreichen.

"Du sollst nicht denken, dass wir dich nicht reizvoll finden, das ist es nicht. Ersten solltest du dein erstes Mal mit jemanden verbringen, dem du vertraust und den du liebst. Ich finde, das erste Erlebnis sollte etwas Besonderes sein. Zweitens sind Danny und ich auch noch nicht lange zusammen und wir haben in dieser Hinsicht eine Regel, die wir einhalten wollen."

Ich wusste natürlich nicht, ob ich das so richtig gesagt hatte und schaute deswegen zu meinem Liebsten, der nickte aber zustimmend. Also lag ich mit meiner Aussage richtig.

"Noch was, wenn du weitere Fragen hast, komme ruhig zu uns, auch wenn es in intimere Bereiche gehen sollte. Wenn du dich mit jemandem einlässt, so solltest du auch einige Regeln beachten, die bekommt man leider nicht in der Schule beigebracht. Hier können wir dir auch helfen, wenn du willst. Du solltest besonders bei deinem ersten Mal auf ganz bestimmte Dinge achten, so zum Beispiel auf Safer Sex. Wenn du dazu Fragen haben solltest, so kannst du ruhig zu uns kommen."

Eine lange Zeit sagte keiner was von uns. Alle mussten wir das Gesprochene erst verdauen, doch schließlich kam in unseren Gast wieder Bewegung. "Ich bin mir eigentlich sehr sicher, dass ich schwul bin. Leider bleibt mir nichts übrig, als einigen Leuten die Wahrheit zu sagen. Ich habe eine sehr gute Freundin, nur leider will sie mehr von mir als ich von ihr, und ich möchte sie nicht einfach abblitzen lassen. Sie hat schon die Wahrheit verdient."

"Da können wir dir leider nicht helfen, da musst du schon alleine durch. Frank, ist eigentlich noch Kaffee da?"

Ich machte mich auf den Weg in die Küche, um noch welchen zu holen. War ja klar, es war keiner mehr da. So machte ich noch eine frische Kanne von der schwarzen Brühe. Ich riskierte einen schnellen Blick auf die Uhr. Shit, es waren schon wieder zwei Stunden vergangen. Als der Kaffee fertig war, gesellte ich mich wieder zu den anderen und schenkte nach. Schließlich unterhielten wir uns weiter, dabei bekamen wir noch von Dave mit, dass er sich schon in einen Jungen aus seinem Sportverein verschossen hatte. Leider wusste er nicht, wie dieser darauf reagieren würde. Des weiteren berichtete er uns noch, dass in seiner Klasse und in dem Verein noch nie über Schwule gelästert wurde, zu mindestens hatte er nie was mitbekommen. Er wollte sich noch genau überlegen, was er tun würde, auf jeden Fall wollte er es uns wissen lassen. Schließlich entschuldigte er sich für die manchmal blöden Kommentare seines Vaters, meinte aber, sie wären wohl nicht ernst gemeint. Sein Vater hätte ihm nämlich verboten, über uns zu lästern. Schließlich fanden wir doch mal ein Ende und Dave verabschiedete sich von uns.

Wir waren wieder alleine und unterhielten uns eine Weile über unseren neuen Freund. Plötzlich fiel mir wieder das Paket ein. Also holte ich es und machte es auf. Direkt obenauf lag ein Brief, den ich mir sofort griff. Danny konnte auspacken. Das Paket kam von Eva und Harald. In dem Brief schrieben sie, dass sie uns gerne wieder am nächsten Sonntag zu sich einladen würden. Die Zeit bis dahin sollten die 3 Flaschen Rotwein überbrücken. Des weiteren sollten noch Bilder von Sven und Susi mit drin sein. Beide wollten uns die Aufnahmen zukommen lassen, die sie von uns gemacht hatten. Mein Freund packte währenddessen den Karton aus, erwischte schließlich einen weiteren Briefumschlag, den er öffnete. Daniel verzog leicht sein Gesicht, als er den Inhalt betrachtete. Es waren Fotos, die er durchschaute und mir dann gab. Sven und Susi hatten uns fotografiert, als Daniel und ich uns die erste Nacht geliebt hatten. Vielleicht hätte einer darauf achten sollen, dass die Tür verschlossen war, aber in der Situation war wohl keiner dazu in der Lage gewesen. Keinem war bewusst, dass wir Beobachter hatten. Trotzdem musste ich sagen, die Bilder fand ich schön und sie machten wieder Lust auf mehr, nur passte es mir nicht, dass wir unsere erste Nacht nicht alleine verbracht hatten. Die sollte doch eigentlich etwas Besonderes sein und so was teilt man eigentlich mit keinem.

"Danny, wusstest du davon, dass wir beobachtet wurden?"

Daniel schaute mir in die Augen und schüttelte verneinend seinen Kopf.

"Nein Schatz, wusste ich nicht. Ich hätte das auch nicht zugelassen. Ich hoffe, du glaubst mir."

Seine Augen sagten mir, dass ich ihm glauben konnte. Nie würde er mich belügen, das wusste ich.

"Ja, natürlich glaube ich dir, was für eine Frage. Was machen wir jetzt mit ihnen? Also ich weiß nur, dass ich sie zur Rede stellen werde. wenn ich sie wieder sehe. Die Aufnahmen haben bestimmt auch deine Eltern gesehen und das muss eigentlich nicht sein."

"Ich gebe dir Recht, aber wir müssen uns nicht deswegen jetzt den Kopf zerbrechen. Lass uns auf eine andere Gelegenheit warten, es unseren Freunden heimzuzahlen. Komm, wir machen es uns jetzt gemütlich und sehen uns noch einen Film an. Ich möchte einfach nur mit dir zusammen sein und dich in meinen Armen spüren."

Im Wohnzimmer öffnete ich eine der drei Flaschen und schenkte uns beiden ein. Ich setzte mich wieder zu meinem Liebsten und umarmte ihn. Wir machten es uns bequem, stellten uns den Fernseher an und prosteten uns zu. Lange Zeit blieben wir sitzen, bis es immer dunkler wurde. Daniel machte sich auf, holte einige Kerzen und zündete sie an. Dann setzte er sich wieder und kuschelte sich ganz eng an mich. Keiner sagte etwas, ich schaute in die Flamme einer Kerze. Ich fand die Situation romantisch und ich wollte, dass die Zeit stehen bleiben würde, nur leider konnte mir keiner diesen Wunsch erfüllen. Mit diesen Gedanken schlief ich in seinen Armen ein.

Ich wachte erst wieder auf, als sich mein Körper bewegte. Eine Weile brauchte ich schon, bevor ich registrierte, dass mein Liebster mich auf dem Arm hatte und ins Schlafzimmer taumelte.

"Ich bin wach. Lass mich runter, bevor du dir einen Bruch hebst."

Er sollte sich wirklich nicht zu sehr anstrengen.

"Gib Ruhe und mach wieder die Augen zu. Jetzt bringe ich dich ins Bett."

Irgendwie kam es mir aber so vor, als ob es noch nicht sehr viel später war als zu dem Zeltpunkt, als ich noch wach war.

"Sag mal. Ist der Film schon vorbei oder halte ich dicht jetzt davon ab?"

"Nein, der ist noch lange nicht vorbei, aber es gibt zum Glück den Videorecorder. Du sollst nicht so einsam im Bett sein. Es ist immer schöner, wenn man zu zweit ist und den anderen neben sich spürt. Zumindest empfinde ich so und ich denke mal, du auch. Also kein Wort mehr, ich bring dich jetzt ins Bett."

Im Schlafzimmer warf er mich auf die Matratze. Er begann mich auszuziehen, dabei versuchte ich es ihm so einfach wie möglich zu machen. Als ich nackt war, riss er sich seine Klamotten vom Körper und legte sich neben mich. Langsam ließ er seine Hände über meinen Körper gleiten, aber diese

Berührungen ließen mich nur wieder ins Land der Träume fallen. Niemals hätte ich geglaubt, dass ich mal zu müde sein würde, um mit meinem Danny unsere körperliche Lust auszuleben, aber es war so. Danny machte sich nicht mehr die Mühe, mich wieder wach zu bekommen, sondern kuschelte sich an mich und schlief auch ein.

Als ich am nächsten Morgen erwachte, war mein Bettgenosse nicht mehr da. Hatte er mich schon wieder alleine gelassen! Dafür sollte ich mich wirklich mal rächen. Schließlich blieb mir nichts anderes übrig, als mich aus dem Bett zu erheben und nach meinem Schatz Ausschau zu halten, doch er war im ganzen Haus nicht zu finden. Seine Autoschlüssel waren auch nicht mehr an dem Platz, an dem er sie sonst deponiert. Ich entschied mich für eine Dusche, was blieb mir anderes übrig. Im Bad klebte an der Duschtür ein Zettel.

"Guten Morgen, mein Engel. Anscheinend habe ich es nicht zurück geschafft, bevor du wach wurdest. Es tut mir Leid, dass ich mein Versprechen gebrochen habe, dir so etwas nicht mehr anzutun, aber wir hatten kein Brot im Haus und verhungern lasse ich dich nicht. Mach es dir gemütlich, ich bin gleich wieder zurück."

Mann, da hätte er mich aber auch wecken können, zumindest hätten wir gemeinsam geduscht und in der Zeit, in der er unterwegs wäre, hätte ich Kaffee gemacht und den Tisch gedeckt. Aber anscheinend meinte er es wieder zu gut mit mir und ehrlich gesagt, ich liebte ihn dafür. Ich hatte einen Menschen gefunden, dem ich wichtig war und der alles für mich tun würde. Das Beste aber, ich empfand für ihn das Gleiche und auch ich hätte alles für ihn getan. Ich stand noch keine fünf Minuten unter dem Wasserstrahl, da ging die Tür zum Bad auf.

"Hallo, Schatz, ich bin wieder hier. Noch mal, es tut mir Leid, dass du alleine aufwachen musstest. Du wirst es aber bestimmt verstehen."

Damit hatte er Recht, aber trotzdem wollte ich es ihm noch heimzahlen, wie, wusste ich aber noch nicht. Wie der Zufall es wollte, brauchte ich auf meine Rache nicht lange zu warten. Danny war mal wieder zu süchtig nach einem Kuss. Es war herrlich, dass er so liebesbedürftig war. Auch ich konnte von ihm nicht genug bekommen. Er öffnete die Tür zur Dusche und wollte seinen Kopf reinstecken, um mich zu küssen. Die Gelegenheit nutzte ich aus. Mit beiden Händen packte ich ihn an den Schultern und zog ihn zu mir. Natürlich wollte er nicht umfallen, so blieb ihm nichts übrig, als einen Schritt in die Duschwanne zu machen. Er stand schon halb im Wasserstrahl, das reichte mir aber noch nicht und so zog ich ihn einfach an mich. Zuerst war er etwas schockiert, doch dann fing er an zu lachen. Er umarmte mich, zog meinen Körper fest an seine nassen Klamotten und gab mir einen innigen Zungenkuss. Dabei griff er feste an meine Hinterbacken und knetete sie leicht mit seinen Händen. Wer glaubt, dass so eine Behandlung keine Spuren bei mir hinterlassen würde, der hat sich getäuscht. Mein kleiner müder Krieger, der gestern meinem Freund sein Recht verweigerte, erwachte zu vollem Leben. Danny registrierte das natürlich auch.

"Tut mir Leid, Frank, aber mein Magen knurrt schon und ich brauche einen Kaffee."

Ich reagierte natürlich zu spät auf seinen Satz. Mein Freund griff hinter mir an die Duscharmaturen und drehte das Wasser auf kalt. Prompt kam die Abkühlung und meinen Lungen entwich ein lauter Schrei, wobei sich auch meine Muskeln verkrampften. Daniel stellte schließlich die Dusche komplett aus, stieg aus der Kabine und warf mir ein Handtuch zu. Grinsend schaute er mich an, dabei lachte er sich ins Fäustchen.

"Sind wir jetzt quitt, oder meinst du, ich bin zu weit gegangen?"

Noch immer konnte ich nicht reden, so schüttelte ich nur verneinend meinen Kopf.

"O.K., Schatz, Friede. Ich gehe mich trocken legen, kannst du schon mal das Frühstück vorbereiten?"

Natürlich konnte ich und als Antwort kniff ich in seine Brustwarze, dabei machte ich mich schnellstens aus dem Staub. So wie wir es am liebsten hatten, deckte ich den Tisch in der Küche. Als der Kaffee fast durch war, tauchte mein Freund auf. Er hatte sich umgezogen und steckte in einer weißen Hose und einem weißen Hemd. Sah einfach süß aus. Nun, ich war noch nicht ganz fertig. Wollte ich doch zum Frühstück ein paar Rühreier. Als ich mich bückte, um die Pfanne aus dem untersten Schrank zu greifen, stellte sich mein Engel hinter mich, griff sich meine Hüften und zog mich an seinen Schoß. Dort merkte ich seinen Zustand.

"He, ich dachte, wir wollten erst was essen, oder hast du es so nötig?"

Daniel ließ mich los, gab mir einen festen Klaps mit der flachen Hand auf meinen Hintern.

"O.K., danach fordere ich aber das, was ich gestern von dir nicht mehr erhalten habe. Lach nicht, darauf bestehe ich."

Also hatte er es tatsächlich nötig, aber zur Zeit gab es andere Prioritäten. Als erstes kümmerte ich mich um die Rühreier, natürlich nach meinem Spezialrezept, was Danny lieben gelernt hatte. Schnell waren diese fertig und ich füllte unsere Teller. Schließlich machten wir uns über das Frühstück her, was heute wieder reichlich war. Wir ließen uns Zeit und nach einer dreiviertel Stunde waren wir gesättigt. Schnell waren alle Spuren der Schlacht beseitigt, da griff mich mein Liebster am Arm und zog mich mit sich. Im Wohnzimmer erblickte ich das Schlachtfeld von gestern. Wir beide hatten eine ganze Flasche Rotwein entleert und das auf leeren Magen. Jetzt wusste ich, warum ich keine Chance mehr hatte, mich auf den Beinen zu halten. Normalerweise machte mir eine Flasche keine großen Probleme, aber auf nüchternen Magen war schon die halbe zuviel. Danny hatte nicht einmal Zeit, die Gläser in die Küche zu bringen. Er zog mich weiter zum Bett. Ich kniete mich vor meinem weißen Engel nieder und befasste mich mit seiner Hose, die auch kurze Zeit später auf den Boden glitt. Da drunter hatte er keinen Slip mehr an und mir sprang sofort sein Schwanz entgegen. Somit kam mein Schatz wieder zu seinem guten Recht und nebenbei gesagt, nicht nur er hatte seinen Spaß. Nach einer längeren Bettpause beschlossen wir aber, nicht den ganzen Tag im Liegen zu verbringen, sondern auch noch etwas zu unternehmen. Daniel machte einen tollen Vorschlag, den wir sofort in die Tat umsetzten. Er hatte Lust, an die Nordsee zu fahren und dort mit mir spazieren zu gehen. Natürlich war unser Ziel die holländische Küste, die deutsche wäre einfach zu weit gewesen. Daniel packte alle seine Sachen, die er brauchte ein und wir gingen zu seinem Wagen. Vor dem Wagen warf er mir den Schlüssel zu.

Kurzurlaub

"Würdest du bitte fahren, Schatz. Ich habe noch total wacklige Beine von eben. Du hast mich einfach wieder geschafft."
Ich musste lachen. Er sagte das so ernst, man hätte es fast glauben können.
"Danny, was ist los? Keine Lust deinen Wagen zu fahren? Aber bitte, wenn du mir vertraust."
Wir fuhren erst zu mir, da ich auch noch ein paar warme Klamotten benötigte. Um diese Jahreszeit würde es da oben bestimmt noch nicht sehr warm sein. Für meinen Freund war es das erste Mal, dass er sah, wo ich wohnte. Mir blieb nichts anderes übrig, als ihm alles zu zeigen, bevor er sich zufrieden gab und wir wieder im Auto saßen. Auf der Autobahn gab ich etwas Stoff, auch wenn in Holland nur 120 km/h erlaubt waren, aber ich hatte keine Lust, in der Nacht anzukommen.
"Tja, Frank. Ich will dich ja nicht beleidigen, aber ich glaube, wir sollten die Zeit, die wir alleine sind, bei mir in der Wohnung schlafen. Mein Bett ist doch etwas größer."
Wollte er mich jetzt ärgern?
"Was soll das heißen. Glaubst du nicht, dass wir auf meiner Matratze genug Platz haben? Halt so, wie unsere erste Nacht. Du unten, ich oben."
"Ja, ja. Ich glaube, die Arztrechnung für meinen krummen Rücken war schon hoch genug. Lassen wir es lieber. Nein, ich bin ehrlich. Dein Haus ist zwar schön, aber ich finde es einfach nicht so gemütlich. Es fehlt die warme Ausstrahlung. Tut mir Leid, wenn ich dir damit auf den Fuß trete."
"Ach, Schatz. Ich dachte immer, die warme Ausstrahlung käme von mir. Scherz beiseite. Ich kann das nachvollziehen und ich finde es bei dir auch schöner. Ehrlich gesagt, sähe die Bude auch schon anders aus, aber erstens konnte ich mich nie richtig entscheiden wie sie aussehen soll, zweitens fehlt mir dazu das Geld und drittens lebe ich bei meine Eltern. Also kann ich dir deine Aussage nicht übel nehmen, verstanden? Trotzdem, auch wenn ich bei

dir die ganze Zeit übernachten werde, ich muss aber jeden Abend und jeden Morgen mal bei mir vorbei fahren."

"Gut, ich dachte, ich hätte dich verletzt."

"Verletzen kannst du mich nur, wenn du nicht mehr offen zu mir bist, sondern etwas Wichtiges verheimlichst und damit das Vertrauen zerstörst. Warum sollten mich deine Aussagen verletzen?"

Die ganze Strecke unterhielten wir uns und so vergingen auch die zweieinhalb Stunden Fahrt recht schnell. In einem Ort stellten wir den Wagen ab und machten uns auf den Weg zum Strand. Es war recht windig und kalt, obwohl die Sonne schien. Aber der Wind kam vom Meer. Zum Glück hatte jeder von uns dicke Klamotten mit, so würden wir bestimmt nicht so schnell frieren. Wir packten uns am Auto noch ganz dick ein, bevor wir uns auf den Weg zum Strand machten. Am Meer gingen wir dann etliche Kilometer, natürlich Arm in Arm. Hier kannte uns ja keiner und die Holländer waren immerhin gegenüber Schwulen etwas toleranter als die Deutschen. War schon komisch, wir brauchten nur kurz über die Grenze und schon waren wir keine Außenseiter mehr. So machten wir uns auch nichts draus, wenn wir ab und an von entgegenkommenden Spaziergängern gemustert wurden. Irgendwann ermahnte mich mein Liebster, an den Rückweg zu denken. Sein Wunsch war mir Befehl und wir machten kehrt. Es kam mir so vor, als ob Daniel nicht so ganz auf seiner körperlichen Höhe war, da er ab und an stolperte und sein Gang schlingerte. Auf meine Frage, was er denn hätte, meinte er nur, er sei kaputt, wüsste aber nicht wovon. Mich wunderte das sehr, dachte ich doch, er hätte mehr Ausdauer als ich, immerhin hatte er den muskulösen Körper. Trotzdem versuchte ich ihn etwas zu stützen, auch wenn ich Gefahr lief, meine übrige Kraft zu schnell zu verbrauchen. Schließlich kamen wir aber doch im Ort an, wo unser Wagen stand. Wir hatten es geschafft, obwohl Danny schon ziemlich auf dem Zahnfleisch ging. Auch er konnte nicht verstehen, was er hatte, früher konnte er viel weitere Strecken laufen. Schließlich kehrten wir in ein Lokal ein, um uns von der Anstrengung zu erholen und wieder zu Kräften zu kommen. Die Kellnerin sah uns unsere Erschöpfung an, empfahl uns daraufhin ein deftiges und kräftiges Mahl, das für müde Wanderer geeignet sein sollte. Als sie uns unsere Getränke brachte, fragte sie uns, wo wir denn überall waren. Wir nannten ihr ein paar markante Punkte und sie meinte da- raufhin, für ungeübte Wanderer wäre die Strecke schon genug gewesen, besonders noch bei so einem Wind.

Kurze Zeit später hatten wir unser Essen vor unserer Nase, welches wir auch recht bald verdrückt hatten. Nach dem Zahlen machten Danny und ich uns wieder auf den Heimweg.

Zu Hause ging es Daniel irgendwie immer schlechter, er fröstelte schon. Das konnte ich nicht mit ansehen. Ich packte ihn bei den Armen und zog ihn mit in das Bad. Dort entkleidete ich seinen Körper, der sich heiß anfühlte. Danach zog ich mich aus und stellte uns beide unter die heiße Dusche. Dort wusch und rubbelte ich seinen Körper, um seinen Kreislauf wieder in Schwung zu bringen. Das zeigte etwas Erfolg. Er zitterte nicht mehr. Nach der Dusche trocknete ich uns beide ab und zog Danny mit ins Schlafzimmer, wo ich ihn direkt ins Bett verfrachtete. Ich legte mich daneben und umarmte seinen Körper, um ihm noch etwas Wärme von mir abzugeben. Zuerst hatte er Schüttelfrost, doch das hörte bald auf, als er meine Nähe spürte, und als er sich etwas beruhigte, machte ich mich alleine auf den Weg in die Küche. Dort durchstöberte ich die Schränke nach Tee, den ich auch ziemlich versteckt fand. Für uns beide brühte ich einen großen Pott mit Honig auf, Rum hatte er leider nicht im Hause. Obwohl der für seinen Zustand wohl besser gewesen wäre als Honig. Mit beiden Tassen machte ich mich wieder auf den Weg zu meinem Schatz, der hatte die Augen geschlossen; als er mich aber kommen hörte, öffnete er sie. Mit müden Augen schaute er mich an, erblickte den Tee und richtete sich im Bett auf.

"Was würde ich nur ohne dich machen, Frank. Jetzt kümmert sich wenigstens jemand um mich, wenn ich krank werde, du bist lieb."

"Das ist doch selbstverständlich. Hoffentlich darf ich auch damit rechnen, wenn ich mal krank bin. Kann ich noch was für dich tun, noch was zu essen oder zu lesen?"

"Ja, kannst du. Leg dich zu mir, ich will, dass du in meiner Nähe bist. Dann geht es mir gleich wieder besser."

Das tat ich natürlich, Kranken sollte man ja bekanntlich nichts verwehren. Im Bett rutschte ich wieder an ihn ran, dabei spürte ich wenigstens, dass er kein Fieber hatte. Zumindest beruhigte mich das etwas.

"Sag mal, was hast du eigentlich? Irgendwo Schmerzen?"

Mein Nebenmann schüttelte verneinend seinen Kopf.

"Nein, ich bin einfach nur total schlapp, habe ein komisches Gefühl im Magen und leichte Kopfschmerzen. Denk aber, dass es mir morgen wieder besser gehen wird."

Nach dem Tee legten wir uns beide hin, auch wenn es noch nicht spät war, aber so wollte ich Daniel nicht alleine im Bett liegen lassen. Er kuschelte sich ganz eng an mich und machte es sich bei mir bequem. Leider schaffte ich es nicht, die Reaktion meines Körpers auf seine Nähe zu unterbinden. Auch wenn es mir peinlich war, aber mein Schwanz bildete ein Zelt aus der Decke, was auch sofort Danny auffiel.

"Und du sagst immer, ich würde nur an das eine denken. Sorry, Schatz, aber heute will ich wirklich nur pennen. Wir holen das ein andermal ausgiebig nach. Versprochen."

Ich wollte ja in dem Moment auch nicht, aber ich konnte mich halt nicht immer unter Kontrolle halten. Eine lange Zeit lag ich noch wach und bekam mit, dass Danny eingeschlafen war und ich machte mir um ihn Sorgen. Schließ-lich übermannte auch mich der Schlaf. Mitten in der Nacht wurde ich wach, Danny war nicht mehr neben mir. Er saß auf der Bettkante, ohne Decke, und hielt seinen Kopf in den Händen. Ich schnappte mir die Decke, setzte mich neben ihn und legte sie uns beiden um die Schultern, dann schaute ich ihm ins Gesicht.

"Mir ist kotzübel. Kann sein, dass ich mich gleich verdrücken muss."

Es ging ihm also immer noch nicht besser. Ein schneller Blick auf die Uhr zeigte mir, dass wir nur noch vier Stunden zu schlafen hatten. Wie sollte er sich in der Zeit wieder erholen? Kurz danach stand er auf und wollte das Zimmer verlassen, aber er war zu schwach und seine Beine zitterten. Das konnte ich nicht mit ansehen, also stellte ich mich neben ihn, umfasste seinen Oberkörper und stützte ihn.

"Musst du aufs Klo?"

Er nickte nur. So diente ich ihm als Stütze und brachte ihn auf die Toilette. Kurz vorm Ziel begann er zu würgen, so legte ich noch einen Schritt zu. Wir erreichten rechtzeitig das Ziel. Auch wenn das nicht angenehm war, blieb ich die ganze Zeit und hielt ihn fest. Keine Ahnung, wieviel Zeit verstrichen war, aber irgendwann war es durchgestanden. Danny spülte noch seinen Mund aus und ich brachte ihn wieder ins Bett.

"Kann ich noch was für meinen kranken Spatz tun? Noch was zu trinken?"

"Ja, noch einen Pfefferminztee, aber ohne Honig. Mein Hals ist ganz trocken."

Nichts tat ich lieber als das. Ich würde wirklich alles für ihn tun, also verschwand ich in der Küche und machte noch das Gewünschte. Mit dem Tee und einem Eimer ging ich wieder zu ihm. Er saß im Bett und hatte sich die Decke umgeworfen. Er fröstelte wieder, doch diesmal war es wohl Erschöpfung. Dankend nahm er die Tasse Tee, über den Eimer musste er lachen.

"Sag mal, was machst du bloß für Sachen. So wie du aussiehst, gehst du mir morgen nicht in die Firma."

Daniel wollte widersprechen, aber als er meinen Gesichtsausdruck sah, schwieg er. Nach dem Tee legten wir uns hin und er kuschelte sich wieder an mich. Kurze Zeit später hörte ich ein gleichmäßiges leises Schnarchen, er war wieder in die Traumwelt zurück gekehrt. Ich konnte nicht mehr einschlafen und die Zeit, bis der Wecker schellte, wollte nicht vergehen. Die Schelle weckte unsanft meinen Bettnachbarn, er regte sich, ich griff über ihn und schaltete den Wecker aus und das Licht ein. Danny erkannte man gar nicht wieder. Er war ganz blass und erschöpft, rieb sich seine Augen, aber einen Gutenmorgenkuss bekam er doch von mir. Dabei bemerkte ich, dass er Fieber hatte. Nein, so konnte er bestimmt nicht zur Arbeit.

"Sag mal, hast du einen Arzt hier in Aachen, der auch Hausbesuche macht? So gehst du mir nicht vor die Tür."

Danny zog ein Schubfach auf und gab mir eine Mappe mit Adressen. Schnell hatte ich die Adresse seines Arztes gefunden. Auch wenn es recht früh war, rief ich ihn an, das war mir egal. Der meldete sich auch sofort. Nach meiner Entschuldigung schilderte ich ihm den Grund, warum ich ihn anrief. Er versprach mir, in einer Stunde hier zu sein. Wenn Herr Schnitzer einen Arzt brauchte, war es auch dringend. Toll, der schien gar nicht mal so schlecht zu sein, wenn der sich um seine Patienten kümmerte, noch vor seiner Sprechstunde. Zurück im Schlafzimmer, erblickte ich ein Häufchen Elend. Danny hatte sich unter der Decke zusammengerollt, dabei zitterte er am ganzen Körper. Neben ihm sitzend, nahm ich ihn wieder ganz fest in meine Arme. Ganz langsam beruhigte er sich wieder.

"Kann ich noch was für dich tun? Willst du was essen? Wie wäre es mit Zwieback und Tee?"

Danny nickte, also ging ich schnell in die Küche, um ihm das Gewünschte zu holen. Es war nur gut, dass ich bei der Suche gestern nach dem Tee den Zwieback gefunden hatte. Einen Augenblick später brachte ich ihm sein Frühstück, stellte es auf einen Tisch, den ich ans Bett rückte und half ihm, sich im Bett hinzusetzen. Als er alles hatte, was er benötigte, verließ ich ihn. Ich brauchte noch schnell eine Dusche, um wieder munter zu werden. Die Zeit reichte gerade, um mich abzutrocknen, da schellte es schon an der Haustür. Mit einem Handtuch um die Hüfte gewickelt, machte ich dem Doc die Tür auf. Er hatte gerade mal eine dreiviertel Stunde gebraucht. Als er mich erblickte, musterte er mich von oben bis unten, sagte aber nichts. Wir stellten uns kurz vor und dann brachte ich ihn zu meinem kranken Spatz. Beim Auspacken seiner Tasche bat er mich, das Zimmer zu verlassen.

"Das ist nicht nötig. Frank ist mein Freund und Lebenspartner und hat das gleiche Recht, alles über mich zu erfahren, wie ich auch."

"Ach, so ist das. Wenn er dein Partner ist, kann er bleiben, ansonsten hätte er draußen warten müssen. Also, wo drückt der Schuh?"

Daniel schilderte ihm die Symptome, dann begann der Doc mit der Untersuchung. Danny hatte tatsächlich Fieber und eine schwere Magenverstimmung. Obendrein meinte der Arzt, dass er mal eine Pause von der Arbeit brauchte. Danny hatte wohl Ärger gehabt und das wäre wohl einer der Auslöser gewesen. Zwanzig Minuten später verabschiedete er sich von seinem Patienten, ich brachte ihn zur Tür. In der ganzen Zeit war ich nicht dazu gekommen, mir etwas Vernünftiges anzuziehen, also lief ich immer noch mit dem Handtuch bekleidet durch die Wohnung. Im Wohnzimmer wandte er sich an mich und gab mir einige Tipps, wie ich meinen Freund ohne Medikamente wieder fit bekommen würde.

Mein kleines Sensibelchen

Er fragte mich auch, ob wir Streit gehabt hätten. Ich konnte das mit gutem Gewissen verneinen und ich wolle wissen, warum er das glauben würde. Er deutete auf die Rosen, die im Wohnzimmer standen und meinte, so was gäbe es doch eigentlich nur nach einem großen Streit. Er hatte Danny als kleines Sensibelchen kennen gelernt und Ärger und Stress würden ihm nicht gut bekommen. Ach nee, das wusste ich noch nicht, äußerlich ließ er sich so was ja nicht anmerken. Ich schilderte ihm, wofür die Rosen waren. Er glaubte, dass das bestimmt auch ein Auslöser wäre. Stress in der Arbeit und dann musste der Partner weg, obwohl man andere Pläne gemacht hatte. Er schrieb noch eine Arbeitsunfähigkeitsbescheinigung für Daniel aus, die er mir gab, dann verabschiedete er sich.

Danny lag im Bett und starrte die Decke an. Als er mich hörte, richtete er seinen Blick auf mich.

"Und, was hat der Doc noch zu dir gesagt? Ich hoffe, er wollte keine Details über unser Sexualleben? Er hatte mich damals nach meinem Aids-Test noch ins Gebet genommen, dabei erfuhr er auch, dass ich schwul bin. Mann, das war ein langes Gespräch mit ihm über das Thema. Wie man sich zu schützen hat und so weiter."

Ich schüttelte den Kopf und schilderte ihm knapp unser Gespräch. Danny wollte noch einen Tee, den ich ihm auch brachte. Schließlich kümmerte ich mich um mein leibliches Wohl, danach zog ich mich an und verließ das Haus, um einkaufen zu gehen. Die Arbeit war mir völlig egal, es gab auch mal etwas Wichtigeres in meinem Leben und das war mein Daniel. Es war schon komisch, wie sich Prioritäten im Leben verändern konnten. Früher war immer meine Arbeit wichtig. Jetzt war mir mein Freund wichtiger und alles andere musste hinten anstehen. Ich kaufte Obst, Gemüse, Zwieback, Tee und noch ein paar andere Dinge ein. Alles, was meinen Liebsten wieder zu Kräften kommen lassen würde. Danach ging ich zurück zu meinem Patienten, den ich eigentlich persönlich gesund pflegen wollte. Danny war aufgestanden und hatte sich sein Bett auf dem Sofa eingerichtet. Er saß bei leiser Musik da und wartete auf mich.

"Hör mal, Frank. Es ist zwar lieb von dir gemeint, dass du dich um mich kümmerst, aber trotzdem sollst du nicht deine Arbeit vernachlässigen. So schlimm geht es mir doch nicht."

Natürlich widersprach ich, aber er hatte heute seine Gewinnerhosen an.

"Gut, dann werde ich aber die Tour nach Bayern absagen. So kann man dich doch nicht alleine lassen."

"Doch, das kannst du. Wenn ich mal richtig krank bin, kannst du bei mir bleiben, aber nicht für diese Lappalie. Du machst deine Tour, du hast dich doch schon darauf gefreut."

Es hatte keinen Sinn, ihm zu widersprechen. Er hatte gewonnen und obendrein auch noch Recht, trotzdem machte ich das ungern. Somit rief ich meine Firma an und berichtete ihnen, dass ich verschlafen hätte. Da das sehr selten bei mir vorkam, fragte auch keiner nach. Schließlich rief ich noch bei Daniels Firma an, um ihn krank zu melden. Daniel hatte den Lautsprecher eingeschaltet, um mitzuhören. Am anderen Ende der Leitung war sein Chef und wollte wissen, wer ich überhaupt war. Ich hatte keine Gelegenheit ihm zu antworten, Daniel war schneller.

"Das ist mein Lebensgefährte, der sich so rührend um mich kümmert."
Schließlich schilderte er seinem Chef, was er hatte. Dieser bat mich, die
Krankmeldung zu seinen Händen zu schicken. Ich versprach ihm aber, das
Ding vorbei zu bringen, es war ja kein Umweg für mich. Nach dem Telefonat
war es Zeit, mich auf den Weg zu machen. Danny brauchte nichts mehr, also
verabschiedete ich mich. In seiner Firma empfing mich Dannys Chef.
"Also sie sind Daniels bessere Hälfte. Er hat ja schon einiges von ihnen
erzählt und wollte sie auch noch dazu bringen, an unserem Firmenfest teil-
zunehmen. Jetzt kann ich es ja selber machen."
Also hatte mein Spatz sich schon in seiner Firma geoutet, ohne mir das zu
sagen. Wahrscheinlich hatte er Angst, dass er mich damit zu irgendwas ge-
drängt hätte. Sein Chef und ich unterhielten uns noch eine Weile, da er mich
kennenlernen wollte. Schließlich bat er mich, zu der Feier zu kommen. Meine
Ausrede, dass ich noch nicht geoutet war, ließ er nicht gelten. Jeder in der
Firma wusste schon, wer ich war, auch wenn bis jetzt mein Name noch nie
genannt wurde. Das hatte sich jetzt geändert.
"Wissen sie, auch ich schulde ihnen etwas, und damit will ich wenigstens
einen Teil wieder gut machen. Daniel hat sich in der kurzen Zeit, die er sie
kennt, total verändert. Was Besseres konnte ihm und uns nicht passieren."
Irgendwie war das nicht ganz, was der Doc wohl vermutet hatte.
"Ich weiß nicht recht, aber hatte Daniel nicht in letzter Zeit ziemlichen Stress
bei ihnen?"
"Doch, hatte er, aber das ist ihm selber zuzuschreiben. Er halst sich immer
mehr Arbeit auf, will wohl auch demnächst seinen Meister machen. Ich glaube, dass etwas Ehrgeiz von ihnen abfärbt. Nur muss er noch lernen, mit
Stress umzugehen."
Na gut, darauf konnte ich wirklich nichts sagen. Ich versprach ihm, mir zu
überlegen, ob ich an der Feier teilnehmen würde. Dann verabschiedete ich
mich und machte mich auf den Weg zu meiner Firma. Ich war schon ziemlich
spät dran. In meiner Firma zogen mich meine Kollegen damit auf, dass ich
auch einmal verschlafen hatte. Damit war aber das Thema auch schon
gegessen.
Die ganze Zeit machte ich mir Sorgen um meinen Liebsten. So wollte ich das
nicht lassen, dass sich ab Dienstag keiner um ihn kümmern würde. Schnell
suchte ich die Nummer von Sven raus und rief ihn in seiner Firma an. Er freute sich, dass ich mich mal meldete. Zuerst konnte ich mir nicht verkneifen,
mich über die Aufnahmen zu beschweren, die er und Susi von uns gemacht
hatten. Am anderen Ende konnte ich nur Lachen vernehmen. Ich erzählte
ihm von Daniel, und dass ich beruflich ab Dienstag in Bayern wäre. Er hatte
sich schon so was gedacht, dass so was passieren könnte. Er glaubte nicht,
dass Daniel krank sei, sondern sich einfach nur Sorgen um mich machen
würde.
"Weißt du eigentlich, wie verliebt er in dich ist? Er hatte mir gestanden, dass

er nicht weiterleben wolle, wenn dir etwas zustoßen würde. Er wüsste auch nicht, was er anstellt, wenn du ihn verlassen würdest. Nein, das sind nur Sorgen, die er sich macht. Er ist im eigentlichen Sinne nicht krank. Warts ab, wenn du wieder zurück bist, wie schnell es ihm wieder besser gehen wird."
Von jeder Seite bekam ich das zu hören. So hatte ich ihn nicht eingeschätzt, ich dachte immer Danny wäre total stark. Eigentlich gab er mir immer Energie, wenn ich down war. Selten schüttete er mal sein Herz bei mir aus. Das sagte ich auch Sven.
"Danny wird das auch nie zeigen, solange du nicht stärker geworden bist. Du kannst vielleicht deinen Freunden, Kollegen und Eltern was vormachen, aber mir und besonders Danny bestimmt nicht. Du bist ziemlich emotionell und Danny will nicht, dass du mitbekommst, dass er es auch in einer etwas anderen Art ist. Das würde dich wohl noch mehr belasten. Er will erst mal, dass du mutiger und stärker wirst, und ein Weg dahin wäre, wenn du als Schwuler offen lebst."
Was sollte ich sagen. Ich konnte jeden Tag was Neues über Danny lernen. Warum war mir das nicht selber aufgefallen?
"Gut, aber jetzt weiß ich es von dir. Ist ja kein Geheimnis mehr und trotzdem kippe ich nicht aus den Latschen."
"Das bestimmt nicht. Ich habe dir das gesagt, weil Danny krank ist und du dir nicht noch mehr Sorgen um ihn machen sollst. Außerdem bin ich nicht ganz der gleichen Ansicht wie dein Freund. Deswegen habe ich darüber gesprochen. Aber jetzt mal zu deinem Anruf. Du wolltest mir doch bestimmt nicht nur sagen, dass Danny krank ist. Immerhin sehe ich das nicht als Weltuntergang an."
"Ich schon. Wenn du Danny sehen würdest, wüsstest du, warum ich mir Sorgen mache. Er strotzt normal immer vor Energie. Eigentlich habe ich dich angerufen, um dich zu bitten, am Mittwoch mal nach Danny zu schauen, auch wenn es ein weiter Weg ist. Ich möchte nur sicher gehen, dass es ihm an nichts fehlt. Kannst du das verstehen?"
"Klar kann ich das und ich mach's auch, weiß ich doch, dass ihr beiden das gleiche für mich machen würdet. Dafür sind Freunde da."
Das war es auch schon, was ich wollte und ich beendete das Gespräch kurze Zeit später. Jetzt wusste ich, dass Daniel versorgt war und dadurch ging es mir besser und die Fahrt würde mir auch wenigstens ein wenig Spaß machen. Am liebsten wäre ich aber doch bei meinem Spatz geblieben. Es war bloß gut, dass heute die Zeit so schnell verging, wahrscheinlich auch nur, weil ich alle Hände voll zu tun hatte, um alles für die Fahrt vorzubereiten. Heute wollte ich bestimmt keine Überstunden leisten.
Nach der Arbeit machte ich mich als erstes auf den Weg zu meinem Haus, ich musste für morgen noch meine Tasche packen. Das hatte ich zum Glück schnell erledigt. Ich gab noch meinen Nachbarn Bescheid, dass sie ein Auge auf das Haus werfen sollten. Jetzt hielt mich nichts mehr auf und ich fuhr zu

meinem Spatz. Daniel lag auf dem Sofa und war vor der Glotze eingeschlafen. Noch wollte ich ihn nicht wecken und so betrat ich die Küche. Er hatte sich nichts zu essen gemacht. Das konnte ich nicht durchgehen lassen, denn ich wusste, dass mein Liebster immer sehr viel aß, um die Energie zu bekommen, die sein Körper benötigte, und jetzt brauchte er noch mehr Energie, um wieder gesund zu werden. Ich konnte ihn wirklich nur beneiden. Er konnte essen, was und soviel er wollte, trotzdem sah man es ihm nicht an. Dagegen musste ich richtig aufpassen, zwar war ich sehr stolz auf das, was ich bis jetzt abgenommen hatte, aber umso mehr musste ich aufpassen, nicht wieder zuzunehmen. Nach der Empfehlung des Arztes bereitete ich ihm das Abendbrot. Es sah zwar nicht, im Gegensatz zu sonst, berauschend aus, aber schmecken solltete es trotzdem. Damit er nicht neidisch wurde, bereitete ich mir das Gleiche vor. Mit zwei gefüllten Tellern und Besteck sowie für jeden einen Tee betrat ich das Wohnzimmer. Daniel pennte immer noch, hatte mich also nicht gehört. Das Tablett stellte ich auf den Tisch, und ich weckte meinen Prinzen mit einem sanften Kuss auf die Stirn. Er schlug die Augen auf. Als er mich erblickte, richtete er sich vom Sofa auf, zog etwas die Decke beiseite und bat mich zu sich.

"Na, wie geht es meinem kranken Engel? Hat sich noch nicht mal was zu essen gemacht. Ist es immer noch so schlimm?"

Er gab mir erst einen Begrüßungskuss auf den Mund, bevor er antwortete.

"Nein, ich hatte keine Lust, etwas zu essen. Meinem Magen geht es wieder gut, aber ich habe noch immer Fieber und fühle mich total schwach. Aber jetzt, wo du wieder hier bist, geht's mir direkt besser."

"Bist ja selber schuld, du wolltest ja, dass ich arbeiten gehe."

Vielleicht hätte ich mir das verkneifen sollen. Plötzlich hatte ich seinen Ellbogen in meinen Rippen. Autsch, so schwach konnte er nicht sein.

"Hier, das hat dein Arzt verschrieben. Meine Kochkünste reichen gerade dafür aus, ich glaube, das sieht man auch."

Rums, schon wieder hatte ich seinen Ellbogen in den Rippen.

"He, was soll das? Wenn du das noch mal machst, mache ich mit, auch wenn du krank bist."

"Du sollst nicht nur immer negativ von dir reden, besonders nicht, wenn es absoluter Quatsch ist. Das habe ich dir schon mal gesagt. Trotzdem danke für das Essen, kann ich bestimmt jetzt gut vertragen."

Beide machten wir uns über den Energiefraß her. Daniel schaffte nicht ganz seine Portion, aber ich konnte schon wieder zufrieden sein mit dem, was er aß.

"Und, wie war dein Arbeitstag?"

"Ehrlich gesagt? Scheiße. War einiges vorzubereiten für die Tour morgen. Höre mal, ich werde dich jeden Tag anrufen und fragen, wie es dir geht."

"Nein, das wirst du nicht. Ich bin nicht sterbenskrank, so dass du jede Minute nachfragen musst, ob ich noch lebe. Du sollst deiner Arbeit nachgehen und

dich nicht ablenken lassen. Du kannst mich anrufen, kurz bevor du in Aachen eintriffst. Somit hab ich immer noch genügend Zeit, vor dir wegzulaufen."
Jetzt rammte ich meinem Nachbarn meinen Ellbogen in die Seite.
"Dir scheint es ja schon wieder besser zu gehen. Zumindest hast du wieder Kraft, um mich zu ärgern. Dann lass ich dich alleine und fahre zu mir und du hast genug Zeit, dich von mir zu erholen."
Das wollte er anscheinend nicht. Er umklammerte mich, so dass ich nicht weg konnte. Obendrein drückte er mir einen Kuss auf die Wange.
"Du weiß ganz genau, wie ich das meine und dass ich dich nicht mehr von mir weglasse. Da kannst du dich noch so auf den Kopf stellen."
"Ja, weiß ich, und ich glaube, du weißt, dass ich nicht mehr von dir weg will. Du hast mich für ewig gebucht. Lass mich bitte wieder los. Ich will noch das Geschirr spülen, das kann ich dir in deinem Zustand nicht zumuten. Aber sag mal, ist das dein Ernst gewesen, dass ich dich nicht anrufen soll?"
"Ja. Ich kann es dir zwar nicht verbieten, aber du sollst dich um deine Arbeit kümmern. Damit hast du dann genug zu tun. Immerhin will ich, dass du mal dahin kommst wo du beruflich hin willst und dass du das schon vor deinen Zeitangaben erreichst. Außerdem benötigen wir bestimmt viel Geld, wenn wir zusammen leben."
Damit entließ er mich aus seinen Fängen und ich machte mich an die Arbeit, die Wohnung in Ordnung zu bringen. Das war das Mindeste, was ich machen konnte. Später setzte ich mich wieder zu meinem Schatz, der dann die Glotze ausschaltete. Er wollte noch etwas mit mir reden, bevor wir ins Bett gingen. Irgendwie kamen wir auch auf unseren Sex zu sprechen. Daniel beichtete mir, dass er Lust hätte mich zu fesseln, so dass ich ihm ausgeliefert wäre. Ich wusste nicht, was ich davon halten sollte und hatte auch etwas Angst davor, das sagte ich ihm auch. Er meinte, er würde nichts machen, was mir nicht auch Spaß macht und er akzeptierte meine Bedenken. Ich konnte ihm nicht widersprechen, denn reizen würde mich das schon, aber trotzdem hemmte mich etwas. Damit war das Thema auch wieder beendet. So gegen elf machten wir uns auf ins Bett. Danny hatte einen Vorteil, er war immer noch nackt. Ich musste mich noch ausziehen, wobei er mich lüstern aus dem Bett beobachtete.
"Sag mal, wenn ich nach deinen Blicken gehe, geht's dir schon viel besser. Oder täusche ich mich?"
Daniel grinste mich an und winkte mich zu sich.
"Ich hätte schon Lust und ich bin auch wieder geil auf dich, nur leider fühle ich mich noch etwas schlapp."
Ich konnte mir ein Lachen nicht verkneifen. Schließlich legte ich mich zu ihm und überprüfte seinen wirklichen Zustand. Sein Körper war zwar immer noch zu warm, das zeigte mir, dass er noch Fieber hatte, aber an einer anderen Stelle konnte ich seinen wahren Zustand ausmachen. Ich umschloss sein Glied mit meinen Fingern und bewegte meine Hand langsam auf und ab. Das

löste auch sofort die gewünschte Reaktion bei ihm aus. Er begann leicht zu stöhnen und schloss seine Augen, um das Gefühl zu genießen. Ich kuschelte mich währenddessen an seinen Körper und flüsterte ganz leise.

"Ich sollte das besser nicht machen. Du bist ja noch viel zu schwach."

Daniel wandte mir seinen Kopf zu.

"Nein, mach weiter, das ist einfach zu schön. Ich mach es wieder gut, versprochen."

Was sollte ich dazu sagen? Eigentlich war es genau das, was ich hören wollte. Ich ließ natürlich meine Hand da, wo sie war und machte mit meinem Spiel weiter. Dabei ging noch meine Zunge auf Wanderschaft. Zuerst reizte ich seine Brustwarzen, glitt weiter zu seinem Bauchnabel und erreichte schließlich seinen Ständer. Ich ersetzte meine Hand durch meinen Mund und verwöhnte ihn. Mit der Hand kraulte ich seine Eier. Daniel hatte wirklich noch genügend Kraft. Er ging richtig mit, und ohne dass ich merkte, wie weit er war, hatte ich plötzlich noch mehr im Mund. Langsam erholte er sich von seinem Orgasmus. Ich entließ seinen Freudenstängel aus meinem Mund und leckte mit der Zunge weiter nach oben zu seinem Hals. Er zog meinen Kopf zu sich hoch und drückte seine Zunge zwischen meine Lippen. Jetzt hatte ich ein Problem, ich war richtig scharf geworden. Aber ich respektierte seinen Wunsch, ihn erst zu Kräften kommen zu lassen. Danny kannte meinen Zustand und bedankte sich für mein Verständnis mit einem langen Kuss, dann bettete er seinen Kopf auf meine Brust und beide schliefen wir ein.

Am nächsten Morgen riss uns der Wecker aus unseren Träumen und nach gemeinsamem Duschen und Frühstück verabschiedete ich mich von meinem Herzblatt. Wie sollten wir nur die Zeit ohne einander auskommen? Da mussten wir aber durch. In der Firma verlief der Arbeitstag erst normal, schließlich wollten wir uns erst um drei Uhr auf den Weg machen. Kurz bevor wir losfuhren, rief ich Daniel an und verabschiedete mich.

Das erste Mal getrennt

Es ging Richtung München. Gegen 21 Uhr kamen wir in unserem ersten Hotel an, zum Glück bekamen wir noch Abendbrot. Mein Kollege Horst rief sofort seine Frau an, um ihr zu sagen, dass wir die erste Etappe gut erreicht hatten, obwohl ich die ganze Strecke gefahren war. Ich wollte nicht Daniel gegenüber mein Versprechen brechen und rief also nicht an. In der Zeit, in der wir auf das Essen warteten, wurde ich immer müde; eigentlich auch verständlich. Horst hat mich die ganze Zeit den Wagen fahren lassen, erstens, weil ich wohl ein sichererer Autofahrer war als er und zweitens, weil ich gerne Auto fuhr. Aber jetzt merkte ich, dass mich das ganz schön Kraft und Nerven gekostet hatte. Gut, heute brauchten wir nicht mehr zu fahren, so gönnte ich mir drei Schoppen Rotwein, die mich bestimmt gut schlafen lassen würden.

Nach dem Essen wollten wir zahlen, und als ich meinen Geldbeutel öffnete, fiel ein Foto heraus, das eigentlich nicht drin sein sollte. Zum Glück landete es falsch herum. Ich drehte es um, so dass Horst nicht erkennen konnte, was drauf war, und dabei fielen mir fast meine Augen aus dem Kopf. Daniel hatte eine Aufnahme in meinen Geldbeutel getan, auf der wir beide nackt zugange waren. Hätte das Horst gesehen, ich glaube, es wäre zu einem Krach gekommen. Immerhin hatte er schon oft genug gesagt, dass er Schwule nicht verstehen konnte. Schließlich gingen wir schlafen, da wir früh aufstehen mussten. In meinem Zimmer schaute ich mir noch einmal das Bild an. Danny hatte wohl gehofft, dass ich mir darauf einen wichsen würde, aber ich wollte ihn enttäuschen. Ich hatte jetzt einen Freund und da konnte ich bestimmt auch mal ein paar Tage enthaltsam sein. Schnell schlief ich ein, aber nicht, ohne vorher den Wecker zu stellen.

Am nächsten Tag klapperten wir die ersten Kunden vor München ab. Als der letzte hinter uns lag, machten wir uns auf den Weg Richtung Alpen.

In München begann es zu regnen, hinter München fiel schon Schnee, der auch noch liegen blieb. Das Wetter war so Scheiße, dass alle anderen Autofahrer auf die rechte Seite wechselten und nur mit 80 km/h fuhren, ich war aber schon müde und wollte unser Ziel erreichen, also gab ich Gas. Mit 120 Sachen bretterte ich links an den anderen vorbei. Das war ziemlich anstrengend und ich konnte mich nur auf die Fahrbahn konzentrieren, und ich bat Horst, auf die Schilder zu achten und mir zu sagen, wo wir hin mussten. Das klappte recht gut und wir kamen wohlbehalten im anderen Hotel an. Horst konnte man ansehen, dass er erleichtert war, hatte aber nichts über meinen Fahrstil gesagt. Im Hotel aßen wir zu Abend und da merkte ich erst, was für eine Energie mir die letzte Strecke im Schnee geraubt hatte. Deswegen gönnte ich mir vier Schoppen Wein, bevor wir ins Bett gingen.

Am nächsten Morgen war ich schon früh wach, und als ich aus dem Fenster blickte, sah ich zehn cm Neuschnee. Und dann noch die Alpen im Hintergrund, das sah einfach nur toll aus! Nach einer Dusche ging ich zum Wagen und befreite diesen vom Schnee, obwohl es sich nicht lohnte, es schneite immer noch. Ich machte mich dann zum Frühstück auf, wo Horst schon auf mich wartete. Danach absolvierten wir die letzten Kunden, wobei der letzte wieder in München lag. Endlich konnten wir wieder nach Hause! Von einem Rastplatz rief ich Daniel an und gab ihm eine ungefähre Zeit durch, wann ich bei ihm sein würde. Als ich fragte, wie es ihm geht, ließ er mich zappeln. Das würde ich schon sehen, wenn ich bei ihm eintreffen würde. Also sollte ich mich überraschen lassen. Schließlich machten wir uns wieder auf den Weg und gerieten in einen Stau, der uns noch zwei Stunden kostete. Am Ende erreichten wir wieder Aachen und Horst und ich machten uns auf den Weg nach Hause. Zuerst fuhr ich bei mir vorbei, packte ein paar saubere Sachen ein, meldete mich bei den Nachbarn an und machte mich dann auf den Weg zu Danny. Es war schon elf Uhr nachts, als ich mit drei Stunden Verspätung bei ihm eintraf. Danny lag zugedeckt auf dem Sofa, vor ihm standen ein paar Kerzen und eine Flasche Rotwein. Scheiße, ich war viel zu spät, hoffentlich würde er nicht böse auf mich sein. Ich weckte ich mit einem sanften Kuss auf seine Nasenspitze. Als er mich erblickte, sprang er auf und warf sich auf mich, so dass ich mich nicht mehr auf den Knien halten konnte und auf den Rücken fiel. Daniel saß, nur mit einem Slip bekleidet, auf mir und knutschte mich ab. Dass er sich so freuen würde, hätte ich nicht zu träumen gehofft. Als er eine kleine Pause machte, konnte ich ihn auch begrüßen.

"Hallo, mein Schatz. Sorry, dass ich so spät bin, aber wir standen im Stau und ich hatte keine Gelegenheit, dich zu informieren. Hoffentlich hast du dir keine Sorgen gemacht."

Danny strich mir mit seiner Hand über die Wange.

"Schon gut, Frank. Ich habe mir Sorgen gemacht, aber du bist ja jetzt da, das entschädigt für alles. Hast du Hunger? Dauert nur 'ne viertel Stunde."

"Ja, habe ich. Muss ich helfen oder kann ich duschen gehen?"

Daniel stand von mir auf, griff sich meine Hand und zog mich ins Bad. Dort ließ er mich alleine und mir reichte das als Antwort. Die Dusche tat so gut, dass ich total die Zeit vergaß. Daniel erinnerte mich daran, wie spät es war, indem er einen nassen, kalten Waschlappen in die Dusche warf. Also machte ich mich fertig und verließ das Bad mit einem Handtuch um meinen Hüften. Er saß auf dem Sofa und hatte alles auf den Tisch gestellt. Er hatte etwas Leichtes gekocht, dazu einen leichten Rotwein eingeschenkt. Das Essen und der Wein gaben mir den Rest. Ich war total müde und Danny merkte das auch, dass mir jetzt die Energie fehlte. Er hatte sich in den Tagen wieder gut erholt und Kraft gesammelt, ich musste aber morgen leider noch arbeiten, er nicht. Er räumte das Geschirr weg, während ich mich ins Bett legte. Dabei vergaß ich, das Handtuch von meinen Hüften zu entfernen. Ich war schon eingeschlafen, als Daniel zu mir ins Bett kam. Als er aber das Handtuch um meine Hüften bemerkte, konnte er mich nicht schlafen lassen. Er packte eine Seite und riss es von meinem Körper. Fast wäre ich dabei aus dem Bett gefallen, so war ich wieder munter.

"Eigentlich wollte ich dich heute verwöhnen, aber ich glaube fast, es lohnt sich nicht, oder?"

Warum musste ich so kaputt sein, aber ich hatte absolut keine Lust auf Sex.

"Nein, tut mir Leid, aber ich bin wirklich zu müde. Kannst du mir verzeihen? Lohnen würde es sich schon, ich habe jetzt seit Sonntag morgen nicht mehr abgespritzt, wenn du das meinst."

Daniel tat erstaunt.

"Wieso nicht? Hast du das Foto nicht gefunden, das ich in deinen Geldbeutel gesteckt habe? Ich hatte das extra eingepackt, damit du dich gut an mich erinnern kannst."

"Ja, ja, das Foto. Danke, das hätte mich fast verraten. Sicher habe ich es gefunden, aber gebraucht habe ich es nicht. Glaubst du wirklich, ich würde mich nicht an dich erinnern können? Trotzdem habe ich mir keinen runter geholt."

Daniel wurde rot und sah verschämt auf die Matratze.

"Was du nicht getan hast, habe ich aber gemacht. Ist das schlimm?"

"Du Dummkopf. Wieso sollte das schlimm sein? Natürlich nicht, aber ich wollte mich für dich aufheben."

Er gab mir einen langen Zungenkuss als Zeichen, dass er mich verstand. Dann kuschelte er sich an mich und legte seinen Kopf auf meine Brust.

"Hör mal, Süßer. Warum legst du dich immer nur so hin, ich möchte auch mal so schlafen."

Danny hob seinen Kopf und schaute mir in die Augen.

"Schade, ich dachte, das wäre nur ein Privileg für mich."

Damit legte er sich auf den Rücken und zog meinen Kopf auf seine Brust. Endlich konnte ich mal ausprobieren, ob ich das meinen Knochen antun konnte. Daniel streichelte die ganze Zeit, bis ich einschlief, mit seiner Hand über meine Haare.

Am nächsten Morgen klingelte wieder der Wecker, nur diesmal etwas später. Danny hatte ihn verstellt.

"Ich bin der Meinung, wenn du schon so spät zu mir kommst, dann kannst du auch später in die Firma fahren. Ich bin nicht bereit, deiner Firma deine Freizeit zu schenken. Du hast noch nie die Überstunden, die du gemacht hast, abgefeiert. Das kann ich langsam nicht mehr akzeptieren. Wenn das so weiter geht, werde ich mir mal deinen Chef vorknöpfen und dann hat er nichts mehr zu lachen. Du gehörst mir und nicht der Firma, verstanden?"

Was sollte ich darauf erwidern? Nichts, ich gab meinem Spatz einen Kuss. Ich glaubte ihm, dass er das machen würde. Bei Danny konnte mein Chef sich wirklich warm anziehen, aber die Zeit war noch nicht reif. Danny zog mich mit in die Dusche, wo wir uns gemeinsam reinigten. Beim Frühstücken ließen wir uns auch Zeit. Schließlich machte ich mich auf den Weg in den Laden, der einem soviel Zeit stahl, nur leider musste das ja sein. Die Zeit verging recht schnell bis zum Feierabend. Es war noch viel von der Reise nachzuarbeiten, und außerdem hatte Danny mir für heute Abend eine Überraschung versprochen. Diesmal machte ich pünktlich um 15 Uhr Schluss, was damals sehr selten vorkam. Kurz danach kam ich bei ihm an, er wartete schon auf mich. Er bat mich noch, mich etwas anders zu kleiden, sogar mit Krawatte. Was hatte er bloß wieder vor? Also mussten wir zuerst bei mir vorbei, damit ich mich umziehen konnte. Daniel schaute mir dabei zu, kramte in der Tasche und holte ein kleines Päckchen hervor.

"Hier, das ist für dich. Du musst es aber heute tragen."

Hm. Was Kleines, was ich heute tragen sollte. Was konnte das bloß sein? Ich machte das Päckchen auf und als ich den Inhalt erblickte, musste ich lachen.

"Sag mal, soll das was für mich sein oder denkst du da nicht eher an dich?"

Ich erntete ein Lächeln. Er hatte mir einen kleinen Tanga Slip geschenkt, der eigentlich mehr zeigte, als dass er was verhüllte. Natürlich tat ich ihm den Gefallen und zog das Ding an. Erstaunlich, er passte mir. Um ehrlich zu sein, das Ding machte mich auch ziemlich geil und das bezweckte er wohl auch damit. Daniel drängte, wir mussten irgendwo zu einer bestimmten Zeit sein, also beeilte ich mich mit dem Ankleiden. Schließlich saßen wir wieder im Auto auf den Weg wer weiß wohin. Wir fuhren auf die Autobahn nach Köln. Wie sollte ich die ganze Zeit ohne etwas im Magen auskommen, doch mein Prinz hatte auch an mich gedacht. Im hinteren Teil seines Wagens hatte er was zu essen für mich verstaut, Obst.

"Das ist meine Rache für deine Krankenpflege. Du hast mich auch nur mit Obst gefüttert."

"Das war ja zu deinem Besten. Aber sag mal, wohin fahren wir?"

"Lass dich einfach überraschen. Wir fahren nach Köln, wie du es wohl schon bemerkt hast. Hoffentlich haben wir keine Staus."

Nach einer dreiviertel Stunde stellte mein Fahrer den Wagen in einem Parkhaus in der Innenstadt ab und wir machten uns zu Fuß auf dem Weg zu einem Gebäude. Am Eingang hing ein Plakat und jetzt wusste ich, wohin es ging. Es war eine Art Kabarett, von Schwulen aufgeführt. Deswegen die Abendgarderobe. Es schien ziemlich nobel in dem Laden zuzugehen. Wir kamen gerade noch rechzeitig. Nachdem wir unsere Plätze gefunden und Getränke bestellt hatten, fing die Show auch schon an. Es war ziemlich komisch. Die Künstler veräppelten uns Schwule und unsere, von den Heteros, angedichteten Eigenschaften und Merkmale. Ich fand es toll, Schwule zu sehen, die sich selber auf den Arm nehmen konnten. Hoffentlich würde ich das auch mal können. Bisher fühlte ich mich jedes Mal, wenn einer über uns schlecht redete, angegriffen. Das Beste aber an der Show war, dass auch die Menschen, die aus meiner Sicht andersherum sind, verarscht wurden, und das nicht zu knapp. Irgendwie rafften die Leute das nicht und sie lachten über sich selber. Ich fragte mich, ob es jemals eine Zeit geben würde, in der jeder so leben kann, wie er möchte. Egal welche Hautfarbe, Religion oder sexuelle Ausrichtung er hat. Man konnte es sich nur wünschen.

Wie zeigt man seine Liebe?

Gegen 21 Uhr war das Kabarett vorbei, und alle strömten dem Ausgang zu. Draußen zog mich Daniel mit sich, er hatte in einem vornehmen Restaurant einen Tisch für uns reserviert. Unsere Plätze waren etwas abseits von den anderen Gästen, so dass uns nicht jeder sehen konnte, außerdem war es hier nicht so hell. Das Licht war gedämpft, dafür standen ein paar Kerzen mehr auf dem Tisch. Auch roten Rosen waren auf den Tisch. Die Kellnerin brachte eine Flasche Rotwein, schenkte uns ein und fragte, ob sie schon mit dem Essen beginnen sollte. Daniel erklärte mir, er habe alles bestellt, um

Zeit zu sparen.

"Schatz, du hast mir so oft gezeigt, wie sehr du mich liebst. Jetzt fand ich, dass es auch von meiner Seite Zeit wird. Seitdem ich dich das erste Mal auf dem Konzert sah, hatte ich mich in dich verschossen. Ehrlich, ich hatte nicht damit gerechnet, dass ich mich unsterblich in dich verliebe. Du hast mich immer wieder überrascht. Als ich dir beichtete, dass ich schwul bin, fandest du das in Ordnung und hast mich nicht abgewiesen. Im Gegenteil, du hast mich in den Arm genommen, obwohl du dir damals über deine Gefühle selber noch nicht bewusst warst. Dann gestand ich dir auf eine feige Weise meine Liebe. Du hast dich damals auf den Weg gemacht, um mich zu besuchen und mir zu sagen, dass du damit keine Probleme hattest. Schließlich hast du mir das Vertrauen entgegen gebracht, mir deine Geheimnisse anzuvertrauen und mir noch deine Schwächen gezeigt, indem du dich bei mir ausgeweint hast."

Ich wollte auch was sagen, hob die Hand, um ihn zu unterbrechen aber er winkte ab. Er war noch nicht fertig. Worauf sollte das hinaus laufen? Hatte er noch nicht gemerkt, dass ich schon wusste, wie sehr er mich liebte? Glaubte er wirklich, mir das noch beweisen zu müssen. Eigentlich hatte ich gedacht, dass ich ihm meine Liebe nicht oft genug gezeigt hatte, aber er sagte jetzt das Gegenteil.

"Die Zeit werde ich nie vergessen. Der allerschönste Moment, den du mir beschert hast, war, als du dir über deine Gefühle im Klaren warst und sie mir offenbart hast, mit der schönsten Umarmung, die ich je gespürt habe. Danach ging ein Traum für mich in Erfüllung. Wir hatten uns gefunden, dabei hast du mich verändert und mich viel stärker gemacht als ich war. Du hast mir die Kraft gegeben, die ich bei meinen Eltern brauchte und damit den Weg gezeigt, wie man offen mit seinen Gefühlen leben kann. Ich hoffe, ich kann dir die Kraft geben, die du in der Zukunft brauchen wirst, um mit dir selber ins Reine zu kommen, so dass du auch deine Gefühle offen ausleben kannst. Du hast mir schon gezeigt, dass du es kannst, und bei deinen Bekannten hast du den richtigen Weg eingeschlagen. Ich werde versuchen, der richtige Wegweiser für dich zu sein, und dich in der Zukunft in jeder Situation unterstützen, egal wie schwer diese werden wird."

Daniel machte eine kurze Pause, hob sein Glas und wir stießen an. Nach einem kräftigen Schluck ging es mit seiner Predigt weiter.

"Liebster, ich möchte dir mit dem Gesagten zeigen, wie sehr ich dich liebe. Es wird nichts geben, was mich davon abhalten wird, dich zu lieben, egal was kommen mag. Auch wenn wir uns noch nicht lange kennen, weiß ich schon heute, dass ich mit dir mein Leben verbringen möchte. Lass uns darauf anstoßen."

Damit erhob er sein Glas und streckte es mir entgegen, aber so einfach sollte er mir nicht davon kommen. Ich stand auf, kniete mich vor ihn und stieß mit ihm an. Beide tranken wir einen Schluck, näherten unsere Köpfe und gaben uns einen langen, zärtlichen Kuss. Niemals hatte ich so ein Glücksgefühl erlebt wie in diesem Moment. Es war mir tatsächlich passiert. Ich hatte mich in jemanden verliebt, der mich auch liebte und das nach so einer kurzen Zeit. Mein Gefühl wurde übermächtig und ich begann vor Glück zu weinen. Daniel nahm meinen Kopf, legte ihn in seinen Schoß und streichelte meine Haare.

"Danny, du hättest das nicht machen müssen. Du hast mir immer wieder deine Liebe gezeigt. Ich glaube, du weißt selber schon ganz genau, was ich für dich empfinde, aber ich sage es dir noch mal und werde es auch immer wieder sagen. Schatz, ich liebe dich über alles und ich würde alles für dich tun, damit wir zusammen bleiben können. Auch werde ich mich anstrengen, dich niemals zu enttäuschen, auch wenn mir noch einige Dinge sehr schwer fallen. Aber ich werde es mit dir schaffen, da bin ich mir sicher. Durch dich habe ich erst gesehen, was es bedeutet, jemanden über alles zu lieben und dass hierfür die Zeit keine Rolle spielt. Keine Ahnung, was uns noch die Zukunft bringt, aber ich bin mir sicher, dass wir sie gemeinsam durchstehen werden. Ich möchte diesen Moment für immer festhalten!"

Danny drückte mich an sich, dabei legte er seinen Kopf auf meinen.

"Du brauchst diesen Moment nicht festhalten, denn wir haben noch soviel Zeit für uns. Unser gesamtes Leben können wir zusammen verbringen."

Ich weiß nicht, wie lange wir so saßen, doch irgendwann kam die Kellnerin und brachte das Essen. Als sie uns so sah, stellte sie alles auf den Tisch und bevor sie sich wieder aus den Staub machte, reichte sie mir eine Serviette, damit ich meine Tränen wegwischen konnte. Sie verließ uns und ich setzte mich auf meinen Platz. Keine Ahnung, ob die Mahlzeit so gut war oder ob es an der Situation und der Gesellschaft gelegen hatte, aber es schmeckte vorzüglich. Nachdem wir beide gesättigt waren, verzog ich mich kurz auf die Toilette. Auf dem Rückweg begegnete mir unsere Kellnerin und sie fragte mich höfflich, ob wieder alles mit mir in Ordnung wäre. Ich bedankte mich bei ihr und sie schenkte mir ein strahlendes Lächeln.

"Ja, verliebt müsste man sein."

Daniel hatte schon alles geregelt, somit machten wir uns wieder auf den Weg. Draußen schlug mir die Kälte ins Gesicht und machte mich wieder etwas munterer. Vielleicht hätte ich nicht soviel trinken sollen. Mein Liebster hatte nur ein halbes Glas getrunken, er musste ja noch fahren, dafür hatte ich umso mehr. Die Luft aber tat mir richtig gut und wir beschlossen, etwas am Rhein spazieren zu gehen. Anscheinend hatten zu dieser Stunde einige andere die gleiche Idee, denn uns begegneten einige Pärchen. Das Schönste in Köln ist, dass wir Arm in Arm gehen konnten, ohne Aufmerksamkeit zu erregen. Hier schien das normal zu sein und ich fand das schön, nicht als Attraktion angesehen zu werden. Schließlich machten wir uns wieder auf den Weg nach Hause. Die ganze Zeit sprachen wir im Auto über unsere Zukunft und was sie uns beiden bringen würde. Als wir wieder bei Daniel waren, nahm er mich in den Arm, drückte mich an sich und flüsterte mir ins Ohr.

"Schatz, schenkst du mir heute die Nacht und dein ganzes Vertrauen?"
Die Nacht konnte er haben, das war doch wohl klar. Aber was bezweckte er mit der Frage, ob ich ihm vertrauen würde? Einen Augenblick zögerte ich, da ich ein wenig Angst hatte. Doch dann sagte ich mir, dass man in einer Beziehung seinem Partner blindlings vertrauen konnte und sollte, egal in was für einer Situation.

"Ich gebe mich vollkommen in deine Hände. Mache mit mir, was du möchtest."
Er gab mir einen Kuss, zog mich mit sich und drückte mich aufs Sofa. Mit einem schwarzen Seidentuch verband er mir die Augen. Ich konnte nichts mehr sehen. Es war schon ein komisches Gefühl, nicht zu sehen, was als nächstes passieren würde, aber irgendwie war es auch wieder aufregend.

"Lass dich vollkommen fallen. Ich werde nichts machen, was wir beide nicht wollen. Du kannst mir vertrauen. Versuche dich zu entspannen, umso schöner wird es für dich."
Leichter gesagt, als getan, aber ich gab mein Bestes, atmete noch einmal tief durch und konzentrierte mich schließlich auf die Empfindungen, die Danny bei mir auslöste. Er machte sich daran, mir mein Hemd auszuziehen, schließlich auch mein T-Shirt. Mit nacktem Oberkörper zog er mich mit sich und drückte mich wieder hinunter. Erst als ich die Matratze des Bettes an meinem Rücken spürte, konnte ich mich wieder ganz fallen lassen. Jetzt streckte er meine Arme nach hinten und band beide einzeln mit Seidentüchern an das Bett fest. Jetzt gab es für mich keine Möglichkeit mehr mich zu wehren, es sei denn mit den Füßen, die ließ er ohne Fesseln. Eine Zeitlang merkte ich an mir keine Berührungen, doch plötzlich waren seine Hände an meinen Füßen. Zuerst verlor ich die Schuhe, die Socken und zum Schluss meine Hose. Nur in dem Slip, den ich von ihm heute geschenkt bekommen hatte, lag ich auf dem Bett. An der Bewegung der Matratze merkte ich, dass er aus dem Bett stieg, nach einer kleinen Ewigkeit aber wieder zu mir kam. Plötzlich kitzelte mich was an meinem Hals. Zuerst wusste ich nicht, was es war, aber nach den Berührungen, die so sanft und zart waren und nach dem Kitzeln zu urteilen, war es eine Feder. Daniel ließ sie über meinen ganzen Körper gleiten, vom Hals zu meiner rechten, dann zur linken Brustwarze. Von da zum Bauchnabel, an beide Beine und an den Seiten wieder zum Hals hinauf. An den Stellen, die die Feder berührt hatte, wurde ich immer empfindlicher und es kitzelte mittlerweile richtig. Irgendwie ließ mich das verrückt werden. Ich konnte ja nichts sehen, mich nicht wehren, ge-schweige mich weg drehen. So musste ich seine Berührungen über mich ergehen lassen. Nach einer kurzen Zeit änderten sich meine Empfindungen wieder, wahrscheinlich weil ich mich immer mehr entspannte. Das Kitzeln verschwand und die Berührungen wurden immer intensiver. Jetzt merkte ich

auch, dass sich mein kleiner Mann aufrichtete und schließlich wurde der Slip zu klein. Es wurde immer besser, sogar so gut, dass ich anfing zu stöhnen. Noch immer verwöhnte er mich mit der Feder.

"Dass du so darauf reagieren würdest, hätte ich nicht gedacht. Ich dachte immer, du bist nicht so empfindlich, aber anscheinend muss ich mir nur mehr Zeit für dich nehmen. Ich lerne ganz neue Seiten an dir kennen."

Er machte sich einen Spaß daraus, mich so leiden zu sehen. Mittlerweile wand ich mich im Bett hin und her, wobei mein Schwanz, der schon komplett aus dem Slip hervorlugte, von dem Gummi der Hose an meinen Körper gedrückt wurde. So intensivierte sich meine Empfindung um eine Vielfaches. Ich stöhnte meinem Freund einfach entgegen.

"Wenn du so weiter machst, schieße ich dich noch ab. Lange halte ich das nicht mehr durch."

Mein Peiniger ließ aber nicht von mir ab, im Gegenteil. Er verstärkte noch seine Bemühungen, mich zu verwöhnen.

"Woher willst du denn wissen, dass das nicht mein Ziel ist?"

Ich konnte nichts mehr sagen und musste mich komplett auf meinen Körper konzentrieren. Ich wurde fast wahnsinnig, doch schließlich erreichte ich die Schwelle, die mich zu meiner Erlösung führte. Ich schoss meinen Saft auf den Oberkörper. Als ich mich wieder ein wenig beruhigt hatte, ließ Daniel mit seiner Feder von mir ab. Dafür leckte er mit seiner Zunge meine Flüssigkeit von meinem Körper, doch als diese weg war, hörte er nicht auf. Seine Zunge wanderte weiter nach unten, bis sie den Gummi des Slips erreicht hatte. Mit seinen Zähnen zog er mein letztes Kleidungsstück vom Körper und ich lag jetzt nackt vor ihm. Danny streckte sich auf mir aus, steckte seine Zunge in meinen Mund und ließ mich meinen eigenen Saft schmecken. Dabei wanderten seine Hände an meinen Seiten auf und ab.

"Schatz, du bist eine geile Sau und ein kleiner Genießer obendrein. Gut, dass ich jetzt diese Seite von dir auch kenne."

Ich war schon richtig gespannt, was er noch mit mir vor hatte. Er rutschte meinen Körper nach unten, wobei er eine nasse Spur mit seiner Zunge hinterließ. Als er meinen Freudenstab erreichte, ließ er ihn in seinem Mund verschwinden. Zärtlich und langsam verwöhnte er mich mit seiner Zunge. Schließlich packte er meine Oberschenkel und drückte die Beine bis an meine Brust. Jetzt hatte er sich freien Zugang zu allem verschafft. Mit seinem Mund verwöhnte er jetzt meinen Sack, wobei er abwechselnd die Eier in den Mund nahm. Schließlich ließ er die Zunge meine Poritze nach unten wandern, bis er mein Loch erreichte. Er verwöhnte mich, strich immer wieder die Ritze entlang, schließlich drang er mit seiner Zunge in mich. Wahnsinn, war das ein Gefühl. Alleine schon der Gedanke, dass ich mich nur auf meine Gefühle verlassen konnte, sehen konnte ich nichts; und dann waren noch meine Hände in ihrer Bewegung eingeschränkt. Am liebsten hätte ich sie in die Matratze gekrallt, aber das ging nicht, so ballte ich sie zu Fäusten zusammen. Daniel verwöhnte mich immer weiter, plötzlich hörte er aber auf. Jetzt war ich gespannt, was er nun mit mir vor hatte. Doch lange brauchte ich nicht zu warten. Er setzte seinen Schwanz an mein Loch und drückte ganz leicht zu. Wie in Zeitlupe penetrierte er mein Inneres, dabei verging ich immer mehr und sehnte mich nach einer weiteren Erlösung, die mir mein Liebster aber anscheinend nicht gönnte. Langsam bewegte er sich immer wieder in mir, um sich dann noch langsamer wieder aus mir zu entfernen. Das Tempo erhöhte er nicht und diese Reize wurden mir zuviel. Ich bettelte meinen Freund an, mich zu erlösen, doch er lachte nur. Eine Zeitlang machte er so weiter, doch dann legte er sich komplett auf mich, schob mir seine Zunge in den Mund und ließ sie sich bei mir austoben. Dabei drückte er seinen Körper voll auf mich, so dass mein Stachel zwischen unseren Leibern eingeklemmt war und jede Bewegung von meinem Spatz in sich aufnahm. Nach einer Zeit brachte mich das zum erwünschten Erfolg und mit einem leisen Schrei spritzte ich meinen Saft zwischen unsere Leiber. Die Feuchtigkeit spürte ich noch an meiner Brust, doch die Empfindungen wurden wohl auch für meinen Peiniger zuviel. Seine Muskeln verkrampften sich und er bäumte sich über mich auf. Auch er schrie, als er in mir kam, danach fiel er erschöpft auf mich. Als er sich wieder ein wenig erholt hatte, streifte er mir die Augenbinde ab. Ich schaute direkt in seine Augen, die mich anblinkten und ich konnte richtig tief in ihnen versinken. Schließlich stand Danny von mir auf, jetzt erst erblickte ich das Zimmer. Überall standen Kerzen um das Bett, die er jetzt alle entzündete und als alle brannten, löschte er das Deckenlicht. Dann kam er wieder zu mir.

"Du hast mir vollkommen vertraut, Frank. War es so schlimm?"

"Am Anfang war es schon schwer, dann aber ließ ich mich ja komplett gehen. Was ich aber nicht so schön fand, du hast mich eine lange Zeit zappeln lassen, und das spüre ich an meinen Händen. Ich habe sie wohl etwas zu fest zugedrückt."

Daraufhin befreite Danny mich von den Fesseln, und als ich sie mir anschaute, entdeckte ich in den Handflächen richtige Druckstellen von meinen Fingernägeln. In der linken Hand hatte ich sogar ein wenig Blut. Jetzt wusste ich, warum man beim Sex kurze Fingernägel haben sollte, das Verletzungsrisiko ist also doch recht hoch. Sogar für sich selber. Beide kuschelten wir uns eng aneinander. Jetzt, wo ich die Hände wieder frei hatte, konnte ich wenigstens meinen Freund wieder umarmen. Ich zog ihn auf mich und streichelte seinen Rücken mit den Fingernägeln, das mochte er sehr. Wir schmusten eine lange Zeit, dann knöpfte ich mir zum Abschluss noch mal meinen Freund vor und verwöhnte auch ihn nach Strich und Faden. Danach waren wir ziemlich geschafft und merkten, dass wir auch ein wenig Schlaf brauchten. Beide kümmerten wir uns um die Kerzen, da aber jetzt das Zimmer ziemlich verqualmt war, öffneten wir das Fenster und verzogen uns ins Wohnzimmer aufs Sofa, wo wir zusammen einschliefen.

Am nächsten Morgen wurden wir unsanft von der Türklingel geweckt und nach einer kurzen Zeit der Orientierung, ging mein Schatz zur Tür. Die öffnete er einen kleinen Spalt, es sollte uns ja so keiner sehen. Leider verstand ich kein Wort, auch wusste ich nicht, wer uns aus dem Schlaf gerissen hatte. Danny schloss die Tür und kam zu mir.

"Komm, Frank, wir müssen uns beeilen. Wir bekommen gleich von meinen Nachbarn Besuch, sie wollen mit uns frühstücken. Sie geben uns noch Zeit zu duschen und uns anzukleiden."

Mit ihm hatte ich wirklich keine ruhige Minute.

"Meinst du die Eltern von Dave? Kommt der auch mit?"

Daniel schüttelte den Kopf.

"Es sind Daves Eltern, aber er kommt nicht mit. Was mich total verwundert, der Typ veräppelte uns immer und jetzt will er bei uns frühstücken? Da ist bestimmt was faul. Na gut, warten wir es mal ab, aber jetzt nichts wie unter die Dusche."

Gesagt, getan, wir machten uns wieder einen gemeinsamen Spaß daraus, zu zweit unterm Wasser zu stehen. Danach zogen wir uns an und deckten den Tisch im Wohnzimmer, auch der Kaffee lief schon durch.

Als Problemlöser auserkoren

Als es an der Tür schellte, ging Danny sie öffnen. Unsere Gäste waren pünktlich. Die Frau brachte einen Strauß Blumen mit. Natürlich hatten sie auch an die Hauptsache gedacht, an die Brötchen und an die Wurst. Sie stellten sich vor und fragten, ob wir was dagegen hätten, wenn sie uns das Du anbieten würden. Natürlich hatten wir nichts dagegen, aber ich fand es immer noch komisch, dass eine Person, die uns erst nicht respektieren konnte oder eher nicht wollte, jetzt so auf uns abfuhr. Der Mann hieß Peter und die Frau Anja, wir stellten uns auch vor, gaben uns die Hände. Schließlich boten wir ihnen einen Platz am gedeckten Tisch an. Mein Freund machte sich auf den Weg, um für die Blumen eine Vase zu suchen, ich blieb bei unseren Gästen. Plötzlich schellte auch das Telefon. Daniel rief mir aus der Küche zu.

"Schatz, gehst du mal ran, bitte."

Ich entschuldigte mich kurz bei unseren Gästen und ging zum Telefon.

"Hier bei Schnitzer, Makowski am Apparat."

"Hallo Frank, hier ist Eva. Wie geht es euch beiden?"

"Guten Morgen Eva. Uns ging es bis vor kurzem sehr gut. Jetzt haben wir von unseren Nachbarn Besuch bekommen und wir wissen nicht, was wir davon halten sollen."

"Ach so, ich dachte schon es wäre was Schlimmes. Weswegen ich anrufe. Hattet ihr unser Paket erhalten?"

"Ja, haben wir."

Jetzt fiel mir ein, wir hatten uns dafür nicht bei ihnen bedankt.

"Entschuldigt bitte, dass wir uns nicht gemeldet haben, aber diese Woche war nur zu blöd."

"Ich weiß, habe ich schon von Sven gehört. Wir wollten euch nur mitteilen, dass ihr beide uns nicht zu besuchen braucht. Wir wollten euch zum Mittag besuchen kommen und euch mitteilen, wir werden gegen 13 Uhr zu viert bei euch eintrudeln. Ist es euch recht?"

Daniel war noch nicht zurück, so musste ich mich wohl selber entscheiden.

"Ja sicher, kommt ruhig vorbei. Wir freuen uns schon. Wer sind die anderen beiden, Sven und Susi vielleicht?"

"Ja natürlich, wer dachtest du denn?"

"Kann mir nur Recht sein, ich habe noch eine Hühnchen mit ihnen zu rupfen."

Auf der anderen Seite hörte ich Eva lachen.

"Das musst du selber wissen. Also gut, es bleibt dabei. Bestelle meinem Sohn noch schöne Grüße. Dann bis später, tschüss."

Noch bevor ich etwas sagen konnte, war die Verbindung beendet. Ich ging zurück, mittlerweile war auch Daniel wieder bei unserem Besuch. Er schaute mich fragend an. Plötzlich fiel mir etwas ein, ich wollte Peter seine Gemeinheiten gegen uns heimzahlen und ihn noch etwas schocken.

"Meine Schwiegereltern haben angerufen. Sie kommen heute mit unseren Trauzeugen an und wollen uns besuchen. Eintreffen gegen 13 Uhr."

Daniel war erst überrascht über meine Aussage, doch dann grinste er breit übers Gesicht. Peter und Anja schauten mich ausdruckslos an, eigentlich hatte ich eine andere Reaktion erhofft. Schließlich setzten wir uns an den Tisch und begannen mit dem Frühstück. Daniel war der Erste, der das Wort ergriff. Er nutzte die Gelegenheit, Peters Sticheleien heimzuzahlen.

"Also, was können wir für euch tun, wenn ihr euch schon mal zu uns verirrt. Muss ja ziemlich wichtig sein, ansonsten wolltet ihr mit uns ja nichts zu tun haben."

In den Gesichtern war immer noch keine Reaktion zu sehen, anscheinend hatten sie wohl in letzter Zeit schon andere Dinge an den Kopf geworfen bekommen. Peter sprach als Erster.

"Ich glaube, als erstes muss ich mich wohl bei euch für mein Verhalten entschuldigen. Es war nicht so gemeint, aber ich konnte,... kann damit noch nicht so umgehen. Es tut mir wirklich sehr Leid, wenn ich euch verletzt haben sollte. Besonders du, Frank, warst meinen Angriffen am meisten ausgesetzt."

Ich merkte, dass sie wirklich was auf dem Herzen hatte und dass der Schritt, den sie gerade gemacht hatten, ehrlich gemeint war. So wollte ich ihnen die Angst etwas nehmen.

"Schon gut. Wir sind das gewohnt, aber so was verletzt immer noch. Schwamm drüber, weswegen wolltet ihr uns so dringend sprechen?"

Anja und Peter schauten sich an, dann nickte Peter.

"Es geht um meinen Sohn, Dave. Ich glaube ihr kennt ihn schon. Er hat Peter und mir gestern etwas gesagt, mit dem wir nie gerechnet hätten und wir wis-

sen nicht, wie wir damit umgehen sollen."
Daniel griff sich meine Hand und hielt sie fest. Beide wussten wir jetzt, um was es ging. Dave hatte ihnen wohl gesagt, dass er schwul war. Ein Schock für die Eltern. Aber ihnen musste man jetzt zugute halten, dass sie uns direkt am nächsten Tag aufgesucht hatten, um mit uns darüber zu reden. Ich entschied mich, ihnen nicht zu sagen, dass Dave uns deswegen schon aufgesucht hatte, hoffentlich dachte mein Schatz genauso. Unsere Gäste schwiegen wieder, doch Daniel wollte jetzt von ihnen hören, worum es ging.
"Sagt es schon, wobei können wir euch helfen. Was hat Dave gesagt, das euch so schockiert?"
Jetzt wandte sich Peter an uns.
"Unser Sohn hat uns gestern zu einer Unterredung gebeten, und uns unmissverständlich gesagt, er wäre schwul. Er wäre nicht mehr bereit, sich zu verstecken, auch wenn er wüsste, wie wir beide auf dieses Thema reagieren, aber das wäre ihm egal. Damit hat er uns sehr vor den Kopf gestoßen und wir wussten nicht, wie wir darauf reagieren sollten. Leider bin ich laut geworden und habe ihn angeschrien. Er ist daraufhin abgehauen und hat sich nicht mehr blicken lassen. Ich weiß jetzt, ich habe einen Fehler gemacht. Ich liebe ihn immer noch, aber wir beide brauchen Hilfe und Ratschläge, wie wir mit dem Thema umgehen sollen. Aus diesem Grunde haben wir euch beide aufgesucht. Wir kennen sonst keinen, der uns helfen kann."
Peter sah man an, dass es ihm sehr ans Herz ging. Er wusste, er hatte was falsch gemacht und wollte das wieder ausbügeln, egal wie. Ich hatte aber auch nicht damit gerechnet, dass Dave sich so schnell outen würde. Er hatte also mehr Mut als ich! Doch musste ich sagen, dass er auch dumm war. Er hatte sich wohl keine Gedanken darüber gemacht, was er tun sollte, wenn der Schuss nach hinten los ging. Das war ja wohl im ersten Augenblick auch so gewesen. Jetzt war er weg, und keiner wusste, wo er steckte.
"Gut, wir werden euch beiden helfen, soweit wir können. Was wollt ihr   wissen?"
Sie wollten alles wissen, besonders aber, wer jetzt die größeren Probleme hätte. Sie glaubten wirklich, dass es wohl für sie am schwierigsten wäre. Wir klärten sie darüber auf, dass der Betroffene mehr Probleme hatte und auch haben wird und nicht die Angehörigen. Wir erzählten ihnen von uns. Sie erfuhren auch, dass ich selber noch nicht damit offen umging und schilderten die Probleme, die sich damit auftun würden. Ich empfahl ihnen, die Entscheidung ihres Sohnes zu akzeptieren und mit dem Thema offen umzugehen. Dave brauchte bestimmt Unterstützung und es wäre immer besser, sie käme von den die Eltern.
Das Frühstück zog sich ziemlich lange hin, aber um elf machten sie einen Abflug. Sie fragten aber noch, ob sie wieder kommen könnten, wenn sie nicht mehr weiter wussten. Daniel erzählte ihnen zum Schluss noch von seinen Eltern und wenn sie wollten, könnte er mit ihnen ein Treffen organisieren.

Somit könnten sie sich auch mal mit anderen betroffenen Eltern unterhalten. Sie fanden das klasse und Peter entschuldigte sich noch einmal für seine Reaktionen uns gegenüber.

Endlich hatten wir wieder unsere Ruhe und mein Schatz machte den Vorschlag, dass wir uns um das Mittagessen kümmern sollten. Er hatte keine Lust, auswärts essen zu gehen. Dafür musste er aber noch kurz weg, um etwas einkaufen zu gehen. Ich sollte mich um den Rest kümmern. Das gefiel mir schon besser, jetzt herrschte Arbeitsteilung, nicht so, wie er es sonst machte. Wenn er abends für uns kochte, sperrte er mich meistens aus der Küche aus. Sein Argument, einem Profikoch sollte man nicht über die Schultern schauen. Heute war es wohl anders, da die Zeit drängte. Also kümmerte ich mich um die Beilagen und bereitete parallel zwei Kuchen für den Kaffee vor. Im Backen war ich auf jeden Fall besser als mein Schatz. Eine halbe Stunde später kreuzte er wieder auf.

"Schau mal, Schatz, wen ich aufgegabelt habe. Er war im Supermarkt."

Ich drehte mich um und erblickte Dave. Er sah ziemlich mitgenommen aus, etwas schmutzig und müde.

"Hi, Dave, was ist denn mit dir passiert. Sag bloß, du hast unter einer Brücke geschlafen."

Dave warf mir ein kurzes Lächeln zu, das sah aber eher verkrampft aus.

"Ja, du hast es auf den Punkt gebracht. Daniel hat mir schon berichtet, dass meine Alten bei euch waren. Sieht ja so aus, als ob sie sich beruhigt hätten. Aber gestern nach dem Streit hatte ich keinen Bock zu Hause zu bleiben und bin abgehauen."

"Warum bist du nicht zu Danny und mir gekommen? Wir haben immer einen Platz übrig."

Dave zog seine Schultern hoch.

"Das hatte ich mir auch gedacht, aber ich wollte euch nicht noch mit meinen Problemen belasten. Sagt mal, kann ich ein wenig bei euch bleiben? Ich habe noch keine Lust, zu meinen Eltern zu gehen."

Ich schaute Danny an und er nickte nur. Auch ich hatte nichts dagegen, aber duschen sollte er sich!

"Gut, du kannst bleiben. Wenn du nichts dagegen hast, dass wir gleich noch eine Menge Besuch bekommen? Du solltest dich aber vorher mal duschen. Schatz, hast du nicht noch ein paar Klamotten für ihn? Ihr habt ja in etwa die gleiche Größe."

"Ich gehe mal schauen, habe bestimmt noch was. Danach gehe ich aber mal zu Peter und Anja und sage ihnen Bescheid, dass Dave bei uns ist. Sie müssen sich nicht auch noch Sorgen machen. Keine Widerrede, Dave."

Dave wollte sich nämlich gerade einmischen, verstummte aber sofort. Ich schnappte mir den Jungen und zog ihn in die Dusche und ließ ich ihn alleine. Danny brachte mir ein paar Sachen für unseren Gast. Er sagte mir noch, was ich mit dem Essen machen sollte und verschwand zu unseren Nachbarn. Mir blieb also nichts anderes übrig, als mich alleine um den ganzen Kram zu kümmern und noch ein wenig mehr vorzubereiten, jetzt waren wir schon zu siebt.

Ich war gerade fertig mit dem Fleischanbraten, da kam unser Gast aus der Dusche. Er hatte nur ein Handtuch um die Hüften gewickelt, ich konnte mir aber nicht verkneifen seinen Körper zu betrachten. Mir fiel sofort auf, dass er wohl Sport machte. Er hatte viele Muskeln, dabei war er noch unbehaart und absolut nicht zu dünn. Derjenige, der ihn zum Freund haben würde, konnte sich glücklich schätzen. Mann, was würde ich nur dafür geben, auch so auszusehen. Dann bräuchte ich mich vor Danny nicht zu verstecken.

"Frank, habt ihr noch ein paar Klamotten für mich?"

Ich deutete auf den Stapel der neben mir lag. Direkt vor meinen Augen ließ er das Handtuch fallen und begann sich anzuziehen.

"Sag mal, Dave, willst du mich anmachen? Damit wirst du Schwierigkeiten haben, ich bleibe meinem Schatz treu."

Er schmunzelte ein wenig und ich wusste sofort, dass ich voll ins Schwarze getroffen hatte.

"Schade, aber man kann es ja mal versuchen. Ihr beide seid einfach nur zu schnuckelig, jeder auf seine Art. Ich wäre gerne etwas älter. Vielleicht hätte ich dann eine Chance bei euch."

Ich konnte nur den Kopf schütteln. Er musste wirklich noch viel lernen.

"Du brauchst nicht älter zu sein, um uns den Kopf zu verdrehen, wir sind nicht aus Stein. Du solltest nur lernen, dass es auch noch andere Sachen als Sex gibt. Zu eine Partnerschaft gehört viel mehr als immer nur das eine."

Dave hatte verstanden und nickte. Er wusste jetzt, dass er keine Chance hatte. Na gut, sagen wir einfach mal, kaum eine Chance hatte. Man wusste ja nie, was die Zeit brachte und immerhin waren wir auch nur aus Fleisch und Blut. Als er fertig mit dem Ankleiden war, half er mir beim Kochen und das machte er wirklich gut.

"Sag mal, du kochst auch nicht zum ersten Mal, oder?"

"Nö, kochen und backen sind eine meiner Leidenschaften. Meine Eltern hatten sich auch schon gewundert, warum ein Junge wie ich das liebt. Vielleicht mögen das alle Schwulen?"

Das konnte ich nicht beantworten. Zwar kochte ich auch gerne, aber das Wegräumen und Spülen störte mich immer daran. Daniel kam plötzlich in die Küche und sah uns beiden zu.

"Na, ich glaube, ihr braucht keine Hilfe mehr. Das macht ihr wirklich gut, ich gehe den Tisch decken."

Dann sah er wohl das Handtuch auf dem Boden.

"Also hat es Dave auch bei dir versucht, Schatz?"

Jetzt drehte ich mich um. Zuerst wusste ich nicht, worauf er hinaus wollte, als ich aber das Handtuch sah, ging mir ein Licht auf.

"Ja, hat er. Wieso, bei dir auch? Das ist vielleicht ein Früchtchen, weiß schon ganz genau, wie er anderen den Kopf verdrehen kann. Aber gegen dich hat er nun mal keine Chance."

Daniel nickte lächelnd, doch unser Gast drehte sich zu uns.

"Sagt mal, ihr seid nicht verwandt? Ihr beide habt genau das gleiche gesagt, als ob ihr Zwillinge wärt oder euch abgesprochen hättet. Anscheinend kennt ihr euch wirklich gut und vertraut dem anderen voll."

Nein, wir hatten uns nicht abgesprochen. Jeder von uns wusste, was er vom anderen hatte und wollte einfach nichts riskieren.

"Ich kann nur sagen, ihr beide seid zu beneiden. Da kann man sich nur wünschen, auch mal jemanden zu finden, wie ihr euch gefunden habt. Ich glaube ich, werde depressiv."

Das wollte ich nun wirklich nicht und so nahm ich Daves Kopf in die Hände und gab ihm einen Kuss auf die Lippen. Danny würde das verstehen und das tat er auch. Er folgte meinem Beispiel. Dave schaute uns beide an und lächelte verlegen. Damit hatte er nicht gerechnet. Daniel trieb uns wieder zur Eile, da unser Besuch bald eintreffen würde. Die Aufteilung blieb gleich, unser junger Gast blieb in der Küche und half mir, während Danny den Tisch deckte.

"Ich kann nur hoffen, dass ich auch mal so eine Partnerschaft eingehen werde."

"Das liegt auch an dir, Dave. Man muss auf seinen Partner eingehen. Ich werde dir mal was beichten. Weißt du, Daniel gibt mir immer soviel und ich weiß nicht, ob ich ihm auch genug zurück gebe. Wir verstehen uns zwar super und wir reden auch über alles, aber in einigen Dingen bin ich mir noch im Unklaren. Ich kann nicht sagen, ob ich Danny das gebe, was er von mir möchte. Außerdem stelle ich mir manchmal die Frage, warum er ausgerechnet mich liebt."

Dave fing an zu lachen, konnte sich erst gar nicht beruhigen. Danny tauchte in der Tür auf und schaute mich fragend an. Ich konnte nur meine Hände heben, um zu zeigen, dass ich mir nicht erklären konnte, was mit ihm los war. David beruhigte sich wieder, schaute zwischen uns beiden hin und her.

"Ich finde euch süß. Ihr habt die gleichen Probleme und wisst davon nichts? Da müsst ihr noch dran arbeiten."

Er schaute zu Daniel, als er weitersprach.

"Frank hat mir gerade das gleiche gesagt, was du mir im Auto gesagt hattest. Du wüsstest auch nicht, ob du Frank genug gibst oder ob du zuviel von ihm nimmst. Dein Freund hat das gleiche Problem, anscheinend unterschätzt ihr euch selber. Außerdem hat Frank mir auch gerade gesagt, er wüsste manchmal nicht, warum du ihn liebst. Ich weiß jetzt, dass ihr beide eine ausgewogene Partnerschaft führt. Vielleicht solltet ihr mal darüber reden? Ihr seid wirklich manchmal zu komisch. Nee, und ihr versucht mir was beizubringen?"

Daniel und ich mussten lachen und als ich in seine Augen blickte, war mir so, als ob sie richtig strahlen würden. Jetzt kannten wir unsere eigenen

Schwächen, daran sollten wir arbeiten.

"Wie sieht es bei euch beiden aus, seid ihr fertig?"

Dabei ging er zu den Töpfen und wollte mal schauen. Ich schlug ihm sanft auf die Finger.

"Du willst doch auch nicht, dass ich in deine Töpfe schaue, also gleiches Recht für alle. Ist bald fertig, unser Besuch könnte..."

Weiter kam ich nicht, da schellte es schon an der Türe. Ich konnte mir einen Blick auf die Uhr nicht verkneifen, aber sie waren wirklich auf die Minute pünktlich. Das konnte man von uns leider nicht immer behaupten. Daniel verließ uns, um die Tür zu öffnen. Es war nur ein Geschrei der Freude zu hören, leider konnten wir aber nicht weg. Dave wollte es wohl auch nicht. Irgendwie merkte man ihm an, dass es ihm unangenehm war, jetzt bei uns zu sein. Ich nahm ihn in den Arm und beruhigte ihn.

"Du bist uns immer willkommen, egal ob wir Besuch haben oder nicht, verstanden?"

Er schaute mich dankbar an, legte mir kurz seine rechte Hand auf meine Schulter und drückte leicht zu. In dem Moment stürmten Sven und Susi in die Küche. Als sie uns erblickten, zögerten sie einen Moment, doch Susi fasste sich als Erste und kam auf mich zu. Sie nahm mich ganz fest in ihre Arme und knutschte mich ab.

"Hallo, Frank, wie geht es dir so? Wir haben uns lange nicht mehr gesehen."

"Danke, sehr gut, und dir?"

Da kam aber auch schon Sven und begrüßte mich, indem er mich und Susi in den Arm nahm.

"Finger weg von meiner Frau, aber ich denke mal, bei dir brauche ich mir keine Sorgen zu machen, dass du sie mir ausspannst."

Schließlich stellte ich beiden unseren jungen Gast vor, der auch herzlich begrüßt wurde. Viel Zeit blieb mir nicht, auch Eva und Harald kamen in die Küche gestürmt. Ihre Begrüßung fiel noch herzlicher aus. Auch den beiden stellte ich unseren Gast vor, doch danach beförderte ich alle aus der Küche, es war noch einiges für mich zu tun. Eva bot mir ihre Hilfe an, die ich aber dankend ablehnte. Sie war immerhin unser Gast und sollte sich auch mal etwas Ruhe gönnen. Schließlich waren Dave und ich wieder alleine.

"Fällt die Begrüßung bei euch immer so familiär aus?"

"Ja, tut es. Daniels Eltern haben mich schon in die Familie aufgenommen. Sie sehen das alles sehr positiv und am liebsten hätten sie natürlich, wenn wir beide bei ihnen leben würden. Mich hatte das damals auch sehr überrascht, aber langsam gewöhne ich mich daran."

Dave und ich kümmerten uns wieder um das Essen; als alles fertig war, trugen wir es im Wohnzimmer auf. Daniel beorderte mich direkt neben sich. Dave schien erst etwas unschlüssig, deshalb griff ich nach seinem Arm und zog ihn auf meine andere Seite auf einen Stuhl. Susi reagierte sofort.

"Eigentlich wollte ich mich neben Frank setzen, aber ich sehe schon, du hast

lieber Männer in deiner Umgebung."
Alle mussten lachen, sogar Dave. Nur ich wurde leicht rot. Dabei bemerkte ich nicht, dass Daniel und Dave sich absprachen und plötzlich umarmten mich beide und drückten mir auf jede Wange einen Kuss auf. Das ließ mich noch roter werden, damit hatte ich nicht gerechnet. Schließlich ließen wir uns das Essen schmecken. Danach brachte ich jedem noch einen Espresso, wobei mir hier wieder Dave half. Gemeinsam saßen wir um den Tisch und Eva wollte wissen, wer unser neuer Freund war. Daniel schilderte die ganze Geschichte und es folgte eine kurze Diskussion, aus der ich mich wieder raus hielt. Jemand musste sich um das Geschirr kümmern. Susi war gerade dabei aufzustehen um mir zu helfen, doch Dave kam ihr zuvor und hielt sie zurück.
"Ich muss mich bei beiden erkenntlich zeigen, für das, was sie für mich schon getan haben und vielleicht noch tun werden."
Susi verstand sofort und nickte. So half mir Dave. In der Küche sprach er mich wieder an.
"Sorry, aber ich wollte nicht die ganze Zeit am Tisch sitzen, besonders dann nicht, wenn es um mich geht. Ist mir etwas peinlich."
Ich konnte das verstehen und als ich wieder ins Wohnzimmer ging, um noch was zu holen, flüsterte ich Danny das ins Ohr. Er verstand sofort und leitete die Diskussion in eine andere Richtung. Als wir fertig waren, zog ich unseren jungen Gast wieder mit zu den anderen, die es sich im Sofa und den Sesseln bequem gemacht hatten. Danny und ich hatten jetzt die Gelegenheit, uns bei Sven und Susi für die Aufnahmen zu bedanken. Das taten wir auch ausgiebig mit der Frage, ob sie immer bei anderen im Schlafzimmer spannen würden. Sie beide machten sich aber noch lustig und meinten, man müsste festhalten, wenn sich zwei endlich finden, die füreinander geschaffen seien. Von ihnen kam keine Entschuldigung, im Gegenteil. Sie gaben uns noch zu bedenken, dass sie die Negative hätten. Dave hörte gespannt zu und fragte Susi, worüber gerade gesprochen wurde. Sie ließ es sich natürlich nicht nehmen, die ganze Geschichte noch einmal zu erzählen und kramte schließlich noch in ihrer Handtasche.
"Wie gut, ich habe mir auch noch einige Abzüge gemacht."
Damit reichte sie die Bilder an Dave, der sie sich interessiert anschaute. Daniel und ich wurden rot, aber irgendwie konnte ich ihr nicht richtig böse sein. Daniel schüttelte den Kopf.
"Schatz, vielleicht solltest du eine Homepage mit den Bildern ins Internet stellen. Dann haben wir wenigstens den beiden ihre Freude verdorben, uns so zu blamieren."
Susi grinste, Eva und Harald lachten. Dave war der Einzige, der etwas dazu sagte.
"Ja, warum nicht? Die Bilder sind doch schön und jetzt weiß ich wenigstens, was ich mit euch so alles verpasse."
Wollten jetzt alle auf uns rumhacken? Mir wurde das langsam peinlich, Daniel

rächte sich aber sofort.

"Bei dir wissen wir es ja schon, zumindest weiß es Frank. Du hast ja schon vor ihm alle Hüllen fallen lassen."

Damit hatte er nicht gerechnet und wurde rot, konnte aber darauf nichts erwidern. Mir reichte das, ich wollte das Thema wechseln.

"Schluss jetzt, wie wäre es mit einem Themawechsel? Ich finde, es geht niemanden etwas an, was du alles mit mir anstellst. Ansonsten nehme ich das wörtlich und veröffentliche wirklich alles im Internet."

Daniel strich mir über den Kopf.

"Gut, weil du es bist. Da sieht man wieder, mein Schatz ist immer noch nicht so freizügig, wie ich es bin. Das werde ich aber zu ändern wissen."

So unterhielten wir uns wieder über normale Themen. Schließlich war Kaffeezeit und ich konnte meine eigenen Kreationen von Gebäck auf den Tisch bringen. Erstaunlich, es blieb nichts übrig und das freute mich tierisch. Gegen sieben machte sich unser Besuch wieder auf den Weg. Sie verabschiedeten sich herzlich von uns allen, bedankten sich für das gute Essen, auch wenn es diesmal von mir gekocht war, und ließen uns wieder allein. Nur Dave blieb noch bei uns.

"Frank, du hast wirklich das Glückslos gezogen. Einen so süßen Freund zu finden und dann noch so von seinen Eltern und seinen besten Freunden aufgenommen zu werden."

"Ja, das stimmt. Ich kann dir nicht widersprechen. Da hat es Danny schon etwas schlechter. Erst mal hat er nur mich und muss sich auch noch verstecken."

Daniel sah das aber nicht so, er kuschelte sich ganz eng an mich und zeigte mir, dass er ganz andere Meinung war.

"Mir ist egal, was deine Eltern und deine Freunde über uns sagen werden, Hauptsache wir sind zusammen. Mehr will ich nicht. Außerdem, wenn alle deine Freunde so sind, wie dein bester Freund Frank, dann kann ich auf ihre Bekanntschaft verzichten."

"Na, so schlimm ist er nicht. Er ist manchmal etwas derb, aber wenn man Probleme hat, kann man meistens mit ihm darüber reden. Dass er dich damals so angefaucht hatte, damit muss man leben, aber ich denke mal, du wirst ihn noch von einer anderen Seite kennen lernen."

"Gut, aber es hat Zeit. Hauptsache ich habe dich."

Alle drei entschlossen wir uns, noch eine Runde Fernsehen zu schauen. Danny und ich saßen im Sofa, Dave im Sessel. Nach einer gewissen Zeit schlief ich ein, der Tag hatte mich geschafft. Gegen 22 Uhr wurde ich wach. Ich saß alleine auf dem Sofa, Danny war verschwunden. Nur Dave war auf dem Sessel noch da. Er schlief auch, wahrscheinlich waren ihm die letzten Stunden auch zuviel. Ich machte mich auf die Suche nach meinem Freund und ich fand ihn im Gästezimmer. Er war gerade dabei, das Bett zu beziehen.

"He, Schatz. Was machst du hier?"

"Ich habe gerade mit Peter gesprochen. Dave kann heute hier übernachten. Ich glaube, das ist besser für ihn. Seine Eltern kommen morgen um zehn Uhr runter, um noch mal gemeinsam mit uns allen zu reden. Ich hoffe, du hast nichts dagegen."

"Nein, habe ich nicht. Ich kann nur sagen, ich fände es auch schön, wenn mir jemand so geholfen hätte bei meinen Problemen."

Danny nahm mich in den Arm.

"Du hast doch jetzt mich und ich werde dir beistehen, egal was passiert. Ich hoffe, das weißt du auch?"

Ich gab ihm einen Kuss und half ihm. Im Wohnzimmer schlief immer noch unser Problemkind. Beide verständigten wir uns, ihn ins Bett zu bringen. Danny nahm ihn unter den Armen und ich seine Füße. Als wir ihn hochhoben, wachte er auf, sah uns erst verblüfft an, dann beruhigte er sich wieder.

"Hm, wollt ihr mich also doch vernaschen?"

Der konnte wirklich nur an das eine denken. Wir trugen ihn ins Gästezimmer und warfen ihn aufs Bett. Daniel wandte sich an ihn.

"Du kannst heute bei uns übernachten, morgen reden wir mit deinen Eltern. Denke dran, du kannst immer zu uns kommen, wenn du Probleme haben solltest."

Dave schaute uns an.

"Danke, ich weiß das zu schätzen. Sagt mal, ihr wolltet mich doch ins Bett bringen, aber ihr seid noch nicht fertig."

Danny drehte sich und flüsterte mir etwas ins Ohr. Ich verstand und nickte. Wir griffen uns unseren Gast und begannen ihn gemeinsam zu entkleiden, bis er nichts mehr anhatte. Er war total überrascht. Er glaubte nicht, dass wir das machen würden. Als er nackt vor uns lag, warf ich ihm die Decke über seinen Körper. Beide sagten wir gute Nacht und ließen ihn allein. In unserem Schlafzimmer packte ich meinen Freund und warf ihn auf das Bett.

"Jetzt bringe ich dich ins Bett."

Somit zog ich ihn aus. Als nichts mehr an ihm dran war, war ich an der Reihe. Beide verwöhnten wir uns, bevor uns der Schlaf übermante. Zuvor hatte Danny aber noch den Wecker gestellt, damit wir rechtzeitig für unsere Nachbarn aufwachen würden.

Der nächste Morgen zeigte uns, dass der Wecker nicht nötig war. Wir wurden von unserem Gast geweckt. Nur in seiner Unterhose bekleidet, warf er sich genau auf uns. Ich brauchte eine Zeitlang, bevor ich überhaupt wusste, was hier abging. Danny und ich waren gemeinsam Arm in Arm eingeschlafen und jetzt hatten wir noch Dave auf uns liegen.

"Guten Morgen, ihr beiden Langschläfer. Wie wäre es mit aufstehen? Ich bin schon längst fertig."

Dann stieg er wieder von uns runter, griff sich unsere Decke und bevor er das Zimmer wieder verließ, zog er sie weg. Er riskierte einen kurzen Blick auf unsere Körper, verschwand aber wieder anstandshalber. Danny und ich schauten uns an und mussten lachen.

"Ich weiß nicht, Frank. Ich habe den Verdacht, der würde am liebsten was mit uns anfangen."

"Der Gedanke ist mir auch schon gekommen. Wenn ich ehrlich bin, habe ich aber kein Bedürfnis danach. Auch wenn er bestimmt nicht schlecht aussieht, aber du reichst mir vollkommen und ich brauche keinen anderen."

Danny gab mir einen langen Kuss.

"Danke, genau das wollte ich hören. Dito. Vielleicht sollten wir mit ihm darüber reden?"

"Ich glaube, dass er das schon weiß. Diese kleinen Spielereien werden bestimmt bald aufhören. Er will uns nur ärgern, das haben wir ja auch mit ihm gemacht. Ansonsten wäre er bestimmt nicht so aus dem Zimmer gegangen."

Wir zogen uns die Hosen an und verschwanden im Bad. Nach einer kurzen Dusche betraten wir angezogen die Küche. Dave hatte sich in der Zeit komplett angezogen und hatte Frühstück gemacht. Ich konnte mir darauf einen Kommentar nicht verkneifen.

"Vielleicht sollten wir Dave behalten. Gestern hat er mir viel geholfen und heute macht er für uns auch noch Frühstück. Ich denke, das ist eine Überlegung wert."

Plötzlich hatte ich Dannys Ellbogen in meiner Seite. Er war nicht so ganz damit einverstanden, doch als er mich ansah, verstand er, dass es bloß ein Witz war. Nach dem Frühstück brauchten wir nicht lange auf Daves Eltern zu warten. Nach einer Unterredung von weiteren zwei Stunden verließen sie uns wieder und wir waren uns sicher, dass es in der Familie wieder ein kleines Verständnis für beide Seiten gab, und dass sie es schaffen würden. Irgendwie kam ich mir ein wenig komisch vor. Anderen Menschen bei diesem Thema geholfen zu haben, aber selber hatte ich das Thema noch nicht durchgestanden!

Den restlichen Sonntag hatten wir für uns, nur leider regnete es in Strömen, so dass es nicht möglich war, spazieren zu gehen. Eigentlich das richtige Wetter, um im Bett zu bleiben. Den restlichen Sonntag kuschelten wir zusammen. Liebe ist wirklich das Schönste auf der Welt!

Der Montag verlief ohne weiter Vorkommnisse, so dass wir auch wieder früh im Bett verschwanden, nur leider hatte ich keine Gelegenheit, lange zu schlafen. Pünktlich um zwölf wurde ich von meinem Liebsten sanft geweckt.

"Herzlichen Glückwunsch zum Geburtstag, mein Schatz. Ich wünsche dir, dass alle deine Wünsche in Erfüllung gehen. Natürlich auch Gesundheit und ein langes Leben."

Damit überreichte er mir sein Geschenk. Es war ein Gutschein für das nächste Wochenende nur für uns zwei. Der Rest sollte ein Geheimnis bleiben. Ich umarmte ihn, um mich zu bedanken, nur dabei blieb es nicht. Er wollte auch noch viel mehr von mir. Konnte er haben, nur diesmal war ich an der Reihe. Ich verband seine Augen und fesselte ihn ans Bett, so wie er es am Freitag mit mir gemacht hatte. Nur mit einem Unterschied, ich wollte mich noch rächen und das tat ich jetzt. Ich verwöhnte ihn solange, bis er kurz vor seinem Höhepunkt stand, ließ ihm Zeit sich wieder abzukühlen und begann mein Spiel von vorn. Schließlich bettelte er um Erlösung, die ich ihm aber nicht gönnte. Kurz vor seinem Orgasmus brach ich meine Liebkosungen ab und verschwand in der Küche, um zwei Gläser Sekt zu besorgen. Ich wollte mit ihm anstoßen. Die Flasche nahm ich auch mit. Wieder im Schlafzimmer bettelte er um Erlösung. Sein steifer Schwanz lag immer noch unbefriedigt auf seinem Bauch.

"Soll ich dir wirklich den Gefallen tun?"

Daniel zog kräftig an den Handfesseln, schaffte es aber nicht, sie zu lösen.

"Bitte Frank, ich tue alles, was du willst, aber lass mich nicht länger so hängen."

Zum Glück hatte er noch die Augenbinde um. So konnte er nicht sehen, was ich jetzt mit ihm vor hatte. Zuerst goss ich ein wenig Sekt auf seine Brust. Er zuckte zusammen, erstens von der Kälte und zweitens weil es auf seinem Körper so prickelte. Man merkte richtig, wie sich sein Körper aufbäumte. Dabei blieb es aber nicht. Nein, ich wollte mehr. Ich goss wieder Sekt auf seinen Körper, nur diesmal auf seine Latte. Das war zuviel des Guten, jetzt bäumte er sich auf und ich sah, dass er es nicht mehr lange halten konnte. So nahm ich seine Latte in den Mund und zum Geschmack des Sektes schenkte er mir den Geschmack seines Nektars. Daniel lag nach dem Orgasmus total fertig im Bett, ich nutzte die Gelegenheit und entfernte die Augenbinde und seine Fesseln.

"Mach das bitte nicht mehr mit mir. Der Schluss ist zwar super, aber die Zeit dorthin ist unfair und gemein. Trotzdem, es war geil. Danke."

"Ich habe dir doch gesagt, dass ich mich rächen werde. Nur glaube ich, noch gemeiner als du gewesen zu sein."

Danny nahm mich in den Arm und knutschte mich. Erstaunlich, er hatte immer noch eine Latte, aber ich wollte erst mit ihm auf meinen Geburtstag anstoßen. Das machten wir auch ganz romantisch. Danach drückte er mich auf meinen Rücken, kauerte sich über mich und führte sich meinen Schwanz ein.

"Noch mal herzlichen Glückwunsch, Schatz."

Dann verwöhnte er mich weiter, bis wir gleichzeitig zu unserem Höhepunkt kamen. Danach waren wir ermattet und schliefen in der Position ein.

Am nächsten Morgen schreckte uns der Wecker aus dem Schlaf. Daniel lag immer noch auf mir und klebte leicht fest. Heute lohnte sich die Dusche, bei der wir uns richtig viel Zeit ließen. Auch beim gemeinsamen Frühstück kannten wir keine Hetze. Die Firmen konnten auch mal auf uns warten. Plötzlich schellte das Telefon. Eva und Harald gratulierten mir zum Geburtstag. Kurz nachdem ich auflegte, schellte es schon wieder. Diesmal waren es Susi und Sven, auch sie gratulierten mir. Sie wollten noch heute Abend bei uns vorbei schauen. Schließlich machten Danny und ich uns auf den Weg zur Arbeit. Auch dort wurde ich schon erwartet und alle gratulierten mir.

Der Tag verging recht schnell, nur leider schaffte ich es noch nicht einmal heute, pünktlich Feierabend zu machen. Wie gut, dass Daniel alles vorbereiten wollte. Als ich bei ihm ankam, waren schon Sven und Susi da. Beide nahmen mich in den Arm. Eva und Harald trafen kurze Zeit später ein, auch wenn sie nicht gesagt hatten, dass sie kommen wollten. Sie ließen sich aber nicht den Geburtstag von ihrem zukünftigen Schwiegersohn entgehen. Es dauerte nicht lange, da schellte es schon wieder an der Tür. Als Daniel aufmachte, erblickte ich Dave und seine Eltern. David nahm mich in seine Arme und gab mir einen langen Kuss. Seine Eltern reichten mir die Hand. Sie wollten nicht lange bleiben, nur ihren Sohn vorbeibringen und mir gratulieren. Sie überreichten mir einen Briefumschlag als Geschenk. Schließlich verließen sie uns wieder, wir konnten sie nicht zum Bleiben überreden. Es schellte wieder, Danny und ich schauten uns an. Keiner konnte sich erklären, wer noch kommen würde. Niemand von meinen Freunden wusste, wo ich war, also konnte es keiner von ihnen sein. Daniel öffnete die Tür, nur leider konnte ich diesmal nicht erkennen, wer es war. Nur eins sah ich. Zuerst versteifte sich der Rücken meines Freundes, bevor er sich kurze Zeit später wieder entspannte. Dann ließ er die Person ein. Ich brauchte erst eine Zeitlang, bevor ich das Gesicht einordnen konnte. Es war Daniels Chef, der mit einem Geschenk kam. Woher wusste er, dass ich heute älter wurde? Als er mich erblickte, kam er sofort zu mir. Eigentlich hatte ich damit gerechnet, dass er mir seine Hand geben würde, aber er nahm mich in den Arm und drückte mich.

"Hallo, Frank, ich darf doch du sagen?"

Ich nickte, zum Antworten war ich zu baff.

"Also gut, Frank. Herzlichen Glückwunsch und alles Gute. Übrigens, ich bin der Klaus und du darfst mich auch ruhig duzen."

Damit überreichte er mir das Paket, was ich zu den anderen auf den Tisch stellte. Es war eine lange Zeit her, dass ich so viele Geschenke an einem Tag bekommen hatte. Außerdem hatte ich seit langem zu meinem Geburtstag nicht mehr so viele Gäste gehabt. Danny stellte währenddessen seinen Chef den anderen vor. Auch meinem Freund bat er das Du an, aber nur für die Zeit, wo sie nicht beruflich zu tun hatten. Mir erlaubte er, es immer zu benutzen. Ich konnte es mir nicht verkneifen und streckte meinem Freund die Zunge raus, doch der lächelte nur etwas verlegen. Somit verging die Zeit recht schnell und dabei vergaß ich, die Geschenke auszupacken. Alle, die nicht mehr fahren mussten, hatten schon längst einen im Kahn, auch Danny, Dave und ich waren angeheitert. Klaus verzog sich als Erster, dann folgten Dannys Eltern, Sven und Freundin. Zum Schluss verließ uns Dave, aber nicht ohne einen Kommentar.

"Ich würde dir lieber was anderes schenken, damit wärst du wohl aber nicht einverstanden. Somit liegt mein Beitrag mit in dem Briefumschlag meiner

Eltern."

Durch den Alkohol tat ich mich etwas schwer mit dem Begreifen, also fragte ich noch nach, was er meinte. Danny stand in meiner Nähe und lauschte unserem Gespräch.

"Hm? Was meinst du, Dave? Musst schon etwas deutlicher werden."

"Du weißt es ganz genau. Ich würde dir am liebsten eine Nacht schenken und noch lieber eine mit Daniel und dir, und wenn möglich auch nicht nur eine. Leider wollt ihr beide das ja nicht."

Ohne dass ich ihm antworten konnte, nahm er erst mich und dann Danny in den Arm, verabschiedete sich und verschwand. Wir blieben allein und schauten uns in die Augen. Eigentlich dachten wir, dass das mit ihm ausgestanden wäre. Nun, manchmal konnte man sich täuschen.

Schließlich half mir mein Schatz beim Auspacken der Geschenke. Peter und Anja hatten mir eine Karte geschrieben, auf der sie sich noch mal herzlichst bei uns für die Hilfe bedankten. Auch Dave bedankte sich bei uns und wünschte sich, dass wir für immer Freunde blieben. In der Karte steckte ein 500 DM-Schein. Wir sollten uns damit einen schönen Abend machen, sie wussten leider nicht, was sie mir sonst schenken sollten. Verrückt, soviel Geld als Geschenk! Besonders an jemanden, den man eigentlich gar nicht kannte. Danny packte das Paket von seinem Chef aus. Es war ein Buch mit Aktfotografien und ein großer Kerzenständer. Auf der Karte stand, für die romantischen Abende zu zweit. Außerdem erinnerte er mich noch einmal an die Firmenfeier, auf der ich doch auch eingeladen war. Dannys Eltern hatten mir einen Einkaufsgutschein für Möbel geschenkt. Die Summe, die da eingetragen war, fand ich viel zu hoch. Das sagte ich auch meinem Schatz.

"Mach dir nichts draus. Warte erst mal ab, was wir zu Weihnachten zusammen bekommen werden. Sie sind halt immer sehr spendabel und wollen dir auch damit zeigen, wie sehr sie dich mögen."

Sven uns Susi hatten uns eine kleine Statue geschenkt, die zwei nackte umschlungene Männerleiber darstellten. Dass sie aber auch immer wieder dieses Thema zur Sprache brachten. Echt schlimm. Trotzdem freute ich mich sehr über das Geschenk. Wir machten es uns gemütlich, probierten den Kerzenständer von Klaus aus. Erst jetzt fiel uns auf, dass die Arme, in denen die Kerzen eingesteckt wurden, steife Penisse darstellten. Also auch er spielte darauf an, aber übel konnte man es ihm absolut nicht nehmen. Als Beleuchtung hatten wir nur die Kerzen, dabei leerten wir gemeinsam noch die letzten anderthalb Flaschen Sekt. Ziemlich betrunken schwankten wir ins Bett und schliefen sofort ein.

Am nächsten Morgen erwachten wir mit einem dicken Schädel, den auch nicht die Dusche heilen konnte. So gingen wir beide zur Arbeit, die wir mehr schlecht als recht überstanden.

Am Freitag löste mein Liebster sein Geschenk an mich ein. Beide fuhren wir an die Küste, wo wir ein tolles und vor allem ein einsames Wochenende verbrachten. Auch sein Handy blieb aus. Keiner kannte uns hier und das Beste, keiner machte uns irgend ein Vorwurf, wenn wir Arm in Arm durch die Lande gingen. Auch hier waren die Leute offener als bei uns in Aachen. Es war total schön mit ihm zusammen. Leider ging diese Zeit zu schnell um und wir mussten wieder nach Hause. Aber es war zu schön, die Zeit nur mit seinem Freund zu verbringen.

Jetzt blieben uns noch zwei Wochen, die meine Eltern nicht zu Hause waren. Am ersten Aprilwochenende war am Freitag Abend die Betriebsfete von Daniel, an der ich auch teil nahm. Sie verlief ganz nett und jetzt konnte ich mir wenigstens ein Bild von seinen Kollegen machen. Alle nahmen mich freundlich auf, aber die meiste Zeit unterhielt ich mich mit Klaus, seinem Chef. Daniel sagte mir später, er habe wohl einen Narren an mir gefressen, dabei hatte er sich nur über beruflich Dinge unterhalten. Zum Schluss fragte mich Klaus, ob ich nicht bei ihm anfangen wollte, doch konnte ich das nicht. Ich war Elektroniker und kein Elektriker. Somit war das Thema schnell vom Tisch. Nach der Feier ging es sofort nach Hause, wir waren total geschafft. Am Samstag fuhren wir in die Eifel und gingen spazieren. Am Abend sollten sich unsere Wege trennen. Ich hatte Frank versprochen, vorbei zu kommen. Danny kam mit, hatte sich sogar Dave geschnappt, der uns zufällig über den Weg lief. Der war natürlich sofort begeistert. Als er aber hörte, dass dort keiner mitbekommen durfte, dass ich schwul war, war er etwas enttäuscht. Trotzdem begleitete er uns. Frank und ich trafen uns wieder im griechischen Lokal. Kurze Zeit später folgten Daniel und Dave, die sich etwas entfernt von uns setzten, aber immer noch in Hörweite. Der Wirt hatte hier einen Dartautomaten stehen. Ich schaffte es, Frank zu einer Runde Dart zu überreden. Danny und Dave fragten uns, ob sie mitzocken konnten. Wir spielten ein paar Runden miteinander und das Tollste, Frank bekam gar nicht mit, dass ich die beiden anderen schon kannte. Natürlich sprachen wir auch wieder über Schwule und als ich Frank sagte, dass ich immer mehr mit Daniel zusammen hing, nur so als Freunde, da wollte er ihn mal kennenlernen. Denjenigen, der sich in einen Hetero verliebt hatte, nämlich in mich. Plötzlich hörte man vom Tisch, an dem Dave und Daniel saßen, ein lautes Lachen. Als ich hinschaute, bemerkte ich wie Daniel den Mund von Dave zu hielt. Anscheinend hatten sie jedes Wort verstanden. Der restliche Abend verlief relativ ereignislos. Als ich mich dann vom Acker machte, folgten mir kurze Zeit später meine Begleiter. Gemeinsam fuhren wir nach Hause. Für uns alle rief das Bett, doch Danny und ich unterhielten uns noch eine Weile über die Vorgänge im Lokal.

"Schatz, ich weiß nicht, ob du deinem Freund mitteilen sollst, dass du schwul bist. Er sagt zwar, dass er mittlerweile ein offenes Ohr dafür hat, aber ich glaube, er weiß nicht, was es bedeutet und worauf er sich da einlässt."

"Mag sein, aber wenn man ihm nicht die Chance gibt, sich daran zu gewöhnen, darf man auch darüber nicht lästern. Natürlich zerreißt er sich noch den

Mund über uns, das wird er aber auch machen, wenn er weiß, dass ich auch einer von den warmen Brüdern bin."

Daniel musste lachen.

"Wie kommst du auf den Ausdruck warme Brüder. Du bist schon komisch, aber egal. Du musst wissen, was du machst und ich werde auch wissen, was ich mache. Ich werde ihn wahrscheinlich nie verstehen, deswegen dränge mich bitte nicht, ihn kennen zulernen, wenn du ihm über uns erzählt hast."

"Du weißt ganz genau, ich werde dich zu nichts drängen. Egal um was es geht."

Damit war das Thema aus der Welt geschafft, da uns so langsam der Schlaf übermannte.

Am nächsten Morgen weckte mich mein Liebster ganz sanft und zärtlich.

"Guten Morgen, mein Schatz. Ich hoffe, du hast gut geschlafen."

Ich gab ihm einen innigen Kuss.

"Wenn ich bei dir bin, da kann ich doch nur gut schlafen. Ich hoffe, dir geht es genauso wie mir, mein Spatz."

"Mir geht es genauso. Was wollen wir heute machen, wieder einen ganzen Tag im Bett verbringen?"

Ich griff mir seine Hand und zog ihn mit mir ins Bad und unter die Dusche.

"Schauen wir doch einfach mal, was wir machen. Lass uns einfach den Tag genießen."

Nach der Dusche gönnten wir uns ein ausgiebiges Frühstück. Schließlich packten wir einige Sachen zusammen und setzten uns ins Auto. Ich wollte mit meinem Schatz allein sein. Deshalb fuhren wir nach Köln. Das Wetter war einigermaßen schön und somit gingen wir am Rhein spazieren. Wir ließen es uns gut gehen und schlenderten mal Händchen haltend, mal Arm in Arm durch die Gegend. Es passierte auch, dass wir einem anderen männlichen Pärchen begegneten, das Hand in Hand ging. Das Schönste passierte uns aber, als wir uns in eine Kneipe verzogen. Hier machten wir es uns gemütlich. Wir saßen uns an einem Tisch gegenüber und lernten gerade Enthaltsamkeit, als uns am Nachbartisch zwei Mädchen auffielen. Sie schauten immer mal zu uns rüber. Ich fand es schon komisch. Sollten sie uns etwa schon als Schwule erkannt haben? Daniel fiel es auch auf.

"Die tuscheln die ganze Zeit über uns. Anscheinend sind wir interessant. Habe ich etwas auf dem Rücken stehen?"

Ich grinste, doch plötzlich schauten wieder beide Mädchen zu uns. Beide schienen so um die zwanzig zu sein, aber im Schätzen des Alters anderer Personen war ich noch nie gut. Sie schauten mich an, drehten sich wieder weg und lachten leise. Etwas stimmte hier nicht, aber zur Zeit war es mir egal. Ein menschliches Bedürfnis kam bei mir auf. Ich entschuldigte mich bei meinem Freund und verdrückte mich auf die Toilette.

Wir werden begehrt

Als ich wieder zurück kam, musste ich feststellen, dass mein Freund nicht mehr alleine war. Beide Mädchen saßen an unserm Tisch und versuchten, Danny in ein Gespräch zu verwickeln. Mir fiel auf, dass er sich etwas unwohl fühlte. Immer wieder schaute er in meine Richtung. Als ich an unseren Tisch trat, stand eines der Mädchen auf, ließ mich wieder in meine Bank rutschen und setzte sich zu mir. Daniel wirkte immer noch etwas verlegen, das kannte ich nicht von ihm. Er schaute mir fragend in die Augen, aber ich wusste auch nicht, was ich machen sollte. Eigentlich war ich ja der Schüchterne von uns beiden.

"Stört euch doch nicht, das wir uns zu euch gesetzt haben? Wir wollen nur nicht länger alleine bleiben, und ihr seht auch so einsam aus. Können wir euch ein wenig Gesellschaft leisten?"

Ich wusste immer noch nicht, wie ich dieser Situation begegnen konnte. Mir kam es so vor, als ob beide noch was anderes wollten. Doch jetzt taute mein Engel auf. Er lächelte mich an.

"Nö, haben wir nicht. Gesellschaft ist immer gut. Ihr könnt ruhig bleiben."

So kamen wir ins Gespräch, auch ich taute dabei so langsam auf. Es blieb mir auch nichts anderes übrig, da meine Nachbarin mich in ein Gespräch verwickelte. Daniel ging es auch nicht besser, aber er konnte viel schneller mit dieser Situation umgehen als ich. Ich hatte Hemmungen, doch meine Bankgesellin schaffte es, mich aufzulockern, genauso wie es Daniel geschafft hatte, als ich ihn kennen lernte. Es artete in ein tolles Gespräch aus, doch irgendwie kam Eifersucht auf. Zur Zeit hatte ich halt keine Chance, mit Danny allein zu sein. Plötzlich sagte Daniels Nachbarin etwas, mit dem ich nicht mehr gerechnet hatte. Dachte ich mittlerweile doch, dass sie nur reden wollten.

"Wie wär´s, wollen wir eine Flasche Wein bei mir zu Hause köpfen? Ihr kommt doch mit?"

Jetzt wusste ich, was beide wollten. Meinem Freund sah man auch an, dass er damit nicht mehr gerechnet hatte. Einen Augenblick konnte keiner von uns beiden etwas sagen, doch eines der Mädchen bemerkte unser Zögern.

"He, was ist? Wir haben doch nur eine einfache Frage gestellt, die kann doch nicht so schwer sein. Oder sehen wir euch nicht gut genug aus?"

Das konnte ich wirklich nicht bestätigen. Beide waren hübsch, aber damit konnte ich nichts anfangen. Obendrein hatte Danny natürlich die schönere von beiden bekommen. Mein Freund erholte sich schneller als ich, so antwortete er für uns beide.

"Nein, das ist es nicht. wir beide sind schon vergeben und ich bin meinem Partner treu."

Beide Mädchen schauten sich an und grinsten.

"Och, ihr werdet doch bestimmt nicht eine gute Gelegenheit verpassen wollen. Ihr seid doch nicht verheiratet?"

Darauf konnte ich antworten, soviel Mut hatte ich. Dabei legte ich eine Hand auf den Tisch.

"Nein, verheiratet sind wir beide noch nicht, aber ich bin auch treu und werde meinen Partner nicht betrügen."

Dabei schaute ich Danny in die Augen und ich konnte bei ihm ein Funkeln erkennen. Er griff sich meine Hand und hielt sie fest, dabei stand er von seinem Platz auf und näherte sich meinem Kopf. Er gab mir einen Kuss auf den Mund.

"Danke, Schatz, ich wusste, dass du das sagen würdest. Ich liebe dich."

Jetzt verstanden wohl beide, wen sie da gerade versucht hatten anzugraben. Sie schauten etwas schockiert aus, doch meine Nachbarin fasste sich als Erste.

"Ihr beide seid schwul und ein Paar? Da kann man wirklich nichts dran ändern?"

Ich musste lachen, so schnell schienen sie nicht aufzugeben.

"Ihr braucht euch keine Mühe zu geben, es wird doch nicht klappen. Wir gehören zusammen und das wird sich hoffentlich auch nie ändern."

Sie zuckte mit den Schultern.

"Dann entschuldigt bitte, dass wir euch gestört haben. Irgendwie haben wir das Talent, immer schwule Männer anzusprechen. Ihr könnt euch glücklich schätzen, denn unter den süßesten Männern habt ihr ja freie Auswahl. Die sind ja anscheinend wirklich alle schwul."

Danny wandte sich an beide.

"Seid ihr enttäuscht? Wir können uns doch weiterhin unterhalten, war doch ganz lustig."

Doch irgendwie wollten sie nicht, da beide von ihren Plätzen aufstanden.

"Wir wollen nicht weiter stören. Hattet ihr wirklich geglaubt, wir wollen nur mit euch reden? Mann, Schwule können manchmal sehr naiv sein."

Damit verabschiedeten sie sich, gingen zur Theke, bezahlten und verließen das Lokal. Danny und ich schauten uns an. Die letzte Aussage traf uns doch beide. Schließlich konnten wir nicht anders und mussten lauthals lachen. Irgendwann traten wir die Heimfahrt an. Die ganze Zeit über unterhielten wir uns über das Geschehene, doch Mitleid für beide konnten wir nicht entwickeln. Zu Hause machten wir eine Flasche Wein auf, wir mussten noch auf uns anstoßen. Wir hatten uns gefunden und ich wusste, Danny war der Partner, mit dem ich mein Leben verbringen wollte. Wir hatten an dem Abend noch viel miteinander zu reden und bei einer Flasche blieb es nicht. Anschließend torkelten wir ins Bett und schliefen auch schnell ein. Kein Wunder, bei dem Alkoholpegel.

Leider war die Nacht recht kurz für uns und wieder begann der Ernst des Lebens. Beim Frühstück brachte Danny das Gespräch auf die vor uns liegende letzte Woche, in der wir die ganze Zeit zusammen sein konnten. Wir wollten sie ganz ruhig angehen lassen und nur für uns da sein. Beide machten wir aus, dass uns in dieser Woche bestimmt keiner dazu bekommen sollte, Überstunden zu schieben.

Unsere ganze Freizeit verbrachten wir miteinander, ohne einen Störenfried. Auch am Wochenende war diesmal keine Zeit für meine andern Freunde, ich wollte jede Minute mit ihm verbringen. Der Sonntag war unser letzter gemeinsamer Tag. Heute musste ich wieder nach Hause, da meine Eltern zurück kommen würden und es sollte keiner merken, dass ich die ganze Zeit nie zu Hause war. So verbrachten wir den ganzen Sonntag im Bett. Abends verabschiedete ich mich von meinem Liebsten und fuhr zu mir.

Meine Eltern waren schon da, sie stellten aber keine Fragen, wo ich war. Wieso auch, die Bude war ja ordentlich geblieben. Wenn keiner drin lebt, wird auch nichts dreckig. Nachts in meinem Bett ließ ich mir die gemeinsame Zeit mit meinem Freund durch den Kopf gehen. Erstaunlich fand ich, dass wir uns die ganze Zeit nicht gestritten hatten. Manchmal hatte er mit mir über seine Probleme gesprochen und ab und zu musste er mir zuhören, aber alles lief perfekt. Die Nacht schlief ich sehr schlecht, aber erst am nächsten Morgen wurde mir bewusst warum. Ich war nicht mehr daran gewöhnt, alleine im Bett zu schlafen.

Am nächsten Tag nach der Arbeit fuhr ich natürlich zu meinem Liebsten. Auch er hatte schlecht geschlafen. Er hatte sich schon an einen warmen Körper neben sich in seinem Bett gewöhnt. Schließlich fing er mit mir an zu diskutieren, wollte er doch wissen, ob ich mittlerweile offener durch das Leben gehen würde.

"Wieso willst du das jetzt wissen? Wenn du möchtest, das ich mich outen soll, so sage es und ich werde es machen."

Danny schüttelte seinen Kopf.

"Nein, das meine ich nicht. Auch wenn ich es schön fände, aber den Schritt musst du, zwar nicht allein gehen, aber du musst ihn allein einleiten. Ich wollte wissen, ob du bereit bist, dass ich mal von dir richtige Aktaufnahmen mache."

Ach, das wollte er. Irgendwas hemmte mich aber doch noch. Das merkte ich schnell, da mein Blut mir in den Kopf schoss. Doch ich fand, dass es Zeit wurde, mich zu ändern und das gehörte auch dazu. Ich willigte ein und so entschieden wir, am Samstag Fotos zu machen.

So verstrich die ganze Woche und jeden Tag verbrachte ich bei meinem Lover, außer Freitag, den ich wieder für andere reserviert hatte.

Am Samstag war ich recht früh bei meinem Schatz und wir begannen mit der Session. Am Anfang hatte ich starke Probleme und verkrampfte zu sehr, er schaffte es aber, mich aufzulockern und so konnte ich mich später auch gehen lassen.

Das Ende?

Am Sonntag wollten wir uns treffen, um die Aufnahmen, die er bis dahin entwickelt haben wollte, gemeinsam anzuschauen. Dazu kamen wir aber leider nicht. Danny hatte sehr schlecht geschlafen und das merkte man sofort. Irgendwie kam es zu einem richtigen Krach zwischen uns, der sogar so laut war, dass Dave in dem Augenblick runtergestürmt kam, als ich die Wohnung verließ. Ich ließ ihn links liegen, jetzt wollte ich nur alleine sein. Den ganzen Tag fuhr ich mit dem Auto durch die Gegend, da mir so was am besten half. Der Rest des Wochenendes war für mich gestorben, auch die normale Arbeitswoche lief nicht sehr gut. Meine Laune bekamen auch meine Kollegen zu spüren. Ich vermißte Daniel die ganze Zeit und immer wollte ich ihn anrufen, um mich zu entschuldigen, doch dann kam mein Stolz hoch. Er hatte damals den Streit provoziert und warum sollte ich mich entschuldigen? Ich erkannte nicht, dass Stolz in einer Beziehung das Ende bedeuten konnte, somit meldete ich mich auch nicht bei ihm. Er tat es aber auch nicht. In mir wuchs der Gedanke, dass unsere Freundschaft beendet war und in der Woche weinte ich mich jeden Abend in den Schlaf. Die Gefühle zu ihm waren immer noch ungetrübt, aber wahrscheinlich war es vorbei. Am Donnerstag Vormittag erhielt ich auf meinem Handy, was ich erst kurze Zeit besaß, einen Anruf. Am anderen Ende war Klaus, Dannys Chef.
"Hallo, Frank. Ich will nicht lange um den heißen Brei reden, aber ich muss mit dir sprechen. Es geht um Daniel und dich. So kann es nicht weiter gehen, er ist einfach total zerstört, du wahrscheinlich auch. Darüber muss ich mit dir allein reden."
Er lud mich in ein Lokal ein und bat mich, in der Mittagspause dort aufzutauchen. Seiner Meinung nach müsste das Problem ja zu beseitigen sein. Ich ließ mich darauf ein und er beschrieb mir den Weg dorthin. Er versprach mir, nur einen Tisch für zwei Personen zu bestellen. Warum er das andeutete, konnte ich mir nicht erklären, aber ich kam auch nicht auf den Gedanken, dass er mich hinters Licht führen würde. In der Pause meldete ich mich ab und sagte, dass es wohl etwas länger dauern könnte. Das Lokal hatte ich schnell gefunden und als ich es betrat, kam sofort ein Kellner auf mich zu.
"Herr Frank Makowski?"
Ich nickte nur, zum Sprechen hatte ich keine Lust. Eigentlich kam mir gerade der Gedanke, was ich denn hier machte. Doch nun war ich hier, also musste ich das wohl durchstehen. Was er mir wohl vorhalten würde? Der Kellner führte mich in eine ruhige Ecke und erst als ich vor dem Tisch stand, erblickte ich Daniel am Tisch, und nicht Klaus. Der Kellner legte einen Briefumschlag auf den Tisch und verschwand. Ich konnte mich nicht rühren, wusste auch nicht, was ich davon halten sollte. Im Inneren war ich aber froh, Daniel wiederzusehen. Er schaute mir ins Gesicht und plötzlich liefen ihm Tränen aus den Augen. Er stand auf und umarmte mich. Auch ich konnte

mich dem nicht entziehen und drückte ihn ganz fest an meinem Körper. Meine Gefühle gingen mit mir durch, ich konnte nicht mehr unterscheiden, was ich empfand.

"Frank, mein Schatz. Bitte verzeihe mir, ich war ein Arschloch und dazu auch noch ein Idiot. Lass uns doch noch einmal anfangen. Habe dich total vermisst und ich liebe dich immer noch."

Eigentlich dachte ich in dem Moment daran mich zu entschuldigen, aber er kam mir zuvor.

"Ich will nicht mit dir neu anfangen. Lass uns einfach weiter machen. Auch ich war ein Esel und bitte dich um Verzeihung. Bitte entschuldige meine Hochnäsigkeit."

Wir hielten uns eine Zeitlang in den Armen, meinem Danny liefen aber noch immer die Tränen von seinen Wangen. Jetzt wollte ich ihm zeigen, dass wieder alles in Ordnung war, also leckte ich die Tränen von seinem Gesicht. Er schaute mich an, schloss seine Augen und näherte sich mit seinem Mund meinem. Wir verschmolzen in einem langen Kuss, der wahrscheinlich nicht geendet hätte, wäre nicht der Kellner aufgetaucht.

"Kann ich das Essen auftragen, oder brauchen sie noch etwas Zeit?"

Wir schauten uns überrascht an, da wir vergessen hatten, wo wir waren.

"Ja, können sie, aber ich glaube, wir hatten noch nichts bestellt. Hast du schon, Danny?"

Er schüttelte verneinend den Kopf, doch klärte uns der Kellner auf.

"Es ist schon alles arrangiert. Ihr Chef, der das inszeniert hat, hat auch schon alles in Auftrag gegeben. Er ist unser Stammgast. Aus diesem Grunde sind sie wahrscheinlich auch hier."

Wir nickten, setzten uns gegenüber, aber unsere Hände hielten wir noch immer fest. Jeder wollte den anderen spüren. Ich zeigte auf den Brief, den Danny öffnete und vorlas.

"Ihr beide seid richtige Esel. Da muss wirklich ein Außenstehender kommen, damit ihr wieder zueinander findet. Gut, ihr seid vielleicht in diesem Lebensabschnitt noch Anfänger, aber ein Streit, von dem mir Daniel noch nicht einmal sagen konnte, worum es eigentlich ging, dass der euch schon so entzweit, das kann doch nicht sein. Besonders dann nicht, wenn mindestens einer von euch, nämlich Daniel, total daran eingeht. Mit Sicherheit ging es dir auch nicht besser, Frank. Ich habe euch beide schon sehr gut kennen gelernt, auch wenn ich noch nicht alles von dir weiß, Frank, trotzdem kann ich sagen, ihr seid füreinander geschaffen. Viele Beziehungen sollten sich eine Scheibe von eurer abschneiden, dann würde alles viel rosiger aussehen. Nur das Streiten müsst ihr noch lernen. Dabei ist das Vertragen nach einem Streit immer das Schönste. Aber das werdet ihr auch noch lernen, bestimmt. Ich bin mir sicher, dass ihr zusammengehört, aus diesem Grund habe ich das arrangiert. Denkt daran, bei uns sind schon Wetten auf euch abgeschlossen worden und ich glaube an euch. Also macht das Beste daraus. Also, noch mal, ihr Esel, vertragt euch, denn ihr braucht euch beide. Ach noch was. Glaubt nicht, dass ich das für euch getan habe. Es kommt nur der Firma zugute, wenn Daniel wieder vernünftig arbeiten kann. Lasst es euch gut gehen, euer Klaus."

Wir mussten lachen, wo er Recht hatte, hatte er Recht. Damit kam auch schon das Essen. Klaus hatte wirklich Geschmack. Der Kellner deutet auf Danny, als er sprach.

"Ihr Chef hatte zwar gesagt, keine alkoholischen Getränke, aber so wie ich das mitbekommen konnte, wäre jetzt ein Sekt angebracht. Geht auf Kosten des Hauses."

Damit verschwand er wieder und ließ uns allein. Danny und ich lächelten ein wenig verlegen und prosteten uns zu. Ich konnte es mir nicht verkneifen, etwas darauf zu sagen.

"Auf uns, mein Schatz und darauf, dass wir noch streiten lernen. Ich werde dir heute was versprechen. Ich werde in Zukunft mein Bestes geben, dass so was nicht wieder vorkommt."

"Ja, das verspreche ich dir auch, Frank. Ich wäre fast eingegangen, weil ich gedacht hatte, dass zwischen uns alles vorbei ist. Das hätte ich nicht lange durchgestanden, aber anscheinend hast du bei einigen Leuten bleibenden Eindruck hinterlassen, da sie uns nicht im Stich lassen."

"Wieso denn Leute? Das hat doch nur Klaus eingefädelt, oder sehe ich das falsch?"

Danny begann zu schmunzeln.

"Nein, ist schon richtig. Aber wer glaubst du, kommt am Samstag zu mir? Meine Eltern, Sven und Susi. Sie haben das mitbekommen und wollen das nicht durchgehen lassen."

Darauf gab ich ihm einen Kuss. Es gab tatsächlich Menschen, die uns total unterstützten. Hoffentlich würde es auch ein paar Personen von meinen Freunden geben, die das Gleiche für mich machen würden. Ich konnte es nicht sagen, in so eine Situation hatte ich sie noch nie gebracht. Rührend fand ich Klaus. Es gab tatsächlich noch Chefs, die sich um ihre Angestellten kümmerten, sogar bis ins Privatleben rein. Konnte man wirklich nur sagen, "Arbeitsmoral gesehen, Problem erkannt und beseitigt."

Das Essen ließen wir uns schmecken und gegen halb drei machten wir uns auf den Weg zu unseren Firmen. Erstaunlich, keiner fragte, wo ich gewesen war und bestimmt bekamen sie auch mit, dass sich meine Laune gebessert hatte. Ich versuchte natürlich nicht, meine ganze Freude rauszulassen, aber alles konnte ich nicht unterdrücken. Bestimmt wären Fragen aufgekommen, wenn ich meine Heiterkeit komplett gezeigt hätte.

Der restliche Tag verstrich schnell und nach der Arbeit verzog ich mich zu meinem Liebsten, den ich endlich wieder hatte. Das war wirklich einer der schlimmsten Situationen, in denen ich jemals war. Ich hatte immerhin gedacht, es wäre aus zwischen uns. Soweit würde ich es nie wieder kommen lassen, das wusste ich. Den ganzen Abend verbrachten wir zusammen, auch die Nacht. Mir war egal, was meine Eltern sagen würden. Natürlich verbrachte ich auch den Freitag mit meinem Spatz.

Am Samstag war ich auch wieder sehr früh bei ihm, und endlich konnten wir uns die Aufnahmen ansehen, die er eine Woche vorher von mir gemacht hatte. Ich konnte ihm ein Lob aussprechen, selbst ich fand sie einfach nur geil, auch wenn ich mit meinem Körper selber nicht zufrieden war. Jetzt erkannte ich erst, was man mit Fotos auch ohne Montage machen konnte. Nachmittags traf der angekündigte Besuch ein und als sie sahen, dass wieder alles in Butter war, waren sie einfach nur überglücklich. Besonders Daniels Eltern hatte das sehr schwer getroffen. Als wir mal alleine waren, steckten sie mir, dass sie ihren Sohn noch nie so erlebt hatten. Er war am Boden zerstört und nichts konnte ihn aufheitern.

Die Zeit mit Daniel verflog sehr schnell und wir lernten uns immer besser kennen und auch lieben. Ehe wir uns versahen, war es schon Mai. In der ersten Woche des neuen Monats hatte ich einen Tag für meine Freunde reserviert, da der darauffolgende Donnerstag frei war. So ging ich mit Frank und ein paar anderen essen. Ich aß Hähnchen, doch irgendwie rächte sich das. Am nächsten Tag war ich bei meinem Schatz, doch es ging mir richtig schlecht. Ich schob das aufs Essen und die Probleme auf die Galle. Daniel ließ mich in Ruhe und umsorgte mich. Anscheinend sah man mir an, wie schlecht es mir ging. Am Freitag musste ich wieder arbeiten, doch es war immer noch nicht besser und langsam machte ich mir Sorgen. Bisher hatte ich noch nie Probleme. Trotzdem verbrachte ich den Abend mit meinem Liebsten, der mir ständig helfen wollte, aber nicht wusste wie. Samstag war es so schlimm, dass ich keinen mehr sehen wollte, auch Danny nicht. Wir telefonierten eine Stunde lang und ich merkte, dass er sich Sorgen machte. Wie süß. So hatte er mich noch nie erlebt. Plötzlich hatte ich eine Pause und ich dachte, ich hätte das überstanden. Doch fing es erst richtig an und ich registrierte, dass es mein Blinddarm war, der mir das Wochenende versaute.

Nervensäge auf der Intensivstation

Am Abend wurde es so schlimm, dass ich meinen Vater bat, mich ins Krankenhaus zu fahren. Vorher informierte ich meinen Freund. Er wollte natürlich sofort mitkommen. Ich bat ihn aber, mich alleine fahren zu lassen. Schließlich überredete er mich, ins Klinikum zu gehen, auch wenn es eigentlich eine Fabrik war, aber er meinte, da wären die besten Ärzte. Ich versprach ihm das und er beruhigte sich etwas.

"He, Schatz. Warum bist du so aufgeregt? Ich muss doch wohl unters Messer und das auch noch, wo ich so feige bin."

"Was für eine Frage, Frank. Natürlich mache ich mir Sorgen um dich, du weißt auch warum."

Ich wusste es, schließlich verabschiedete er sich und versprach, mich am nächsten Tag zu besuchen. Schließlich machte ich mich mit meinem Vater auf den Weg. In der Notaufnahme waren alle sehr freundlich, obwohl es schon zehn Uhr abends war. Komischerweise hatte ich plötzlich nicht mehr solche Schmerzen und ich versuchte noch den Arzt zu überreden, mich wieder gehen zu lassen. Er ließ aber nicht mit sich verhandeln. Mein Vater konnte wieder meine Sachen mitnehmen, da ich sie zur Zeit nirgends unterbringen konnte. Pünktlich um zwölf Uhr wurde ich in den OP geschoben und die diensthabenden Schwestern beschwerten sich noch bei mir, weil ich ihnen ihre Nacht verdorben hätte. Na toll, was konnte ich dafür? Ich wollte auch nicht operiert werden.

Das einzige, woran ich mich noch entsann war, dass die Schwestern alle meine Haare am Unterkörper entfernten. Daran hatten sie noch ihren Spaß und ärgerten mich auch noch. Was würde wohl mein Schatz sagen, wenn er mich ohne Haare sehen würde? Wahrscheinlich gar nichts, er mochte es ja an sich. Das war alles, danach war ich weg, ohne auch nur vorher etwas von Müdigkeit gespürt zu haben. Mitten in der Nacht wurde ich von einer Schwester geweckt. Sie wollte mich unbedingt waschen, da ich an meinem ganzen Körper mit einer Desinfektionspaste eingeschmiert worden war. Viel bekam ich nicht mit, außer, dass die Operation gerade erst eine Stunde her war. Na toll. Noch nicht einmal hier konnte man ungehindert schlafen. Dann war ich wieder weg, war wohl auch besser so. Später wachte ich auf, leider konnte ich keine Uhr finden, aber der Morgen graute schon. Komischerweise merkte ich eigentlich nicht viel von dem Schnitt, aber das interessierte mich auch sekundär. Erst mal musste ich mich orientieren. Um meinem Bett waren Vorhänge, nebenan wurde geschnarcht, also war ich nicht alleine. Am linken Arm hatte ich drei Tropfe, auf meiner Brust waren lauter Elektroden und über mir hing ein Monitor, der wohl meine Lebenszeichen überwachte. Am Finger hatte ich noch eine Klammer und in der Nase einen Luftschlauch. Plötzlich fiel mir auf, dass mein linkes Ohrläppchen weh tat. Wo war ich hier bloß reingeraten. Dabei sagten mir alle Leute, Blinddarm gehöre zum Standard im Krankenhaus. Zu allem Überfluss hatte ich auch noch Halsschmerzen, aber so weit unten, dass war auch nicht normal. Lange brauchte ich nicht zu warten, da kam schon die Schwester.

"Guten Morgen, Herr Makowski. Endlich kann ich ihnen sagen, sie haben die OP gut überstanden."

Will die mich jetzt verarschen, sie sollte sich mal ansehen, was alles an mir hing.

"Danke, ich dachte auch schon, das ist der Himmel mit den ganzen Schläuchen. Wo bin ich und was soll das?"

"Der Arzt wird ihnen das sagen, sie befinden sich auf der Intensivstation. Nur zur Beobachtung, sie brauchen sich keine Sorgen zu machen. Brauchen sie vielleicht ein Schmerzmittel?"

"Wenn ich damit meine Halsschmerzen und das Brennen am Ohr wegbekomme, ja. Ach lassen wir das, das halte ich auch noch aus."

"Das merkt man, sie können ja wieder Witze machen. Übrigens, ich bin Schwester Svenja. Ich hatte heute Nacht das Vergnügen, sie zu waschen. Ich glaube, sie haben wohl vor der OP noch eine Schwester geärgert, so wie die sie rasiert und bepinselt hatten. Die haben sich einen Spaß draus gemacht, sorry."

"Schon gut, die Rache kommt bestimmt."

Sie grinste und verließ mich wieder. Sie musste sich um die andern kümmern. Was sollte ich eigentlich jetzt machen? Ich hatte nichts zu lesen, konnte mich auch nicht anderweitig beschäftigen, also blieb mir nichts anderes übrig außer zu schlafen, das tat ich auch.

Ohne Uhr wusste ich leider nicht, wie lange ich gepennt hatte, aber es war schon komplett hell geworden. Zum Glück hatte ich einigermaßen freie Sicht aus dem Keller, auch wenn ich nur Bäume sah, aber es war eine Abwechslung. Lange blieb ich nicht alleine, da tauchte ein Typ im weißen Kittel vor meinem Bett auf.

"Endlich sind sie wach. Darf ich mich vorstellen, ich bin derjenige, der sie operiert hat."

Damit gab er mir seine Hand.

"Was heißt hier eigentlich endlich wieder wach? Was soll ich hier anderes tun als schlafen? Ach, was ich mal fragen wollte, wo finde ich hier eigentlich die Toilette?"

Der Arzt fing an zu lachen.

"Man sagte mir schon, dass sie ein Scherzbold sind. Die Toilette ist neben ihrem Bett, in dem Halter. Sie dürfen längere Zeit nicht aufstehen."

Ich schaute rechts neben das Bett und entdeckte eine Flasche. Na toll, darauf hatte ich mich schon immer gefreut, alles vom Bett aus machen zu dürfen.

"Also Herr Makowski. Ich denke mal, sie haben schon mitbekommen, dass sie auf Intensiv liegen. Nur zur Beobachtung, weil es im OP zu Komplikationen kam. Als wir die Bauchdecke aufgeschnitten hatten, platze ihr Blinddarm. Ist aber kein Problem, war nur Zeit, dass er raus kam."

Na toll, wie gut, dass sie mich nicht wieder aus dem Klinikum fort ließen. Sonst hätte ich wohl größere Probleme bekommen.

"Na, das Ding ist wenigstens jetzt raus. Hatte mich schon elf Jahre gequält, nur war ich zu feige fürs Krankenhaus."

Der Mann fing an zu lachen.

"Da kann man wirklich nur sagen, Glück gehabt."

Damit verabschiedete er sich, und die Schwester, die ich schon kannte, kam wieder. Irgendwie konnte ich sie sogar leiden.

"Kann ich noch was für sie tun, bevor ich meine Schicht beende?"

"Da gibt es schon einige Dinge. Begleiten sie mich auf Toilette, ich muss mal. Außerdem wäre eine Kippe nicht schlecht und was zu trinken auch."
Sie fing an zu lachen.
"Sie sind einfach nur falsch hier. Ihnen geht es wirklich schon sehr gut. Aufstehen dürfen sie nicht und ernährt werden sie über den Tropf. Mehr kann ich für sie nicht tun."
Scheiße, mir ging es doch schon richtig gut, was sollte ich noch hier. Auch wenn es unten leicht schmerzte, aber das war doch nichts Besonderes. Und Schnitzel vom Tropf? Hm.
"Sie können mir bitte noch sagen, wie spät es ist."
"Gleich acht Uhr morgens. Meine Schicht ist zu Ende. Wir sehen uns aber heute Abend wieder, denn sie bleiben uns noch bis mindestens morgen Mittag erhalten. Ich wünsche ihnen was."
Damit verschwand sie, aber nicht, ohne mir ein Lächeln zu gönnen. Also, wenn jede Schwester so nett wäre, würden doch alle hier schnell gesund. Hoffentlich haben die auch nette Pfleger. Was sollte ich bloß die ganzen Zeit machen? Mir blieb tatsächlich nichts anderes übrig, außer schlafen.
Irgendwann wachte ich auf und mir war tierisch langweilig. So langsam nervten mich die ganzen Drähte und Schläuche. Mal schauen, ob ich sie los werden konnte. Nur selber abmachen wollte ich sie nicht, das sollte schon jemand machen, der dafür ausgebildet war. Ich beschloss, die Überwachungsgeräte auszutricksen. Eigentlich wollte ich nur die Leute hier ärgern, keine Ahnung warum. Ich hielt für eine Zeitlang die Luft an. Lange brauchte ich das nicht machen, da fing der Kasten über mir fürchterlich an zu piepsen. Kurze Zeit später hatte ich einen Arzt und eine Schwester vor meinem Bett. Als sie mich aber erblickten und ich in ihre Gesichter grinste, schüttelten sie nur den Kopf, schalteten das Piepsen ab und verschwanden wieder, ohne mich auch nur weiter zu beachten. Scheiße, so bekam man keine Beachtung geschenkt. Mir blieb nichts übrig, als zu warten. Es verstrich eine undefinierte Zeit, da tauchte eine Schwester auf und hatte einen Brief in der Hand.
"Sie hatten gerade Besuch, ein Daniel Schnitzer. Er wollte zu ihnen, aber nur Familienangehörige dürfen zu ihnen, keine Freunde. Da hat er das abgegeben."
Daniel war hier? Ich wollte ihn unbedingt sehen, so verging bestimmt die Zeit schneller, außerdem sollte er wissen, dass es mir schon besser ging.
"Warten sie mal, Schwester. Hier fällt doch alles unter die Schweigepflicht?"
Sie nickte, schaute mich aber fragend an. Sie wusste natürlich nicht, was ich von ihr wollte.
"Passen sie mal auf. Daniel ist kein Freund, sondern gehört zur Familie. Ich bin schwul und er ist mein Lebenspartner. Lassen sie ihn bitte rein, er hat ein Recht zu erfahren, wie es mir geht."
"Das geht nicht, nur ihre Familie und ihre Frau und Kinder. Für ihren Fall haben wir keine Vorschriften."

Diese Scheiße mit den ganzen Vorschriften! Deutschland war ja wirklich so weit fortgeschritten. Es war zum Kotzen! Trotzdem gab ich noch nicht auf. Wenn sie es nicht von der freundlichen Seite wollte, so konnte sie mich auch anders erleben. So was konnte ich einfach nicht hinnehmen, erst recht nicht, wenn ich mich hier schon als schwul geoutet hatte.

"Ihre Vorschriften interessieren mich nicht. Ich möchte meinen Partner jetzt sehen und sie werden sich darum kümmern. Ansonsten haben sie hier unten einen Patienten, den sie ruhig stellen müssen. Haben sie verstanden?"

Sie schaute mich etwas überrascht an, lächelte aber plötzlich.

"Gut, ich werde versuchen ihn noch zu bekommen und bringe ihn dann zu ihnen. Sie müssen mir aber versprechen, dass sie nicht mehr das Gerät über ihnen zum Piepsen bringen."

Ich nickte, damit konnte ich leben. Was anderes versprach ich ihr aber nicht. Hoffentlich erreichte sie Danny noch, bevor er wieder nach Hause fuhr. Die Zeit verkürzte ich mir, indem ich seine Brief las.

"Lieber Frank. Du weißt gar nicht, wie ich dich vermisse. Als ich hörte, dass du auf der Intensiv liegst, habe ich mir super große Sorgen um dich gemacht, konnte aber mit einem Arzt über dich sprechen. Verzeih, dass ich ihm sagte, das du mein Mann wärst, aber ich wollte wissen, was mit dir los ist. Zum Glück hat er mir einige Auskünfte gegeben. Leider durfte ich nicht zu dir, somit schreibe ich hier den Brief. Also, hoffentlich kommst du bald wieder nach Hause, denn ich vermisse dich schrecklich. Versprich mir bitte eins, mache nicht noch einmal solche Sachen, so dass ich vor Angst um dich vergehe. So, ich werde jetzt mal schließen. Mir wurde gesagt, dass du morgen auf die Station verlegt wirst, dann werde ich dich nach der Arbeit besuchen. Gute Besserung, dein dich liebender Daniel. PS: Was meinst du, jetzt kann ich mal richtig feiern, denn du bist nicht da."

Dieser Schlawiner. Versucht mich noch zu ärgern. Plötzlich hörte ich leise Stimmen, dann erblickte ich meinen Schatz. Er war total in grüne Klamotten eingepackt und wurde von der Schwester begleitet. Als er mich erblickte, sah ich seinen sorgenvollen Blick. Wahrscheinlich schreckten ihn die Schläuche und Gerätschaften ab. Sie flüsterte ihm noch was zu und Danny nickte, schließlich kam er zu mir. Zuerst zögerte er, da er nicht wusste, was er machen sollte, doch ich richtete mich auf. Er bückte sich, schloss mich in seine Arme und gab mir einen dicken Kuss auf den Mund.

"Was machst du bloß für Sachen, Schatz? Wie geht es dir so? Eigentlich brauche ich die Frage wohl nicht zu stellen, wenn ich höre, was mir die Schwester über dich erzählt hat."

"Mir geht es recht gut, nur das ständige Liegen bekommt mir nicht. Ich kann mich noch nicht mal drehen, aus Angst, mich an den Kabeln aufzuhängen."

Das stimmte wirklich, mir tat schon der ganze Rücken weh. Daniel streichelte mich zärtlich.

"Frank, erhole dich gut, damit wir wieder ganz schnell zusammmen kommen.

Übrigens, schöne Grüße von meinen Eltern, von Susi, Sven und von Dave. Der wollte eigentlich mitkommen, aber ich habe ihn daran gehindert. Wusste ja selber nicht, wo ich dich finden werde. Sag mal, was machst du eigentlich nur für Sachen? Der Doc sagte mir, dass es schon höchste Zeit war."
Ich zuckte nur mit den Schultern.
"Ich habe panische Angst vor Krankenhäuser, aus diesem Grund habe ich alles hinaus gezögert. Wie kamst du eigentlich an die Informationen von dem Arzt. Ich dachte, die hätten eine Schweigepflicht?"
Daniel grinste mich verlegen an, so als ob er was Schlimmes gemacht hätte. "Habe ich dir doch geschrieben. Ich habe ihm von uns erzählt, nur wollte er einen Beweis. Da habe ich das Foto, was ich immer von dir dabei habe, gezeigt. Schließlich hatte er es mir geglaubt und er fände es besser, wenn wir Schwulen bei solchen Sachen gleichberechtigt werden, aus diesem Grunde hatte er eine Ausnahme gemacht. Nur um dich zu besuchen, musste ich an der Schwester vorbei, da konnte er mir leider nicht helfen. Die Schwester hatte mich aber nicht rein gelassen, aber bevor ich gehen konnte, kam sie wieder zurückgestürzt und bat mich rein. Nur, damit du Ruhe geben würdest."
Die restliche Zeit unterhielten wir uns kaum, dafür liebkoste mich mein Liebster. Als ich aber noch erwähnte, was die Schwestern mit mir angestellt hatten, meinte er, dass er das dann nicht mehr tun bräuchte. Er wollte mir eigentlich schon immer mal gesagt haben, dass ich da unten einfach zu viele Haare hatte und ich sie mir rasieren sollte. Schließlich war die Besuchszeit vorbei und er musste mich verlassen. Nachdem die Schwester ihn rausgebracht hatte, kam sie zurück.
"Herr Makowski, sie wissen ja, warum ich das gemacht habe. Bitte sagen sie es aber keinem."
Ich lächelte sie nur an.
"Ich kann meinen Mund halten, wenn ich ehrlich bin, haben sie mich in der Hand. Keiner weiß, wie ich lebe. Verstehen sie, was ich meine?"
Sie verstand sofort und plötzlich war sie viel netter. Sie verschwand kurz und als sie wieder kam, hatte sie für mich etwas in der Hand. Sie gab mir so ein komisches Teil, an dem man lutschen konnte, damit der Mund nicht austrocknete. Na super, es musste erst was Besonderes passieren, bevor man richtig gepflegt wurde.
Später kamen meine Eltern und mein Bruder zu Besuch und jetzt ging es mir besser, weil sie was zu lesen mitbrachten. Abends kam wieder die nette Nachtschwester. Mit ihr unterhielt ich mich eine Zeitlang. Sie hatte auch schon mitbekommen, von wem ich alles Besuch bekommen hatte. Sie fand das total schnuckelig. Warum müssen Leute so etwas nur immer wieder verniedlichen? Nachdem alle anderen Patienten neben mir versorgt waren, nahm sie sich etwas Zeit für mich. Sie befreite mich von den Schnüren, nur der Tropf blieb dran. Auf meine Bitte half sie mir aus meinem Bett auf. Endlich

wieder stehen, und als es mir etwas zu viel wurde, brachte sie mir einen Stuhl. Natürlich kehrte ich später wieder ins Bett zurück, aber für mich war es eine Wohltat.

Am nächsten Tag wurde ich nachmittags auf die Station gebracht. Ich ließ sofort meine Eltern informieren, so dass sie mir Kleidung vorbeibringen konnten. Ich hatte keine Lust mehr, länger in dem sexy Nachthemd gekleidet zu sein. Nachdem meine Eltern wieder weg waren, kleidete ich mich an und machte mich auf den Weg, um noch ein paar Dinge zu erledigen. Zuerst informierte ich meine Freunde über Handy, wo ich war, auch wenn Handys im Krankenhaus verboten waren. Was niemand weiß...Dann machte ich mich mit meinem Tropf auf den Weg. Als ich aber das Portal des Flures erreichte, stürzten sofort zwei Schwestern auf mich zu.

"Herr Makowski. Sie dürfen noch gar nicht aufstehen. Das ist viel zu früh."

Ich ließ mich nicht abhalten und fragte sie, ob jemand so aussehen würde wie ich, wenn er schwer krank und bettlägerig wäre. Daraufhin ließen sie mich ziehen, wohl auch, weil sie merkten, dass sie gegen meinen Willen nicht ankamen. Zuerst meldete ich mein Telefon an, suchte das nächste Raucherzimmer auf, wo ich mich dann längere Zeit mit einem Buch, in dem ich las, aufhielt. Plötzlich tauchte Danny auf und grüßte mich mit erhobener Hand. Er wollte Rücksicht auf mich nehmen und mich nicht umarmen, da noch andere im Raum waren. Mir war es aber egal, mit diesen Leuten würde ich sonst nie wieder was zu tun haben, also konnten sie sich ruhig den Mund zerreißen. Ich stand auf, umarmte und küsste meinen Freund. Er war etwas überrascht, machte aber sofort mit. Die anderen Patienten musterten uns, sagten aber kein Wort. Schließlich packte ich meinen Spatz und wir schlenderten zu meinem Zimmer, das heißt wir schlichen. Ich merkte doch, dass ich einige Zeit auf den Beinen war. Im Zimmer erzählten wir uns einiges und tauschten Zärtlichkeiten aus. Meinen Zimmernachbarn schien das nicht zu stören, aber als ich wieder allein war, stellte er mich zur Rede. Er hatte nichts dagegen, aber er wollte wissen, wie es ist, schwul zu sein. Somit hatten wir ein Gesprächsthema, das auch noch für den nächsten Tag hielt.

Ich musste bis zum kommenden Freitag im Krankenhaus bleiben. Eigentlich wollten sie mich noch länger halten, sahen aber ein, dass es mir schon viel besser ging. In den Tagen, in denen ich im Klinikum lag, bekam ich sehr viel Besuch. Jeden Tag mein Liebster, einmal Frank mit Florian, Horst, der Kollege aus der Firma, natürlich meine Eltern und mein Bruder. Von meinem Chef bekam ich einen Anruf. Das, was ich daran aber nicht so berauschend fand, war der Kommentar, den er zu meinem Blinddarm-Durchbruch abließ. Er meinte ganz locker, ob ich nicht damit etwas warten hätte können, da der Zeitpunkt ungünstig gewesen sei. Das Problem bei meinem Chef war, man wusste nie so genau, was er nun ernst meinte und was nicht.

Den Freitag, an dem ich nach Hause kam, hatte ich leider nicht für mich. Frank und Florian hatten sich schon angemeldet. Sie holten mich von zu

Hause ab und wir machten an diesem Abend einen durch. Samstag gönnte ich mir Ruhe, denn es wurde doch etwas viel.

Den Sonntag aber reservierte ich für Danny und mich. Ich fuhr zu ihm nach Hause und er pflegte mich richtig. Das Liebste, was er im Moment an mir mochte, war: ich saß ständig mit offener Hose herum, da die Narbe noch drückte. Daniel wollte nicht, dass ich zu übermütig wurde und ließ mich die ganze Zeit auf dem Sofa liegen. Er machte es sich auf dem Boden unter mir bequem. Den ganzen Tag schoben wir eine ruhige Kugel und unterhielten uns über unsere Zukunft, schließlich musste ich irgendwann nach Hause.

Die nächsten zwei Wochen wurde ich von meinem Hausarzt krank geschrieben, da sich an der Narbe ein Gewebe bildete. Das Schlimmste war die Zeit, bis Danny von der Arbeit kam, tot zuschlagen. Mal verbrachte ich den Tag bei mir, indem ich Fernsehen schaute, Computer spielte oder las, ab und an wartete ich aber schon auf meinen Schatz bei ihm zu Hause. Ich ließ es mir auch nicht nehmen, seine Bude sauber zu machen. Leider bekam ich am Abend, als er zurück kam, einen Anraunzer. Was mir denn einfiele, soviel zu arbeiten, wenn ich noch nicht ganz gesund war. Da musste ich ihm erst mal klarmachen, dass ich selber besser entscheiden konnte, was ich mir schon zutrauen konnte und was nicht. Das zeigte ich ihm, indem ich ihn zum Bett schleifte. Ich hatte lange Zeit nichts von ihm gehabt, da wir beide auf mich Rücksicht nehmen wollten.

So verstrich der ganze Mai und die Zeit, die ich nicht arbeiten gehen musste, nutzte ich, um mich mal richtig zu erholen. Alles lief perfekt zwischen uns beiden. Danny und ich planten für Juli einen gemeinsamen Urlaub, den wir irgendwo, wo uns keiner kannte, verbringen wollten. Aber bis dahin war noch etwas Zeit, erst musste ich wieder arbeiten gehen. In der Mitte des Monates Juni, genauer gesagt am 11.06, einem Donnerstag, hatte sich Danny frei genommen. Leider wollte er mir nicht sagen warum, es sollte eine Überraschung werden. Egal wie viel ich nachdachte, ich kam nicht darauf, was er vorhatte. Somit musste ich auf den Feierabend warten, damit das Rätsel gelüftet wurde. Direkt nach meiner Arbeit fuhr ich zu ihm und als ich seine Wohnungstür aufschloß, stürmte er auf mich zu. Er umarmte mich und küsste mein Gesicht ab.

Das erste halbe Jahr

"Hallo Schatz, schön, dass du gleich gekommen bist. Mach es dir bequem. Heute lass dich mal verwöhnen."

Als ich mich umsah, konnte ich einen gedeckten Wohnzimmertisch ausmachen, auf dem drei Kerzen und ein Blumenstrauß standen. Irgend etwas musste doch heute sein, wenn er mich so bewirten wollte. Ich kam nicht drauf, so blieb mir nichts übrig als ihn zu fragen, auch wenn es mir peinlich war.

"Hilf mir mal auf die Sprünge. Ist heute etwas Besonderes, dass du mich verwöhnen willst? Wenn ich irgendwas vergessen habe, verzeihe mir, dass ich eine vergessliche Schlampe bin."

Danny schmunzelte und in seinen Augen blitzte es.

"Ja, ich glaube fast, du hast was vergessen. Zwar feiert man das nicht, aber man sollte sich ständig daran erinnern. Heute genau vor sechs Monaten haben wir uns kennen gelernt und ich will das feiern. Noch was. Vielleicht bist du vergesslich, aber bestimmt keine Schlampe. Manchmal bist du etwas tuckig, aber was soll's."

Ups, ausgerechnet ich hatte das vergessen, dabei glaubte ich, dass ich so was nicht vergessen konnte. Zum Glück nahm er es mir nicht übel.

"Also, das tuckig lasse ich nicht auf mir sitzen. Eigentlich glaube ich, den männlichen Part in unserer Beziehung übernommen zu haben."

"Du Esel. Mir ist auch egal, was du bist, Hauptsache du bist mein."

"Jetzt aber Schluss mit den Scherzen. Musst du eigentlich immer mich so verwöhnen und auch noch ausgerechnet nach der Arbeit? Immerhin versuche ich gerade, mein Gewicht zu halten, und damit tust du mir keinen Gefallen. Nimm mir das nicht übel, ich finde das schön, aber...."

"Klappe Schatz. Oder willst du wieder gekitzelt werden? Ich liebe dich so wie du bist und glaube mir, ich achte schon auf dich. Immerhin kann ich mir nicht vorstellen, mit einem Mann zusammen zu sein, dessen Bauch größer ist als sein kleiner Mann, wenn er steif ist. Und dafür müsste ich dich wirklich noch lange füttern, damit das geschieht. Mach dir mal keine Sorgen, du gefällst mir so, wie du bist. Es wird wirklich Zeit, dass du etwas mehr Selbstvertrauen bekommst. Lass uns jetzt feiern, ich will das so und am liebsten würde ich dich jeden Tag so empfangen. Verstanden?"

Was blieb mir anderes übrig? Er hatte Recht, nur dachte ich wieder daran, dass ich ihn zuwenig spüren ließ, wie sehr ich ihn liebte. Somit feierten wir unseren Halbjahrestag.

Wieder brachte er das Thema auf den Tisch, dass er gerne mit mir zusammen ziehen wollte. Er fände es so schön, wenn er mich für immer um sich hätte und mich mit niemanden teilen müsste. Ich gab ihm Recht. Mir ging es nicht anders. Außerdem konnte ich damit den nächsten Schritt für mich einleiten. Langsam war ich es Leid, meiner Umgebung immer etwas vorspielen zu müssen. Danny wollte mich unterstützen, besonders bei meinen Eltern. Doch ich wollte diese Geschichte allein hinter mich bringen. Ich versprach ihm, den Prozess einzuleiten, aber halt langsam, um niemanden zu schocken.

Als ich wieder zu Hause war, überlegte ich mir, wie ich vorgehen sollte. Zuerst wollte ich es meinem Freund Frank beichten, bei ihm hatte ich schon den größten Fortschritt erzielt. Danach käme die Firma, zum Schluss meine Eltern und mein Bruder. Irgendwie glaubte ich wirklich, dass mein Bruder die größten Probleme machen würde. So kam das Wochenende, nur leider musste ich allein bleiben. Danny hatte sich über die freien Tage mit seinen Eltern verabredet. Zwar wollte er, dass ich mitkomme, doch ich traute mich nicht, solange weg zu bleiben. Ich machte mir wieder über das Gerede meiner Eltern Sorgen. So konnte ich wenigstens das Wochenende mit meinen Freunden verbringen. Frank war begeistert, da wir uns Freitag und Samstag trafen. Er steckte mir, dass er einen Anschlag auf mich vor hatte. Seine Freundin und er hatten sich dazu durchgerungen, den Schritt in die Ehe zu wagen und er wollte, dass ich sein Trauzeuge wäre. Mann, ich war richtig perplex. Damit hatte ich nicht gerechnet und darüber hinaus war ich auch stolz, dass er mich wählte. Ich sagte ihm sofort zu, aber da kam mir der Gedanke, wie er wohl darauf reagieren würde, wenn er erfuhr, dass sein langjähriger Freund schwul war. Irgendwie hatte ich Angst, er würde dann seinen geäußerten Wunsch wieder zurückziehen.

Am Samstag brachte ich wieder das Thema auf Homosexualität zu sprechen, denn ich wollte endlich den richtigen Weg einschlagen. Trotzdem brachte ich es nicht fertig, ihm mein Geheimnis anzuvertrauen. Er hatte es mit seinem Wunsch, dass ich sein Trauzeuge sein sollte, geschafft, mich wieder in meine Defensive zu drücken. Nein, ich brauchte erst etwas Zeit, mir darüber meine Gedanken zu machen. Schließlich war das Wochenende um, ohne dass ich mich zu dem Schritt getraut hatte.

Unter der Woche bekam ich einen großen Dämpfer in der Arbeit verpasst. Horst, unser Produktionsleiter, bat uns zu einer Kurzbesprechung. Hier teilte er mit, dass er zum 31. Juli die Firma verlassen wollte und da er noch einiges an Resturlaub hatte, schon viel früher nicht mehr zur Arbeit erscheinen würde. Toll, musste das jetzt auch noch sein. Deswegen also hatte er mich als seinen Stellvertreter auserkoren und mir immer wieder gezeigt, was so alles zu tun war. Leider kannte ich aber noch nicht alle Arbeitsvorgänge. Aus diesem Grund entschied ich auf die Schnelle, meinen geplanten Urlaub zu verschieben, hoffentlich würde Daniel das auch verstehen. Am Abend berichtete ich ihm, wie der Tag verlaufen war und dass ich mich entschieden hatte, meinen Urlaub noch nicht zu nehmen. Ich erklärte ihm den Grund, der mich zu diesem Entschluss bewogen hatte. Er nahm mich in den Arm und zeigte mir sein Einverständnis.

"Mach dir darüber mal keine Gedanken, Schatz. Du weißt, ich werde mich deiner Arbeit nicht in den Weg stellen, solange es sich im Rahmen hält. Hoffentlich bekommst du auch den Posten von deinem Kollegen, und nicht einen anderen vor die Nase gesetzt. Lass uns den gemeinsamen Urlaub auf einen anderen Termin planen. Fliegen wir halt irgendwohin, damit wir noch Sonne haben. Das geht schon."

Ich war angetan, dass er soviel Verständnis für mich aufbrachte und er selber immer wieder zurück steckte. Er drängt mich eigentlich zu gar nichts, und aus diesem Grunde liebte ich ihn auch abgöttisch. Das zeigte ich ihm noch an diesem Abend.

In den folgenden Tagen ließ ich mir alles von meinem Kollegen erklären, außerdem wurden die Leute aus der Produktion zum Chef beordert. Hier entschieden wir mit großem Einverständnis von Rolf, dass ich Horsts Posten übernehmen sollte. Martin, der eigentlich zum größten Teil in einem anderen Bereich arbeitet, wollte mich unterstützen.

So verging auch der Juni und mein Stress nahm immer mehr zu, doch Daniel gab mir am Abend immer wieder die Kraft, die ich benötigte, den nächsten Tag zu überstehen. In der ersten Juliwoche traf ich mich am Samstag wieder mit Frank. An dem Abend hatte ich mir ganz fest vorgenommen, ihn über meine Gefühle aufzuklären. Doch ich traute mich wieder nicht, ihm mein Geheimnis zu sagen, somit blieb es wieder dabei, dass wir den ganzen Abend über Schwule redeten. In der Nacht zum Sonntag konnte ich nicht schlafen. Ich ärgerte mich über mich und meine Feigheit. So konnte es nicht weitergehen und am Sonntag sprach ich mit Danny über meine Probleme.

"Mach dich deswegen nicht fertig, so eilig ist das nicht. Da kann man nur sehen, dass du noch nicht für diesen Schritt bereit bist. Lass dir noch Zeit."

Er zeigte immer wieder soviel Verständnis für mich, aber mich beruhigte das nicht mehr. Ich wollte endlich allen zeigen, wer ich wirklich war. So entschied ich mich, mit Frank essen zu gehen und mit ihm darüber zu sprechen. Also rief ich ihn übers Handy an, um mit ihm einen Termin auszumachen. Während der ganzen Zeit hielt Danny meine Hand und gab mir damit die Kraft, die ich brauchte.

Der erste Schritt in die richtige Richtung

"Hi, Frank. Ich muss mit dir mal allein reden. Hast du irgendwann Zeit? Dann würde ich dich zum Essen einladen."

Frank war natürlich überrascht und versuchte, mir noch am Telefon das Gesprächthema zu entlocken, aber am Telefon wollte und konnte ich darüber nicht diskutieren und so versuchte ich ihn zu vertrösten. Er aber ließ nicht locker und schaffte mich zu schocken.

"Nun sag schon, worüber willst du mit mir reden? Willst du mir sagen, dass du schwul bist?"

Rums, das hatte gesessen. Woher wusste er das denn jetzt? Leugnen war jetzt natürlich zu spät und hätte auch keinen Sinn gemacht, also ging ich in die Offensive.

"Ja, genau darüber wollte ich eigentlich mit dir reden. Und woher weißt du das jetzt schon wieder?"

Frank fing an zu lachen.

"Ich hatte mir so was schon gedacht. Wir haben uns oft über das Thema unterhalten, aber gestern war das eigentlich das Hauptgesprächsthema. Außerdem erzählst du sehr viel von deinem neuen Freund, der schwul ist. So bin ich darauf gekommen."

Aha, also hatte ich ihm schon mehr verraten, als ich eigentlich wollte. Jetzt war es raus und es gab kein Zurück mehr. Somit wusste es mein bester Freund und damit musste ich die anderen auch aufklären. Jetzt gab es keine Möglichkeit mehr, mich zu verstecken.

"Gut, du hast es dir also schon denken können. Was hältst du jetzt von mir, und vor allem, wie denkst du über mich?"

Doch Frank machte absolut keine Anstalten, mich zu verstoßen. Er meinte, er fände es gut, dass ich jetzt offen dazu stehen konnte, außerdem, warum sollte er eine langjährige Freundschaft aus diesem Grunde auflösen? Natürlich bräuchte er Zeit, sich daran zu gewöhnen, aber deswegen hätte ich mich ja nicht geändert. Mir wäre es ja bestimmt schon länger klar gewesen, dass ich schwul war. Nein, auf die Freundschaft zu mir wollte er nicht verzichten und auch nicht seine Bitte zurücknehmen, sein Trauzeuge zu sein. Schließlich verabredeten wir uns für nächsten Freitag, um über das Thema ausführlich zu sprechen. Damit war das Gespräch gelaufen. Daniel war die ganze Zeit ruhig geblieben und hielt immer noch meine Hand. Er hatte alles mitbekommen und lächelte jetzt.

"Siehst du, so schwer ist das doch gar nicht, und wahre Freunde halten zu einem und sehen das auch nicht als Problem."

Danny hatte Recht und jetzt hatte ich auch nicht mehr die große Angst davor. Sicher, nicht jeder, der das erfuhr, würde so positiv darauf reagieren. Da brauchte ich mir keine Hoffnungen zu machen. Aber wenn ich es mir recht überlegte, Frank war mit die schwierigste Person, bei der ich bestimmt nicht mit so einem Verständnis gerechnet hatte. So hatte ich mich getäuscht und Frank hatte mich obendrein überrascht. Nur, jetzt war mein Geheimnis raus und die Chance, sich weiterhin zu verstecken, war vertan. Danny nutzte die Gelegenheit, mich zu streicheln und mir wieder Mut zu machen, den ich sicherlich auch brauchte. Der nächste Schritt sollte meine Firma sein. Schließlich war das Wochenende wieder vorbei und beide mussten wir wieder arbeiten. Danny hatte es zumindest geschafft, seinen Urlaub noch streichen zu lassen, so dass wir später gemeinsam verreisen konnten.

Die nächsten Tage nutzte ich aus, um das letzte aus Horst rauszuquetschen, bevor er die Firma verließ. Mit meinem Outing wollte ich aber hier noch solange warten, bis er uns verlassen hatte. Bei ihm wusste ich, dass er mit Schwulen Probleme hatte und ich wollte natürlich nicht, dass es in seinen letzten Tagen zu einem Streit zwischen uns käme.

Am Freitag traf ich mich wie verabredet mit Frank und wir unterhielten uns ausführlich über das Thema und mich. Er wollte natürlich wissen, wann ich das erste Mal gespürt hatte, dass ich schwul war und noch so einige andere Dinge. Natürlich wollte er auch wissen, ob ich schon einmal mit einem Mann geschlafen hatte oder ob ich einen Freund hätte, doch hier war ich nicht bereit, ihm mein Herz zu öffnen. Außerdem hatte mich Daniel davor gewarnt, ihm alles zu sagen. Zuerst sollte er sich richtig mit dem Thema beschäftigen. Mein Spatz wollte auch noch nicht, dass jemand von uns beiden erfuhr, auch nicht, dass wir schon so lange zusammen waren. Somit ließ ich das Thema aus und redete mich immer wieder raus. Doch eins musste ich Frank wirklich zugestehen. Nie hatte ich damit gerechnet, dass er das so gut aufnehmen würde. Immerhin arbeitete er schon seit längerem mit jemandem zusammen, der offen mit seiner Homosexualität lebte, vielleicht hatte er sich dadurch geändert. Der Abend ging schnell vorbei und so fuhr ich richtig erleichtert und froh nach Hause.

Am Samstag berichtete ich Danny von unserem Treffen und natürlich war er glücklich, dass es so gut verlaufen war. Aber ganz besonders freute er sich darüber, dass ich den ersten Schritt in die richtige Richtung gemacht hatte und es jetzt bestimmt nicht mehr lange dauern würde, bis wir uns beide nicht mehr in der Öffentlichkeit verstecken mussten.

Die restlichen Tage im Juli nutzte ich dazu, ganz bestimmte Leute in der Firma langsam darauf vorzubereiten, dass ich schwul war. Immer wieder schnitt ich das Thema an und diskutierte mit den Personen darüber. So konnte ich schon mal im Vorfeld abchecken, wie sie auf mich reagieren würden. Die meisten Leute, mit denen ich darüber sprach, schienen keine Probleme zu haben und so entschied ich mich, bald mit der Wahrheit rauszukommen. Patrick schien damit absolut keine Probleme zu haben, aber wie würde mein Chef darauf reagieren? Würde er mich weiterhin akzeptieren?

Das letzte Wochenende im Juli nutzten Danny und ich, um auszuspannen. So fuhren wir wieder zusammen an die Nordsee. Wir hatten richtig schönes Wetter und das half uns sehr, den Stress der vergangenen Wochen abzubauen. Beide ließen wir es uns gut ergehen und genossen, gemeinsam die Zeit zu verbringen und als Pärchen aufzutreten. Auch die Familie, bei der wir untergekommen waren, störte das nicht. Sie fragten zwar direkt am Anfang nach, ob wir ein Pärchen seien und als wir es zugaben, ließen sie es auch bei der einen Frage. Wie es so bei den Ostfriesen üblich war, wurden immer Teestunden abgehalten und auch wir wurden immer wieder dazu eingeladen. Zum Glück hatte ich mit Ostfriesen schon meine Erfahrungen gesammelt. So konnte ich Danny recht schnell überzeugen, so eine Einladung nicht dankend abzulehnen. Dann wären unsere Gastgeber sicherlich enttäuscht gewesen.So aber freuten sie sich, mit jemandem ins Gespräch zu kommen. Natürlich kamen wir dabei doch mal auf uns zu sprechen und sie wollten wissen, wie es sei, so zu leben. Sie konnten sich das nicht vorstellen. Immerhin waren beide schon aus einer älteren Generation, die im Dritten Reich aufgewachsen war, und von daher kannten sie so was nicht. Auch heute hatten sie in ihrem Bekanntenkreis noch niemanden kennen gelernt, der homosexuell war. Wir gaben ihnen ausführlich Auskunft, da wir sie nicht vor den Kopf stoßen wollten.

Als wir uns am Sonntag von ihnen verabschieden wollten, luden sie uns noch einmal zum Tee ein. Hier sagten sie uns, das wir jederzeit bei ihnen willkommen seien. Sie hätten gerne öfter so ruhige, nette und offene Gäste wie wir beide es waren. Wir versprachen ihnen natürlich wiederzukommen, wenn wir hier in Carolinensiel eine gewissen Zeit verbringen wollten.

Schließlich machten wir uns auf den Weg nach Hause, der würde uns noch lang genug vorkommen. Bei Daniel angekommen, duschten wir erst eine Runde. Mein Auto hatte keine Klimaanlage und die Sonne war sehr stark gewesen. Nach der Erfrischung half ich ihm beim Auspacken seines Gepäcks und machte mich wieder auf den Weg zu mir. Ich ging früh ins Bett, ich war geschafft und der Wochenanfang ließ sich nicht verschieben.

Die Woche verlief wieder etwas stressig. Immerhin hatte ich jetzt, da uns Horst verlassen hatte, eine Doppelbelastung. Jeden Abend versuchte mich Danny wieder etwas aufzubauen, aber er merkte recht schnell, dass etwas mit mir nicht stimmte und er stellte mich zur Rede.

"Was ist bloß los mit dir, Frank? Die Arbeit alleine kann das nicht sein, die deinen Gemütszustand so durcheinander bringt."

Er hatte Recht und wenn er wissen wollte, was mit mir los war, so konnte er es haben.

"Nicht nur die Arbeit. Ich wollte mich bei allen meinen Bekannten diesen Monat outen. Das macht mir aber ganz schön zu schaffen."

Er verstand, was in mir vorging. Versuchte mich wieder aufzuheitern, aber es wollte ihm nicht so recht gelingen. Am Freitag nutzte ich die Gelegenheit, dass Danny auch eine Verabredung hatte und traf mich mit Frank. Der Abend konnte mich etwas ablenken, auch wenn wir ab und an über mich und meine Gefühle sprachen.

Den Rest des Wochenendes verbrachten wir gemeinsam, wobei mich Daniel richtig verwöhnte. Ich stellte ihn zur Rede, warum er mich so verhätschelte. Er wollte mich aufheitern, da er seine Zeit nicht mit einem Muffel verbringen wollte. Na super, jetzt betitelte er mich als Muffel. Da musste ich mich rächen und stürzte mich auf ihn und kitzelte ihn durch. Leider vergaß ich wieder, dass er der Stärkere von uns beiden war. Somit war ich kurze Zeit später der Leidtragende. Natürlich schaffte er es, mein Gemüt wieder aufzuhellen, nur leider hielt das nicht lange vor. Nach dem Wochenende war wieder alles weg. Schuld war ich selber, da ich direkt am Montag mit Martin reden wollte. Ihn hatte ich mir als Ersten ausgesucht, der es erfahren sollte, da er selber einige schwule Freunde hatte und damit ja wohl schon umgehen konnte.

Leider verließ mich am Montag mein Mut und so sprach ich nicht mit ihm. Am Feierabend platzte mir der Kragen. Warum musste ich immer so feige sein? Ich nahm mir vor, es ihm morgen zu sagen, egal was geschehen würde. Nur weil ich mir selber Mut zusprach, besserte sich meine Laune schlagartig und am Abend merkte Danny auch nicht, was mit mir los war. Ich sagte ihm trotzdem, was ich mir vorgenommen hatte. So hatte ich die Hoffnung, dass ich das morgen auch machen würde. Als Feigling wollte ich vor meinem Freund nicht dastehen. Er ließ es sich nicht nehmen, mir einige Tipps zu geben und ich konnte froh sein, jemanden zu haben, der mich unterstützte.

Am Dienstag bekam ich natürlich Muffensausen, aber ich konnte meinen inneren Kampf nicht mehr verstecken. Martin merkte schnell, dass ich nicht so gut drauf war und stellte mich zur Rede. Jetzt war der Punkt gekommen, an dem es kein Zurück mehr gab. Wir gingen beide draußen rauchen, um ungestört zu sein. Als ich anfing, ihm mein Problem zu schildern, merkte ich, wie mir der Schweiß über meinen Rücken lief, aber ich schaffte es und brachte es raus. Komisch war nur eins. Eigentlich wollte ich das schön umschreiben und ihm einiges dazu erklären, so hatte ich es mir zurecht gelegt gehabt, aber in dem Moment machte ich es kurz und bündig.

"Stimmt, Martin. Mich bedrückt was. Eigentlich wollte ich es dir schon längst sagen. Ich bin schwul."

Mehr ließ ich nicht raus. Er sollte sich erst äußern, doch er überraschte mich. Eigentlich hatte ich mit einem Vortrag oder dergleichen gerechnet, aber nichts kam von ihm, außer:

"Ja, und."

Hatte ich doch gehofft, dass seine Antwort länger ausfallen würde. Somit hätte ich noch Zeit gehabt, mich wieder etwas zu fassen. Die Chance gab er mir nicht.

"Mehr hast du nicht zu sagen?"

Er grinste mich an.

"Nein, warum sollte ich? Du bist schwul, na und?"

Dass er so darauf reagierte, damit hatte ich nicht gerechnet. Natürlich war das Gespräch damit nicht zu Ende, aber das Schwierigste war raus. Das merkte ich auch, denn irgendwie fiel eine schwere Last von mir. Martin fragte, wie lange ich das schon wüsste und warum ich gerade jetzt damit rausrücken würde. Ich erzählte ihm alles, ließ aber aus, dass ich einen Partner hatte. Zwar erzählte ich ihm von Danny und dass er der Auslöser sei, warum ich jetzt damit offen umgehen wollte, aber trotzdem respektierte ich den Wunsch meines Freundes, noch niemanden über uns zu erzählen. Martin nahm das ganz locker auf und damit gab er mir ungewollt wieder Energie und Mut, den Rest auch durchzustehen. Schließlich wollte er wissen, ob er der Einzige in der Firma wäre, der das wüsste, und was ich gedachte, weiter zu tun. Ich erklärte ihm meine Gründe, warum er der Erste war und machte ihm klar, dass ich nicht mehr bereit wäre, mich zu verstecken. Er fand das gut und auch mutig, schlug mir aber vor, zuerst mit unserem Chef zu reden, bevor ich die Firma darüber informiere. Schließlich war unser Gespräch beendet und wir gingen wieder an die Arbeit. Zuerst schickte ich aber an Erich eine Mail. Auch wenn ich von Martin Mut zugesprochen bekommen hatte, hielt ich die Mail sehr vorsichtig und ließ unserem Chef auch viele Optionen offen. Ich hatte meine Gründe, warum ich das tat. Erstens war unsere Firma zu dem Zeitpunkt noch wie eine zweite Familie für mich und zweitens war Erich damals noch ein unbeschriebenes Blatt für mich. Ich wusste nicht, wie ich ihn zu nehmen hatte, oder wie er auf verschiedene Dinge reagieren würde.

"Hallo Erich. Ich würde dir gerne mal etwas mitteilen, lesen solltest du es aber am besten erst in einer ruhigen Minute und dich am Stuhl festhalten. Vorweg, solltest du mit dem nachfolgenden irgendwie Probleme haben, was ich ehrlich gesagt nicht hoffe, so bin ich bereit, mir eine neue Arbeit zu suchen, da ich nicht möchte, dass in der Firma die Kollegialität darunter leidet. Nach nun etwa 3 Jahren habe ich meine eigenen Gefühle verstanden und jetzt auch akzeptiert, so dass ich über dieses Thema offen reden kann. Damit will ich sagen, ich habe endlich begriffen, dass ich schwul bin. Ich möchte dir dieses bekannt geben, da ich es nicht gut finde, wenn du es irgendwie von einer dritten Person hörst, deshalb möchte ich klare Verhältnisse schaffen. Ich denke auch, dass ich das der Firma schuldig bin. Wie gesagt, sollten damit Probleme auftauchen, so werde ich mich nach einer neuen Stelle umschauen. Übrigens, ich bin nicht bereit, mich noch weiter zu verstecken, da, als ich meine Gefühle selber noch nicht akzeptiert hatte, schon fast mit meinem Dasein Schluss gemacht hätte. Aus diesem Grund habe ich dieses Jahr mich mit dem Problem gründlich beschäftigt und geklärt, so dass ich selber damit wieder klar komme. Hiermit will ich auch ausdrücken, wenn andere Personen und Kollegen mitbekommen, dass ich schwul bin, habe ich absolut keine Probleme mehr. Ich bedanke mich und hoffe, ich habe dich nicht zu sehr geschockt und vielleicht auch Verständnis geweckt. Solltest du noch ein klärendes Gespräch wünschen, so stehe ich jederzeit zur Verfügung. Bis dann. Frank."

Leider schickte ich die Mail sehr spät ab und rechnete mit einer Antwort erst am nächsten Tag. Doch sollte ich mich täuschen. Etwa 40 Minuten später hatte ich eine Antwort. Als ich die Mail mit der Themenüberschrift auf dem Bildschirm sah, wurde es mir erst etwas heiß. Schließlich machte ich mir Gedanken, wie er darüber dachte. Diesmal überraschte mich sogar mein Chef.

"Hi, Frank. Ich freue mich, dass du dich zu deinem Coming-out entschieden hast, da es dir jetzt sicher besser geht. Ich und ganz sicher alle Kollegen haben keinerlei Probleme damit und ich denke nicht im Entferntesten daran, dass du gehen solltest. Im Gegenteil: je heterogener (hat jetzt nichts mit hetero zu tun) die Firma ist, desto mehr ist hier los, und desto mehr Spaß haben alle. Ich freue mich über alles, was unsere sonstigen Probleme vergessen macht und würde mich freuen, wenn du weiterhin positiv auf alle, aber natürlich besonders auf deine direkten Kollegen wirkst, weil ich denke, dass wir ein gutes Team sind und wirklich genug Chancen haben. Kurz und gut, ich freue mich (endlich mal ein Problem, das keines ist). Erich."

Wahnsinn, schon wieder wurde das positiv aufgenommen und keiner schien damit Probleme zu haben. Erst Frank, eine kritische Person, bei der ich dachte, er würde mich nicht verstehen und unsere Freundschaft kündigen. Dann Martin, hier hatte ich zwar mit keiner großen negativen Abneigung gerechnet, aber auch er hatte mich positiv überrascht und jetzt auch noch mein Chef. Einfach super. Jetzt hatte ich wirklich keinen Bock mehr zu arbeiten und machte mich auf den Weg zu meinem Liebsten. Danny war schon zu Hause und als er mich sah, verzog er leicht schmunzelnd sein Gesicht.

"Hi, Schatz. Hast du im Lotto gewonnen? Du bist so happy."

Ich umarmte ihn und gab ihm einen langen Kuss. Er sollte sehen, wie glücklich ich war.

"Du bist mein Lottogewinn. Ich habe mich in der Firma geoutet. Zwar nur bei Martin und meinem Chef, aber den ersten Stein habe ich jetzt gelegt. Morgen geht es weiter."

Damit übergab ich Danny die Ausdrucke meiner Mail und die Antwort von Erich. Er las sie und schließlich gab er mir einen dicken Kuss.

"Wahnsinn, Frank. Du hast es fast geschafft. Und, war es wirklich so schwierig?"

"Ja, war es. Außerdem habe ich immer noch viel vor. Meine Kollegen, Eltern und meine anderen Freunde. Aber jetzt wissen es schon drei Personen und alle haben es positiv aufgenommen, das macht wieder Mut. Außerdem habe ich meine Chancen vertan, mich weiterhin zu verstecken."

"Das muss gefeiert werden."

Gesagt, getan. Danny hatte schon wieder für mich gekocht und packte jetzt auch noch eine Flasche Wein aus. Langsam, aber sicher ärgerte es mich, dass er nach der Arbeit ständig für mich kochte. Ich nahm zwar nicht mehr zu, verlor aber auch kein Gewicht mehr. Auf jeden Fall ließen wir es uns an diesem Abend richtig gut gehen und ich vergaß fast den nächsten Tag.

Am Mittwoch schrieb ich wieder eine Mail, aber diesmal an alle Kollegen. Jetzt wollte ich auch den Rest schaffen. Sorgen machte ich mir immer noch, aber so schlimm konnte es nicht mehr werden.

"Hallo, Kollegen. Ich möchte hier in der Firma durch einen Rundumschlag etwas Persönliches bekannt geben, um eine große Gerüchteküche zu vermeiden. Wie ihr vielleicht Ende letzten Jahres und an anderen Zeitpunkten mitbekommen habt, war ich oft ziemlich schlecht drauf. Das waren Zeitpunkte, in denen ich mich gehasst habe. Diese Zeit ist seit kurzem vorbei, da ich mich endlich gefunden habe und offen darüber reden kann. Um Gerüchten vorzubeugen und zu vermeiden, dass ihr es von Dritten mitbekommt, gebe ich es hiermit offiziell bekannt: Ich bin schwul. Ich würde mich freuen, wenn ihr das akzeptiert und unsere Zusammenarbeit weiterhin so läuft wie bisher. Wenn damit Probleme auftauchen, ich stehe gerne zur Diskussion über dieses Thema zur Verfügung. Liebe Christine, sorry, aber eine Kontaktanzeige zu meinem Geburtstag, um für mich eine Freundin zu finden, ist damit hinfällig geworden. Auf weitere gute Zusammenarbeit. Frank."

Den Kommentar an Christine, unsere gute Seele in der Firma, die auch Mutti genannt wurde, konnte ich mir nicht verkneifen. Immerhin sollte was Lustiges drin stehen. Christine hatte mir immer gesagt, wenn ich zu meinem sechsundzwanzigsten Geburtstag noch keine Freundin hätte, würde sie eine Kontaktanzeige für mich aufgeben. Ob sie das wirklich getan hätte, würde ich jetzt nicht mehr erfahren.

Ich war wirklich gespannt, wie meine Kollegen darauf reagierten. Zuerst rief ich aber Rolf an und sagte ihm, dass er eine Mail von mir hatte. Ich wollte nicht, dass er die Mail zu spät las und alles von Erzählungen mitbekommen hätte. Kurze Zeit später trafen drei Antworten per Mail ein. Die erste war von Stefan mit der Überschrift *"Starker Auftritt"*.

"Hi, Frank. Ich bewundere deinen Mut, zu deiner Neigung öffentlich zu stehen!!! Auf weiter gute Zusammenarbeit. Gruß Stefan."

Die zweite war von Rolf, Thema *"Mutig"*

"Ich wünsche dir alles Gute und die Kraft, die du demnächst brauchen wirst. Nun kann dein Leben beginnen. Viel Spaß!! Auf gute Zusammenarbeit, ach so, wieso bin ich eigentlich allein in der Produktion, habt ihr nichts zu tun??? Ha ha. Rolfi."

Auch er hatte es positiv aufgenommen. Bei ihm hatte ich es eigentlich am wenigsten erwartet, aber so konnte man sich täuschen. Wenn der wüsste, dass mein Leben schon längst begonnen hatte, durch Danny, aber ich hielt lieber noch meinen Mund. Schließlich traf noch eine Mail von Patrick ein, der von mir damals so begehrt wurde. Sein Thema, *"Hauptsache dir geht´s gut."*

"Ich wünsche dir alles Gute. Wir treffen uns mal!!!"

Im Laufe des Tages kamen andere Kollegen auf mich zu und sprachen mich kurz auf das Thema an, und die Leute schienen damit absolut keine Probleme zu haben. Manch einer gratulierte mir sogar zu meinem Mut, mich damit in die Öffentlichkeit zu trauen. Viele stellten zum Thema noch ein paar Fragen, wie z.B. ob meine Eltern es schon wüssten und dergleichen. Zwei meiner Kollegen ließen sich aber nicht blicken und in den nächsten Tagen merkte ich, dass sie sich ein wenig von mir distanzierten. Doch das änderte sich im Laufe der Zeit, als sie merkten dass ich immer noch derselbe geblieben war. Aber von einem Kollegen hatte ich zumindest gedacht, er würde mich darauf ansprechen. Walter, unser Einkäufer, ignorierte meine Mail und tat so, als ob sich nichts geändert hätte. Kurz vor Feierabend sprach ich ihn darauf an, ob er denn meine Mail gelesen hätte und warum er sich nicht dazu äußerte. Doch er winkte ab, mit dem Argument, er bräuchte sich nicht äußern. Ich wüsste ja schon, dass er mit Schwulen auskam. Er hatte ja des öfteren erzählt, dass er schwule Freunde hatte. Damit musste ich mich zufrieden geben, gehofft hatte ich, ehrlich gesagt, doch etwas mehr von ihm. Einfach mal mit ihm darüber reden, immerhin mochte ich ihn ganz gut leiden. Kam auch immer sehr gut mit ihm aus. Nun gut, für mich war der Tag gelaufen. Ich hatte das erreicht, was ich schon längst gemacht haben wollte. Das Beste, alle hatten es soweit positiv aufgenommen, niemand ließ mich seine Abneigung spüren.

Am Abend erwartete mich mein Freund total gespannt, als er mich aber erblickte und meinen Gesichtsausdruck sah, wusste er schon, wie es gelaufen war. Ich setzte mich zu ihm und legte meinen Kopf an seine Schulter. Auch wenn alles glatt lief, so hatte ich vor den Reaktionen Angst gehabt und die Ungewissheit kostete sehr viel Kraft.

"Nun, Frank, wie ist es gelaufen? Nach deinem Ausdruck zu urteilen, besser als du es gedacht hattest."

Ich berichtete Danny alles und er schloss mich in seine Arme.

"Na, siehst du, jetzt hast du schon das meiste hinter dich gebracht und bei deinen Eltern wirst du es auch noch schaffen. Ich kann mir vorstellen, dass sie es hinnehmen werden. Vielleicht nicht verstehen, aber so, wie du mir immer von ihnen erzählst, werden sie dich deswegen nicht verstoßen. Das werden sie sich wohl nicht trauen."

Super. Er hatte es schon hinter sich und brauchte sich darüber keine Gedanken mehr zu machen. Ich wusste aber, dass meine Eltern immer auf Enkelkinder scharf waren, nur würde ich sie jetzt enttäuschen müssen. Zum Glück gab es ja noch meinen Bruder, aber irgendwie schien er lieber als Single leben zu wollen. Wie gesagt, mir flatterte die Hose. Trotzdem hatte ich einen Termin ausgesucht, um mit ihnen darüber zu sprechen. Am Wochenende war die beste Zeit, da meine Eltern zu Hause sein würden. Mein Freund kannte meine Bedenken und bot mir seine Hilfe an. Er wollte mich begleiten, doch ab und an zog er mich auch auf. Er versuchte mich immer wieder zu ärgern. Freuen würde er sich, wenn meine Eltern mich verstoßen würden. Somit hätte ich zu ihm ziehen müssen, und er bräuchte mich nicht mehr zu teilen. Natürlich war es nur Spaß, auch wenn ein Fünkchen Wahrheit in dem Satz steckte. Immerhin wusste ich, sollte meine Familie mich abservieren, würde e r mich direkt auffangen. Doch Danny wollte ich zu dem Gespräch nicht mitnehmen. Da musste ich allein durch.

Am nächsten Tag lief alles wie gewohnt in der Firma, nur eine Person wollte immer noch mehr wissen. Mit Patrick redete ich, wenn wir mal rauchen waren, über das Thema. Er war der Erste, der erfuhr, dass ich mit Daniel zusammen war. Ab und an deutete ich ihm an, wie weit unsere Freundschaft schon ging. Aber ob er das verstand? Ich wollte noch nicht alles erzählen.

Die letzte Hürde

Am Abend fuhr ich erst zu mir nach Hause, und ich erwischte meine Mutter. Dabei konnte ich mir nicht verkneifen ihr zu sagen, dass ich ihnen beiden was Wichtiges am Wochenende mitteilen müsste. Weil ich die Betonung auf wichtig gelegt hatte, machte sich meine Mutter Sorgen und bohrte nach, worum es ging. Ich war nicht mehr bereit, mich aus der Affäre zu ziehen und berichtet ihr, was mir auf dem Herzen lag.

"Hör mal gut zu. Ihr wolltet doch immer Enkelkinder, doch da muss ich euch wohl enttäuschen. Ich kann euch diesen Wunsch nicht erfüllen, ich bin schwul."

So, jetzt war es auch hier raus. Zuerst reagierte meine Mutter nicht darauf, doch dann fragte sie nach.

"Ich verstehe das nicht, was bedeutet das jetzt, du bist schwul. Ich kann mir darunter nicht viel vorstellen."

Oh Mann, jetzt konnte ich ihr auch noch haarklein erklären, was das bedeutete. Damit hatte ich nicht gerechnet, aber denken hätte ich es mir schon können. Immerhin stammen sie aus einer ganz anderen Zeit und hatten damals damit nichts zu tun gehabt. Somit konnten sie nur aus Medien und Spielfilmen lernen.

"Also schwul bedeutet, ich kann mit einer Frau nichts anfangen. Ich liebe Männer und werde mein Leben mit einem Mann verbringen. Und noch was vorweg. Schwul sein ist keine Krankheit, die man heilen kann."

Das schien sie zu verstehen und den letzten Satz musste ich auch noch sagen, da ich mir dachte, dass so eine Frage kommen würde. Sie wollte natürlich alles haargenau wissen, wie ich denn darauf kam, wann ich das gemerkt hatte und so weiter. Schließlich, nach ca. 90 Minuten, entschieden wir, das Gespräch weiter zu führen, wenn mein Vater wieder da wäre. Somit hatte ich etwas Zeit, mich darauf einzustellen, jede für mich auch noch so überflüssige Frage beantworten zu können. Ich musste zugeben, dass die Diskussion mit meiner Mutter mich erregt hatte und ich erst wieder ruhiger werden musste. Am besten konnte ich das bei meinem Freund, so machte ich mich auf den Weg. In seiner Wohnung war alles dunkel und ich dachte schon, er wäre nicht zu Hause. Zum Glück schaute ich aber ins Schlafzim-mer. Hier brannte Licht. Danny lag schlafend im Bett und neben ihm lag ein Buch. Das hatte ich noch nie erlebt, dass er allein so früh ins Bett ging. Zwar war er öfter schon auf dem Sofa eingepennt, aber noch nie hier. Die Bettdecke war weggerutscht und gab einen heißen Blick auf seine Beine wieder, doch das, was verdeckt war, begehrte ich am meisten. Ich ließ es mir nicht nehmen und schlug die Decke zur Seite, jetzt konnte ich ihn so betrachten, wie ich es am liebsten hatte. Nur schlafend wollte ich ihn wirklich nicht haben, so zog ich mir die Schuhe aus, legte mich vorsichtig ins Bett, so dass mein Kopf in der Höhe seinen Schoßes war. Leicht blies ich meine Atemluft über seinen noch schlaffen Freund, doch es war keine Reaktion zu erkennen. Nun, wenn ich das gewünschte Ziel nicht so erreichen konnte, mussten wohl härtere Maßnahmen ergriffen werden. Ich ließ ganz langsam meine Zunge über sein Prachtexemplar gleiten, bis ich es schließlich ganz in den Mund nahm und ihn verwöhnte. Lange brauchte ich nicht zu warten, bis ich merkte, wie sich der gewünschte Effekt einstellte. Plötzlich spürte ich eine Hand auf meinem Kopf, Danny war also wach.

"Frank, ich liebe dich über alles und ich will ewig mit dir zusammen sein. Ich will dich nicht verlieren."

Wieso denn verlieren? Wie kam er jetzt darauf?

"Was soll das, Danny? Warum sprichst du von so was? Es ist doch nichts zwischen uns vorgefallen, was unsere Beziehung schädigen könnte, oder habe ich da was verpasst?"

Er schüttelte energisch den Kopf.

"Du warst nicht da und in der Zeit habe ich Fernsehen geschaut. Ich habe mir mal so eine Daily Soap Serie reingezogen und da war ein schwules Pärchen, ich glaube einer hieß Philip. Er hatte sich in jemanden verliebt, doch der hat ihn wegen einer Frau verlassen und das hatte ihm das Herz gebrochen. Da konnte ich nur an uns denken, und da kam in mir die Angst hoch, dich zu verlieren."

Ich konnte mir eine Lächeln nicht verkneifen, doch irgendwie konnte ich ihn verstehen. Nur, solche Gedanken hatte ich schon von Anfang an. Ich konnte immer noch nicht begreifen warum er sich ausgerechnet mit mir eingelassen hatte. Sicher, mittlerweile wusste ich, dass es nicht nur aufs Aussehen ankam, aber irgendwie konnte ich es immer noch nicht fassen.

"He, mein Spatz. Ich kann zwar nicht in unsere Zukunft sehen, aber ich weiß, dass ich mit dir glücklich bin, glücklich werde und warum sollte ich dich dann verlassen? Von meiner Seite aus brauchst du dir keine Gedanken machen und ich werde dir schon rechtzeitig sagen, wenn mir etwas nicht passt. So zum Beispiel, dass du schon wieder Fernsehen geguckt hast und das als Realität ansiehst."

Die Gelegenheit nutzte ich auch, um ihm meine Bedenken zu erzählen und so fragte ich ihn endlich mal, warum er mich liebte und mich als seinen Partner ausgesucht hatte. Ausgerechnet mich, der immer wieder feige, schüchtern und zurückhaltend war.

"Klappe, Frank. Feige bist du nie und nimmer. Schüchtern und zurückhaltend schon, aber nur bei Menschen, die du nicht richtig kennst. Ich habe schon längst durchschaut, was für ein Typ du bist. Zurückhaltend und schüchtern warst du nur am Anfang, aber als du gemerkt hast, dass ich dich nicht verletze, hast du dich geöffnet. Du nutzt sie als Schutz gegenüber anderen, aus Angst, dass dir jemand zu nahe treten könnte und dich irgendwann verletzt. Wer dich richtig kennt, der wird das nie von dir sagen, also stelle dich nicht immer als Trottel dar. Personen, die dich nicht durchschauen und dich für jemanden halten, der du nicht bist, die sind Trottel. Ich kann nur sagen, ich habe dich schätzen und lieben gelernt, einfach aus dem Grund, weil du der bist, der du bist, auch wenn man einige Zeit braucht, dich zu verstehen. Ich liebe dich, weil du eine Persönlichkeit bist. Bei dir steckt was dahinter. Bei manchen gräbt man und erkennt, dass da nichts ist, bei dir ist die Kruste vielleicht nichts, wenn man die aber abgetragen hat, so hat man eine Goldader gefunden. Erstaunlich finde ich nur, dass ich dich recht schnell durchschaut habe. Manch anderer, der dich schon lange kennt, der glaubt nur dich zu kennen. Du bist halt der, der du bist, hast obendrein noch gelernt, Menschen selber zu erkennen und dich auf sie einzustellen. Kleines Beispiel. Du wusstest genau, wie du mich trösten konntest. Was Schöneres konntest du mir nicht sagen, obendrein steckt immer die Wahrheit drin."

Danny war wirklich die einzige Person, die mich komplett durchschaut hatte, mich so akzeptierte und auch so liebte. Andere, die mich halbwegs gut kannten, versuchten immer wieder, mich in eine andere Richtung zu bringen und mich umzuformen. Er nahm mich so wie ich war und das rechnete ich ihm hoch an. Trotzdem schaffte er nicht meine ganze Angst, ihn an einen anderen zu verlieren, zu nehmen. Doch wusste ich, er würde mich nie enttäuschen. Ich musste mir selber eingestehen, dass die größte Angst nicht die war ihn zu verlieren, sondern niemanden mehr zu finden, der so gut zu mir passte. Aber zur Zeit war ich einfach nur glücklich und das wollte ich auskosten. Ich gab ihm als Dank einen dicken Kuss, den er leidenschaftlich erwiderte.

"Du kennst mich wirklich sehr gut, Danny, und du bist auch der Einzige, der alles von mir weiß. Ich möchte, dass es so bleibt, kannst du das verstehen?"

Er strich mir über meine Wange.

"Nein, kann ich eigentlich nicht. Du musst auch anderen Menschen vertrauen, aber trotzdem werde ich deinen Wunsch respektieren. Außerdem erfüllt es mich mit Stolz, dich so als Einzigen zu kennen. Somit brauche ich keine anderen Männer zu fürchten, die dir auch noch den Hof machen. Ich kann mir nämlich vorstellen, dass es einige Personen gibt, die sich in dich verlieben würden, wenn sie dich mal verständen."

Ich musste lachen, da ich mir das nicht vorstellen konnte.

"Jetzt hör auf. Ich glaube eher, dass die meisten mich einfach nur als zu weich und gutmütig empfinden, wenn sie mich richtig kennen."

"Du nennst dich weich und gutmütig? Meistens schon, wenn es aber darauf ankommt weiß ich, dass du sehr hart sein kannst. Außerdem weiß ich, dass andere deine Eigenschaften beneiden."

"Bitte? Mich beneidet jemand? Wer, doch nicht etwa du?"

"Doch, ich gehöre auch dazu. Überleg mal. Du kommst nach Hause und hattest einen schweren Tag. Bräuchtest mal selber jemanden, mit dem du reden könntest, doch du siehst, dass es dem anderen schlecht geht. Sehr oft konnte ich dich hier beobachten. Du bist auf mich zugegangen und hast mir zugehört. Deine Probleme hast du wegsortiert und für dich behalten, nur um mich wieder aufzubauen. Manchmal merkt man dir zwar an, dass es dich belastet, du machst aber trotzdem weiter. Sven hatte das auch schon gemerkt und sagte mir, er hätte gerne einige Eigenschaften von dir."

Danny hatte Recht. Ab und an hatte ich das bei ihm schon gemacht, aber mir fiel so was sehr schwer. Mich belastete das wirklich, doch ich tat so was auch nicht umsonst.

"Schon, aber glaube nicht, dass ich dann keine Gegenleistung von dem

anderen erwarte. Bis jetzt habe ich sie auch immer von dir bekommen."
Er schaute mich fragend an. Anscheinend wusste er nicht, worauf ich hinaus
wollte.

"Muss ich das jetzt verstehen? Sicher bekommst du eine Gegenleistung,
wenn es mir besser geht und dir nicht, so höre ich auch zu und versuche dich
aufzuheitern, aber ich kann das nicht, wenn es mir auch schlecht geht, du
aber ja."

"Anscheinend kennst du mich doch noch nicht so gut. Sonst wüsstest du,
dass ich nichts ohne Gegenleistung mache. Kleiner Scherz. Schau mal, mir
geht´s schlecht, dir geht´s schlecht. Wenn ich dich aufgeheitert bekomme,
belaste ich mich mehr, aber überlege mal. Deine Stimmung, die sich gebessert hat, schafft doch auch wieder ein Gleichgewicht in mir, oder? Ich bin
auch egoistisch. Manchmal ist das aber auch schief gegangen, ich erinnere
nur mal an unseren großen Streit."

Er fing an zu lachen, anscheinend hatte er das nicht gesehen. Jetzt fing er
an mich zu kitzeln und ich versuchte mich zu wehren.

"Du bist also egoistisch, das habe ich noch nie an dir gesehen. Na warte, das
treibe ich aber aus. Ich wusste doch, du kannst auch manchmal ein Schwein
sein."

Plötzlich saß er wieder auf mir und hatte meine Arme und Beine festgekeilt.
Ich konnte mich nicht mehr rühren, er aber hatte eine Hand frei, die er auch
nutzte. Er hörte mit dem Kitzeln erst wieder auf, nachdem ich heiser war.

"Weißt du, Schatz, ich liebe dich so wie du bist und das Schönste, ich ent-
decke immer wieder was Neues an dir. Es wird nie langweilig."

Noch immer saß er auf mir, dabei schaute er mir in die Augen und schwieg.
Ich konnte noch nichts sagen, ich war immer noch außer Atem. Eine Zeitlang
verharrten wir so, wobei er mir immer weiter in die Augen blickte, doch
schließlich brach er die Stille.

"Frank, ich muss dir etwas beichten. Egal was passiert, egal was du willst, ich
lass dich nie mehr gehen. Du bist jetzt mein."

Ich fand das komisch und musste lachen.

"Wie willst du das schaffen?"

Danny hatte seinen Schwitzkasten etwas gelockert, und ich wollte die
Situation nutzen, um mich wieder zu befreien, doch ich versagte kläglich. Ich
konnte mich nur kurz bewegen, dann war ich wieder festgekeilt und er saß
grinsend über mir. Plötzlich ließ er mich los, stand vom Bett auf und verschwand. Zuerst war ich etwas überrascht, und als er nach etwa einer halben
Stunde nicht auftauchte, wollte ich ihn suchen gehen. Also stand ich vom Bett
auf, doch weit kam ich nicht. Da stürmte er wieder ins Zimmer, packte mich
und warf mich zurück. So schnell konnte ich nicht reagieren und Danny saß
wieder über mir, doch jetzt wurde es wohl ernster. Ich erkannte, dass er das
lange Seidentuch geholt hatte, mit dem wir uns schon einmal gefesselt hatten. Schneller als mir lieb war, hatte er meine Hände ans Bett gefesselt.

Jetzt lag ich wirklich schon fast wehrlos vor ihm, doch das war noch nicht alles. Da erblickte ich ein weiteres Seidentuch, das hatte er sich wohl ohne mein Wissen besorgt. Kurze Zeit später war ich komplett wehrlos, da er meine Beine gespreizt und gefesselt hatte. Was hatte er mit mir vor? Als ich so vor ihm lag, verließ er wieder das Zimmer. Ich brauchte nicht lange zu warten, da kam er mit einer Handvoll Sachen wieder zu mir, nur leider konnte ich nicht erkennen, was er geholt hatte.

"Vertraust du mir, Schatz? Oder soll ich lieber aufhören."
Das wusste er doch schon, warum stellte er noch die Frage?
"Mach mit mir, was du willst. Die Regeln bestehen aber noch?"
Er nickte bejahend, grinste mich aber hinterhältig an. Wir hatten für diese Gelegenheit Regel eingeführt, wenn jemand "Schluss" rief, so musste der andere sofort stoppen. Schließlich verband er mit einem Tuch meine Augen, so konnte ich auch nicht sehen, was er mit mir vor hatte. Mag zwar etwas abartig klingen, aber irgendwie mochte ich es, ihm ausgeliefert zu sein. Plötzlich merkte ich, wie es bei mir im Schoß nass wurde. Kurze Zeit später trug Danny noch was anderes auf, ich konnte aber nicht identifizieren was. Erst als ich etwas Kaltes spürte, das er in meinem Schambereich hin und her führte, konnte ich mir denken, was er machte. Er rasierte mir meine Haare ab. Seine Bemühungen kitzelten etwas und ich versuchte mich zu bewegen. "Halt still. Ich benutze eine Rasierklinge. Vertraue mir, ich kann damit umgehen. Mache aber bitte keine ruckartigen Bewegungen. Sonst fehlt mir das Wichtigste. Ich fand das so toll, als du so nackig aus dem Krankenhaus kamst, das will ich jetzt wieder haben."
Jetzt machte er auch noch Witze darüber, doch in mir kam schon etwas Angst auf, doch schenkte ich ihm mein Vertrauen und hielt still. Es dauerte nicht lange, da hatte er meinen ganzen Schambereich rasiert. Jetzt band er meine Füße los, die er auf meinen Brustkorb drückte. Jetzt war meine Spalte dran, auch hier verlor ich alle Haare. Das ganze dauerte nicht lange, schließlich wusch er mich mit warmem Wasser und trug ein kühlendes Gel auf die gereizte Haut auf. Schließlich spürte ich, wie er zuerst mein Loch und später den Sack mit seiner Zunge leckte. Das Gefühl, das er in mir auslöste, war jetzt viel intensiver als je zuvor.
"Frank, stehst du eigentlich auf Schmerzen?"
Bitte was? Ich glaubte, ich hatte mich wohl verhört.
"Nein, eigentlich nicht. Ich liebe die Zärtlichkeit, warum?"
Daniel kicherte.
"Nur so. Ich dachte, ich probiere mal aus, wie du reagierst, wenn ich heißen Kerzenwachs auf deine Haut tropfen lasse. Wenn du das aber nicht willst, ich kann dich verstehen, aber ich würde alles für dich machen."
Jetzt hatte er mich überrascht, sollte er Neigungen haben, von denen ich noch nichts wusste.
"Ich stehe eigentlich nicht drauf, du denn?"

"Nö, auch nicht. Ich wollte nur wissen, ob du so was magst. Darüber haben wir noch nie gesprochen."

"Keine Ahnung ob ich so was mag. Ich habe es noch nicht gemacht. Trotzdem, ich bin noch nicht bereit, so was auszuprobieren."

Dabei beließen wir es. Plötzlich registrierte ich, wie etwas an meine Lippen stieß und sofort wusste ich, dass es Daniels Latte war. Ich öffnete meine Lippen und er stieß in meine nasse Höhle, dabei merkte ich, wie er meinen in seinem Mund verschwinden ließ. Das war aber noch nicht alles. Er hatte seine Hände mit Gleitmittel eingerieben und streichelte mein Poloch. Ab und zu ließ er einen Finger in mir verschwinden, später waren es zwei, dann drei. Später spürte ich was anderes in mir. Wenn ich nicht seinen Stab im Mund gehabt hätte, so hätte ich gedacht, er würde mich ficken wollen. Doch so musste es etwas anderes sein. Später stellte sich heraus, dass er einen Dildo für solche Spiele gekauft hatte. Den ließ er jetzt in mich ein und aus gleiten, während er meinen Stab verwöhnte. Für mich war es zuviel, noch seinen Schwanz zu verwöhnen, da mir die Luft etwas knapp wurde. So drehte ich meinen Kopf zur Seite und entließ ihn aus den Mund. Endlich konnte ich mich meinem Gefühlen hingeben. Ich merkte selber, wie ich stöhnte. Lange würde ich das nicht aushalten, doch Danny hatte mich wieder fest im Griff. Mein Kopf konnte sich nur auf eine Sache konzentrieren, somit konnte ich nicht mehr nachvollziehen, wie oft ich vor meinem Höhepunkt stand. Danny hörte aber immer wieder kurz vorher dem Reizen auf. Ich bat ihn mich endlich zu erlösen, doch er lachte und reizte mich weiter. Schließlich hatte er ein Einsehen und rammte den Dildo tief in mein Loch. Die Spitze berührte meine empfindlichste Stelle. Ohne richtig zu merken, was passierte, kam ich zum Orgasmus. Ich konnte mich nicht mehr erinnern was noch passiert war, doch als ich meine Augen öffnete lag mein Freund an meiner Seite und betrachtete mich sorgenvoll. Er hatte mir die Augenbinde wieder entfernt.

"Was ist los, Danny?"

Als ich das sagte, lächelte er mich an.

"Jetzt nichts mehr, aber du warst kurz nicht ansprechbar. Anscheinend warst du weggetreten, auch wenn du auf meine wiederholten Rufe mit häh geantwortet hast. Das hat dir wohl großen Spaß gemacht, Schatz. So wie du abgegangen bist."

"Ja, hat es, danke. Wie kann ich dich jetzt verwöhnen, dazu musst du mich aber losbinden."

"Das könnte dir so passen. Ich habe dir gesagt, du bist jetzt mein."

Gut, wenn er mich nicht losbinden wollte, konnte ich ihn aber anders verwöhnen. Ich streckte ihm meine Zunge raus und deutete damit an, dass ich seinen Stab im Mund haben wollte. Er grinste, setzte sich auf meinen Brustkorb und steckte mir seinen Schwanz, der inzwischen wieder geschrumpelt war, in den Mund. Jetzt erst bemerkte ich, dass auch er seine Haare unter herum verloren hatte. Die musste er sich wohl entfernt haben, als er aus dem Zimmer verschwunden war. So hatte ich ihn auch lieber. Lange brauchte ich nicht, um ihn wieder in das Format zu bringen, in dem ich ihn am liebsten hatte. Danny begann zu stöhnen, anscheinend gefiel es ihm sehr gut. Ich wollte für ihn aber mehr tun. So entließ ich ihn wieder.

"Fick mich."

Er schaute mich an, dabei glitzerten seine Augen. Schnell war er von mir runter, warf sich meine Beine über seine Schultern und rammte seine Latte in mein Loch. Wie gut, dass ich schon gedehnt war, so konnte ich diese Attacke gut vertragen. Danny tobte sich in mir aus, und irgendwann entlud er sich mit einem lauten Schrei in mir. Kraftlos brach er über mir zusammen. Ein paar Minuten brauchte er, um seinen Atem zu beruhigen. Schließlich stand er von mir auf und befreite wieder meine Arme. Wir nutzten die Chance und kuschelten uns dicht aneinander. Plötzlich fiel aber mein Blick auf die Uhr.

"Scheiße, ich glaube, wir sollten uns wieder trennen. Morgen müssen wir wieder arbeiten."

Danny schaute auch auf die Uhr.

"Stimmt, aber warum bist du so spät gekommen? Wir hätten viel mehr Zeit für uns gehabt."

Stimmte eigentlich und jetzt fiel mir ein, ich hatte ihm noch nicht gesagt, dass ich den ersten Schritt bei meinen Eltern gewagt hatte.

"Ich hab total vergessen, dir etwas zu sagen, Schatz. Kann sein, dass du dich freuen wirst. Ich habe die letzte Hürde mit meinem Coming-out in Angriff genommen. Meine Mutter weiß jetzt, dass ich schwul bin und wenn mein Vater aus dem Urlaub kommt, werde ich es ihm auch erzählen."

Danny wollte natürlich wissen, wie es gelaufen war und ich berichtete ihm alles. Zum Schluss gab er mir einen dicken Kuss.

"Schatz, dann steht uns bald nichts mehr im Weg."

Jetzt wunderte ich mich schon, eigentlich stand uns doch sowieso nichts mehr im Weg.

"Wie meinst du das? Du weißt ganz genau, dass uns nichts mehr auseinanderbringen kann, auch meine Eltern nicht mehr."

"Das meinte ich nicht, aber ich möchte endlich, dass du zu mir ziehst. Ich will dich jetzt jeden Abend und jede Nacht spüren, kannst du das verstehen?"

Ich nickte. Konnte ich ihn nur zu gut verstehen, ich wollte ja auch nichts anderes. Doch etwas Zeit sollte er mir schon noch lassen, das sagte ich ihm auch. Er war damit einverstanden, doch ich sollte mir nicht zuviel Zeit lassen, sonst würde er bei mir einziehen. Dagegen hatte ich auch nichts, doch wäre es schade gewesen. Dann hätten wir auf meine Eltern Rücksicht nehmen müssen und das wollte ich nicht.

Zu Hause überlegte ich mir noch, wie wohl mein Vater auf mein Gespräch reagieren würde, besonders aber mein Bruder. Weiter kam ich nicht, ich war ziemlich geschafft und mein Körper holte sich sein Recht auf Schlaf. Am nächsten Morgen, beim Frühstück sprach mich noch einmal meine Mutter auf das Thema schwul an. Es sah für mich so aus, als ob es doch eine Zeit dauern würde, bis sie das endlich begreifen würde, aber es blieb ihr keine Wahl. Abends versuchte ich mit meinen Bruder zu telefonieren, um auch mein Gespräch mit ihm hinter mich zu bringen, doch er war mal wieder nicht zu Hause. So hinterließ ich ihm eine Nachricht auf dem AB, dass ich mit ihm sehr gern ein Gespräch führen würde.

Schließlich fuhr ich zu meinem Freund, der mich schon erwartete. Heute hatte ich meinen Spaß mit ihm und er lag mir ausgeliefert in seinem Bett. So konnte ich mich für den gestrigen Tag rächen, was ich auch ausgiebig tat. Auch den Samstag verbrachten wir zusammen. Zum Glück hatten wir wieder mal schönes Wetter und so entschieden wir uns zu einem Spaziergang. Am Abend gingen wir in ein Restaurant und ins Kino. Es war wirklich etwas Besonderes, mit Danny händchenhaltend einen Film zu schauen, besonders, wenn einige Szenen auch noch ziemlich ans Herz gingen.

Der Sonntag kam dann schneller als mir lieb war und mein Vater hatte seinen Angelurlaub beendet. Meine Mutter hatte ihn schon vorbereitet, dass ich ihm etwas zu sagen hatte, und so war er schon sehr gespannt. Auch er fasste mein Coming-out nicht so schlimm auf, wie ich es mir eigentlich ausgemalt hatte. Zwar musste ich auch ihm erklären, was es bedeutete, aber er nahm es schließlich hin. Immerhin müsste ich damit leben und da spiele ihre Meinung keine Rolle. Mir fiel ein Stein vom Herzen, es gab bis jetzt niemanden, der es nicht verstand und mich verstieß. Somit hatte ich mir also viel zu viele Sorgen gemacht!

Daniel nahm mich in den Arm, als ich ihm das erzählte. Er meinte, dass ich mir für das Gespräch mit meinem Bruder auch keine Sorgen machen bräuchte. Immerhin war er ja jünger und würde das wohl besser verstehen. Das leuchtete mir ein.

Am Dienstag rief mich mein Bruder an und meldete sich zurück. So fuhr ich nach dem Feierabend zu ihm. Mit der Reaktion, die er mir dann entgegen brachte, hatte ich nicht gerechnet. Er war schockiert und aus der nachfolgenden Diskussion konnte ich entnehmen, dass er damit noch lange nicht zurecht kommen würde, doch immerhin verstieß auch er mich nicht. Ich brauchte ihm nur Zeit geben, vielleicht würde er mich so akzeptieren wie ich nun einmal war. Immerhin blieb unser mittlerweile gutes Verhältnis unter Brüdern unbeeinflusst.

Somit hatte ich mich bei fast allen geoutet, bis auf ein paar weitere Freunde, doch auch die hatten später damit keine Probleme. Somit verlief mein "Coming-out" besser als ich es mir vorgestellt hatte und endlich begriff ich, das ich der Einzige war, der damit Probleme gehabt hatte. Aber nur aus Angst vor den Reaktionen der anderen.

Danny war natürlich am glücklichsten. Jetzt konnten wir uns auch in der Öffentlichkeit so zeigen, wie wir es wollten, was wir auch taten. Es war uns auch egal, wo wir waren, es konnte uns ja keiner mehr was anhaben. Einige

Menschen warfen uns verstörte Blicke zu und manchmal auch Kommentare, die wir aber einfach so weg steckten. Die meisten aber ignorierten uns, oder sahen uns mit Verständnis hinterher. Manchmal riefen sie uns sogar was Positives zu, wie zum Beispiel, "Schau mal, ist das nicht süß", oder "Och, wie schnuckelig." So was baute wieder auf, wobei wir uns dann einen Kommentar nicht verkneifen konnten. So kam es manchmal zu Gesprächen, die immer sehr nett waren.

Der Beginn meines Fehlers

Die Woche verging recht schnell und wieder hatten wir etwas mehr Zeit für uns.
Meine Firma wollte am 18. September ein Betriebsfest machen und Partner waren natürlich auch eingeladen. Ich freute mich riesig. Diesmal brauchte ich nicht alleine zu gehen und so bat ich meinen Freund, er möge mich doch begleiten. Zuerst sträubte er sich und versuchte, sich rauszureden. Er wollte noch nicht alle meine Kollegen auf einmal treffen. Es wäre ihm am liebsten, erst meine Eltern kennen zulernen, doch ich schaffte es, ihn zu überreden. Er meinte, er würde wahrscheinlich mitkommen, sagte mir aber, er würde sich dabei nicht so sehr wohl fühlen. Irgendwie konnte ich ihn nicht verstehen, immerhin war ich doch auch bei der Fete von seiner Firma gewesen. Danny erklärte mir seine größten Bedenken. Ich hatte ihm schon mal erzählt, wie bei uns Feten abliefen, nämlich meistens so, dass sich Gruppen bildeten und diese die Firma als Thema hatten. Darauf hatte er keinen Bock. Er wollte sich nicht als fünftes Rad am Wagen fühlen, da er nicht mitreden konnte. Jetzt verstand ich, bat ihn aber, sich das noch einmal zu überlegen, was er mir auch versprach. Er meinte, er würde mitkommen, wenn ich ihm keine Wahl ließe. Aber ich konnte ihn doch nicht zu etwas zwingen, was er selber nicht wollte! Trotzdem meldete ich ihn bei uns auf dem Fest aus Vorsicht an, eine Entschuldigung würde mir schon einfallen, wenn er keine Lust haben sollte.
Am Samstag fuhren wir nach Amsterdam. Zum Glück war das Wetter klasse. In einem Café saßen wir uns gegenüber und schauten uns in die Augen, doch anscheinend nicht auffällig genug. Plötzlich wurde ich von einem holländischen Mädchen angesprochen. Meine Reaktion darauf war natürlich wieder klar. Ich wurde rot und Danny lachte sich schief. Leider konnte sie kein deutsch und nur ganz wenig englisch. So wie wir es verstanden, bot sie mir an, Amsterdam zu zeigen. Auf die Frage, warum sie sich gerade mich ausgesucht hatte, sagte sie nur, sie fände mich süß und wolle mich nicht mit einem Schwulen alleine lassen. Mir fiel die Kinnlade runter, Danny lachte. Als er sich wieder gefasst hatte, fragte er sie, warum sie glaubte, dass er schwul wäre. Danny hätte einfach so einige Handbewegungen drauf, besonders, wie

er die Tasse anheben würde, die hätten ihn verraten. Mir war noch nie aufgefallen, dass einige Bewegungen von ihm darauf schließen ließen. Daniel konnte sich nicht mehr halten vor Lachen und als das Mädchen noch mal fragte, ob ich mitkommen würde, musste ich ihr wohl reinen Wein einschenken und ihr sagen, dass Danny mein "Mann" war. Sie wirkte erst etwas schockiert, entschuldigte sich und verduftete schließlich. Echt, jetzt kannte ich meinen Spatz schon so lange, mir war aber noch nie aufgefallen, dass Danny die berühmt-berüchtigte schwule Art an sich hatte. Ich beobachtete ihn den ganzen Abend und tatsächlich, ab und an hatte er die Bewegungen drauf. Mich störte das nicht, im Gegenteil. Ich fand, es stand ihm.

"Frank, wie sieht es bei dir aus, wollen wir nicht bald zusammen ziehen? Wenn ja, so sollten wir uns ein Wochenende aussuchen, an dem wir das machen können."

Er hatte Recht, so langsam wurde es Zeit. Ich machte ihm zwei Vorschläge für September, doch er winkte ab.

"Du weißt doch, wir sind an dem Wochenende zu meinen Eltern eingeladen. Meine Mutter hat Geburtstag und sie sagte mir, ohne dich bräuchte ich nicht aufzutauchen. Und das andere Wochenende, da hatten wir doch geplant, deine Eltern zu uns einzuladen. Wie wäre es mit Samstag, den 10. Oktober?"

Manchmal wunderte ich mich über sein Gedächtnis. Er konnte sich so was merken, ohne es aufzuschreiben. Schließlich einigten wir uns auf den 10. Oktober und Danny wollte den Tag nutzen, um meine Kollegen besser kennen zu lernen. Ich sollte rumfragen, wer bereit wäre, uns zu helfen. Bei den Helfern, die kommen würden, könnte ich mir sicher sein, dass sie mich so akzeptiert hatten, wie ich nun einmal war. Natürlich war ich einverstanden, da mich das auch interessierte. So kamen wir schließlich zu unserem Essen und spät am Abend fuhren wir gemeinsam nach Hause. Heute hatte ich keinen Bock, allein zu sein und blieb über Nacht bei ihm. Er freute sich riesig.

Am Sonntag wachte ich wieder allein im Bett auf. Mann, wie ich das hasste. Immer wieder hatte ich ihm gesagt, was für ein Scheißgefühl das war und bat ihn, das zu unterlassen, doch er hielt sich nicht daran. Also stand ich auf, suchte ihn und fand ihn schließlich in der Küche beim Frühstück machen. Er hatte sich noch nichts angezogen und streckte mir aufreizend seinen Hintern entgegen. Ich schlug ihn mittelfest auf eine Backe, um ihn zu bestrafen. Er schreckte hoch, drehte sich und begrüßte mich mit einem leidenschaftlichen Kuss. Er wusste ganz genau, wie er mich dazu brachte, meinen Ärger zu vergessen. Manchmal hasste ich mich dafür, dass ich so leicht zu durchschauen war, zumindest für ihn. Trotzdem wollte ich ihn auch etwas ärgern.

"Guten Morgen, Liebster. Wolltest du heute nicht Brötchen besorgen?"

Jetzt hatte ich ihn, zumindest dachte ich das.

"Morgen, Langschläfer. Brötchen kommen gleich. Hab Dave angerufen. Der macht den Einkauf und stellt sie vor die Tür. Ist jetzt alles nach deinen Wünschen?"

212

Er wusste ganz genau, dass ich ihn ärgern wollte und er freute sich, dass er mir einen Strich durch die Rechnung gemacht hatte. Eigentlich wollte ich etwas erwidern, doch ich kam nicht dazu. Die Türklingel rettete ihn. Das war wohl Dave, der die Brötchen abgestellt hatte. Danny grinste mich an, er ahnte, dass ihn die Schelle gerettet hatte. Er flitzte so wie er war, nämlich nackt, zur Tür, um unser Frühstück zu holen. Kurze Zeit später hörte ich nur: "Halt, nicht Dave."

Doch es war zu spät. Der Nachbarsjunge stand in der Küchentür und hielt die Brötchentüte vor sich. Außerdem stand noch ein unbekannter Junge neben ihm, etwa gleichen Alters wie Dave. Im Gesicht des fremden Jungen konnte man große Überraschung erkennen, im Gegensatz zu Dave, der lachte sich schief. Zuerst wusste ich nicht warum, doch dann fiel mir ein, ich war noch unbekleidet. In dem Moment tauchte mein Freund auf, auch nackt.

"He, könnt ihr nicht hören? Du solltest die Tüte mit den Brötchen vor die Tür stellen."

Dave grinste und sein Blick schweifte zwischen Danny und mir hin und her. Der andere starrte mich die ganze Zeit an, als ob er eingefroren wäre.

"Och, weißt du, ich dachte, mein Freund und ich könnten mit frühstücken. Dabei wollte ich euch Jens vorstellen."

Mir ging so langsam der Blick von Daves Freund auf den Keks.

"He, Junge. Was gibt es an mir zu sehen, dass du deinen Blick nicht von mir wenden kannst?"

Es dauerte einen Augenblick, bis er antwortete.

"Nichts. Ähm, ich meine....... Ich habe noch nie einen Erwachsenen ohne Haare gesehen."

Zuerst war ich überrascht, doch dann prustete ich vor Lachen los. Die Situation war zu komisch. Die andern stimmten in das Gelächter ein. Jens fasste sich als Erster.

"Tut mir Leid, wenn ich gestarrt habe, ich finde nur, dass es einfach geil aussieht. Das sollten wir auch machen, Schatz."

Er drehte sich zu seinen Freund, dabei erblickte er Daniel, der auch keine Haare mehr hatte.

"Wow, wirklich zu schön. Darf Ich mal anfassen?"

Danny schreckte zurück.

"Nein!!!. Nein, das darf nur Frank. Außerdem weiß ich nicht, wie ich darauf reagiere."

Jetzt musste ich noch mal lachen, doch auch Dave schaute sich uns beide an.

"Hm, ja. Sollten wir mal ausprobieren."

Langsam wurde es mir aber zu blöd.

"Danny, ich glaube, wir sollten uns was anziehen."

Mein Freund nickte und wir verschwanden kurz im Bad. Wir entschieden, nur Bademäntel überzuziehen, da wir nach dem Essen duschen wollten. Als wir die Küche betraten, hatten beide schon den Tisch für vier Personen gedeckt.

Schade, so wurde unser gemeinsamer Sonntag doch noch gestört. Schließlich setzten wir uns gemeinsam an den Tisch und ließen uns die frischen Brötchen schmecken. Nachdem wir gestärkt waren, schockte mich mein Freund. Er kam und setzte sich mit seinem Gesicht zu mir gewandt auf meinen Schoß. Leider schaffte ich es nicht, mich zu beherrschen und so wuchs mein Stachel unter Daniels Pobacken zur vollen Härte an. Mir war das ein wenig peinlich, wegen des Besuchs. Aber Danny störte das nicht. Im Gegenteil, er küsste mich, dabei bewegte er seinen Hintern hin und her, um mich noch mehr zu reizen.

"Mir scheint, als ob du es schon wieder nötig hast, Frank. Dir ist nicht mal der Besuch heilig."

Meine Gesichtsfarbe wechselte zu rot. Ich schämte mich, konnte aber nicht vermeiden, dass mein Stab die Härte behielt. Dave und Jens schauten sich kurz an.

"Das können wir auch. Stimmts, Jens?"

Damit setzte sich Dave auf den Schoß von seinem Freund und knutschte ihn ab. Mehr konnte man zum Glück, oder leider, nicht sehen.

"Habt ihr beiden was dagegen, wenn Frank und ich noch eine Runde duschen gehen?"

Jens schüttelte den Kopf.

"Nö. Aber macht nicht zu lange, wir wollten noch was mit euch bereden. Jens und ich werden in der Zwischenzeit die Küche in Ordnung bringen. Aber lasst die Finger von euch!"

Mein Freund stand auf, dabei richtete ich meinen Blick auf seinen Schoß. Shit, er war mir klar im Vorteil, er hatte sich beherrschen können. Er ließ es sich nicht nehmen und zog mich vom Stuhl hoch, wobei er sich noch so vor mich stellte, dass niemand meinen Zustand erblicken konnte. Auch auf dem Weg aus der Küche deckte er mich mit seinem Körper ab. Ich war ihm dafür dankbar.

"Danke, Schatz, dafür, dass du mich vor unseren Gästen so anmachst. Das gibt Rache."

Danny grinste, dabei riss er mir meinen Bademantel vom Körper. Zum Glück befanden wir uns schon im Bad, so konnte nichts Peinliches mehr geschehen. Unter der Dusche kniete er sich vor mich. Er hatte wieder sein Rasiermesser mit, um die neu gewachsenen Härchen zu entfernen, doch diesmal ohne Rasierschaum. Dabei hatte er natürlich Spaß und umschloss meinen Ständer fest mit seiner Faust. Als er vorne fertig war, drehte er mich und kümmerte sich um die Haare in der Ritze. Nachdem er alles wegrasiert hatte, gab er mir das Messer.

"Hast du wirklich soviel Vertrauen zu mir? Ich habe noch nie so ein Messer in der Hand gehabt."

Danny grinste, als ich vor ihm in die Knie ging.

"Warum sollte ich nicht? Du willst mich bestimmt so behalten, wie du mich kennst. Wenn du was Falsches an mir entfernst, schneidest du dir nur selber ins Fleisch."

Haha, na super. So machte er sich noch ein Spaß daraus. Daniels Schwanz hing im erschlafften Zustand zwischen seinen Beinen. Ich dachte aber, dass er im anderen Zustand einfacher zu rasieren war. Somit wären einige Falten weniger in seinem Sack. So nahm ich seinen kleinen Freund zwischen meine Lippen und verwöhnte ihn so lange, bis dieser voll ausgefahren war. Dann begann ich vorsichtig mit der Arbeit, da ich ihn so behalten wollte, wie er war. Den vorderen Teil hatte ich fertig und drehte seinen Po zu mir. Nachdem auch dieser fertig war, stand ich wieder auf.

"So, jetzt bist du wieder so glatt wie ein Baby. Fang aber bitte nicht an zu schreien."

Nach dieser Aktion wuschen wir uns gegenseitig den Körper. Natürlich kann sich jeder denken, dass so was die Lust aufeinander steigerte und gerade, als wir so ein bisschen loslegen wollten, streckte Jens seinen Kopf ins Bad.

"Ich wollte nur sagen, wir wären so weit und warten auf euch. Also macht nicht zu lange."

Das reichte mir. Meine Lust war wie weggeblasen. Meinem Freund ging es wohl auch nicht besser. Nachdem der Knirps die Tür wieder von außen geschlossen hatte, verließen wir die Dusche und trockneten uns gegenseitig ab. Besuch konnte wirklich der größte Lustkiller sein, obendrein ließ er sich dann auch immer blicken, wenn man ihn am wenigsten brauchte. Als wir wieder trocken waren, fiel uns ein, dass wir keine Klamotten hier hatten, und in die Bademäntel wollten wir nicht mehr schlüpfen. Danny schob mich einfach so aus dem Bad, ihn störte das anscheinend weniger, aber das Wohnzimmer war zum Glück leer. So kamen wir ungehindert ins Schlafzimmer, wo wir uns tagfein machten, danach suchten wir unsere Gäste. Beide saßen noch in der Küche, tranken Kaffee und warteten auf uns. Mein Freund setzte sich wieder an den Tisch und zog mich auf seinen Schoß, so dass ich mit meinem Rücken zu ihm saß. Wenn er es so haben wollte, bitte.

Konflikte mit Daniels Hobby

"So, ihr beiden, was können wir für euch tun und stell uns deinen Freund mal richtig vor. Frank und ich wissen nur seinen Namen."

Dave grinste uns an.

"Ja, klar. Jens ist mein neuer Freund, ich meine mein richtiger Freund, mit dem ich alles teile, halt so wie du und Frank. Wir kennen uns schon seit langer Zeit, nur keiner von uns wusste von der Homosexualität des anderen. Erst als meine Klasse von mir erfuhr, dass ich schwul bin, sprach mich Jens an und dabei kam raus, dass auch er schwul ist und schon lange ein Auge auf mich geworfen hatte. Seitdem sind wir ständig zusammen. Jens wollte

euch mal kennen lernen, deshalb habe ich ihn mitgebracht."
So war das also, und in mir keimte etwas Neid auf. Die heutige Jugend hatte es besser als ich, auch wenn zwischen uns gerade mal zehn Jahre lagen. Immerhin waren anscheinend seine Klassenkameraden offener für dieses Thema. Doch ich wollte erst etwas mehr wissen, wie es gelaufen war.
"Freut mich für euch beide. Jens, du bist uns natürlich auch willkommen. Aber erzähl mal, Dave, wie wurdest du in der Schule behandelt, nach deinem Outing? Mich interessiert das schon."
Dave schaute mich groß an, anscheinend dachte er, wir würden das so einfach hinnehmen, aber immerhin hatten wir mit ihm darüber schon mal gesprochen.
"Och, die meisten haben das sehr positiv aufgenommen, besonders die Mädels, auch wenn einige meinten, dass sie mich verloren hätten. Ein paar Jungs versuchten mich zu ärgern, aber als die anderen nicht mitmachten und sich auch noch auf meine Seite schlugen, hörten sie mit dem Lästern auf. Als dann noch bekannt wurde, dass Jens auch schwul ist, sagte gar keiner mehr was. Selbst die Lehrer griffen das Thema auf und versuchten den anderen zu erklären, was das zu bedeuten hatte. Jetzt wussten die anderen, dass wir nicht mehr zu einer Minderheit gehörten. Damit war das Thema in der Schule gegessen. Jens' Familie nahm das sehr locker auf, besonders sein Vater, da dessen Bruder bi ist."
Mit so einem Ablauf hatte ich nicht gerechnet, aber er konnte sich glücklich schätzen.
"Und jetzt seid ihr zusammen?"
Sie nickten zustimmend.
"Ja und wir lieben uns."
Jetzt wandte sich mein Freund an beide.
"Was können wir dann noch für euch tun? Ihr habt doch schon alles geregelt."
Jens senkte seinen Kopf, Dave schluckte einmal tief und antwortete.
"Ich weiß von dir, dass du gern fotografierst und da wollte ich dich fragen, ob du einige Aufnahmen von uns machen könntest. Wohlgemerkt, die etwas Intimeren."
Eine ganze Weile sagte keiner von uns was. Danny dachte wohl gerade an das Gleiche wie ich und er brachte es natürlich zur Sprache.
"Ich würde euch gern den Wunsch erfüllen, aber es geht leider nicht. Ihr beide seid noch nicht volljährig und da kann ich das nicht machen, tut mir Leid."
Jens hatte sich wieder gefasst und kam seinem Freund zuvor.
"Wir haben damit schon gerechnet, dass du ablehnen würdest. Immer wieder kommt dieses Gesetz dazwischen, dabei können wir doch schon beide sehr gut entscheiden, was wir wollen. Überlegt es euch bitte noch mal."
Mein Freund drehte mich zu sich und schaute mich an. Ich soll was dazu sagen?

"Frank, was soll ich machen? Wie würdest du vorgehen?"

"Die Gesetzte gibt es nun mal und Ärger will ich keinen haben. Trotzdem werde ich voll zu deiner Entscheidung stehen."

Danny überlegte kurz, bevor er sich wieder an unsere Gäste wandte.

"So. Beide habt ihr mitbekommen, was in uns vorgeht und ich habe mich entschieden. Ich werde keine Fotos von euch machen, solange ihr nicht volljährig seid. Ich hoffe, ihr könnt das verstehen. Aber ich habe da eine andere Idee. Das Gesetz verbietet nicht, euch gegenseitig zu fotografieren, also mache ich euch einen Vorschlag. Ich zeige euch, wie ihr die Ausrüstung bedienen und worauf ihr achten müßt. Ihr könnt die Digitalkamera benutzen. Somit könnt ihr die Bilder direkt ausdrucken. So haben wir nichts mit der Sache zu tun."

Beide waren einverstanden. Schließlich erklärte Danny ihnen, was sie machen mussten. Er zeigte, wie der Fernauslöser zu bedienen war, so konnten sie alles machen, was sie wollten. Zum Schluss kam mein Spatz aber noch ins Schwimmen, als er die Bedienung seines Notebooks erklären wollte. Ihm fiel auf, dass er hier die Aufnahmen von anderen Personen drauf hatte und er wollte nicht, dass beide darauf zugreifen konnten. Somit waren wieder meine Kenntnisse gefragt. Ich sperrte alle Dateien der Festplatten, auf denen keiner was zu suchen hatte und richtete Dave ein Konto ein. Somit konnte er nicht auf die anderen Bereiche zugreifen.

"Ich glaube, du musst mir mal einen Kurs im Umgang mit den Dingern geben. Das kann so nicht weiter gehen, auch wenn ich eigentlich den Mist hasse."

Da freute ich mich schon drauf. Danny bei mir in der Schule, das wäre geil.

"Gerne, aber nur unter einer Bedingung. Du lehrst mich deine Kochkünste und verschließt nicht immer die Töpfe vor meinen Augen."

Jetzt hatte ich ihn in der Hand, doch er nickte zustimmend und gab mir einen Kuss.

"Jetzt wo wir bald zusammen leben, hätte ich das sowieso gemacht."

Dabei grinste er mich an. Er wusste, dass er mich damit wieder ärgerte. Schließlich zeigte ich unseren Gästen, wie sie mit dem Notebook umgehen musste. Als beide es verstanden hatten, verabschiedeten wir uns, verließen die Wohnung und machten uns auf den Weg in die Eifel. Jetzt hatten wir wieder Zeit für uns. und das Wetter war auch klasse zum Spazierengehen.

"Das mit dem Kurs war mein Ernst. Ich weiß ja, was für ein Freak du bist. Übrigens, deinen PC stellst du bitte in den leeren Raum. Den kannst du dir als Arbeitszimmer einrichten, das Ding ist mir einfach zu laut."

Ich musste herzlich lachen, irgendwie konnte ich ihn verstehen.

"O.K. Du musst mir nur helfen, den Raum richtig gemütlich einzurichten. Ich habe nicht das Auge für Ästhetik wie du und ich will nicht die Wohnung verunstalten."

Danny lächelte.

"Dafür werde ich sorgen. Ich werde dich auch noch dazu bringen, ein Auge für die schönen Dinge im Leben zu haben."

"Hä? Was soll das heißen? Ich dachte, das hätte ich schon. Ansonsten hätte ich dich nicht genommen."

Nach einem kurzen Schweigen lachte er laut auf.

"O.K.,du hast gewonnen."

Die ganze Zeit liefen wir spazieren und so gegen vier kehrten wir in ein Restaurant ein, um noch etwas zu essen. Ich sprach ihn auch darauf an, dass wir nicht immer essen gehen sollten. Mit der Zeit wurde das richtig teuer. Das Geld sollten wir lieber für unseren Urlaub sparen, doch Danny meinte, den diesjährigen Urlaub würden seine Eltern bezahlen. Ich war ziemlich überrascht und fragte ihn, was das sollte. Mein Freund lächelte und erzählte mir, seine Eltern wollten ihm was Teures zu seinem Geburtstag schenken. Doch wollten sie was schenken, wovon wir beide was hätten und sie kamen auf Urlaub zu sprechen. Wir sollten uns überraschen lassen. Toll, ich mochte das nicht. Seine Eltern hatten schon so viel für uns getan und jetzt auch noch das? Nach dem Essen machten wir uns wieder auf den Weg.

Natürlich war unser Besuch noch da. Beide pennten noch auf dem Sofa im Arbeitsraum. War echt ein netter Anblick. Wir scheuchten sie auf und schickten beide erstmal duschen, danach räumten sie dann die Wohnung auf. Schließlich schnappten beide ihre Sachen und verzogen sich in den nächsten Stock, konnten sich aber nicht verkneifen, uns vorher noch anzubaggern. Als Dank hinterließen sie uns einen Ausdruck eines Bildes mit der Widmung: "Dieses Bild ist für Euch. Als Dank für das, was ihr für uns getan habt".

Am Montag schrieb ich eine Mail an meine Kollegen in der Firma und fragte, ob jemand bereit wäre, mir beim Umzug zu meinem Freund zu helfen. Ich war erstaunt über die Antworten, die ich bekam. Die meisten Kollegen sagten mir für den Termin zu und wollten tragen helfen, sogar Erich, mein Chef erklärte sich dazu bereit. Damit hatte ich nicht gerechnet. Sogar Frank erreichte ich und auch er meldete sich freiwillig, mir zu helfen. Somit hatte mein Spatz viel zu kochen. Alle, die kommen würden, wollte er beköstigen. Er hatte nicht mit so vielen gerechnet, ich auch nicht, aber da sah man, dass die meisten mich doch mochten. Schon komisch, wenn ich bedachte, wie launisch ich manchmal war. Am Abend teilte ich meinem Schatz das Ergebnis mit und auch er war sehr angetan.

"Auch wenn ich für viele kochen muss, so mache ich das doch gern. So kann ich alle deine Kollegen kennenlernen."

Wieso erst dann?

"Wie meinen? Ich dachte du kommst zu unserem Grillfest?"

Daniel drückte sich etwas rum.

"Ich weiß nicht so ganz, eigentlich habe ich keine Lust."

Er drückte sich immer noch davor. Ich konnte ihn wirklich nicht verstehen, warum er das machte. Immerhin war ich doch auch da!

"Wenn du nicht willst, brauchst du auch nicht zu kommen. Dann werde ich aber bei dir bleiben. Alleine habe ich auch keinen Bock."

Daniel winkte ab.

"Das will ich nicht. Du sollst deinen Spaß haben und sollst ihn dir nicht durch mich verderben lassen. Du weißt, warum ich keine Lust habe, aber das soll dich nicht daran hindern."

Wenn er unbedingt wollte, bitte sehr. Ich wollte und konnte ihn zu nichts drängen.

Die Woche war auch schnell wieder um und damit war der August fast vorbei. Den Freitag Abend verbrachte ich mit Frank. Bei diesem Treffen lernte ich das erste Mal Rupert, den schwulen Geschäftspartner von Frank kennen. Ich war an diesem Abend total verklemmt. Ich wusste nicht, wie ich Rupert einzuschätzen hatte. So ganz offen schien er aber auch nicht zu sein, mag aber daran gelegen haben, dass er auch noch nichts von mir wusste.

Den Samstag verbrachten Danny und ich bei ihm zu Hause und trotz schönen Wetters kamen wir nicht aus dem Bett. Er hatte sich von mir einen ganzen Tag mit Kuscheln gewünscht. Ich konnte nur hoffen, dass uns so was niemals über wurde und ewig hielt, aber eigentlich brauchte ich mir darüber wohl eher keine Gedanken zu machen. Als die Uhr wieder anzeigte, dass es Zeit wurde, ihn zu verlassen, bat er mich zum ersten Mal nicht, bei ihm zu bleiben. Mich wunderte das. Obendrein wollte er noch, dass ich erst um eins bei ihm auftauche. Außerdem sollte ich vorher nichts essen. Wollte er mich etwa schon wieder beköstigen? Ich musste ihm das sogar versprechen. Meine Frage, was er vor hätte blieb ohne Antwort. Ich sollte mich überraschen lassen. Gespannt wie ein Flitzebogen fuhr ich nach Hause und legte mich direkt ins Bett. Lange konnte ich über den morgigen Tag nicht grübeln, mir fielen ganz schnell die Augen zu.

Am nächsten Tag machte ich mich natürlich für meinen Süßen schön und bevor ich zu ihm fuhr, machte ich einen Abstecher nach Belgien. Ich wollte einen Strauß Blumen für ihn besorgen. Hatte einfach das Bedürfnis danach. Natürlich rote Rosen. Als ich pünktlich zur verabredeten Zeit bei ihm ankam, wollte ich die Wohnungstür mit meinem Schlüssel öffnen, doch es klappte nicht. Anscheinend hatte er seinen in der Tür stecken lassen.

Die schönste Frage, die ich je hörte

In mir kroch ein komisches Gefühl hoch und ich konnte nicht vermeiden, mich zu fragen, ob er mich betrogen hatte. Daniel hörte mich wohl an der Tür, plötzlich öffnete er mir. Zuerst war ich etwas erschrocken, da ich ihn nicht sofort erkannte. Er hatte sich in Schale geworfen, besser gesagt, einen schwarzen, schnieken Anzug und eine Krawatte angezogen. Zwar war ich auch nicht in Lumpen, doch gegenüber ihm sah ich etwas schäbig aus. Was sollte ich wieder davon halten? Ich überlegte eine Weile, bevor ich mich rührte. Geburtstag hatte er nicht und unser Jahrestag lag auch noch in weiter Ferne, also hatte ich doch nichts vergessen. Mir blieb nichts übrig, als mich überraschen zu lassen. Zum Glück hatte ich die Blumen hinter meinem Rücken, so hatte er sie noch nicht gesehen. Jetzt nahm ich sie nach vorne und überreichte ihm den großen Strauß Rosen. Sein Gesicht verzog sich etwas, doch dann blitzte es in seinen Augen.

"Womit habe ich das jetzt verdient? Habe ich was vergessen?"

Ich konnte nicht anders, ich musste lachen. Ihm ging es genauso wie mir.

"Nö. Ich wollte dich überraschen und dir in Erinnerung rufen, wie sehr ich dich liebe."

Daniel wurde rot, packte meine Hand und zog mich in die Wohnung. Hinter mir schloss er die Tür. Schließlich umarmte er mich und gab mir einen ganz zärtlichen Kuss.

"Das ist ganz doll lieb von dir, Schatz. Aber ich weiß doch, wie sehr du mich liebst, das brauchst du mir nicht klar zu machen."

"O.K., dann ist das geklärt. Und was habe ich vergessen? Das muss ja doch was Wichtiges sein. Anscheinend reicht es nicht, mir die wichtigen Termine aufzuschreiben."

Daniel gab mir noch einen Kuss und zog mich weiter in die Wohnung. Jetzt sah ich erst, was er noch alles angestellt hatte. Überall standen brennende Kerzen, außerdem war der Esszimmertisch schon komplett für uns zwei gedeckt und obendrein mit soviel Liebe, so was hatte ich noch nie gesehen. Auch hier standen brennende Kerzen, überall waren rote Blütenblätter auf dem Tisch verteilt und auf den Tellern waren Herzen aufgemalt. Was hatte ich bloß vergessen? Anscheinend bemerkte er mein fragendes Gesicht.

"Du hast nichts vergessen, Schatz. Ich muss dir auch mal beweisen, wie sehr ich dich mag und liebe, außerdem muss ich dir was Wichtiges sagen. Ähm, besser gesagt, dich was fragen."

Ich war gerührt, dass jemand so was für mich machte. Ausgerechnet für mich. Warum kam er bloß als Erster auf den Gedanken. Jetzt kam ich mir irgendwie mit den Blumen schäbig vor. Das sagte ich ihm auch.

"Ach nein. Du kommst dir schäbig vor? Und wie erging es mir, als du meine Wohnung in ein Blumenmeer verwandelt hast? Soll ich die Fotos rauskramen? Ich wollte dich auch schon längst so überraschen, doch du kamst mir zuvor und da musste ich ein wenig Zeit verstreichen lassen. Ich wollte nicht, dass es so aussieht, als ob ich nur eine Schuld begleichen wollte."

Er hatte Recht, daran hatte ich nicht mehr gedacht. Jetzt hatte er mich überrascht.

"Es soll aber mehr als eine Überraschung sein. Ich will auch was von dir. Das ist mir viel wichtiger. Das aber später, nach dem Essen. Ich habe Kohldampf."

Den hatte nicht nur er, doch ich war sehr gespannt, was noch kommen würde.

Daniel hatte sich beim Kochen wieder selber übertroffen. Er tischte uns ein Fünf-Gänge-Menü auf, das es in sich hatte. Um seine Kochkünste konnte ich ihn nur beneiden. Vielleicht hätte er besser Koch werden sollen, damit hätte er mit Sicherheit auch mehr verdient als das, was er jetzt bekam. Aber bei ihm schien es so, als ob er seine Hobbys wirklich zur Perfektion trieb, als Beispiel seine Fotoleidenschaft. Nach dem Essen tranken wir einen Espresso, dann brachte er eine gute Flasche Wein aus der Küche. Er bat mich, ihm auf die Couch zu folgen, doch ich wollte erst das Chaos beseitigen. Das verweigerte er strikt, also setzte ich mich neben ihn. Er drehte sich so zu mir, so dass er genau in mein Gesicht blicken konnte.

"Frank, du weißt ja, wie sehr ich dich liebe, aber ich will dir zeigen, dass ich dich noch mehr liebe. In Kürze ziehen wir zusammen, aber das reicht mir nicht. Ich will viel, viel mehr. Ich kriege einfach nicht genug von dir. Außerdem soll jeder sehen, dass du zu mir gehörst."

Er machte eine kurze Pause, bevor er weiter sprach. Dabei beobachtete er meine Reaktionen im Gesicht, doch ich versuchte mir nichts anmerken zu lassen. Zwar wusste ich nicht, worauf das hinaus lief, aber mich machte jetzt schon das, was er sagte total stolz. Daniel griff sich meine Hand, hielt und drückte sie, während er weitersprach.

"Ich weiß, dass ich mein ganzes Leben mit dir verbringen möchte. Auch wenn es noch nicht lange her ist, dass wir uns das erste Mal trafen, weiß ich jetzt doch, es gibt keinen Besseren und anderen für mich. Wir sind füreinander geschaffen, das gibt es nur einmal. Hier will ich auch zugreifen. Aus diesem Grunde möchte ich dich fragen. Willst du mich heiraten und mit mir zusammen leben?"

Wow, mein größter Wunsch ging in Erfüllung. Für mich war das der letzte Beweis, nach dem ich gesucht hatte. Er liebte mich und wollte nur mich. Jetzt wusste ich, ich brauchte mir keine Sorgen mehr zu machen, dass er sich Hals über Kopf in einen anderen verschießen würde. Noch mal Wow, mehr konnte ich wirklich nicht verlangen! Ich hatte wirklich den Traummann gefunden und ich konnte mir nicht vorstellen, dass ein anderer so gut zu mir passen würde. Mein Herz hüpfte die ganze Zeit in meinem Brustkorb hin und her. Mir wurde heiß und kalt. Ich kann wirklich nicht die Gefühle beschreiben, die ich in dem Moment empfand. Jeder kann sich denken, wie ich antwortete.

"Ich bin baff. Du machst mich überglücklich, Daniel. Ich denke, dass du meine Antwort kennst. Es kann auf diese Frage für mich nur eine Antwort geben. Ja, nichts lieber als das."

In dem Moment schlang ich meine Arme um ihn, zog ihn zu mir und verpasste ihm einen langen, zärtlichen Zungenkuss. Irgendwann musste ich den abbrechen, da ich keine Luft mehr bekam. Als ich jetzt in sein Gesicht sah, erblickte ich seine Augen. Sie schienen voll mit Wasser zu sein. Freudentränen.

"Frank, Schatz. Ich bin total happy. Ehrlich, ich wusste nicht, wie du antworten

würdest, aber mein Wunsch hat sich erfüllt. Ich liebe dich."
Jetzt umarmte er mich und knutschte mich ab.
"Ich muss dir was gestehen, Danny. Ich wollte dir auch schon diese Frage stellen, doch ich traute mich nicht. Ich dachte wirklich, dass du sagen würdest, das ginge dir zu schnell. Jetzt hast du mich gefragt und ich wüsste nicht, was ich lieber täte."
Daniel strich mir über mein Haar.
"Ich glaube fast, wir kennen uns doch noch nicht so gut, wie wir wohl immer glauben. Jeder hatte wohl Schiss, diese Frage zu stellen, obwohl beide daran dachten. Es ist schon komisch."
"Hast du einen Plan, wo und wann wir uns trauen lassen wollen? Leider geht es ja hier in Deutschland nicht. Dafür sind wir noch zu prüde."
"Ja, hab ich. Dachte so an nächstes Jahr im Februar oder März in Dänemark. Den Zeitpunkt habe ich mir ausgesucht, da wir beide noch soviel Resturlaub haben werden und bevor er verfällt, können wir ihn nehmen. Dänemark finde ich passend, da ich schon immer im Frühjahr Urlaub an der Küste machen wollte. Außerdem ist das für unsere Freunde auch nicht allzu weit. Ich habe mir das alles schon ausgedacht, ich hoffe, du hast nichts dagegen."
Ich schüttelte den Kopf.
"Nö, sollte ich? Das hört sich doch alles super an und wir haben auch noch ein wenig Zeit bis dahin. Daniel, ich bin so stolz und glücklich."
Wir kuschelten uns ganz eng aneinander.
"Ich habe da aber noch eine Frage. Wer von uns soll schwarz, und wer weiß tragen?"
Ich schreckte hoch. Was fragte er da? Damit wollte ich nichts zu tun haben!
"Hä? Moment mal, an ein Brautkleid hatte ich nicht gedacht. Zumindest will ich nicht die Person sein, die es trägt."
Daniel fing herzhaft an zu lachen.
"Du bist manchmal komisch. Wer hat denn was von einem Kleid gesagt? Dachte eher an einen weißen und einen schwarzen Smoking. Ich stehe auch nicht so auf Kleider, das muss nun wirklich nicht sein."
Auch ich musste über meine Naivität lachen. Sagte er wirklich Smoking? Anscheinend wollte er es sehr nobel haben, aber ich wusste, dass ich mich sehr unwohl darin fühlen würde.
"Sag mal, hast du mit jemanden darüber gesprochen, oder bin ich der Erste?"
"Na klar bist du der Erste. Woher sollte ich wissen, wie du darauf reagierst? Ich wollte keinem den Anlass geben, sich für uns zu freuen, ohne dass ich mich freuen konnte. Aber weißt du, was du jetzt machen kannst? Du kannst für dich einen Trauzeugen suchen. Ich habe meinen nämlich schon, es wird Sven werden. Hoffe ich wenigstens."
Das bedarf natürlich einer sehr guten Überlegung. Zur Zeit kämen drei Personen für mich infrage. Frank, weil er zur Zeit mein bester Freund war,

dann Marcus, da ich ihn schon aus dem Kindergarten her kannte und wir uns immer noch sehr gut verstanden. Schließlich fiel mir spontan Patrick ein. Ihn kannte ich zwar noch nicht lange, auch noch nicht gut, aber immerhin war er meine erste große Liebe. Das bedarf einer guten Überlegung und ich konnte nur hoffen, dass Frank mir nicht böse wäre, wenn ich jemand anderen für diese Aufgabe ausgesucht hätte. Immerhin wollte er mich als seinen Trauzeugen haben. Bis dahin war aber noch etwas Zeit.

"Wann willst du es deinen Eltern sagen? Die wirst du ganz bestimmt ziemlich schocken."

Danny lächelte, als ob er gerade an was dachte.

"Am nächsten Samstag, wenn wir bei ihnen unten sind. Ist zwar der Geburtstag meiner Mutter, aber so wie ich sie kenne, wird sie das wenig stören. Wahrscheinlich bestehen sie darauf, uns mit den Klamotten auszustatten."

Immer wieder hatte er Hintergedanken, aber warum auch nicht. Man sollte an jeder Ecke, die es gab, sparen. Der Tag würde sowieso sehr teuer werden.

"Hast du dir wegen deines Antrages soviel Mühe gemacht und dich in Schale geworfen? Das wäre doch nicht nötig gewesen."

Mein Freund schüttelte seinen Kopf.

"Schluss. Sicher war das nötig. Wenn ich so eine Frage stelle, gehört auch das richtige Ambiente dazu. Außerdem weißt du, dass ich so was sehr gerne mache und ganz besonders für dich. Lass uns darüber keinen Ton mehr verlieren, sondern machen wir es uns gemütlich."

Gut, wenn er es so wollte. Doch mich störte, dass noch der ganze Kram auf dem Tisch stand. Wenn wir es jetzt nicht wegräumen würden, stände das bis morgen.

"Lass uns erst alles aufräumen. Ich werde dir auch helfen."

"Du hast Recht, aber du bleibst hier sitzen. Ich habe das fabriziert, dann muss ich auch alles sauber machen. Ich brauche auch nicht lange."

Damit war ich aber nicht einverstanden. Als er aufstand und sich an die Arbeit machte, folgte ich ihm. Er wollte darauf etwas sagen, aber als er meinen Gesichtsausdruck sah, verschluckte er die Worte wieder. Mit einem Stapel Geschirr folgte ich ihm in die Küche, aber als ich mich umsah, bekam ich einen Schock. Er war wohl gerade mit dem Essenkochen fertig geworden, als ich zu ihm kam. Die Küche sah noch so aus, als ob eine Bombe eingeschlagen hätte. War auch verständlich, bei dem, was er aufgetischt hatte. Das, was ich in der Hand hatte, stellte ich irgendwo ab. Danny ließ Wasser ins Becken laufen. Alles konnten wir wirklich nicht in die Spülmaschine stellen. Ich verschwand wieder, ging aber erst ins Schlafzimmer. Auch hier hatte er gewerkt, überall standen Kerzen und Blumen. Doch ich wollte was anderes. Ich schnappte mir weite Shorts und ein T-Shirt von meinem Liebsten und zog mich um. Zum Glück hatte ich schon soviel abgenommen, dass sie mir passten. Die Arbeit würde nämlich etwas schweißtreibend werden und meine

Klamotten waren dafür einfach nicht geeignet. Nachdem ich mich umgezogen hatte, schnappte ich mir den restlichen Plunder vom Wohnzimmertisch und brachte alles in die Küche. Als Danny mich erblickte, zog er eine Augenbraue hoch.

"Warst du etwa im Schlafzimmer? Dann hast du ja schon alles gesehen."
Ich schüttelte verneinend den Kopf.
"Nein, habe ich nicht. Na gut, nur ein bisschen. War das schlimm?"
"Ist egal. Alles hast du bestimmt nicht gesehen. Das ist aber wirklich eine gute Idee. Hättest du was dagegen, wenn ich mich auch umziehe?"
"Warum sollte ich? Am liebsten wäre es mir, wenn du dich nur ausziehst."
Bei der letzten Bemerkung konnte ich mir ein Grinsen nicht verkneifen. Daniel schlug mir mit seiner flachen Hand auf den Hintern, verließ die Küche, doch an der Tür drehte er sich um.

"Übrigens, meine Klamotten stehen dir wirklich gut. Du hast schon ganz schön abgenommen, wenn sie dir passen. Können wir demnächst auch mal Kleidung tauschen."
Damit verschwand er endgültig. Ich machte mich an die Arbeit und spülte das ganze Geschirr ab. Als er nach kurzer Zeit die Küche wieder betrat, musste ich zweimal hinschauen, um ihn zu betrachten. Er hatte nichts weiter an als einen Tanga-Slip.

"Scheiße, ich dachte, wir wollten erst die Arbeit erledigen. Jetzt tauchst du so auf? Willst du mich reizen und von der Arbeit abhalten?"
Daniel lachte.
"Eigentlich nicht. Wollte nur deinen Wunsch erfüllen. Etwas habe ich mir aber doch angezogen, damit du nicht ganz abgelenkt wirst."
Er wollte mich also nicht ablenken? Na danke. Dafür hatte er sich aber falsch gekleidet. Seine Nacktheit hätte mich wahrscheinlich nicht so angemacht, wie sein jetziger Aufzug. Trotzdem wollte ich ihm beweisen, dass ich immer noch arbeiten konnte. Doch ließ ich es mir nicht nehmen, etwas Seifenschaum aus dem Waschbecken zu nehmen und ihn auf seine Ausbuchtung der Hose zu streichen. Das sah zu heiß aus. Zuerst betrachtete er sich, dann lachten wir beide. Schließlich hatten wir unseren Spaß und erledigten die Arbeit. Wir waren schon fast fertig, da kramte mein Freund am Kühlschrank, näherte sich mir von hinten und plötzlich merkte ich, wie er mir mit seiner Hand in die Hose fuhr. Als er sie wieder wegnahm, bekam ich fast einen Schock. Er hatte mir einen Eiswürfel zwischen Hose und meinen Sack geklemmt. Autsch, war das kalt, und um das Ding schnell wieder los zu werden, riss ich mir die Shorts vom Körper. Daniel grinste und betrachtete mich ausführlich.

"Wer will jetzt von der Arbeit ablenken, du oder ich?"
Ich wollte nichts erwidern, doch als ich wieder meine Sachen anziehen wollte, merkte ich, dass sie nass und kalt waren. Es blieb mir also nichts weiter übrig als mich komplett zu entkleiden, somit war ich also nackt. Mein Freund

schüttelte seinen Kopf, grinste aber dabei. Trotz dieser Aufmachung schafften wir es, die Wohnung wieder in Ordnung zu bringen. Als er am Waschbecken stand, um sich seine Hände zu waschen, näherte ich mich ihm von hinten und preßte mich an seinen Rücken. Dabei zwängte sich mein Glied zwischen seine Pobacken. Er kicherte. So eingezwängt, drehte er sich zu mir und küsste mich auf den Mund.

"Du geiler Bock. Was hast du jetzt wieder mit mir vor? Willst mich wohl vergewohltätigen, was? Na dann komm."

Er griff sich meine Hand und zog mich ins Schlafzimmer. Eine Zeitlang schauten wir uns in die Augen und mir kam es so vor, als ob ich in ihnen versinken würde. So langsam wurde es draußen dunkel, da stand er auf und zündete alle Kerzen an. Das Zimmer wurde in ein weiches Licht getaucht und dazu schaltete er die Stereoanlage ein. Die programmierte er ein wenig, da er sich kurz vorher einen großen CD-Wechsler gekauft hatte. Schließlich kam er wieder zu mir und kuschelte sich ganz eng an mich. Zuerst liefen ein paar Lieder der Moffatts. Die erinnerten mich an den Tag, an dem ich ihn kennen gelernt hatte. Danach folgte die Titelmelodie von dem Film Armageddon. Aerosmith, *I don't want to miss a Thing*. Ich wusste zwar nicht warum, aber das Lied hatten wir als unser Lied auserkoren und jedes Mal wenn es irgendwo zu hören war, lief mir ein Schauer über den Rücken. Vielleicht lag es daran, weil uns beide der Film so gerührt hatte, ich wusste es aber nicht. Auch diesmal blieb bei uns die Reaktion nicht aus und wir schmiegten uns noch enger aneinander. Plötzlich sah ich einige Tränen auf den Wangen meines Freundes.

"He, Schatz. Was hast du?"

Ich drückte noch etwas fester, um ihm zu zeigen, dass ich bei ihm war.

"Ich weiß nicht, aber das Lied finde ich einfach nur gut und ich muss immer wieder an den Film denken. Ich weiß, es war nur ein Film, aber es könnte ja mal sein, dass so etwas passiert. Ich habe Angst davor, dass wir in dem Augenblick nicht zusammen sein können. Klingt wirklich kindisch, oder?"

Er glaubte wirklich, dass das kindisch war? Ich fand das gar nicht. Im Gegenteil, ich konnte ihn sehr gut verstehen.

"Nein, finde ich nicht. Aus diesem Grunde sollte man vielleicht sein Leben noch intensiver leben und am besten das mit der Person, die man dafür ausgewählt hat."

"Sag doch gleich mit dir, du bist nun mal die Person. Du hast vollkommen Recht."

Leider verging die Zeit wieder zu schnell, auch wenn man nur eng aneinander gekuschelt im Bett lag und der Musik lauschte. Doch diesmal hatte ich absolut keine Lust mehr, nach Hause zu fahren, also rührte ich mich nicht. Daniel sprach mich aber an.

"Schatz, ich glaube, es wird Zeit, dass du nach Hause fährst. Ich will nicht daran schuld sein, wenn du morgen an deinem Schreibtisch einpennst."

Ich rührte mich nicht.

"Keine Lust. Ich bin schon zu Hause. Darf ich....."

Weiter kam ich nicht. Mein Liebster drückte seine Lippen auf den Mund und küsste mich.

"Das war das Schönste, was du in diesem Moment sagen konntest. Wie du schon selber sagtest, du bist zu Hause und damit brauchst du auch nicht zu fragen, ob du hier bleiben darfst. Verstanden?"

Ich hatte verstanden und es war nur zu schön. Kurze Zeit später schlief ich in Daniels Armen ein. Keine Ahnung, wie lange ich geschlafen hatte, doch als ich wieder erwachte, lief keine Musik mehr und nur noch eine Kerze brannte auf dem Nachtisch. Daniel hatte seinen Kopf auf einer Hand abgestützt und betrachtete mich.

"Hi, was hast du?"

Plötzlich lächelte er.

"Ich habe nichts. Ich wollte dich nur beim Schlafen betrachten."

Ein kurzer Blick auf die Uhr zeigte mir, dass Mitternacht schon seit zwei Stunden vorbei war.

"Sag bloß, du hast mich die ganze Zeit beobachtet?"

Wieder war auf seinem Gesicht ein Lächeln zu sehen.

"Du spinnst, Danny. Du musst morgen arbeiten. Komm jetzt, du brauchst auch etwas Schlaf."

"Wenn ich dich so sehe, brauche ich keinen. Es ist nur schön, dich zu betrachten und dabei deinem Sägen zu lauschen. Der Wald ist schon ganz kahl."

Jetzt musste ich lachen. Danny war wirklich manchmal ein großer Spinner.

"Du Idiot. Komm jetzt, keine Widerrede."

Doch eins wollte ich wirklich noch wissen.

"Sag mal, schnarche ich wirklich so laut? Stört es dich nicht?"

"Du schnarchst, mir ist es aber nicht zu laut. Ich finde nur etwas erstaunlich. Manchmal schnarchst du und mal wieder nicht, auch wenn du in der gleichen Position liegst. Die erste gemeinsame Nacht störte mich das. Jetzt aber nicht mehr, im Gegenteil. Wenn ich dich höre, weiß ich doch, dass du neben mir liegst."

Gut, jetzt wusste ich das und mich beruhigte es ein wenig. Doch ich wollte jetzt weiterschlafen, so zog ich Danny zu mir und wollte mich an ihn drücken.

"Ich kann noch nicht pennen. Spürst du nicht den Grund?"

Jetzt, wo er es sagte, spürte ich etwas Hartes zwischen seinen Beinen.

"Bist du etwa geil, nur vom Betrachten?"

"Ja, bin ich. Sorry, aber jetzt weißt du wenigstens, was du mit mir machst. Aber dir geht es ja auch nicht besser."

Mir ging es wohl besser, ich hatte noch keinen Ständer. Doch er wusste genau, wie er den Zustand ändern konnte. Mit einer Hand griff er sich meinen Schwanz und wichste solange, bis er wieder steif war.

"Du bist ein Schuft. Und was machen wir jetzt?"
Ich erkannte, wie ein Lächeln über sein Gesicht huschte.
"Ich weiß was. Ich wollte schon immer mal, dass du mir einen wichst und ich dann bei dir. Nur mit der Hand."
"Echt, du bist mir einer. Aber ich weiß was Besseres."
Zeig mir mal, was besser ist."
Das fand ich gut, letztes Mal hatte es mich auch total geil gemacht. Ich setzte mich auf seine Beine, zog unsere beiden Ständer zusammen, griff diese mit einer Hand und begann sie kräftig zu wichsen. Danny ließ ein Stöhnen entweichen, doch dann konzentrierte er sich auf die Empfindung, die auch wirklich toll war. Die ganze Zeit schauten wir uns in die Augen und wir konnten gut erkennen, wie weit der andere war. Leider hielt ich es nicht solange durch wie er, doch aufhören wollte ich nicht. Als es mir kam, verkrampfte ich mich richtig. Es bildete sich ein kleiner See auf seinem Oberkörper. Das Gefühl einen zuckenden Penis an seinem eigenen zu spüren, war auch für Daniel zu viel. Kurze Zeit später füllte sich der See noch einmal. Danny schwamm richtig, ich ließ es mir aber nicht nehmen, die Sauerei mit meiner Zunge zu entfernen. Dann legte ich mich zu ihm. Jetzt blies er noch die letzte Kerze aus und wir schliefen Arm in Arm ein.
Am nächsten Morgen riss uns der Wecker aus den Träumen. Mein Spatz hatte ihn zum Glück früher gestellt, so konnten wir uns noch etwas Zeit beim Duschen und beim Frühstück lassen. Doch musste ich zugeben, meinem Körper fehlten heute Unmengen an Schlaf, ihm ging es aber auch nicht besser, nur mit dem Unterschied, seine Augenränder waren besser zu sehen als meine. Doch die Dusche machte uns wieder etwas munterer. Das Beste nach dem Aufstehen, war für mich immer die gemeinsame Dusche mit Danny und das gegenseitige Waschen mit den kleinen Spielereien. Danach frühstückten wir gemeinsam, dann trennten sich unsere Wege. Nach dem Mittag rief mich mein Freund kurz an und bat mich, später meinen Rechner mitzubringen, damit wir mal ein Back-up von seiner Platte ziehen konnten. Also machte ich an diesem Tag pünktlich Feierabend, fuhr kurz bei mir vorbei, schnappte meinen Rechner und fuhr zu meinem Liebsten. Bei ihm begann ich sofort mit der Arbeit.Nach etwa einer halben Stunde hatte ich die Verbindung zu meinem Rechner hergestellt und begann mit der Datenübertragung. Daniel schaute mir währenddessen aufmerksam und mit großen Augen zu.
"Ich habe wirklich einen Freund gefunden, der anscheinend alles kann. Für mich sind das alles nichtssagende Begriffe. Wo hast du das gelernt, in der Schule oder einen Kurs besucht?"
"Weder noch. In der Schule hatte ich genauso große Abneigungen gegen Rechner wie du heute und für einen Computerkurs fehlte mir immer das Geld. Ich habe mir alles selber beigebracht, durch Versuch und Irrtum. Da lernt man sehr viel. Wenn man ständig die Systeme neu hochziehen muss,

da man es wieder geschafft hatte es zu plätten. Außerdem spiele ich mit Programmen und Anwendungen immer sehr viel rum, bevor ich lese, wie es eigentlich richtig geht. Aus diesem Grunde behält man die Fehler, die man einmal gemacht hat und macht sie auch nie wieder. Hoffe ich wenigstens."
"Ich beneide dich wirklich."
"Brauchst du nicht, wenn du willst, kann ich dir alles beibringen. Außerdem beneide ich dich um deine Hobbys und wie gut du diese beherrschst."
Daniel nickte, ließ mich aber weiter arbeiten. Schnell hatte ich alles, was auf die CD sollte, von seinem Rechner gesaugt und in Unterverzeichnisse gepackt, so dass jedes Verzeichnis so groß war, dass es genau auf eine CD passte. Insgesamt brannte ich an dem Abend vierzehn CDs, nur um ein Back-up zu erstellen.
Den Rest der Woche verbrachten wir natürlich auch zusammen und am Freitag Abend fiel uns ein, dass wir für den nächsten Tag noch kein Geschenk für Eva hatten. Danny meinte, das wäre kein Problem. Seine Mutter wollte schon immer seine Kochrezepte haben, die er entworfen hatte. Jetzt würde sie sie halt bekommen. Er kramte kurz in einer Schublade und zog ein zerfleddertes Schulheft hervor.
"Wir müssen morgen nur kurz in einen Copyshop, um das Heft zu kopieren."
Ich schaute mir das Teil an, Danny hatte zwar eine sehr schöne Schreibschrift, doch auf den Seiten waren Flecken und so was wollte er seiner Mutter schenken? Ich hielt das Heft hoch.
"Also, so was kannst du Eva doch nicht antun. Sie hat bestimmt was Besseres verdient als diese Kladde oder eine Kopie davon."
Daniel schluckte einmal, bevor er antwortete.
"Ja, das weiß ich doch auch. Eigentlich wollte ich das abtippen und ausdrucken, aber irgendwie habe ich das wohl verschwitzt. Und mit meinen Anschlägen auf der Tastatur bekomme ich das heute auch nicht mehr hin."
Ich grinste, wusste ich doch, dass ich das schaffen konnte.
"Gut. Werde mich halt noch an deinen Computer begeben und das schnell machen. Morgen können wir das in einem Kopierladen ordentlich drucken lassen. Was hältst du davon?"
"Das wäre genial. So würde sie auch was von uns beiden bekommen."
Also schnappte ich mir seine Kladde und begab mich an den Notebook. Zum Glück hatte er auch genügend und vor allem die richtige Software, um das zu machen. Als Erstes tippte ich den Kram ab, formatierte den Text richtig und am Ende fügte ich einige Sachen so hinzu. Brauchte halt einen Buchdeckel und Rücken sowie ein Inhaltsverzeichnis. Zwar saß ich etwa sechs Stunden an dem Teil, aber zum Schluss war es mir gelungen. Danny konnte sich das auf dem PC nicht vorstellen, also musste er bis morgen auf den Ausdruck warten. Am Samstag standen wir gemeinsam recht früh auf und fuhren mit der Diskette in der Hand in einen Kopierladen. Hier ließen wir alles farbig drucken und vernünftig binden und jeder schrieb noch einen Gruß

in das Buch. Mein Liebster war glücklich und noch im Laden umarmte und küsste er mich. Das auch noch vor dem Verkäufer. Der sah uns etwas schief an. Aber wen interessierte das schon? Schließlich fuhren wir zu seinen Eltern. Vorher kauften wir noch einen großen Strauß Blumen. So konnten wir uns bei seinen Eltern blicken lassen. Als wir den Wagen in der Einfahrt zum Haus abstellten, ging die Haustüre auf und Harald stürmte auf uns zu.

"Hallo, ihr beiden, da seid ihr ja endlich."

Wir begrüßten uns, wobei er nicht nur seinen Sohn in den Arm nahm, sondern auch mich. Ich konnte mich noch immer nicht daran gewöhnen. Beide folgten wir Harald ins Haus und er brachte uns ins Wohnzimmer. Hier saßen schon einige Gäste, die ich nicht kannte, aber das änderte sich schnell. Die Personen schienen wohl alle zur Familie zu gehören. Mein Freund ging zu jedem Einzelnen und begrüßte sie mit Umarmung und Küsschen auf die Wangen. Als er durch war, stellte er mich der Runde vor.

"So, jetzt wo ich alle begrüßt habe, darf ich bestimmt meinen Liebsten vorstellen. Das ist Frank, mein Lebenspartner. Frank, das ist der Rest meiner Familie."

Daniel stellte mir jeden einzeln vor. Alle standen von ihren Plätzen auf, begrüßten mich recht herzlich. Einige mit Handschlag, die Frauen mit Kuss auf die Wangen. Harald meinte, dass wir jetzt komplett wären und wir uns irgendwo niederlassen sollten, aber ich wollte Eva begrüßen.

"Harald, wo ist Eva? Ich vermisse sie in der Runde."

"Wo soll sie denn schon sein, sie steht in der Küche und bereitet alles vor. Wenn ich du wäre, würde ich da jetzt nicht reinschneien."

Ich ließ es mir aber nicht nehmen und bahnte mir einen Weg durch die Stühle. Mein Freund folgte mir in kurzer Entfernung und als er durch das Gewirr durch war, griff er sich meine Hand. Vor der Küche fiel mir ein, wir hätten die Geschenke vielleicht mitnehmen sollen, also holten wir sie noch schnell und betraten das Heiligtum. Als wir nur die Tür öffneten, schoss uns schon die Herzlichkeit von Daniels Mutter entgegen.

"Raus, hier hat niemand was zu suchen."

Jetzt wusste ich, von wem mein Schatz das hatte, mich ständig aus der Küche zu schmeißen. Ich ließ mich nicht beirren und trat ein. Danny folgte mir, konnte sich aber ein breites Grinsen nicht verkneifen. Eva merkte schnell, dass noch jemand in dem Raum war. Daraufhin drehte sie sich um. Ihr Gesicht verriet Ärger, doch als sie uns erblickte, wich der Ausdruck Freude.

"Ha, tut mir Leid, dass ich euch so angefaucht habe, aber ich dachte, es wäre jemand anderes. Finde ich toll, dass ihr beide der Einladung gefolgt seid."

Natürlich ließ ich meinem Freund den Vortritt, seine Mutter zu begrüßen und seine Glückwünsche auszusprechen, dann folgte ich. Als wir so zusammen standen, nahm sie uns beide noch mal kräftig in ihre Arme und drückte uns.

"Ich finde das ganz toll, dass du mitgekommen bist. Was anderes hätte ich auch nicht akzeptiert."

Ich wusste ja schon von Danny, dass sie explizit darauf hingewiesen hatte, dass ich mitkommen musste. Ansonsten hätte er auch nicht kommen brauchen.

"Selbstredend. Das ließ ich mir nicht nehmen, besonders bei euch nicht. Was denkst du nur von mir?"

Sie lachte mich an.

"Nur das Beste. Mit halben Sachen geben wir uns alle nicht ab."

"Na herzlichen Dank für die Blumen. Apropos Blumen."

Damit überreichte ich ihr den Strauß, auch Danny gab ihr das in Geschenkpapier eingewickelte Kochbuch. Zuerst stellte sie die Blumen in eine Vase mit Wasser und dann öffnete sie das Päckchen. Zuerst wunderte sie sich, aber als sie so durchblätterte, erkannte sie, was es eigentlich darstellte. Immerhin war es auch nicht sofort zu erkennen. Als Coverbild hatte ich eine von Dannys Aufnahmen genommen, die uns beide zeigte. Natürlich hatte ich den für uns liebsten Teil abgeschnitten, das hätte nicht gepasst. Eva las die Widmung, dann bedankte sie sich mit Küsschen.

"Danke euch beiden, das ist wirklich das schönste Geschenk. Immerhin wollte ich schon seit langem deine Rezepte haben, aber dass ich sie so ordentlich kriege, da muss ich ja wohl meine Meinung über meinen Sohn ändern."

Daniel wurde leicht rot im Gesicht.

"Da kannst du dich bei Frank bedanken. Eigentlich wollte ich nur mein Sammelsurium kopieren, aber er fand das nicht so passend. Mein Schatz hat noch etliches an Zeit reingesteckt, um das Aussehen zu verbessern."

"Das hatte ich mir schon fast gedacht, du bringst so was ja nicht fertig. Kleiner Scherz, lasst mich aber jetzt weiterarbeiten."

Mir fiel auf, dass sie wohl noch einiges zu tun haben würde, so bot ich ihr meine Hilfe an, aber sie lehnte dankend ab und wollte, dass wir uns amüsierten. Außerdem sollten die anderen Gäste mich auch kennen lernen. So taten wir ihr den Gefallen und verzogen uns ins Wohnzimmer, wo die anderen schon auf uns warteten. Sie unterhielten sich gerade über uns beide, als wir das Zimmer betraten. Zuerst verstummte das Gespräch, aber schließlich fuhren sie fort. Wir belegten zwei Plätze nebeneinander und ich griff mir Dannys Hand. Wenn ich ehrlich war, ich fühlte mich unwohl. Immerhin waren mir die ganzen Gesichter unbekannt und obendrein redeten sie über uns. Aber schließlich bezogen sie uns mit in das Gespräch ein. Zuerst musste ich über mich berichten, was ich so machte und wie ich lebte. Schließlich mussten wir ihnen erzählen, wie wir uns kennen gelernt hatten. Dieses Thema hielt sich, bis Eva uns zu Tisch rief. Wir wollten uns zuerst ziemlich weit außen hinsetzen, da meldeten sich aber die anderen und wollten uns trennen, so dass jeder woanders sass. Zum Glück griff Eva in die Diskussion ein.

"Die beiden gehören an meine Seite. Immerhin ist das heute mein Tag und ich darf bestimmen, was gemacht wird."

So nahmen wir neben ihr Platz. Daniel musste aber wieder auffallen. Während des Essens begann er mich zu füttern. Mir war das peinlich, aber die Gäste fanden das anscheinend sehr komisch. Besonders Haralds Bruder.

"Siehst du, mein Sohn, so geht man mit seiner großen Liebe um. Nicht so wie du es praktizierst."

Er hatte, wenn ich mich so recht an den Namen erinnerte, Dieter angesprochen. Dieter war ein junger Mann, so in Dannys Alter, und wenn ich es richtig mitbekommen hatte, saß neben ihm seine Freundin. Die fing an zu lachen, der Junge aber wurde etwas rot. Ihm war es offensichtlich peinlich, mir auch. Gefüttert wollte ich noch nicht werden. Aber meine Spezialität war ja eher die Rache, so nahm ich eine Spargelstange zur Hälfte in meinen Mund und näherte mich Dannys Gesicht. Er gab sich nicht die Blöße, sondern zog das Spiel mit durch. Er verschlang regelrecht die ihm angebotene Hälfte. Zum Glück war ich der Einzige, der merkte, wie er seinen Kopf hin und her bewegte, als ob er etwas anderes im Mund zum Verwöhnen hätte. Nur hatte ich nicht alle richtig beobachtet. Schließlich beendete er das Spiel, indem er die Spargelstange biss, mir noch einen Kuss gab und sich wieder seinem Teller zuwandte. Auch ich wollte weiter speisen, doch fiel mein Blick auf Dieters Freundin. Sie hatte uns die ganze Zeit beobachtet und zwinkerte mir jetzt zu. Der restliche Besuch hatte anscheinend nichts gerafft, so war es mir nicht ganz so peinlich. Nach dem Essen gingen alle ins Wohnzimmer, außer dem Mädchen und mir. Wir halfen Eva beim Wegräumen und machten parallel in der Küche für alle Espresso.

"Sag mal, Frank, ich konnte jetzt das erste Mal Schwule so richtig beobachten. Sind alle so wie ihr beiden? Ich meine, so offen, als ob niemand sich um euch kümmern würde."

Ich war überrascht, dass mir so eine Frage gestellt wurde. Sie spielte auf die Szene bei Tisch an.

"Was meinst du mit offen? Etwa das, was am Tisch gelaufen ist?"

Sie nickte und Eva drehte sich interessiert zu uns.

"Ich kann dir nicht sagen, wie offen die anderen sind, aber die, die ich kenne, die sind es schon. Ich kenne aber in Wirklichkeit noch nicht viele. Außerdem, warum sollten wir uns verstecken oder zurückhalten? Es wissen doch alle, dass wir zusammen sind."

"Ich meinte nur. Mein Freund würde so was nie in der Öffentlichkeit machen und, um ehrlich zu sein, ich fand das schön."

"Jeder muss doch für sich selber wissen, wie er sich verhält. Ich hätte auch nicht die Initiative ergriffen, aber Daniel hat angefangen und ich wollte das nicht auf mir sitzen lassen."

Sie wollte noch einige Dinge über uns wissen, zum Beispiel, ob wir in der Öffentlichkeit Händchen hielten und uns küssen würden.

Schließlich war der Espresso fertig und wir drei gingen zu den anderen. Danny hatte neben sich einen Platz frei gehalten und winkte mich zu sich. Ich folgte der Aufforderung und als Dank bekam ich einen dicken Zungenkuss. Das Mädchen hatte sich einen Stuhl geschnappt und nahm jetzt neben uns Platz. Sie wollte noch weitere Sachen von uns erfahren und wir gaben ihr ausführlich Auskunft. Nach kurzer Zeit hatten wir auch Dieter neben uns, somit war die Jugend vereint. Ingrid folgte unserem Beispiel und griff sich die Hand von Dieter. Er wollte sie zuerst wegziehen, überlegte es sich anders und gab ihr einen Kuss. Jetzt wollte ich aber von meinem Freund wissen, wann er gedachte, die Neuigkeiten von uns zu verbreiten.

Der letzte Test

"Schatz, wann willst du deinen Eltern unser Vorhaben beichten?"
"Was haben wir denn beide vor?"
Mann, wie war der drauf? Er wollte mich wohl ärgern.
"Unsere Entscheidung zu heiraten."
Das hatte auch Ingrid mitbekommen und sie hakte nach.
"Was wollt ihr beiden?"
Das sagte sie so laut, dass es alle Anwesenden mitbekamen und ihre Gespräche stoppten, um zu lauschen. Danny wandte sich in dem Moment an mich und flüsterte in mein Ohr, so dass nur ich es hören konnte.
"So, Schatz, jetzt zeige mir, wie sehr du mich liebst und berichte meiner Familie, was wir beide vor haben. Ich wollte es sowieso, dass du es sagst. Ein letzter Test, ob du mich so stark liebst, dass du deine Scheu überwindest."
War das ein Armleuchter! Irgendwann würde ich ihm das schon heimzahlen! Glaubte er wirklich, dass ich mich nicht trauen würde? Wollte er tatsächlich meine Loyalität noch mal testen? Ihm konnte ich da einen Strich durch die Rechnung machen, aber einen ganz besonderen dicken. Alles war still und jeder hatte seinen Blick auf uns gerichtet. Das machte es mir nicht leichter, doch ich wollte es selber und da konnte mich auch nichts mehr aufhalten. Ich stand auf und wandte mich an unsere Gastgeber.
"Eva, Harald, ich danke euch für die Einladung, aber ich will die Gelegenheit nutzen, um noch etwas anderes los zu werden."
In der kurzen Pause fiel mir noch ein, wie ich das noch schöner ausschmücken konnte. Vielleicht würde ich es sogar schaffen, Daniel zu überraschen.
"Ich möchte hiermit um die Hand eures Sohnes anhalten und zu unserer Heirat euren Segen erbitten."
Gut, dass ich einige alte Filme kannte. Dort hatten die Leute das immer so gemacht. Außerdem war es für mich leichter, da ich die Möglichkeit hatte, das ins Lächerliche zu ziehen. Bei den Gästen war ein Raunen zu hören. Eva und Harald schauten sich in die Augen und nickten. Schließlich standen beide auf und nahmen mich nacheinander in den Arm.

"Eigentlich knieten die Personen, die um eine Hand angehalten haben, immer vor den Eltern. Wir bestehen aber nicht darauf. Frank, wir geben dir hiermit unseren Segen. Heute würde man sagen, wir sind stolz, dich in unserer Familie begrüßen zu können."

Mann, war ich erleichtert, erstens weil ich es so über die Lippen gebracht hatte und zweitens, weil seine Eltern es so gut aufnahmen. Ich schielte kurz zu Daniel, doch der saß immer noch auf seinem Stuhl und bewegte seinen Kopf hin und her, als ob er es immer noch nicht fassen konnte. Dann stand er auf und nahm mich in den Arm.

"Du bist mir vielleicht einer. Dachte ich doch wirklich, du würdest das nur kurz in den Raum stellen. Aber so....? Du kannst manchmal sehr romantisch sein, ich meine in der Öffentlichkeit. Bei mir bist du es ja immer."

Auch er wurde von seinen Eltern in den Arm genommen und beglückwünscht. Die anderen Gäste kamen auf uns zu und gratulierten, wobei Ingrid die Erste war. Sie ließ es sich auch nicht nehmen, mich zu drücken. Harald wandte sich an uns.

"Wann ist es bei euch soweit? Ich meine natürlich die Hochzeit."

Danny drehte sich zu mir und nickte kurz. Ich sollte die Frage beantworten.

"Wir haben uns für nächstes Jahr Februar oder März entschieden, wobei ich eher zu März tendiere. Da es in Deutschland noch nicht geht, haben wir uns für Dänemark entschieden. Außerdem können wir die Fahrt mit einem ausgedehnten Urlaub dort oben verbinden."

Beide nickten nur, aber jetzt wandte sich Eva an uns.

"Da habt ihr mir ein schönes Geschenk gemacht. Ich freue mich wirklich für euch beide und ich bin auch stolz. Wann wollt ihr euch verloben, oder habt ihr das schon gemacht?"

Mein Schatz war mit der Beantwortung der Frage schneller.

"Nein, verlobt haben und werden wir uns nicht."

Als er das sagte, schaute er mich an, um meine Reaktion abzuwarten. Ich kannte seine Einstellung zu dem Thema und meine war die Gleiche.

"Ich möchte nicht die gleiche Prozedur wie ein Heteropaar machen. Wenn wir schon als eine Ausnahme betrachtet werden, so sind wir sie auch. Ich kann einer Verlobung nichts abgewinnen und Frank auch nicht. Die Heirat ist für uns beide aber was Besonderes."

"Schade, ich dachte, es gäbe auch dieses Jahr noch was zu feiern. Und wann wollt ihr zusammen ziehen?"

Auch hier ließ ich meinem Spatz den Vortritt.

"Ist alles schon geplant. Am 10. Oktober werden Franks Sachen zu mir in die Wohnung geschafft und ab da wird er auch nur noch bei mir zu erreichen sein. Ich lasse ihn dann nicht mehr fort."

Mit dem letzten Satz griff er sich meine Hand und drückte sie.

Kurz nach dem Kaffee verabschiedeten sich Evas Gäste und ließen uns vier allein.

"Wir haben für euch noch eine Überraschung. Ich habe mir die Freiheit genommen, eure Freunde zu meinem Fest einzuladen. Sie können leider erst später kommen, ich glaube, es wird so langsam Zeit, dass sie hier auftreffen."

Beide freuten wir uns sehr, Sven und Susi wieder zu sehen und ihnen auch gleich die Neuigkeiten bekannt zugeben. Lange brauchten wir nicht mehr zu warten und es klingelte an der Tür. Man bat mich, diese zu öffnen und das tat ich gern. Es waren tatsächlich unsere Freunde, die mich sofort in die Arme schlossen. Zusammen betraten wir das Wohnzimmer, hier ging die Begrüßung weiter. Wie setzten uns in eine gemütliche Runde und Harald spendierte noch das richtige Getränk dazu. Natürlich guten Rotwein, aber leider musste ich heute fahren und konnte nichts trinken. Daniel berichtete von unserem Vorhaben, uns trauen zu lassen und erzählte auch gleich, wie ich es hier verkündet hatte. Anscheinend war er sehr angetan von meiner Vorstellung. Sven und Susi waren überrascht. So schnell hatten sie damit nicht gerechnet, doch auch von ihnen kamen jetzt schon die Glückwünsche. Danny fragte Sven sogleich, ob er sein Trauzeuge sein wollte. Sven betrachtete das als große Ehre, konnte sich aber darunter nichts vorstellen. Ehrlich gesagt, hatte ich auch keinen Plan davon, was es bedeutete, ein Trauzeuge zu sein, obwohl Frank es mir mal erklärt hatte. Harald und Eva erläuterten uns die Aufgaben. Sven willigte dann auch sofort ein. Natürlich kamen wir auch auf unseren Umzug zu sprechen und beide versprachen, uns bei der Arbeit zu helfen, selbst Harald und Eva wollten kommen.Ich musste lachen, denn irgendwie hatte ich Bedenken bei so vielen Helfern. Ich erzählte ihnen, dass dreiviertel meiner Firma zugesagt hatte und bei Dannys Firma sah es auch nicht anders aus. Doch ließen sie sich von ihrem Vorhaben nicht abbringen. Ich rechnete mir schon aus, dass wohl jeder nur einmal zu laufen brauchte, um meine Zimmer zu entleeren. Danach wandte sich Eva wieder an mich. Sie wollte noch was über meine Eltern erfahren und ob sie schon wüssten, dass wir heiraten wollten. Ich musste das verneinen. Beide wollten natürlich meine Familie kennen lernen, doch äußerte ich meine Bedenken, da sie noch nicht mal Danny kannten. Nur aus meinen Erzählungen wussten sie, wer er war und als sie erfuhren, dass ich ausziehen wollte, reagierten sie etwas verhalten. Eva ließ aber nicht locker. So erzählte ich ihr, dass wir meine Eltern am letzten Wochenende im Monat September zu uns eingeladen hatten. Harald und Eva wollten auch kommen und ich war damit einverstanden.

Gegen zehn machten Danny und ich uns auf den Weg nach Aachen. Er hatte ganz schön einen in der Krone. Der Wein musste ziemlich gut gewesen sein, aber ich war genauso wie mein Freund. Wenn ich Auto fuhr, trank ich nichts. Eigentlich war das eine gute Eigenschaft, auch wenn man manchmal zurückstecken musste, aber wir wechselten uns ja ab. Zu Hause brachte ich ihn in, sagen wir ab jetzt, unsere Wohnung, und schließlich ins Bett. Die ganze Zeit bettelte er, dass ich bei ihm bleiben sollte. Das nahm sogar solche Ausmaße an, dass ich ihm das nicht abschlagen konnte. Also machte ich mich auch bettfertig und kuschelte mich an ihn. Lange Zeit blieben wir so liegen und streichelten uns, genossen das Gefühl, jemanden zu haben. Später schliefen wir Arm in Arm ein.

Am nächsten Morgen wachte ich als Erster auf und schaute auf die Uhr. Ups, wir hatten schon zwölf. Ich drehte mich zu meinem Spatz um, er aber war noch tief und fest in seinen Träumen. Eine Zeitlang beobachtete ich ihn, dabei merkte ich richtig, was für eine Zuneigung und tiefe Liebe ich für ihn empfand. Mein Magen knurrte, somit hatte ich mal wieder die Gelegenheit, was Gutes für ihn zu machen. Ich schlich mich aus dem Bett und kurze Zeit später stand ich in der Küche am Herd. Jetzt konnte ich auch mal wieder kochen. Das Essen war schon fast fertig, da hörte ich eine ängstliche Stimme.

"Frank, wo bist du?"

Allein an seiner Stimmlage konnte man erkennen, dass er einen Schreck bekommen hatte, allein im Bett aufzuwachen. Nur zu gut konnte ich ihn jetzt verstehen, doch mit Sicherheit war es für ihn schlimmer. Noch war ich nur Besucher und konnte gehen, wann ich wollte.

"In der Küche, Schatz."

Kurze Zeit später kam ein nackter und grinsender Daniel in die Küche. Von hinten umfasste er mich und presste sich an meinen Körper.

"Lass mich ja nie wieder so allein im Bett. Es ist ein Scheißgefühl. Man weiß, man ist mit dir eingeschlafen und wacht dann allein wieder auf. Tu mir das nicht wieder an und ich verspreche dir, ich werde es auch nie mehr machen. Jetzt verstehe ich dich erst."

Das versprach ich ihm nur zu gern. Als er aber endlich sah, warum ich aus dem Bett verschwunden war, wurde ich mit einigen Küssen am Nacken versehen und ein Knabbern an meinem Ohrläppchen verpasste er mir auch noch. Er wusste, dass ich dort sehr empfindlich war. Echt, manchmal konnte er ein gemeines Luder sein. Schließlich half er mir und deckte den Tisch. Dabei fiel ihm auf, dass ich nur mit einem Slip bekleidet am Herd stand, den er mir einfach herunterzog.

"Wir sind hier alleine und keiner kann durch die Fenster schauen. Du brauchst nichts verstecken, ich kenne dich schon sehr gut."

Ich musste schmunzeln und ließ es zu, dass er mir leicht über den Po strich. Schließlich war alles soweit fertig und wir konnten es uns munden lassen. Nach dem Vergnügen, sich den Magen zu füllen, ging es zu den leidigen Arbeiten, dem Abwasch.

Nach der Dusche machten wir es uns im Wohnzimmer gemütlich und spielten eine Runde Risiko. Doch auch diesmal hatte er keine Chance gegen mich. Auf jeden Fall spielten wir das Spiel den ganzen Tag. Später gewann auch mal Danny. Aber auch die schönste Zeit verging und so musste ich wieder nach Hause.

Am Montag konnte mein Freund erst sehr spät. Diese Zeit nutzte ich, meinen Eltern die Neuigkeiten von Danny und mir zu beichten. Sie wussten, dass ich ausziehen würde, aber noch nicht, dass wir heiraten wollten. Sie nahmen das recht gelassen auf, gaben aber noch zu bedenken, ob es nicht zu früh dafür wäre. Mir war aber ehrlich gesagt ihre Meinung egal. Ich selber musste wissen, was das Beste für mich war. Dabei erzählte ich ihnen auch von Dannys Eltern und dass sie auch an dem Wochenende zu uns kommen wollten, um sie kennen zu lernen. Freude konnte ich irgendwie bei ihnen nicht erkennen, aber ich wusste ja schon immer, dass sie nie gerne jemanden besuchen fuhren. Doch sagten sie für den Termin zu und für mich war das ein großer Erfolg. Später fuhr ich zu meinem Liebsten, lieber wollte ich ihn nur zwei Minuten sehen als gar nicht. Gegen elf tauchte er auf, ich war aber schon auf dem Sofa eingepennt. Er nutzte die Gelegenheit und trug mich ins Bett. Ich wachte erst auf, als er anfing, mich zu entkleiden, doch ich war zu müde, um mich zu widersetzen und ließ es geschehen. Als ich nichts mehr anhatte, zog auch er sich aus und kam zu mir und schließlich schliefen wir ein, ohne ein Wort zu sagen.

Erst am nächsten Morgen unterhielten wir uns über den vergangenen Tag. Irgendwann mussten wir aufbrechen und uns war nicht mal Zeit geblieben, um zu frühstücken. Mir machte es nichts aus, da es dienstags und donnerstags bei uns in der Firma Frühstück gab. Danny hatte es schwerer, da er sich unterwegs was holen musste, damit er nicht zu spät kam. So verbrachten wir die ganze Woche bis Freitag, wo ich mich abends wieder mit Frank traf. Danny hatte auch was anderes vor, so hatte ich keine Bedenken, ihn zu verlassen.

Den Samstag verbrachten wir mit Dave und Jens. Beide wollten unbedingt etwas mit uns unternehmen. Wir gingen zu viert in der Eifel spazieren. Erstaunlich fand ich, dass man Jugendliche zu einem Spaziergang animieren konnte. Am Abend waren wir wieder alleine und fuhren ins Kino, da wir absolut nicht wussten, wie wir den Abend anders verbringen sollten. Danach verkrümelten wir uns ins Bett und schmusten bis spät in die Nacht.

Am Sonntag Morgen hielt er sein Versprechen. Er war wieder der Erste, der nicht mehr schlafen konnte und bevor er das Bett verließ, weckte er mich mit einem ganz tollen Guten-Morgen-Kuss. So hatte ich es gern, geweckt zu werden, zärtlich und liebevoll von seinem Partner. Besser konnte ein neuer Tag nicht anfangen und am liebsten würde ich jeden Morgen so geweckt werden. Doch meine Laune verschlechterte sich etwas, als ich aus dem Fenster schaute. Es regnete ohne Ende, halt typisch Aachen. So konnten wir es uns nur im Haus gemütlich machen, aber auch so verging der Tag einfach viel zu schnell und Lust auf Arbeit am nächsten Tag hatte ich nicht. Ich war absolut urlaubsreif. Die darauffolgende Woche verlief wie die vorhergehende auch, wir trafen uns jeden Abend und verbrachten unsere Freizeit miteinander.

Der Donnerstag war da etwas schwieriger, da am nächsten Tag meine Betriebsfeier sein sollte, zu der ich meinen Freund am liebsten mitgenommen hätte. Er hatte sich für den Tag sogar frei genommen, aber Lust auf die Feier hatte er keine. Er sah nicht ein, sich mit meinen Kollegen zu beschäftigen und sich nach Feierabend noch Reden über die Firma anhören zu müssen. Teilweise konnte ich ihn verstehen, aber mir gefiel es trotzdem nicht, dass er mich allein ließ. Doch er hatte sich entschieden und wollte am nächsten Morgen früh zu seiner Oma nach Daun aufbrechen. Zwar sagte er mir, dass er sofort mitkommen würde, wenn ich darauf bestehen würde, aber mein Gott, das konnte ich doch nicht tun. Ich konnte doch nicht bestimmen, was er mit seiner Freizeit machen sollte! Er sah mir meine Enttäuschung an. Das Dümmste was uns daraufhin passierte, wir gerieten leicht in Streit. Ich konnte halt ein Sturkopf sein und wollte, dass er freiwillig mitkommen würde. Er merkte natürlich meinen Unmut, und weil er mich nicht so ziehen lassen wollte, tröstete er mich an dem Abend noch ausgiebig im Bett. Zum Glück war damit der kleine Krach vergessen. Danach verabschiedeten wir uns voneinander und verabredeten uns für den Freitagabend. Hier wollten wir noch einige Sachen gemeinsam unternehmen. Halb zufrieden und halb unzufrieden fuhr ich nach Hause und legte mich ins Bett. Jetzt musste ich morgen meinen Kollegen sagen, dass ich schon wieder alleine an einer Feier teilnehmen würde.

Am nächsten Tag wollte Martin als Erster wissen, ob mein Lover kommen würde, aber ich musste ihn enttäuschen. Martin wusste auch nicht so genau, ob er Zeit haben würde, da er noch einiges für die kommende Messe vorbereiten musste. Ich stürzte mich währenddessen in meine Arbeit. So gegen zehn bekam ich einen Anruf auf mein Handy. Es war mein Vater. Ich konnte echt nicht verstehen, warum meine Eltern immer wieder auf dem Handy anriefen. Die Firmennummer wäre doch billiger gewesen. Aber das schien jetzt nicht so wichtig zu sein. Meinen Vater schien etwas zu bedrücken. Er wollte obendrein, dass ich mich setze, vorher wollte er mir nicht sagen, was los war. Natürlich tat ich das, da er mich neugierig gemacht hatte. Er legte los und eigentlich hätte ich die Nachricht lieber nicht gehört. Mein Vater erzählte mir, dass ein Harald Schnitzer bei uns angerufen und sehr schlechte Nachrichten hinterlassen hatte. Daniel hatte einen Autounfall und mein Freund war nicht mehr am Leben.

Der Schock

Das war auch schon alles, was ich in dem Moment mitbekam, der Rest ging verloren.
Ich konnte nicht sagen, wie lange wir telefonierten. Erst als er aufgelegt hatte, wurde mit bewusst, dass das Gespräch vorbei war. Auch ich schaltete das

Handy ab und lehnte mich zurück. Mir gingen meine Gefühle durch und ich konnte nicht mehr unterscheiden, ob ich Trauer, Leere, Hass oder sonst was fühlte. Wie konnte das nur passieren? Warum wurde mein Glück zerstört? Von einer Sekunde auf die andere ging es mir so schlecht wie noch nie zuvor. Wie sollte es weiter gehen? In meinem Kopf bildete sich Daniels Gesicht ab und im Inneren schrie ich ständig seinen Namen. Der Sinn des Lebens, mein Sinn war weg.

Zuerst zitterten meine Hände, doch es dauerte nicht lange und mein ganzer Körper vibrierte. Jetzt erst konnte ich meine Gefühle deuten. Ich hatte einen gewaltigen Hass auf alles auf die Welt, auf meine Mitmenschen und ganz besonders auf mich. Ich fühlte mich für dieses Unglück schuldig. Daniel war nicht mehr bei mir, weil ich nicht energisch genug war und ihn zu seiner Oma fahren ließ. Oder warum war ich nicht mit ihm mitgefahren? Dann hätte es mich wenigstens auch erwischt. Aber nein, ich hatte meinen Freund im Stich gelassen. Von Sekunde zu Sekunde ging es mir immer schlechter und mein Hass wuchs weiter. Eigentlich wollte ich weinen, aber ich schaffte es nicht. Ein paar Minuten saß ich unbeweglich da und mir schoss so vieles durch den Kopf. Plötzlich wurde ich gestört, Rolf stand bei mir im Raum. Ich registrierte nur, dass er da stand, aber ich nahm seine Frage nicht wahr. Irgendwie wollte ich ihn los werden, ich konnte keinem in die Augen blicken. Mir fiel ein, dass Danny und ich einige Kollegen, darunter auch Rolf, zum Grillen eingeladen hatten.

"Rolf, der Grillabend fällt aus."

Mehr wollte und konnte ich nicht sagen, doch Rolf fragte, was denn los wäre. Bevor er mich noch weiter nervte, sagte ich ihm, was passiert war, dabei nahm ich das Zittern in meiner Stimme wahr. Für mich war es das erste Mal, dass ich das sagte und mir schossen jetzt doch Tränen in die Augen, aber ich wollte nicht, dass mich jemand so sah.

"Daniel hatte einen Autounfall und ist tot."

Das reichte ihm. Er verließ den Raum, sagte mir noch, wie Leid es ihm täte, mehr aber nicht. Das half mir auch nicht. Es konnte mir keiner mehr helfen. Keiner konnte wissen, wie es mir erging. Ich konnte sehr gut auf Mitleid verzichten. Es hätte sich so wieso keiner in meine Nähe getraut, wenn sie meinen seelischen Zustand gekannt hätten. Viele hätten mit Sicherheit Angst gehabt. Am liebsten hätte ich alles um mich herum zerstört und vernichtet, nur um meine Wut abzubauen, aber ich tat es nicht. Ich war zu feige, außerdem kannte ich mich und aus dem Grund hatte ich selber Angst vor mir. Nein, es musste anders gehen und so blieb ich sitzen. Ansonsten wäre nichts im Raum heil geblieben. Mir schossen die Erlebnisse und meine Gefühle für Danny durch den Kopf. Es war alles umsonst, jetzt war ich wieder allein. Ich hasste alle, alles und jeden. Warum musste mir das passieren? Immer traf es mich. Mein Hass wurde immer größer. Warum war ich nicht mitgefahren, warum hatte ich einfach nicht blau gemacht? Nein, ich hatte meinen Freund, meine große Liebe, mein Ein und Alles, allein und im Stich gelassen. Wie konnte ich das nur tun, nachdem er mir soviel gegeben hatte? Ich zitterte am ganzen Körper und in mir wuchs eine gewaltige destruktive Energie. Was wäre, wenn ich meine Kontrolle verloren hätte? Irgendwas brauchte ich, um mich abzureagieren. Eins wusste ich sehr genau. Meine Blockade im Kopf, die meine Mitmenschen vor meinem eigentlichen Ich schützte, war gefährlich dünn geworden. Was wäre passieren, wenn jemand etwas Falsches gesagt hätte? Nein, garantieren konnte ich wirklich für nichts. Ich musste erst mal raus hier, also verdrückte ich mich in den Keller der Firma und rauchte zwei Zigaretten, aber das half auch nicht. Das Einzigste, was mich hier beruhigte, ich war allein. Nach dem letzten Zug packte ich mein Handy und rief Daniels Eltern an. Ich wollte unbedingt wissen, was genau passiert war. Zu Hause erreichte ich keinen, aber ich hatte ihre Mobilnummer.

Harald meldete sich am anderen Ende. Beide waren wir nicht in der Lage, vernünftig zu sprechen, so beschränkten wir uns auf das Nötigste. Er erzählte mir, dass Daniels Auto mit einem Reh kollidiert wäre, schließlich abhob und in den Boden gerammt wurde. Die Polizisten, die bei ihnen waren, sagten, dass es wohl schnell gegangen sein muss. Er hätte nicht gelitten. Was für ein Trost. Schließlich wollte er nicht weiter reden, aber er bat mich, morgen zu ihnen zu kommen. Voraussetzung, ich wollte das und könnte noch fahren. Nachdem ich aufgelegt hatte, rauchte ich noch eine, die dritte in weniger als zehn Minuten. Ein Scheiß-Reh hatte ihn getötet. Mein Gott, was war bloß passiert? Daniel war eigentlich ein guter und sicherer Autofahrer. Mit Sicherheit sogar besser als ich. Ich wusste nicht, was ich machen sollte. Sollte ich nach Hause fahren, dort wäre ich meinen Eltern begegnet. Nein, das konnte ich nicht. Arbeiten? Das konnte ich mir auch abschminken. Das, was mich vielleicht beruhigt hätte, war das, was ich schon immer gern gemacht hatte, Autofahren. Nur in dem Zustand hätte ich garantiert einen Unfall gebaut. Wäre gar nicht mal so übel. Wenn ich sterben würde, hätte ich auch kein Leid mehr verspürt. Doch konnte ich das nicht, da ich andere gefährdet hätte. Auch wenn sie mir zur Zeit egal waren, aber was wäre, wenn ich jemandem seinen Partner genommen hätte? Einen Kreislauf wollte ich nicht beginnen. Meine Entscheidung war gefallen, ich blieb in der Firma und wollte mich in meinen Raum einschließen. Auf den Weg nach oben begegnete mir zum Glück keiner und in meinem Raum gab ich mich meinen Gefühlen hin. Plötzlich kam Martin rein und setzte sich auf seinen Platz. Er sah sofort, dass etwas nicht mit mir stimmte und fragte natürlich nach. Ich fand, ich war ihm eine Antwort schuldig.

"Daniel ist tot."

Mehr sagte ich nicht, war auch nicht dazu in der Lage. Man sah, wie Martin erschrak. Er prallte mit seinem Körper gegen die Rückenlehne seines Stuhls. Natürlich fragte er, wie es passiert war und ich sagte ihm, was ich wusste. Er wollte mir helfen und bot an, mich nach Hause zu fahren, aber ich lehnte ab.

In der Zeit, wo ich mit ihm sprach, änderten sich meine Gefühle. Hass hatte ich immer noch. Aber ich begriff jetzt richtig, dass ich wieder alleine war. In mir kam Trauer und Leid hoch. Ich hatte große Schwierigkeiten meine Tränen zu unterdrücken. Bloß keine Schwächen zeigen. Soweit ich mich erinnern konnte, hatte ich seit meinem sechzehnten Lebensjahr niemandem gezeigt, dass ich auch schwach sein konnte und weinte. Daniel war seit langem der Erste, der es mitbekommen hatte. Aber hier in der Firma, nein, niemals. Somit unterdrückte ich das Gefühl und fraß alles in mich rein.

Martin sah wohl, dass ich nicht wusste, was ich nun anfangen sollte. Er dachte, dass man mich nicht alleine lassen konnte. So bot er mir an mitzufahren, um die Messenklamotten zu holen. Ich brauchte nicht lange zu überlegen. Immerhin wusste er schon, was passiert war und im LKW wären nur wir beide. Da gab es nur ein Problem. Eigentlich hätten Walter, Hermann und ich in einer Stunde eine Sitzung, aber die würde ich nicht abhalten können. Martin verließ das Zimmer, um uns abzumelden. Diese Zeit nutzte ich und ging in den Nachbarraum zu Walter. Der hatte Zeit und erkannte auch, dass etwas nicht stimmte. Ihm erzählte ich, dass die Sitzung für mich ausfiel. Natürlich wollte er den Grund wissen, aber er war nicht allein im Raum und es sollte keiner mitbekommen, was passiert war. Er erkannte sofort, was mich störte und folgte mir in meinen Raum. Hier waren wir allein und ich erzählte ihm alles. Ich konnte seine Reaktion darauf nicht deuten, aber er nahm mich in den Arm.

Das war zu viel. Ich konnte meine Gefühle nicht mehr länger unterdrücken und mir lief das Wasser in Strömen aus den Augen. Seit langem sah mich wieder jemand weinen und es wurde immer schlimmer. Ich konnte nicht mehr aufhören, er aber drückte mich immer fester an sich. Nie hatte ich gedacht, dass er das für mich tun würde. Aber er hielt mich, um mir zu zeigen, dass jemand für mich da war. Immer wieder versuchte er mich zu beruhigen, aber es gelang ihm nicht. Ich glaube, ich sagte ihm, wie ich fühlte; Hass, Leid, Schmerz, Kummer und noch viel mehr. Mit Sicherheit sagte ich auch das, was eigentlich in schlechten Filmen bei so einer Situation gesagt wurde.

"Warum er und nicht ein anderer?"

Irgendwann merkte ich, dass Martin wieder auf seinem Platz saß. Sein Blick war aber nicht auf uns gerichtet. Keine Ahnung, ob schon ein Kollege mitbekommen hatte, was hier ablief, aber plötzlich hatte ich wieder einen Ast gefunden, an dem ich mich klammern konnte. Keiner durfte sehen, wie ich weinte. Ich wollte immer stark sein. Das half meine Blockade wieder aufzubauen und die Tränen versiegten.

"Geht's dir besser?"

Walter hatte gut reden. Glaubt er wirklich, dass es mir besser ging, nur weil ich nicht mehr weinte? Er verstand wirklich noch weniger vom Leben als ich, trotzdem nickte ich. So gab er wenigstens Ruhe. Zögernd verließ er wieder den Raum. Jetzt schaute auch Martin wieder zu mir und fragte mich, ob wir fahren wollten. Mir war es recht. Ich musste raus hier. Natürlich übernahm Martin das Steuer, auch wenn er wusste, wie gerne ich Auto fuhr, aber jetzt wäre wirklich alles in die Hose gegangen. Auf der Autobahn rief meine Mutter auf dem Handy an und wollte wissen, wie es mir ging. Ich fragte mich, warum Menschen in diesem Augenblick nur immer solche bescheuerten Fragen stellen konnten. So versuchte ich das Gespräch schnell zu beenden, achtete aber doch auf die Höflichkeit. Immer nach außen stark sein. Mein Gott, waren wir Menschen wirklich so dumm? Konnte sich wirklich keiner in mich versetzen? Dann hätten sie gemerkt, dass mir keiner helfen konnte und schon gar nicht mit ihrem geheuchelten Mitleid. Ich konnte nicht glauben, dass meine Mitmenschen ihr Mitleid ehrlich meinten. Wie sollten sie auch, sie kannten Daniel ja nicht.

Die ganze Strecke redeten wir kein Wort, erst als wir an unserem Ziel ankamen und einige Sachen einladen mussten, sprachen wir etwas. Danach gingen wir essen, aber ein guter Gesprächspartner war ich bestimmt nicht. Später kamen wir wieder in der Firma an und ich dachte, ich hätte mich soweit unter Kontrolle, dass ich nicht mehr in Tränen ausbrechen würde. Als Erstes suchte ich Erich auf. Ich wollte ihm sagen, dass ich nicht mehr an der Feier teilnehmen würde. Immerhin hatte diese beschissene Feier mir meinen Danny genommen. Hätte sie nicht statt gefunden, wäre bestimmt alles anders gelaufen. Die Tür zu seinem Büro war zu, aber mir war das egal und ich trat ein. Überall begegnete ich Martin. Er hatte schon mit Erich darüber gesprochen, denn er teilte mir sofort sein Beileid mit. Hier brauchte ich nichts mehr zu sagen, also schloss ich die Tür von außen und verkrümelte mich wieder in mein Büro. Anscheinend hatte, während meiner Abwesenheit mein Unglück die Runde in der Firma gemacht. Plötzlich stand Natascha in der Tür. Sie fragte, wie es mir ging, aber eine echte Antwort brauchte sie nicht mehr. Ohne zögern nahm sie mich in ihre Arme und drückte mich. Auch von ihr hatte ich das nicht gedacht. Wir hatten uns ja nie so super verstanden. Zwar wurde es besser, nachdem sie wusste, dass ich schwul war, aber einen gewissen Knacks gab es immer noch zwischen uns. Mir reichte die Berührung schon und meine Blockade brach wieder zusammen. Ich konnte mich nicht wehren. Meine Gefühle übernahmen die Oberhand und ich musste weinen. Natascha versuchte mich zu trösten. Danach verkrümelte ich mich wieder in den Keller, ich brauchte unbedingt eine Kippe. Christine war unten und rauchte. Ich sah ihr sofort an, dass sie es wusste, aber zuerst reagierte sie nicht auf mich. Sie beobachtete mich einfach. Eigentlich hatte ich von ihr gedacht, dass sie mich in den Arm nehmen würde, um mich zu trösten, aber das tat sie nicht. Erst als sie aufgeraucht hatte, nahm sie mich kurz in den Arm, aber die Zeit wie die anderen opferte sie mir nicht. Das nahm mich etwas mit. Hatte ich ihr was getan? Sie verhielt sich mir gegenüber plötzlich so abweisend. Nein, ich konnte mir nicht erklären, was mit ihr war. Vielleicht hätte sie es geschafft, mich etwas zu trösten, aber sie versuchte es nicht mal.

Da wurde es mir wieder bewusst. Es gab nur eine Person, die mich verstand und wusste wie sie mich zu nehmen hatte. Doch diese Person gab es seit kurzem nicht mehr. Sie wurde mir durch ein Reh genommen. Es hatte wirklich keinen Sinn mehr auf der Welt zu sein. Hoffentlich würde mich auch bald so ein Scheißzufall dahinraffen.

Ich blieb noch einige Stunden in der Firma und drückte mich davor, nach Hause zu fahren, aber schließlich blieb mir nichts anderes übrig. Es boten sich zwar viele Kollegen an, mich zu fahren, sie machten sich wohl Sorgen, aber ich lehnte dankend ab. Ich wollte mein Schicksal selber in die Hand nehmen. Immerhin wäre ich froh gewesen, wenn mir etwas passiert wäre. Die Person, die mich am meisten vermisst hätte, und von der ich auch wusste, dass sie es ehrlich gemeint hätte, die gab es nicht mehr. Somit sah ich keinen Sinn mehr, auf mich Acht zu geben. Sicher, meine Familie hätte mich vermisst, aber die war mir egal. Sie kannten mich zwar länger als Daniel, aber dafür lange nicht so gut wie er. Als ich mein Haus erreichte, kamen sofort meine Eltern auf mich zu. Auch sie machten sich Sorge und zeigten mir ihr Mitleid. Warum sollten sie sich Sorgen machen? Se konnten ja nicht wissen, wie es in mir aussah. Und ihr Mitleid konnte ich nicht verstehen, sie kannten meinen Freund ja nicht. Daher konnten sie auch nicht ahnen, was ich verloren hatte. Mir kam ihr Mitleid sehr geheuchelt vor, vielleicht hatten sie immer noch nicht begriffen, was ich an einem Mann liebte. Nein, was ich an Daniel, warum ich ihn liebte. Ich blieb aber nicht lange bei ihnen stehen, ich wollte allein sein. In meinem Raum setzte ich mich irgendwo in eine Ecke und fragte mich, wie es jetzt weitergehen sollte. Hier in meinem stillen Kämmerlein überkam es mich wieder richtig und ich heulte drauf los. Es kam alles raus, was sich in den vergangenen Stunden angestaut hatte. Immer wieder quälte mich die eine Frage.

"Und was wird jetzt?"

Nachwehen

Mein Traumprinz, der Realität geworden war, den gab es nicht mehr.

Die Person, die mich so kannte, wie ich wirklich war, die, die mich auch noch so liebte, wie ich tatsächlich lebte und die, die mit mir zusammen leben wollte, ohne über mich zu meckern, die hatte mich allein gelassen. Nein, die wurde mir genommen, weil man mir das Glück nicht gönnte.Warum war ich bloß so ein blöder naiver Idiot und hatte an mein Glück, meine Chance und meine Zukunft geglaubt? Immer wieder fragte ich nach dem Warum. Was hatte ich getan, dass mir, ausgerechnet mir so was passiert war. Hatte es überhaupt noch einen Sinn in dieser meistens doch so beschissenen Welt zu leben? Ohne ihn, der mir den Halt gab, den ich suchte? Nein, er war weg.

Keine Ahnung, wie lange ich so grübelte, aber irgendwann wurde es mir

zuviel. Ich brauchte jemanden, mit dem ich reden konnte. So rief ich Frank an und fragte ihn, ob er für mich Zeit hätte. Frank kannte mich anscheinend besser als ich dachte. Er bekam am Telefon mit, dass ich schlechte Laune hatte, also sagte ich auch, was passiert war. Zum Glück nahm er sich für mich Zeit. Es war gut, Freunde zu haben, die zu einem standen. Bevor ich aber zu ihm fuhr, musste ich erst in Daniels Wohnung. Als ich sie betrat, kam sie mir so kalt und kahl vor. Sie war verlassen und ich konnte mir nicht vorstellen, dass sie jemals noch einmal so eine Liebe und so ein Leben sehen würde, wie zwischen Daniel und mir herrschte. Mir kamen einige Dinge so fremd vor, als ob ich sie noch nie gesehen hätte. Es schmerzte gewaltig, als die Erinnerungen hochkamen. Auch die vom Vortag schlugen hoch, als wir einen Streit hatten. Auch wenn er nur klein war, aber ich hatte keine Gelegen-heit gehabt, mich richtig dafür zu entschuldigen. Auch wenn wir uns danach noch verwöhnten und liebten, es schmerzte, nicht mehr die Möglichkeit gehabt zu haben ihm zu sagen, wie Leid es mir tat. Das Schlimmste, ich konnte mich nicht mehr erinnern, dass ich gesagte hatte, wie sehr ich ihn liebte. Wieder begann ich zu weinen, es war so schwer. Ich schritt kurz durch die Wohnung, verließ sie aber wieder fluchtartig, ich konnte nicht länger in ihr verweilen. Sie stieß mich ab. Auf der Treppe begegnete ich Dave und seinen Eltern. Jens war auch dabei, aber ich stürmte an ihnen vorbei, ohne was zu sagen. Dave rief mich noch, doch ich konnte nicht mehr hier bleiben.
Wieder erinnerte ich mich an die Zeit mit meinem Schatz. Er war derjenige, der mir zeigte, wer ich wirklich war. Obendrein brachte er mir bei, warum es sich überhaupt lohnte, auf der Welt zu sein. Bestimmt nicht, um zu arbeiten und zu lernen. Nein, um zu lieben und geliebt zu werden. Durch ihn fand ich zu mir selber, verlor sogar einen Teil meiner Hemmungen und Ängste. Und wozu das alles? Es hatte keinen Sinn mehr, der war mit Daniel erloschen. Mit nassen Augen stieg ich in meinen Wagen, startete ihn und gab Gas. Frank würde bestimmt schon warten, also drückte ich auf die Tube und die Strecke, auf der 70 erlaubt war, legte ich mit der doppelten Geschwindigkeit zurück. Überholen war plötzlich auf der Straße kein Problem mehr, zumindest sah ich keins. Doch man tat mir nicht den Gefallen, dass ich die Kontrolle über den Wagen verlor. Wahrscheinlich wollte mich jemand leiden sehen. Frank erwartete mich tatsächlich schon in seiner Firma. Ich setzte mich zu ihm. Er schaute mich eine Weile an, dabei hatte ich gewaltige Probleme, mich unter Kontrolle zu halten. Schließlich brach er das Schweigen und wir sprachen über das, was passiert war. Natürlich stellte er mir die Frage, wie es mir ginge. Wieder diese bescheuerte Geste. Waren alle Menschen wirklich so naiv, nicht zu merken, wie es einem anderen ging? Besonders noch dann, wenn man nicht mal hinschauen musste, um sich die Antwort selber zu geben. Oder war das einfach nur eine Frage, die man zu jeder Gelegenheit los werden konnte. Ehrlich gesagt, hatte ich Schwierigkeiten, mich unter Kontrolle zu halten und ihn nicht anzuschreien. Das machte mich richtig

wütend, das merkte man auch schnell. Dann beiße ich nämlich meine Zähne fest zusammen und knirsche mit ihnen, aber so was kam eigentlich nur selten vor. Doch Frank wollte immer noch wissen, wie ich mich fühlte. Gut, wenn er es wissen wollte. Also schilderte ich ihm meine Gefühle, sagte ihm auch ganz offen, dass ich zur Zeit keinen Sinn mehr im Leben sah. Darauf reagierte er sehr böse. In dem Moment wusste ich, dass wir sehr verschieden waren. Ich versuchte meine Gefühle nach außen zu unterdrücken, er aber brachte sie immer zum Vorschein. Frank fauchte mich an und drohte mir sogar. Er hatte Angst, dass ich mir in dem Zustand das Leben nehmen würde und meinte sogar, er würde mich noch einmal umbringen, wenn ich das täte. Mann, war das lächerlich, aber ich konnte ihn zumindest äußerlich beruhigen. Mein Leben wollte ich mir noch nicht nehmen, wobei hier die Betonung auf dem noch lag. Zuerst musste ich einige Sachen erledigen. Nur wusste er aber nicht, dass mich der heutige Tag ein ganzes Stück älter gemacht hatte und ich zu allem Überfluss härter geworden war. Der Sinn des Lebens war mir genommen worden und damit hatte ich auch meine Angst, selbst zu verunglücken, verloren. Das bedeutete, meine Vorsicht mein Leben zu bewahren, war nicht mehr da. Dazu gab es auch keinen Anlass mehr. Möglich, dass er spürte, was in mir vorging, aber er sah wohl ein, dass es keinen großen Sinn machte, mit mir darüber zu diskutieren. Doch musste er auch wieder hier das letzte Wort haben und einen Kommentar konnte er sich nicht verkneifen. Ich sollte doch an meine Mitmenschen denken, die mich doch sehr vermissen würden, halt meine Eltern, Freunde und Kollegen. Schon wieder einer dieser unzähligen und überflüssigen Sprüche, die wohl jeder in meiner Situation zu hören bekam. Wie sollte mich so was Abgedroschenes aufbauen? Und schon wieder sollte ich zuerst an andere denken und nicht an mich. Ich tat aber so, als ob ich ihm Recht geben würde, nur damit er nicht weitere solcher Sprüche los ließ. Ehrlich gesagt, waren mir die anderen egal. Frank versuchte mich immer wieder mit was anderem abzulenken, mal mit Computern, Angeln oder sonstigen Dingen. Doch eigentlich ging alles an mir vorbei, ich konnte mich nicht mehr erinnern, worüber wir noch sprachen, aber es half schließlich doch etwas.

Heute bin ich ihm dafür dankbar, damals hasste ich ihn, dass er nicht richtig auf mich einging. In meinem Zustand wünschte ich ihm sogar die Pest an den Hals und noch andere böse Sachen, aber ich war ja auch nicht voll dabei. Mein Gott, wäre ich damals durchgeknallt, hätte ich für nichts garantieren können. Ich will mir gar nicht ausmalen, was ich alles in meiner Wut hätte anstellen können. Niemals hätte ich mir das verziehen. Doch ich hatte mich im Griff und es passierte nichts.

Schließlich fuhr ich später wieder nach Hause und ging ins Bett. Die ganze Nacht konnte ich nicht schlafen, dafür weinte ich ständig. Mich durchzuckten immer wieder die Erinnerungen an meine gemeinsame Zeit mit Daniel und mir wurde immer bewusster, dass ich alleine war. So einen Menschen gab es bestimmt nur einmal unter Millionen und ich hatte das Glück gehabt, ihn kennen und lieben zu lernen. Jetzt war er nicht mehr da, mein Hauptgewinn war verloren.

Am nächsten Tag stand ich gegen zehn Uhr auf, nach einer durchheulten Nacht. Ich war echt am Ende, aber ich hatte noch Pflichten. Ich musste nach Köln zu seinen Eltern fahren. Wie würde es ihnen gehen? Nein, ich konnte mir nicht vorstellen, dass es ihnen schlechter ging als mir. Ich war wirklich der Meinung, mich hatte es am härtesten getroffen und keiner hätte diesen Schmerz, wie ich ihn spürte. Aber ich machte mich auf den Weg, dabei holte ich das Letzte aus meinem Wagen und fegte über die Autobahn. Erst viel zu spät merkte ich, dass ich an der Ausfahrt, an der ich hätte abfahren müssen, schon längst vorbei war. Da wurde mir erst klar, was ich überhaupt machte. Mit etwas über zweihundert Sachen fegte ich über die Autobahn, ohne mich auch nur ein bisschen auf die Fahrt zu konzentrieren. Erstaunlich, dass nichts passiert war. Ich drehte den Wagen und fuhr wieder zurück und nahm diesmal die Ausfahrt, an der ich vorbeigerast war. Dabei versuchte ich mich auf den Verkehr zu konzentrieren.

Jedenfalls kam ich bei Harald und Eva heil an. Ich hatte nicht mal die Zeit, den Wagen zu parken, da kam schon Harald auf mich zu. So wie er aussah, hatte ich ihn noch nie gesehen. Er reichte mir die Hand und wir gingen ohne ein Wort zu sagen ins Haus. Im Wohnzimmer saß Eva auf dem Sofa, sie schien um zwanzig Jahre gealtert zu sein und ihr Körper war zusammen gesackt. Aber es waren noch zwei andere im Raum, Sven und Susi. Als Susi mich kommen sah, stand sie von ihrem Sessel auf, kam zu mir und nahm mich ganz fest in ihre Arme. Dabei streichelte sie mit einer Hand meinen Kopf. So was ließ immer wieder meine Blockade fallen und ich begann zu weinen. Ich nahm gar nicht wahr, dass sie mich zu dem Zweiersitz führte und wir darauf Platz nahmen. Die ganze Zeit hielt sie mich fest und ich weinte mich bei ihr aus, bis ich noch andere Hände auf meinem Körper spürte. Sven hatte sich auf die Armlehne gesetzt und versuchte mich zu trösten. Jetzt erst registrierte ich, dass auch Eva und Harald vor mir auf dem Boden knieten, sich in den Armen hielten und Eva eine Hand auf meinem Knie gelegt hatte. Wir schauten uns eine Zeitlang an, ohne etwas zu sagen. Schließlich waren meine Tränen erschöpft, es kam nichts mehr. Ich atmete einige Male tief durch, um wieder meine Fassung zurück zu bekommen. Teilweise schaffte ich das, und mit einem schiefen Lächeln zeigte ich Daniels Eltern, dass ich mich wieder im Griff hatte. Sie nahmen das als Aufforderung, sich wieder auf das Sofa zu setzen. Susi und Sven blieben aber bei mir und ließen mich ihre Nähe spüren. Wie war ich ihnen dankbar, dass beide mich als sehr guten Freund sahen und nicht nur als den Partner von Danny. Sie gaben mir die Kraft, die ich brauchte, um hier zu sitzen. Niemand von ihnen fragten mich, wie es mir ging oder wie ich fühlte. Man brauchte auch nicht zu fragen. Nur in die Gesichter zu schauen und auf ihre Körperhaltung zu achten, dann wusste man alles. Mir wurde klar, dass ich am Vortag egoistisch war. Hatte ich doch wirklich geglaubt, dass es mich am härtesten getroffen hätte. Dem war nicht so. Selbst Susi und Sven sah man an, dass es ihnen keinen Deut besser ging. Eher würde ich sagen, Eva war am härtesten betroffen, ihr Mann stützte sie die ganze Zeit mit seinem Arm. Er war es auch, der als Erster von uns die Stille brach. Er erzählte uns, dass sie gestern noch zu dem Unfallort gefahren waren, dort hätte man noch einige Spuren gesehen. Schließlich waren sie bei der Polizei, die ihnen auch erklärte, wie sich der Unfall wohl ereignet hatte. Daniels Leichnam hatten sie nur kurz sehen können, da er noch nicht freigegeben war. Die Todesursache musste noch bestätigt werden. Daniel war mit circa hundert Sachen auf der Landstraße nach Daun unterwegs gewesen, als kurz vor ihm ein Reh auf die Straße gesprungen war. Er hatte keine Möglichkeit mehr, mit Bremsen oder Ausweichen darauf zu reagieren, so ist das Tier unter den Wagen gekommen. Dabei war eine Lenkachse gebrochen, die den Wagen in das neben der Straße tieferliegende Feld steuerte. Das Auto war mit der Front auf die Wiese aufgeschlagen und hätte sich ein Stück in den Boden gebohrt. Dabei wurde die komplette Lenksäule in den Wagen gedrückt und damit Daniels Brustkorb zerquetscht. Es hatte nichts genützt, dass er angeschnallt war noch dass der Airbag ausgelöst wurde. Keine der teuren Sicherheitseinrichtungen hatten ihm geholfen zu überleben.

Wahrscheinlich hätte es mir auch nichts gebracht, wenn ich mitgefahren wäre, da auf meiner Seite keine Lenksäule war, die mich getötet hätte. Vielleicht wären wir aber nur zwei Sekunden später von zu Hause losgefahren und das Reh wäre vielleicht schon weg gewesen. Irgendwie gab ich mir die Schuld an Daniels Tod. Wäre ich hart geblieben und hätte auf seiner Teilnahme bei der Feier bestanden, oder wäre ich doch einfach mitgefahren. Ich redete mir ein, dass ich es hätte verhindern können und dass ich dafür nichts getan hatte. Natürlich behielt ich das nicht für mich, sondern erzählte den Anwesenden meine Gedanken. Ich berichtete ihnen auch von unserem kleinen Streit am Abend zuvor. Eva stand vom Sofa auf und kam zu mir. Sie griff sich meine Hand und zog mich zu sich hoch, wo sie mich in den Arm nahm.

"Jetzt hör auf, Frank. Keiner konnte etwas dafür und keiner hätte das verhindern können, auch du nicht. Wir sind froh, dass du nicht dabei warst. Es ist schon so schwer genug für uns."

Eine Zeitlang hielten wir uns fest, dann nahm sie wieder Platz. Susi und Sven boten mir ihre Hilfe an, ich könnte mich zu jeder Zeit an sie wenden. Natürlich schlossen sich Daniels Eltern dem Angebot an. Ich aber lehnte dankend ab. Mit meinem Leid wollte ich alleine zurecht kommen.

Daniels Eltern wollten von mir wissen, ob ich trotzdem in die Wohnung ziehen wollte. Da ihnen das Haus gehörte, hätten sie keine Miete haben wollen. Ich lehnte aber energisch ab. Niemals könnte ich wieder auch nur eine Nacht in der Wohnung verbringen, wahrscheinlich würde ich da drin kaputt gehen. Sie verstanden das sehr gut. Sie baten mich dennoch, einmal die Wohnung aufzusuchen. Ich sollte alle meine Sachen aus ihr entfernen. Außerdem gestanden sie mir zu, alle Dinge, die ich haben wollte, von Daniel mitzunehmen. Wir verabredeten uns für Dienstag Abend, um gemeinsam alles durchzuschauen. Wir redeten noch ein wenig, bis Harald uns alle bat, sie alleine zu lassen. Ich konnte sie sehr gut verstehen, Sven und Susi wohl auch, also verabschiedeten wir uns von ihnen.

Am Dienstag würde ich beide ja wieder sehen. Zu dritt verließen wir das Haus, da nahmen mich die beiden zur Seite und baten mich, noch mit in eine Kneipe zu kommen. Sie wollten unbedingt mit mir reden. Abschlagen wollte ich die Bitte nicht, also folgte ich ihnen. Zuerst drucksten beide etwas rum, bis sie schließlich den Mut fanden, mir etwas zu sagen. Sven meinte, er kannte Daniel ja schon lange und beide hätten sich immer sehr gut verstanden, alles zusammen unternommen und wären so zu unzertrennlichen Freunden geworden. Daniel hätte ihm immer alles gesagt, egal ob er Probleme hatte oder sich über etwas freute, er hatte ihm auch damals als Erster gebeichtet, dass er schwul war. Doch eins hätte er für Danny nie sein können, ein Partner und ein Liebender. Diese Rolle hätte ich in seinem Leben übernommen und das so gut, dass sich Daniel sehr stark zum Positiven verändert hatte. Susi stimmte ihrem Freund zu. Beide waren der Meinung, ich hätte auf Daniel einen sehr guten Einfluss gehabt und dass wir das perfekte Paar gewesen wären. Sven wäre unheimlich stolz gewesen, da er auf unserer Hochzeit Trauzeuge hätte sein dürfen, leider würde es nicht dazu kommen. Als er das sagte, fing ich wieder an zu weinen und als Susi das sah, setzte sie sich auf meine Bank und spendete mir Trost. Mir half das ein wenig und ich konnte was zu dem Gesagten beisteuern. Ich verstand nicht, wieso ich Daniel geändert haben sollte. Er war es, der alles für mich getan hatte und mich damit positiv beeinflusste. Sven widersprach. Wir hätten uns sehr gut ergänzt und ab und an wäre er neidisch auf uns als Paar gewesen. Daraufhin musste ich lachen, das konnte ich mir echt nicht verkneifen. Eine Stunde unterhielten wir uns noch, bis wir uns verabschiedeten. Jeder versprach, für den anderen da zu sein.

Alleine machte ich mich wieder auf den Heimweg, doch diesmal nahm ich mir sehr viel Zeit für die Fahrt. Einmal hielt ich sogar für eine dreiviertel Stunde auf einem Parkplatz und versank in meinen Gedanken.

Eigentlich wollte ich zu mir fahren, aber als ich wieder klarer im Kopf war, merkte ich, dass ich auf dem Weg zu Daniels Wohnung war. So entschied ich mich, sie noch einmal zu betreten. An seiner Tür hing ein Zettel von Dave. "Was ist mit euch beiden los? Meldet euch doch mal bei mir. Dave." Den Zettel nahm ich ab und trat ein. Wieder fühlte ich mich in der Wohnung schlecht, sie war mir so fremd geworden. Mir wurde bewusst, ich gehörte hier nicht mehr hin. Trotzdem nahm ich auf dem Sofa Platz, was uns beiden soviel gute Dienste geleistet hatte. Hier sackte ich zusammen und dachte über den weiteren Sinn des Lebens nach, doch ich fand ihn nicht. Plötzlich wurde ich durch die Klingel aus meinen Überlegungen geschreckt. Eigentlich wollte ich allein bleiben, doch ich öffnete schließlich die Tür. Dave stand vor ihr, begrüßte mich und stürmte in die Wohnung. Erst jetzt fiel mir ein, dass er noch nichts wusste.

"Na endlich ist mal einer von euch beiden hier. Warum hattest du uns gestern ignoriert. Bist einfach an uns vorbeigelaufen, als ob wir uns nicht kennen würden. Ich brauche noch einmal eure H..."

Plötzlich merkte er, wie ich aussah und dass ich seine Worte nicht so richtig wahr nahm.

"Was ist los?"

Ich musste es ihm sagen, aber wie stellt man so was an? Er war noch recht jung, könnte er damit umgehen?

"Setz dich mal hin, Dave, und halte deine Klappe. Ich muss dir was sagen."

Langsam setzte er sich mir gegenüber. Er hatte wohl erfasst, dass es mir Ernst war und ich ihm was Wichtiges mitzuteilen hatte.

"Ich weiß nicht, wie ich es dir sagen soll... Die Wohnung wird ..."

Mein Gott, fiel mir das schwer, und ich merkte, wie mir wieder Tränen in den Augen standen.

"Daniel ist gestern Morgen bei einem Autounfall ums Leben gekommen."

Mehr konnte ich nicht sprechen. Mir fiel das verdammt schwer. Dave schien erst mit seiner Fassung zu kämpfen und schluckte mehrmals kräftig. Ich merkte, wie er versuchte, seinen Schmerz runterzuschlucken.

"Frank, es tut mir Leid. ... Wenn ich etwas für dich tun kann?"

Ich wusste, dass er es ernst meinte. Immer wieder hatte er gezeigt, wie er zu uns stand.

"Du kannst etwas für mich tun. Behalte ihn so in Erinnerung, wie du ihn kanntest."

Er nickte einmal kurz.

"Ich werde euch beide in Erinnerung behalten."

Es tat weh, höllisch weh. Im Herzen und im Kopf.

"Danke."

Zuerst blieb er sitzen, als er aber merkte, dass ich nichts mehr sagte, stand er vom Sessel auf.

"Ich lass dich besser allein. Wenn du mich brauchst, du weißt, wo ich bin."

Endlich einer, der genau wusste, was ich wollte, nämlich meine Ruhe. Dave kam auf mich zu und umarmte mich kurz.

"Es tut mir so Leid. Ich habe euch beide beneidet. Außerdem habe ich euch beide geliebt."

Damit ließ er mich los und lief aus der Wohnung. Er ließ mich mit meinem Schmerz allein. Ich konnte mir sehr gut vorstellen, dass er jetzt damit zu kämpfen hatte. Ich wusste, dass er sich zu Danny hingezogen gefühlt hatte.

Langsam wurde es Zeit, mich wieder auf den Weg zu machen, doch zuerst lief ich durch die Räume und suchte meine Sachen zusammen. Ich machte auch von dem Angebot seiner Eltern Gebrauch und nahm ein paar Sachen von ihm mit. Einige CDs, ein paar Klamotten von Daniel, die mir passten und mich immer an ihn erinnern würden, plötzlich fiel mir sein Notebook ein. Hier griff ich mir die Back-up CDs von seiner Platte und die normalen Fotos, die er gemacht hatte. Irgendwie fühlte ich mich dafür verantwortlich. Die Aufnahmen von anderen Personen wollte ich vernichten, aber den Rest behalten. Jetzt hatte ich wenigstens alle Aufnahmen von uns, auf denen nur wir beide drauf waren. Doch merkte ich plötzlich, dass sich hier ein Problem auftat. Es gab keine Bilder, auf denen Daniel mit Kleidung zu sehen war. Ich versuchte nachzudenken, aber mir fiel auch nicht ein, dass wir mal anständige Bilder von uns gemacht hatten. Daniel hatte mir mal erzählt, dass er einige seiner eigenen Aktbilder von Sven ins Internet stellen ließ, aber ich war nicht mehr bereit, ihn so mit jemanden zu teilen. Später veranlasste ich Sven, diese Bilder aus seiner Homepage zu löschen. Ich wollte ihn als einzigen so in Erinnerung behalten. Ich war nicht mehr bereit, ihn mit anderen Personen zu teilen. Als ich glaubte, alles zu haben, was mir wichtig erschien, verließ ich die Wohnung, und als ich vor meinem Wagen stand, fühlte ich nicht mehr die Übelkeit in mir. Zu Hause verzog ich mich sofort in mein Zimmer, ohne meinen Eltern zu begegnen. Nein, ich konnte es nicht ertragen, wenn sie mir ihr Mitleid zeigten. Wieso sollten sie denn welches haben? Sie konnten ja sowieso nicht verstehen, wie ich einen Mann lieben konnte, außerdem hatten sie ihn nie kennen gelernt. Leider.

In meinem Raum legte ich mir die CDs auf, die ich mir mitgebracht hatte, schaltete überall das Licht ab, setzte mich in den dunklen Raum und lauschte der Musik. Es war die Filmmusik von dem Film Armageddon. Es war unsere Musik, die sehr viele Erinnerungen in mir wach riefen. Meine Gedanken kreisten ständig um meinen verstorbenen Freund, doch wurde ich später von dem Schmerz erlöst. Ich schlief ein.

Sehr viel später wachte ich auf, die Musik war schon längst aus. Somit verzog ich mich ins Bett, doch hier brauchte ich mehrere Stunden, um den Schlaf zu finden, den ich eigentlich brauchte.

Am nächsten Tag weckte mich mein Vater zum Mittag, also hatte ich etwas Schlaf gefunden. Für mich war es die reinste Qual, mit meiner Familie an einem Tisch zu sitzen. Eigentlich wollte ich meine Ruhe haben, doch die gönnte sie mir nicht. Sie beschäftigten sich mit irgendwelchen Themen und bezogen mich zu allem Überfluss noch darin ein. Hatten sie keinen Respekt vor Daniels Tod und vor meiner Liebe zu ihm? Es schmerzte und mir wurde klar, sie hatten mich nicht verstanden. Von dem Zeitpunkt, an dem ich das realisierte, zeigte sich ein Riss in der Verbindung zu meiner Familie. Wer mich nicht so nahm, wie ich war und mich nicht verstehen wollte oder konnte, der verdiente auch nicht meinen vollen Respekt und meine volle Liebe.

Dieser Riss ist bis heute geblieben, auch wenn er sich ein wenig geschlossen hat. Aber eben dieses Gefühl, missverstanden zu werden, löste das bei mir aus. Es war egal wer, mal mein Bruder, mein Vater oder meine Mutter, keiner hörte mir richtig zu und ich brach immer frühzeitig den Versuch ab, mit ihnen darüber vernünftig zu reden. Ich hatte keinen, der mir richtig helfen konnte. Ich war also wieder auf mich allein gestellt.

Den Sonntag bekam ich irgendwie rum, vergaß noch nicht mal, den Wecker für Montag für die Arbeit zu stellen. Auch wenn ich keine Lust hatte und mich nicht auf den Präsentierteller stellen wollte, so glaubte ich aber, dass die Arbeit mich ein wenig ablenken würde. In der Firma merkte ich schnell, dass die meisten Leute gelernt hatten, meine Laune einzuschätzen. So versuchten sie mich weitgehendst in Frieden zu lassen. Zwar kam fast jeder und bekundete mir sein Beileid, einige boten mir sogar ihre Hilfe an, aber am rührendsten fand ich Patrick. Keine Ahnung, warum er so reagierte. Vielleicht lag es daran, dass ich ihm kurz vorher gebeichtet hatte, dass ich mich in ihn verschossen hatte. Damals hatte er sehr positiv darauf reagiert. Wir beide saßen beim Rauchen zusammen und redeten über das, was passiert war und wie ich mich fühlte. Was ich zuerst nicht ganz verstand, beim Erzählen fing Patrick an zu weinen. Obwohl er Daniel nie gesehen hatte, trauerte er mit mir. Wir beide kamen nicht mehr dazu, ihn zu uns einzuladen. Immerhin wollte Danny meine erste große Liebe sehen. Ich musste mich gewaltig zusammenreißen, um nicht wieder mit dem Heulen anzufangen. Nein, meine Gefühle wollte ich nicht mehr zeigen, die hatten schon am Freitag genügend Leute gesehen. Auf meine Frage, warum er weine, meinte Patrick, dass ich mich in den letzten Monaten zum Positiven verändert hätte und das hätte ihn sehr gefreut. Und jetzt musste das passieren, wo ich doch so glücklich mit ihm war. Jetzt konnte ich ihn verstehen und ich fand das rührend, dass er so was für mich empfand.

Der Montag ging vorbei und ich war nur auf ein Ziel fixiert, nämlich, den nächsten Samstag über die Runden zu bringen, da sollte Danny beerdigt werden. In Köln hatte ich einen großen Kranz mit einer Schleife für das Grab meines Freundes bestellt, und der Laden würde das Ding sogar liefern. Das Beste kam aber am Abend. Meine Eltern fragten mich, was ich für das Grab meines Freundes besorgt hätte. Ich traute mich nicht, ihnen die Wahrheit zu sagen. Ich dachte nicht, dass sie mich verstehen würden. Also erzählte ich ihnen, ich hätte einen Kranz für 450 DM besorgt, aber dass er mehr als das Doppelte kostete, verschwieg ich ihnen. Sie überraschten mich. Sie wollten sich unbedingt an dem Kranz beteiligen und ich konnte es ihnen nicht ausreden.

Später fuhr ich zur Wohnung meines verstorbenen Freundes, da ich noch eine Verabredung mit seinen Eltern hatte. Die waren schon da. Harald kramte einige Sachen zusammen, während Eva auf dem Sofa saß und in einigen Büchern blätterte. Die hatte ich noch nie bei meinem Schatz gesehen. Zuerst begrüßte ich beide. Dann interessierte mich sehr, was Eva in der Hand hatte und sie zeigte mir die Bücher. Ich wusste nicht, dass Daniel ein Tagebuch geführt hatte. Er hatte es mir auch nie gesagt. Eva las mir einige Stellen aus den Büchern vor und dabei drehte sich mein Magen um. Fast hätte ich gebrochen. Sie las Stellen vor, in denen Danny über uns geschrieben hatte. Natürlich hatte er mir immer wieder gesagt und auch bewiesen, wie sehr er mich liebte, aber ein Restzweifel war bis zu seinem Heiratsantrag geblieben. Erst da wusste ich, dass er sehr viel für mich empfand. Aber in Tagebüchern schreibt man die Wahrheit und Eva las vor, wie er wirklich zu mir stand. Ich ahnte nicht, dass er soviel und so stark für mich empfand. Plötzlich kam es mir so vor, als ob ich ihm zu wenig Zuneigung und Liebe gezeigt hatte. Jetzt war die Gelegenheit vertan. Harald kam zu uns. Er glaubte alles zu haben, was sie für wichtig erachteten. Den Rest würden sie abholen lassen. Sie fragte mich, ob ich nicht noch was brauchen würde. Ich verneinte. Er hatte schöne Sachen besessen, aber ich konnte die nicht mitnehmen, da sie mich zu stark an vergangene Zeiten erinnern würden. Das wollte ich nicht, deshalb hatte ich auch nur ganz bestimmte Dinge ausgesucht. Sie verstanden mich gut, wollten aber, dass ich den elektronischen Kram, wie Notebook und Kamera mitnehme. Da war ich aber dagegen. Das waren Sachen, die man ständig brauchen würde und ich musste irgendwann lernen, mit seinem Tod umzugehen. Und wenn ich ständig auf seinem PC rumhackte, würde ich nie mehr meinen Frieden finden. Das leuchtete ihnen ein, aber sie wollten wissen, was sie damit tun sollten. Da fiel mir Dave ein und ich sagte ihnen, dass ich mich um die Sachen kümmern würde. Sie gaben mir die volle Verfügung. Somit war für mich klar, wer die Sachen bekommen sollte. Dave hatte damals die Fotosession Spaß gemacht. Vielleicht konnte ich ihn damit bewegen, mehr daraus zu machen. Harald wollte wissen, wann er die restlichen Sachen abholen lassen sollte. Mir war es egal. Er ließ mir aber noch den Schlüssel bis Samstag. Zuerst verstand ich nicht, warum er mir die Zeit noch eingestand; ich sollte aber die Zeit haben, mich von meinem Freund richtig zu verabschieden.

Schließlich machten sie sich auf den Weg nach Köln und ließen mich allein. Ich ließ mich wieder in das Sofa fallen und döste etwas vor mich hin. Mir fiel aber Dave ein und ich wollte es hinter mich bringen. War zwar schon neun Uhr, aber ich konnte mir nicht vorstellen, dass er so früh ins Bett ging. Ich machte mich auf den Weg zu seiner Wohnung und schellte an der Tür. Daves Mutter öffnete, erkannte mich und drückte mir sofort ihr Beileid aus. Auch ihr Mann kam und bot seine Hilfe an. Ich bedankte mich und fragte nach Dave. Peter holte ihn und als Dave meinen Namen hörte, stürmte er aus seinem Zimmer und begrüßte mich.

"Dave, kannst du mal bitte mit nach unten kommen, ich habe da was für dich. Ich glaube, du wirst dich darüber freuen."

Er tat ziemlich erstaunt, folgte mir aber. Im Gehen verabschiedete ich mich von Anja und Peter. Sie riefen mir zu, ich sollte mich nicht scheuen, ihr Angebot anzunehmen. Dann waren Dave und ich in Daniels Wohnung, ich bat ihn Platz zu nehmen.

"Hör mal, Dave, du kanntest uns schon recht gut und ich würde dir auch gern was von Daniel geben. Du sagtest uns damals, dass dir die Fotosession mit deinem Freund viel Spaß gemacht hatte, aus diesem Grunde möchte ich dir die Fotoausrüstung meines Freundes geben."

Er war sehr überrascht.

"Wieso willst du mir was von deinem Freund geben? Ich habe das nicht verdient. Du solltest die ganzen Sachen behalten, als Erinnerung an Daniel. Außerdem hätten bestimmt seine Eltern was dagegen, wenn du einfach seine Sachen verschenkst."

Ich schüttelte den Kopf, holte tief Luft, denn ich musste tatsächlich noch mal erklären, warum ich nichts weiter von meinem Freund mitnehmen wollte.

"Ich habe die Sachen mitgenommen, die ich von Daniel behalten will. Mehr will ich nicht. Alles löst bei mir bestimmte Erinnerungen und Schmerzen aus und das überstehe ich nicht. Daniels Eltern lassen mir freie Hand, was ich mit den ganzen Sachen mache. Sie haben das rausgeholt, was für sie wichtig war. Ich wäre stolz, wenn du die Sachen annehmen würdest und sie benutzt. Vielleicht findest du ja soviel Spaß daran, dass du daraus was in deinem Leben machst. Wer weiß? Wie gesagt, es würde mich stolz machen."

Dave hörte mir die ganze Zeit zu, ab und an musste er kräftig schlucken. Auch an ihm war das alles nicht spurlos vorbei gegangen.

"Gut, Frank. Wenn du es willst, werde ich die Sachen annehmen und sie in Ehren halten und auch benutzen. Kann ich vielleicht noch was für dich tun, jetzt oder vielleicht später? Melde dich einfach bei mir, wenn du jemanden brauchst."

Alle boten mir ihre Hilfe an, aber nur ich konnte mir helfen. Ich kannte mich so gut und wusste, ich würde niemandem alles sagen. Egal, ob es sich um mein Leben mit Danny handelte oder um meine Gefühle. Und wie sollte mir jemand helfen, der nicht wusste, was ich wirklich empfand?

"Danke, Dave, ich weiß das zu schätzen. Ich muss aber damit allein fertig werden. Mir kann wirklich keiner mehr helfen. Wenn ich ehrlich bin, mein Leben ist zerstört."

Eine Zeitlang schaute er mich mit großen Augen an. Es sah so aus, als ob er versuchte, in meinen Gedanken zu lesen.

"Was hast du vor, und vor allem, was willst du in der nächsten Zeit machen?"

"Willst du eine ehrliche Antwort? Zur Zeit will ich nichts und wo die Zukunft endet, kann ich dir nicht sagen. Ich habe lernen müssen, dass man seine Zukunft nicht planen kann. Warum sollte ich jetzt Gedanken daran verschwenden? Für mich ist der Sinn des Lebens weg und meine Zukunft auch."

Dave verstand sehr gut, traute sich aber nicht mehr, weiter auf das Thema einzugehen. Ich konnte nur hoffen, dass er so was nie durchmachen musste.

Schließlich bauten wir im Arbeitszimmer die Sachen ab. Die Beleuchtungen wollte er auch haben, auch wenn er nicht wusste, wo er die Dinge unterbringen sollte. Ich machte mich am Notebook zu schaffen und löschte alle kritischen Bereiche auf der Festplatte. Niemand sollte die Bilder, die mein Freund von uns und anderen gemacht hatte, sehen. Wir kramten alles zusammen, was er gebrauchen konnte und schafften die Ausrüstung zu ihm nach oben. Peter und Anja saßen im Wohnzimmer und sahen uns kommen. Peter kam sofort auf uns zu und half mit, doch stellte er seinen Sprössling zur Rede.

"Dave, ich glaube du schuldest mir eine Erklärung. Was soll der ganze Kram und von wem hast du diese Dinge. Das muss doch ein Vermögen kosten."

Sein Sohn schien etwas verlegen zu sein. Er konnte nicht antworten, so übernahm ich.

"Das ist die Ausrüstung meines Freundes. Ich will sie nicht haben und deswegen habe ich sie eurem Sohn überlassen. Bevor ihr fragt, ich habe die komplette Verfügung über Daniels Sachen und ich bin mir sicher, er würde es genauso sehen wie ich. Euer Sohn kann damit machen, was er möchte und ich wäre stolz, wenn ich damit seinen zukünftigen Weg beeinflussen kann."

Peter wusste darauf nichts zu sagen und nickte nur zustimmend. Er half die Sachen in Daves Zimmer zu bringen. Als alles verstaut war, verabschiedete ich mich und wollte gerade die Haustüre hinter mir lassen, da kam Dave wieder auf mich zu. Er nahm mich in den Arm und gab mir einen Kuss auf die Wange.

"Frank, bitte mach keine Dummheiten. Mir reicht es, einen Menschen verloren zu haben, den ich mochte und liebte. Ich möchte nicht auch noch dich verlieren."

Dann verzog er sich wieder ganz schnell, gab mir noch nicht mal die Gelegenheit, darauf zu antworten. Ich ging in die andere Wohnung. Hier schnappte ich mir ein Glas und eine Flasche Wein, stellte die Sachen auf den Wohnzimmertisch, machte den CD-Player an und setzte mich aufs Sofa. Ich lauschte der Musik und trank den Wein, während ich über alles nachdachte. Als die Pulle leer war, machte ich mich auf den Weg zu mir nach Hause. Es war mir scheißegal, dass ich betrunken war und noch fahren musste. Wenn ich mich in den Graben setzen würde, so wäre wenigstens alles vorbei. Doch ich kam unbehelligt zu Hause an, keiner wollte mir den Gefallen tun, mich von meinem Schmerz zu erlösen. Den Mittwoch durchlebte ich total schlecht, aber zumindest gelangen mir wieder einige Sachen in der Arbeit. Am Donnerstag erhielt ich ein Päckchen von Daniels Eltern. Als ich es öffnete, erblickte ich einen Brief und einen goldenen Kettenanhänger. Auf der einen Seite waren zwei Männlichkeitssymbole miteinander verschachtelt und auf der anderen Seite war etwas eingraviert.

"In Liebe Daniel."

Als ich das las, musste ich wieder weinen. Zum Glück bekam das keiner mit.

Zwar wusste ich, dass Daniel vorhatte, mir ein Erkennungszeichen zu schenken, aber ich hatte es total vergessen. Nein, damit hatte ich nicht gerechnet. Ich griff mir den Brief.

"Lieber Frank. Wir erhielten gestern einen Anruf von einem Juwelier. Daniel hatte etwas anfertigen lassen, was sicherlich für dich bestimmt war. Leider kann er es dir nicht selber überreichen. Als der Ladenbesitzer mitbekam, was passiert war, wollte er den Anhänger behalten und die Anzahlung an uns überweisen, aber wir dachten uns, Daniel hätte es gerne gesehen, wenn du das doch bekommst. So schicken wir dir den Anhänger, vielleicht wirst du ihn mal tragen, wir wären sehr stolz. Wir sehen uns am Samstag. Denke bitte immer daran, wir lieben dich. Eva und Harald."

Warum musste der Unfall passieren, wie sehr hätte ich mich gefreut, wenn er mir den Anhänger selber überreicht hätte. Ich drehte ihn in meiner Hand hin und her, schließlich nahm ich meine Panzerkette vom Hals und zog den Anhänger darauf. Immer werde ich ihn an meinem Herzen tragen, solange ich lebe und ich versprach mir etwas. Niemals mehr würde ich mich vor irgendwas verstecken, egal was für Konsequenzen mir auch drohen würden. Es konnte einfach nicht mehr schlimmer kommen und keiner konnte mir mehr was antun. In meinem Inneren war ich hart geworden. Immer hatte mir meine Arbeit Spaß gemacht und ich ging gern zur Firma, nur das alles war mit einem Schlag vorbei. Ich wusste nicht, ob ich mich wieder erholen würde.

Schließlich war wieder Wochenende und am Samstag fuhr ich nach Köln. Die ganze Zeit über hörte ich die Titelmusik von Armageddon, die wir als unser Lied auserkoren hatten. Die Tage zuvor hatte ich mir neue Klamotten besorgt, komplett in schwarz. Ich hatte noch nie nur schwarz getragen, sondern immer gemischt. Auf der Fahrt zu Daniels Eltern machte ich mir Gedanken. Wie verhält man sich bei so was und was würde mich erwarten? Noch nie hatte ich eine Beerdigung mitmachen müssen.

Der Abschied

Harald und Eva erwarteten mich und gemeinsam fuhren wir mit ihrem Auto zur Kirche. Sie sagten mir im Wagen, dass ich mich in der Kirche neben sie setzen sollte und bei der Beerdigung sollte ich auch immer neben ihnen stehen. Ich würde mittlerweile zur Familie gehören und die anderen sollten das sehen. Wir kamen kurz vor Beginn der Predigt in der Kirche an. Als ich die Kirche betrat, lief es mir kalt den Rücken runter und mir wurde bewusst, warum. Eigentlich glaubte ich an Gott. Doch hatte ich mit Daniels Unfall den Glauben verloren und ich fühlte mich unwohl in einem Hause Gottes. Es war der falsche Platz für mich. Harald, der Eva stützte, bemerkte meine Veränderung und fragte mich, was mit mir los wäre. So erzählte ich ihm meine Bedenken und auch, dass ich lieber draußen warten würde, doch er bat mich bei ihnen zu bleiben. Was blieb mir anderes übrig, also nahm ich in der ersten Reihe neben Eva Platz. Plötzlich bemerkte ich neben uns Susi und Sven. Auch sie saßen in der ersten Reihe und nickten mir kurz zu. Daniels Eltern respektierten wirklich, wie ihr Sohn gelebt hatte und akzeptierten auch seine Freunde im Kreise der Familie. Vorn auf der Empore stand Daniels Sarg und er war noch offen. Ich wollte aufstehen und zu ihm hingehen, damit ich mich verabschieden konnte, doch Eva griff sich meine Hand und hielt sie fest.

"Warte, Frank. Das kannst du später machen. Du solltest hören, was der Priester zu sagen hat. Er ist einer unserer Freunde und du brauchst keine Angst zu haben. Er hat nicht den gleichen Standpunkt zu euch, wie es die Kirche vorschreibt. Er weiß, dass Daniel schwul war."

Mir gab das aber auch nicht den Mut, ich hatte andere Bedenken. Was die Kirche versuchte der Bevölkerung einzutrichtern, war mir sowieso egal. Ich wusste schon lange, dass Menschen in der Lage waren, das Geschriebene nach ihren Vorstellungen auszulegen und zu interpretieren. Das interessierte mich nicht. Irgendwann kam der Priester und betrat die Kanzel. Ich schätzte ihn so auf etwa 40. Zuerst begrüßte er die Leute, die sich zu diesem traurigem Anlass in der Kirche eingefunden hatte. Ganz besonders begrüßte er Daniels Eltern und seinen Freund und Lebenspartner, also mich. Er fing mit seiner Predigt an und die verlief fast so, wie ich es mir gedacht hatte. Auch ließ er den von mir erwarteten Satz nicht aus, dass Gott uns damit vor eine schwere Prüfung stellen würde. Bei dem Satz stieß ich einen abfälligen Seufzer aus. Eva bekam das mit und drückte meine Hand. Vielleicht konnte sie mich verstehen. Irgendwann war die Predigt vorbei und ich dachte, es wäre alles gelaufen. Doch fing er erst richtig an.

"Die Eltern von Daniel baten mich noch, etwas über ihren Sohn zu sagen. Daniel hatte sich damals von seinen Eltern abgesondert und war in eine andere Stadt gezogen. Er hatte einen inneren Kampf auszufechten und wollte dabei seine Eltern nicht in seiner Reichweite haben. Doch sie wussten schon seit langem, was in ihrem Sohn vorging. Sie wussten, er war schwul und sie hatten das schon längst akzeptiert. Sie wollten aber, dass ihr Sohn selber zu ihnen kam, um ihnen zu sagen, was mit ihm los war. Er sollte dadurch stärker werden, doch mit der Zeit schien es so, als ob sie ihn verloren hätten. Die Schnitzers wandten sich an Daniels besten Freund und sprachen mit ihm über ihre Bedenken und fragten ihn, ob er ihrem Sohn nicht helfen könnte. Doch Sven hatte Daniel versprochen, sich nicht einzumischen und er wollte ihm gegenüber sein Wort nicht brechen. Im Dezember letzten Jahres änderte sich Daniel und rief auch wieder seine Eltern an und versprach sogar, zu Weihnachten zu ihnen zu kommen. Sie wussten nicht, was vorgefallen war, doch ihr Sohn hatte sich geändert. Erst als zwischen Weihnachten und Silvester ein junger Mann, den sie nicht kannten, bei ihnen auftauchte, um ihren Sohn zu besuchen, wussten sie, was geschehen war.

Ihr Sohn schien sich verliebt zu haben und mit jeder Woche änderte sich wieder das Verhältnis zu seinen Eltern. Daniel vertiefte wieder seinen Kontakt zu ihnen. Später stellte Daniel seinen Freund und Lebenspartner Frank vor. Beide waren überrascht, dass seine Eltern es so locker aufnahmen, dass er schwul war und einen Mann lieben würde, doch sie wollten sich dem Glück ihres Sohnes nicht in den Weg stellen. Daniels Eltern versuchten auch Frank zu zeigen, dass sie ihn in der Familie willkommen hießen. Vor kurzem hatten Frank und Daniel ihnen mitgeteilt, dass sie zusammen leben und heiraten wollten und sie waren vollkommen einverstanden und auch glücklich darüber, dass ihr Sohn zu sich selbst gefunden hatte. Hiermit möchten sich Eva und Harald bei Frank dafür bedanken, dass er ihren Sohn ihnen wieder näher gebracht hatte, auch wenn es nur für kurze Zeit war. Beide baten mich, einige Stellen aus den Tagebüchern ihres Sohn zu lesen, damit ich meine Predigt darauf auslegen konnte. Ich habe mich aber entschieden, einige Passagen daraus hier vorzulesen. Jeder soll sich ein eigenes Bild davon verschaffen.

"Wieder ist ein Tag vorbei, an dem nichts Besonderes geschah. Ich hasse dieses Leben, jeden Tag mache ich das Gleiche. Warum fällt mir das so schwer, jemanden zu sagen, dass ich schwul bin? Vielleicht würde ich endlich einen Freund finden, wenn ich offen leben würde. Ich will endlich die Liebe kennen lernen, aber eher sterbe ich wohl noch als Jungfrau."

"Heute habe ich auf dem Konzert, einen jungen Mann getroffen. Er scheint mir ziemlich ähnlich zu sein, denn er versteckt was. Frank heißt er und wohnt in meiner Nähe. Hoffentlich treffe ich ihn mal wieder, ich konnte mich doch gut mit ihm unterhalten."

"Ich habe heute Frank gestanden, dass ich schwul bin und er reagierte ganz anders als ich geglaubt hatte. Er hat mich sogar in den Arm genommen, um mir zu zeigen, dass er damit keine Probleme hat. Ich glaube fast, dass ich mich in ihn verliebt habe, in einen, der mich nie lieben wird, denn er ist hetero. Warum ist das Leben so gemein?"

"Ich liebe Frank tatsächlich und endlich habe ich mich getraut, ihm das zu sagen. In einem Brief habe ich alles geschildert, ich bin aber froh, zur Zeit bei meinen Eltern zu sein, denn ich habe vor seiner Reaktion Angst. Ich glaube fast, ich habe ihn auch als Freund verloren, aber ich wollte nicht mit dem Geheimnis leben."

"Er hat mich heute bei meinen Eltern besucht und hat keine Probleme damit, dass ich ihn liebe. Das Beste, er hat mir und Sven gestanden, dass er auch glaubt, schwul zu sein. Diese Chance werde ich nutzen. Ich will ihn und keinen anderen. Doch werde ich ihn zu nichts zwingen, denn ich weiß durch mich, was er durchmacht. Hoffentlich mache ich alles richtig und hoffentlich empfindet er bald das Gleiche für mich."

"Heute war der schönste Tag meines Lebens. Frank hat mir seine Liebe gestanden und das vor meinen besten Freunden. Mit ihm habe ich in der

Nacht gesehen, was es bedeutet, schwul zu sein und ich bin stolz darauf. Er ist so lieb zu mir."

"Frank ist für mich den Schritt gegangen. Jeder weiß jetzt, dass er schwul ist und bald werden wir zusammen ziehen. Wahnsinn."

"Die Angst, die ich hatte, ihn zu fragen, ob er mich heiraten will, war unnötig. Er will mich heiraten, mein Traum ist in Erfüllung gegangen. Jetzt kann nichts mehr passieren, denn wir geben uns gegenseitig die Kraft, die wir brauchen. Keiner kommt dagegen an, solange wir zusammen sind. Ich liebe ihn und das Schönste, er mich auch."

Das waren einige Stellen aus seinen Tagebüchern, die ich mir rausschrieb, da sie die wahre Liebe widerspiegeln. Jeder soll sich selber Gedanken darüber machen können, aber das zeigte mir, dass es in jeder Form Liebe geben kann und es sollte sich keiner anmaßen zu sagen, Liebe gibt es nur zwischen Mann und Frau. Mehr kann und werde ich hier nicht sagen, damit will ich die Rede schließen."

Zum Schluss sprach er noch seine Standardsätze, die halt immer gesagt wurden. Zugegeben, die Rede und die Ausschnitte aus den Tagebüchern meines Freundes nahmen mich sehr mit. Plötzlich stand der Priester vor mir, reichte mir die Hand und sprach mir sein Beileid aus. Mich wunderte, dass ich der Erste war, erst dann folgten Daniels Eltern. Eva meinte zu mir, erst wäre der Lebenspartner dran, dann die anderen und er hätte mich als Ehemann angesehen. Meinetwegen, mir war´s egal. Nachdem der Priester auch Daniels Eltern die Hand gegeben hatte, hielt mich nichts mehr hier unten. Ich stürmte auf die Empore, auf der der Sarg stand. Länger wollte und konnte ich nicht warten. Noch nie hatte ich eine Leiche gesehen, die schon länger tot war, aber mir kam es so vor, als ob Daniel nur schlafen würde. Es war tatsächlich wahr, was man sagte. Meinem Freund waren die Haare und die Fingernägel gewachsen, obendrein wies er eine gesunde Gesichtsfarbe auf, aber wahrscheinlich war es nur Schminke. Wie ich ihn so betrachtete, merkte ich, wie mir der Hals zugeschnürt wurde. Ich konnte nicht länger an seinem Sarg stehen, es war zu schwer. Somit beugte ich mich ein letztes mal über ihn, strich mit meiner Hand über seine Wange und gab ihm einen Kuss auf seinen Mund. Seine Eltern standen schon wieder neben mir, sagten aber nichts. Eins flüsterte ich ihm noch ins Ohr.

"Wir werden uns wieder sehen, früher oder später. Ich liebe dich und du fehlst mir so sehr. Alles hätte ich für dich getan, dir sogar mein Leben geschenkt. Warum hast du mich im Stich gelassen? Hätte ich dich doch zu dem einen Schritt gezwungen. Leb wohl."

Damit richtete ich mich wieder auf und lief die Stufen runter zur Tür. Draußen setzte ich mich auf die Treppen. Eigentlich wollte ich allein sein, aber das wurde mir nicht gegönnt. Auf der Straße stand der Wagen, der den Sarg zum Friedhof bringen sollte und plötzlich fühlte ich zwei Hände auf meinen Schultern. Sven und Susi waren mir gefolgt und sie ließen mich nicht mehr allein. So etwa eine viertel Stunde später ging die Tür auf und der Sarg wurde rausgetragen. Dahinter tauchten Daniels Eltern und das restliche Gefolge auf. Als sie mich sahen, kamen sie auf mich zu.

"Komm, wir müssen weiter."

Damit schritten wir zu ihrem Auto und machten uns in einer Wagenkolonne auf den Weg zum Friedhof. Seine Eltern und ich folgten dem Sarg, hinter uns liefen Sven und Susi, erst dann kam der Rest. Irgendwann kamen wir an seiner letzten Ruhestätte an. Hier erblickte ich auch meinen Kranz, der auf einem Wagen lag. Der Laden hatte auch nicht die dreißig roten Rosen vergessen. Der Priester hielt noch eine kurze Rede und der Sarg wurde ins Grab gelassen. Wieder wurde mir übel. Niemals würde ich ihn auf dieser Welt wiedersehen, er verschwand für immer aus meiner Reichweite. Eva drückte mich am Rücken nach vorn. Ich sollte mich als Erster von ihm verabschieden. Zuerst griff ich den Strauß Rosen vom Wagen, entfernte das Band und streute die einzelnen Rosen in das Grab.

"Mein letzter Beweis meiner Liebe. Du hast sie immer so gemocht, jetzt sollen sie dich begleiten. Es ist zur Zeit das Einzige, was ich dir auf deinem Wege mitgeben kann."

Schließlich bückte ich mich und nahm von dem kleinen Hügel eine Handvoll Erde, küsste diese und warf sie auf seinen Sarg. Nein, einen Spaten wollte ich nicht nehmen, der war mir zu unpersönlich.

"Leb wohl und bis später."

Dann machte ich den andern Trauernden Platz und stellte mich wieder auf. Nach mir kamen seine Eltern, die sich auch von ihm verabschiedeten, dann Sven und Susi und schließlich der Rest. Keiner benutzte mehr den Spaten, alle griffen sich die Erde vom kleinen Hügel mit der Hand. Nachdem sie sich am Grab verabschiedet hatten, kamen sie an mir und seinen Eltern vorbei und sprachen uns ihr Beileid aus. Harald hatte mich so gestellt, dass ich wieder der Erste war. Sie wollten das unbedingt so haben. Nachdem alle einmal am Grab waren, trat Harald wieder vor.

"Wir danken euch allen für die Anteilnahme, auch im Namen von Frank. Doch an mich wurde noch eine Bitte gerichtet, die wir auch respektieren wollen. Frank möchte solange bleiben, bis der Sarg mit Erde bedeckt ist. Es ist zwar ungewöhnlich, aber wir verstehen das."

Ich hatte im Auto diesen Wunsch geäußert, als sie mir den Ablauf der Beerdigung schilderten. Für mich war das nichts, das offene Grab zu verlassen. Alle stellten sich noch einmal auf und das Grab wurde zugeschüttet. Schließlich legten die Totengräber die Blumen und Kränze auf den kleinen Hügel. Als sie sich meinen greifen wollten, winkte ich ab. Nein, das wollte ich selber machen, doch war er für mich zu schwer. So nahm ich Susi und Sven und beide halfen, den Kranz auf das Grab zu legen. Ich richtete die roten Schleifen. Auf der einen stand in goldenen Buchstaben.

"In ewiger Liebe. Warte auf mich, dein Frank."

Auf der anderen konnte man das lesen.

"Danke für alles, ich stehe in deiner Schuld."

Bei der Bestellung hatte man mir gesagt, dass es ungewöhnliche Worte waren, ich aber bestand darauf. Ich war ja sowieso nicht normal, also warum sollte ich mich an die Norm halten? Nein, Daniel hatte mir gezeigt, wie man zu leben hatte und das war bestimmt nicht danach, wie es die Mehrheit haben wollte. Nachdem ich also den Kranz abgelegt hatte, konnten wir alle gehen. Wieder im Auto, steuerte Harald ein Restaurant an für den so genannten Leichenschmaus. Hier nahm ich wieder neben Daniels Eltern Platz. Als ich aber sah, wie sich die Leute hier benahmen, hätte ich fast gekotzt. Nein, das wollte ich mir nicht antun.

"Eva, Harald. Seid mir bitte nicht böse, aber ich muss hier weg. Ich will jetzt alleine sein und das hier ertrage ich nicht."

Sie verstanden mich, somit verabschiedeten wir uns und ich verließ den Saal. Die anderen Gäste musterten mich zwar blöd, aber das interessierte mich nicht. Ich gehörte ja nicht zu ihnen. Ich war ja unnormal. Draußen wurde mir bewusst, dass ich nicht wusste, wo ich mich befand und wie ich wieder zu meinem Auto kam. Als ich gerade ein Taxi rufen wollte, kamen Susi und Sven.

"Wir werden dich fahren. Wir können auch nicht da drin bleiben."

Als wir meinen Wagen erreichten, boten sie mir an, bei ihnen zu übernachten oder mich heim zu fahren. Sie hatten Angst, dass ich zu schlecht drauf war oder mir sogar was antun würde. Dankend lehnte ich ab, verabschiedete mich und machte mich auf den Weg nach Aachen. Ich ließ mir wieder Zeit und in der Mitte der Strecke steuerte ich einen Parkplatz an. Brauchte erst eine kleine Pause. Ich musste mit jemanden reden, also griff ich nach meinem Handy. Frank erreichte ich nicht, so versuchte ich Marcus zu erreichen. Er war da und hatte ein wenig Zeit. So machte ich mich wieder auf den Weg und fuhr direkt zu ihm. Bei ihm machte ich mir ein wenig Luft. Doch merkte ich dass er damit nicht umgehen konnte. Er lenkte das Gespräch immer wieder in eine andere Richtung. Er konnte oder wollte mich nicht verstehen und mir damit auch nicht helfen. Vielleicht war es für mich auch besser so, ein wenig Ablenkung konnte ich schon vertragen. Später fuhr ich nach Hause und legte mich ins Bett. Eine Zeitlang konnte ich nicht einschlafen und ich machte mir Gedanken über meine Zukunft. Ich sah keine mehr. Immer wieder kam es hoch, mit meinem Dasein Schluss zu machen. Nur wie? Einen Autounfall fand ich am besten. Schließlich schlief ich ein, aber mitten in der Nacht wachte ich auf. Mir kam es so vor, als ob ich Daniel gehört und gesehen hätte. Vielleicht war es ja wirklich so. Ich strengte mich an, mir bewußt zu machen, was ich gesehen hatte und nach einer gewissen Zeit wusste ich es auch. Er hatte mir etwas gesagt.

"Leb weiter und versuche wieder glücklich zu werden. Das ist das, was ich will."

Mich verstörte das. Glaubte ich doch nicht an Übersinnliches, und woher sollte Danny wissen, was ich vor hatte? Nein, wahrscheinlich hatte ich Angst vor dem Tod und mein Kopf versuchte mir einzureden, mich nicht umzubringen. Das konnte aber nicht sein. Vorm Tod hatte ich keine Angst mehr. Warum auch? Den Glauben an Gott hatte ich verloren und wenn es ihn nicht gab, so gab es auch keinen Teufel oder Himmel oder sonst was.

Gegenwart und Zukunft

Das beschäftigte mich eine ganze Zeitlang und jedes Mal, wenn ich daran dachte, meinem Leben einen Sinn zu geben und es zu beenden, träumte ich den Satz. So lebte ich halt weiter. Mein Leben geriet in den normalen Trott. Arbeiten und Freizeit, aber es geschah nichts Aufregendes.
Anfang Oktober fing eine Neue bei uns in der Firma an. Sie hieß Silvia und ich konnte sie erst nicht zuordnen und wusste nicht, was ich von ihr halten sollte. Doch es dauerte nicht lange und sie schaffte es, sich in mein Leben einzubringen. Wir fanden tatsächlich Gemeinsamkeiten und vertrugen uns von Tag zu Tag besser. Irgendwann stellte sich heraus, dass ich mit Silvia mehr Gemeinsamkeiten hatte, als ich am Anfang dachte. Sie wusste, das ich schwul war, und sie war lesbisch. Es dauerte nicht lange und sie wurde meine beste Freundin und ihre besse Hälfte zählte ich auch bald dazu. Manchmal gab es aber Tage, wo ich nicht wusste, wie ich beide zu nehmen hatte. Wir unterschieden uns vom Charakter sehr stark, trotzdem möchte ich sie nicht mehr missen. Ich erzählte beiden einige Dinge über Daniel und mir und manchmal half es, mit ihnen darüber zu reden. Doch war ich nicht bereit, alles zu erzählen. Niemanden würde ich alles sagen, ich hatte immer Angst, irgendwie Verrat zu begehen. Mein Leben ging weiter. Mit der Zeit lernte ich Rupert besser kennen und schätzen. Außerdem ging ich meinen Pflichten nach, die eigentlich keine Pflichten mehr waren. Was soll man denn sonst machen, außer arbeiten? Nur mit jedem Tag verlor ich immer ein Stück mehr Lust zu arbeiten oder zu leben. Mein Verhältnis zu meinen Eltern fing an zu bröckeln, zumindest für mich. Nach außen hin versuchte ich, mir das nicht anmerken zu lassen. Mit der Kirche machte ich endgültig Schluss und meldete mich ab. Warum sollte ich für etwas bezahlen, an das ich nicht mehr glaubte. Im Dezember schaffte ich es, mich wieder etwas aufzurappeln und war auf Franks Hochzeit sein Trauzeuge. Ich war stolz, dass er mich nahm, obwohl ich mich immer mehr veränderte. Im gleichen Monat machte bei uns in Aachen eine Schwulenkneipe auf. Die Besitzer waren Rupert und Paul, den Laden nannten sie *GX*. Vielleicht könnte mich das was ablenken und wer weiß, es konnte ja sein, dass ich noch einmal glücklich werden würde, indem ich so einen Mann treffen würde wie Daniel.
Im Dezember hatten sie Baustellen-Party, die ich mir nicht entgehen ließ.

Frank und seine Frau waren mitgekommen. Der Laden war an dem Abend brechend voll. Als ich aber all die Leute sah, ihre Fröhlichkeit und ihr Glück, da war es bei mir vorbei. Immer wieder beobachtete ich die Pärchen und musste an Daniel denken. Was würden wir wohl machen, wenn er noch bei mir wäre? Mit Sicherheit wäre er auch einer der Typen, die jeden Blick auf sich zogen und dann hätte ich sagen können, er gehört zu mir. Meine Laune verschlechterte sich rapide. In unserer Ecke wurde ein größerer Tisch frei. Frank, seine Frau und die anderen nutzten die Gelegenheit. Ich aber war nicht in der Lage mich zu bewegen, so blieb ich sitzen. Frank versuchte mich rüber zu bekommen, aber ich winkte ab. Ab und an schaute er zu mir rüber. Die Zeit verging und als ich dachte, mich wieder unter Kontrolle zu haben, setzte ich mich zu meinen Freunden. Frank musste natürlich fragen, was mit mir los war. Da brach meine Schutzwand zusammen. Ich fing an zu weinen. Für Frank war es das erste Mal, dass er mich so sah. Zuerst wusste er nicht, wie er damit umzugehen hatte. Schließlich fasste er sich und nahm mich in den Arm und versuchte mich zu trösten. Ob er das auch gemacht hätte, wenn er noch nicht soviel getrunken hätte? Mir war das peinlich, meinen Gefühlen in der Öffentlichkeit freien Lauf zu lassen. Ich hatte mich aber nicht unter Kontrolle. Doch Frank schaffte es, mich zu beruhigen. Die Zeit verstrich und als die Gäste langsam aufbrachen, kamen auch die beiden Besitzer Rupert und Paul zu uns an den Tisch. Wir konnten uns recht ungezwungen unterhalten.

Natürlich wusste ich schon, dass Paul ein Auge auf mich geworfen hatte. Mich interessierte das nicht. Ich war noch lange nicht bereit, mich wieder auf irgendwas einzulassen. Spät in der Nacht fiel Paul ein, dass er noch einen geliehenen LKW hatte. Der musste noch zurück, aber er hatte schon zuviel getrunken. Ich erklärte mich bereit, den Wagen mit ihm zurückzubringen. Zuerst fuhren wir aber einen Kneipengast nach Hause und ich wurde geschockt. Als der Gast den Wagen verließ, gab er mir einen Kuss auf die Wange. Das kannte ich nicht, da mir die Szene vollkommen unbekannt war. Ich musste wirklich noch viel lernen. Ob Norbert merkte, dass ich noch ein unbeschriebenes Blatt war? Später hatten wir den Wagen weggebracht und wir standen wieder vor der Kneipe. Die Gäste waren gegangen und Paul bedankte sich bei mir. Er lud mich zu sich ein und fragte, ob ich mit ihm die Nacht verbringen würde. Bitte was? Erst das zweite Mal gesehen und er wollte schon so weit gehen? Ich war total baff, so etwas kannte ich nicht. Ob er merkte, dass ich Schiss hatte? Außerdem hatte ich Angst, meinen Freund zu verraten. Ich erklärte ihm meine Bedenken und jeder ging seinen Weg allein. Somit wurde das *GX* meine Stammkneipe und ich wusste, hier war ich immer willkommen. Durch Rupert und Paul habe ich viel gelernt und ich hatte jemanden zum Reden, wenn ich mit der Szene Schwierigkeiten hatte. Irgendwann merkte ich, dass Rupert mehr für mich empfand, aber ich kam über freundschaftliche Gefühle nicht hinaus. Es tat mir für ihn Leid, doch schöpfte ich durch ihn wieder neue Energie. Er zeigte mir, dass es für mich vielleicht noch Hoffnung gab. Rupert und Paul zeigten und erklärten mir die Szene. Wie gesagt, ich lernte viel von ihnen. Immer wieder versuchten sie mich aus meinen Kreislauf zu reißen und mir zu helfen, aber ich blockte ab. So verging die Zeit und das Sprichwort, die Zeit heilt alle Wunden, traf nicht zu. Ich war zwar nie allein, aber mir ging es nicht besser. Ehrlich gesagt, artete ich zum Einzelgänger aus, sogar in der Szene. Frank versuchte sich öfter mit mir zu treffen, doch ich verzog mich lieber und so sah er mich immer seltener. Silvia und Andrea bekamen mich auch immer seltener zur Gesicht, bei ihnen wirkte aber noch was anderes. Wenn ich bei ihnen zu Hause war, musste ich ab und an zusehen, wie sie Zärtlichkeiten austauschten. Mir fiel das immer sehr schwer, sie zu beobachten und so versuchte ich die Besuche bei ihnen soweit wie möglich zu vermeiden. Das Einzige, was ich im Großen und Ganzen noch machte, war das Wochenende im *GX*. Hier hatte ich einigermaßen Ablenkung. Viele fragten, warum ich immer alleine hier rumhing. Das hatte aber auch einen einfachen Grund. Die, die mich versuchten anzugraben, konnten Daniel das Wasser nicht reichen. Ich verglich alle Personen, die ich traf, mit ihm, doch keiner hielt stand. Alle fand ich gegenüber ihm zu primitiv. Sorry, aber ich kann ziemlich stur sein und habe alle aus der falschen Perspektive betrachtet.

Später im Jahr versuchte ich mich durch wilde Einkäufe aufzumuntern. So entschied ich mich für einen neuen Wagen. Bei Mazda blieb ich hängen. Die hatten ein tolles, geiles Sondermodell. Es war ein MX5, der limitiert war, also ging ich den Vertrag ein und kaufte mir das Auto. Den Wagen bekam ich Anfang Juni und im Juli ging es mir immer noch nicht besser. Es hatte nichts genützt und ich hatte keine Lust mehr, mich weiter zu quälen. Also beschloss ich, meinem Leben ein Ende zu setzen, den richtigen Wagen dafür hatte ich ja schon. Nur der passende Ort fehlte mir noch. Da fiel mir Norwegen ein. Ich war als Jugendlicher schon zweimal dagewesen und das Land gefiel mir damals sehr gut.

So fuhr ich Mitte Juli mit dem neuen Wagen nach Norwegen. Ich wusste, dass die Landschaft im Norden viel schöner war, also machte ich mich auf den Weg. Keine Ahnung, was passiert war, aber ich hatte plötzlich nicht mehr das Verlangen, mir das Leben zu nehmen. Vielleicht war es die Landschaft, die einfach genial war, besonders wenn man mit einem offenen Wagen durch die Gegend fuhr. Vielleicht waren es aber auch die Menschen. Sie waren zu mir immer tierisch freundlich und als ich mich eines Abends in einer größeren Stadt in einer Schwulenkneipe blicken ließ und die Leute mitbekamen, dass ich ein Ausländer war, da wurde ich richtig umringt und konnte mich vor Gesprächspartnern nicht retten. Wenn ich es gewollt hätte, dann hätte ich hier sogar einen von vielen Männern abschleppen können, aber ich wollte nicht. Ich genoss es aber, an diesen Abend im Mittelpunkt zu stehen.

Eine Woche blieb ich in Norwegen und als ich wieder zu Hause war, hatte ich

5000 Kilometer gefahren. Die eine Woche Urlaub hatte mich wieder viel zufriedener gemacht, nur hielt das nicht lange vor. Man brauchte nur wieder in den Trott der Arbeit und der Freizeit zu kommen, und schon war die Erholung wieder weg. Manchmal ärgerte ich mich, dass ich mein Vorhaben nicht in die Tat umgesetzt hatte, aber was nicht war, konnte ja noch werden. So vergingen wieder etliche Wochen, doch plötzlich verguckte ich mich in einen jungen Mann, den ich das erste Mal im *GX* sah. Schnell wusste ich, dass er Markus hieß, und ich brauchte nicht lange zu warten, da hatte ich noch weitere Informationen über ihn zusammengetragen.

Zwei Wochen später traute ich mich endlich, ihn anzusprechen und wir unterhielten uns den restlichen Abend ganz gut. Auch die nächsten Treffen liefen so ähnlich ab, wir unterhielten uns über etliche Dinge. Wir tauschten unsere Adressen aus und schickten uns unter der Woche Mails. Einmal fuhren wir gemeinsam nach Köln zum Einkaufen. Dabei merkte ich, dass wir nicht weiter kamen, also musste ich wieder die Initiative ergreifen. Ich gestand ihm per Mail, dass ich etwas für ihn empfand. Wie feige. Leider wurde ich enttäuscht, da er die Gefühle nicht erwiderte. Er wollte mich nur als Freund haben. So musste ich erst lernen, ihn wieder zu vergessen. War eigentlich nicht schwer, da sich später unser Kontakt nur auf Mails beschränkte. Irgendwann trafen wir uns wieder persönlich und gingen auch ab und an mal gemeinsam aus. Auch heute noch kann ich ihn zu meinen Freunden zählen, obwohl er schon längst vergeben ist. Doch weiß ich mittlerweile auch, dass er zu mir niemals gepasst hätte. Wir sind zu verschieden.

Na gut, es war ein Versuch und der war schief gelaufen. Aber immerhin brachte mich das weiter. Jetzt wusste ich, was mir fehlte. Ich hatte keine Lust mehr, länger allein zu sein und wollte den richtigen Partner für mich finden. So ließ ich mich sogar auf einige Blind Dates ein, aber die brachten mir gar nichts. Doch, Enttäuschungen. Entweder waren wir beide der Meinung, dass aus uns nichts werden konnte, oder nur ich, oder mein Gegenüber wollte mit mir direkt in seiner Wohnung verschwinden. Darauf konnte ich ohne Schwierigkeiten verzichten. Also ließ ich das auch irgendwann sein. Einige meiner schwulen Freunde wollten mir natürlich helfen. Sie wussten auch, was ich wollte, doch ricten sie mir immer wieder, mich auch mal auf ein One Night Stand einzulassen. Doch bis heute habe ich darauf verzichtet. Befriedigen kann ich mich auch mit der Hand, dazu brauche ich keinen ONS. Was würde passieren, wenn ich mich darauf einließ und der Typ mich wieder rausschmeißt, nachdem wir uns befriedigt hätten. Was mache ich dann? Wer würde mich streicheln oder noch mit mir kuscheln? Kann schon sein, dass meine Freunde recht haben und ich damit falsch liege und ich einfach nur zu ...verklemmt bin? Nee.

So verging das restliche Jahr, ohne dass was Besonderes passierte. Meine Laune besserte sich nicht, ich vermisste Daniel immer noch sehr und war häufig bei seinem Grab. Wenn ich aber mal jemanden zum Reden brauchte, der mit mir über Daniel sprach, so fuhr ich immer zu Sven und Susi. Einer anderen Person wollte ich das nicht antun. Außerdem hätten mich meine anderen Freunde vielleicht in der Sache auch nicht verstanden und deswegen mied ich in ihrer Umgebung das Thema. Es wurde höchstens mal kurz angerissen, aber nie sagte ich ihnen, wie ich wirklich zu ihm gestanden hatte, geschweige immer noch stehe. Zwar war ich wieder auf der Suche nach einem neuen Freund, aber Daniel würde ich niemals vergessen. Ich konnte mir auch nicht vorstellen, dass es jemand schaffen würde, ihn zu ersetzen. Kurz nach dem Millenniums-Silvester schien endlich meine Pechsträhne ein Ende zu haben.

Eine neue Zukunft?

Zur Geburtstagsfeier vom *GX* am 15. Januar lernte ich Andreas kennen. Er war ein Bekannter von einem Freund von mir, der Carsten hieß. Zuerst unterhielt ich mich mit Carsten, da kamen wir auch wieder auf Daniel zu sprechen. Andreas tanzte derweilen ausgiebig auf der Tanzfläche. Irgendwann hatte er keine Lust mehr und gesellte sich zu uns. Mit der Zeit begann er mich anzubaggern. Erstaunlich, ich ließ mich auch noch darauf ein. Obwohl ich mir immer sagte, der Altersunterschied dürfte nicht zu groß sein. Ich aber war mittlerweile fast siebenundzwanzig, Andy dagegen erst achtzehn. Doch hatte er irgendwas Besonderes an sich. Wir tanzten und sprachen miteinander, dabei merkten wir gar nicht, wie die Zeit verging. Ich musste mir eingestehen, er konnte sich sehr gut auf mich einstellen und ging sehr vorsichtig mit mir um. Irgendwann fragte er mich, ob er mich küssen dürfe. Ich hatte nichts dagegen, also ließ ich mich darauf ein. Seit über einem Jahr waren das die ersten Zärtlichkeiten, die ich einem Mann erlaubte mir zu geben, und mein Körper reagierte sofort darauf. Am ganzen Körper begann ich zu zittern, meine Stimme überschlug sich ständig, aber ich konnte meinen Körper nicht mehr unter Kontrolle bringen. Mag sein, dass es auch am Alkohol lag. Ich war an dem Abend mit einem Taxi gekommen. Später waren wir die letzten in der Kneipe und Paul wollte uns auch los werden. Man merkte ihm an, dass er mir das gönnte, aber ich registrierte auch einen anderen Ausdruck, so was wie Überraschung. Wahrscheinlich hatte er mir so was nie zugetraut. Andy wollte natürlich, dass ich diese Nacht mit ihm verbringen würde, zumindest wollte er neben mir aufwachen, aber ich war dazu noch nicht bereit. Erstaunlich, er verstand mich und ließ mir die Zeit, die ich brauchte. So trennten sich unsere Wege, aber nicht ohne dass wir unsere Adressen tauschten. Er fragte mich, ob er mich am nächsten Tag anrufen dürfe. Das tat er auch und wir verabredeten uns für den Abend wieder im *GX*. Hier ging die Knutscherei wieder los. Auch Carsten war mitgekommen, aber er war irgendwie böse auf mich. Er würdigte mich keines Blickes mehr. Später stellte ich ihn daraufhin zur Rede. Ihm passte es nicht, dass ich mich nach unserem ernsten Gespräch sofort auf Andy einließ und er hatte die Befürchtung, dass ich ihn unbewusst ausnutzen würde. Na ja, mich störte das nicht. Ich wusste das besser und traf mich jeden Abend mit meinem neuen Freund im *GX*. Natürlich wurde er auch mutiger und im Auto griff er mir einmal an die Hose, aber als er merkte, dass ich zurückzog, stoppte er sofort. Er wollte mich nicht überfordern. Dass er mir so viel Zeit ließ, wunderte mich sehr und ich schätzte ihn dafür. In mir wuchs langsam Liebe und ich war erstaunt, dass ich mich wieder auf einen Mann einlassen konnte.

Am Samstag hatten wir bei Thorsten eine Feier. Er hatte die Firma verlassen und wollte sich damit verabschieden. Ich brachte natürlich Andy mit. Fehler macht man nur einmal, auch wenn er noch keinen Führerschein besaß. Egal, auch hier hielten wir nicht unsere Finger bei uns und jetzt lernten mich wenigstens mal meine Kollegen von meiner wahren Seite kennen. Der Einzige, der darauf abweisend und anscheinend auch mit Unverständnis reagierte, war Walter. Natürlich waren wir beide für die anderen Gäste, die mich nicht kannten, eine Attraktion. Das konnte ich auch verstehen, nur nicht, dass Walter sich so abweisend verhielt. Die Nacht verbrachte ich bei Andy und ich musste ihm wieder etwas sehr hoch anrechnen. Im Bett kamen bei mir wieder Hemmungen auf, aber er gab sich Mühe, diese weg zu bekommen und drängte mich zu nichts. So ließ ich mich auf ihn ein und ich hatte mich verliebt.

Die Zeit brachte aber zum Vorschein, ich hatte mich zu schnell auf ihn eingelassen und ich war auch blind gewesen. Andy war zu jung und passte leider nicht zu mir. Zwar empfinde ich auch heute noch etwas für ihn, vielleicht sogar Liebe, aber in Kopf stimmte es nicht mehr und wenn ich mich auf jemanden einlasse, so müssen beide Sachen stimmen. Es fiel mir sehr schwer, ihm das zu sagen und mit Sicherheit hatte ich ihn verletzt, aber für mich blieb keine andere Wahl. Aber Andy trauerte halt nicht lange. Kurze Zeit später hatte er einen neuen Typen und ich freute mich sogar für ihn.

Leider scheint auch unsere Freundschaft dadurch zerstört worden zu sein. Ich habe nichts mehr von ihm gehört und ich wollte nicht immer der sein, der sich ständig meldet. Schade. Ich wünsche ihm viel Glück in seinem Leben und möge er bald den Richtigen finden.

Ich aber war wieder allein. Bei mir änderte sich nichts, außer dass ich wieder intensiver an Daniel denke und dadurch auch meine Freunde sehr stark vernachlässige. Frank habe ich seit langem nicht mehr gesehen und Silvia und Andrea nörgeln auch schon an mir rum. Doch hat es auch etwas gebracht, dass ich ständig über die vergangene Zeit mit Daniel nachdenke. Ich weiß jetzt, das ich sehr viele Fehler gemacht habe. Erstens werde ich mich nie mehr verstecken. Damals hatte ich zu lange den Leuten etwas vorgemacht. Dadurch, dass ich ständig aufpassen musste, nicht erwischt zu werden, haben Daniel und ich sehr schöne Zeiten verpasst, die wir besser hätten verbringen können. Das zweite, ich habe mich auf Daniels Spiel eingelassen. Er zögerte damals die Bekanntschaft bei meinen meisten Freunden, bei meinen Eltern und bei meinen Kollegen so lange raus, dass nur ganz wenige ihn persönlich kennen gelernt haben. Das würde ich nicht mehr akzeptieren. Das hat Kraft gekostet, außerdem konnte mich niemand richtig trösten, als ich Trost brauchte, da niemand Daniel kannte und wusste, wie wir zueinander standen. Das dritte, ich würde keine Rücksicht mehr auf andere Menschen nehmen, wie zum Beispiel auf meine Eltern. Nur damit sie sich keine Sorgen machten, bin ich abends wieder nach Hause gefahren. Ich habe gelernt. Erst kommen ich und mein Partner und dann eine lange Zeit niemand mehr. Habe ich keinen Partner, komme ich, dann erst der Rest. Man muss erst selber sein Leben aufbauen, bevor man sich um andere kümmern kann. Das alles habe ich jetzt gelernt, nur leider viel zu spät. Dann habe ich noch etwas Schmerzlich gelernt: Lebe jeden Tag mit deinem Freund, als wäre es dein letzter. Du weißt nie, was passiert. Wenn man sich streitet, entschuldigt euch dafür sofort, ansonsten könnte es zu spät sein und du wirst eine lange Zeit nicht glücklich. Das Letzte, geht an Patrick. Dinge, die man sich kaufen kann, machen einen in Wirklichkeit nicht glücklich. Sonst wäre ich mittlerweile der glücklichste Mensch, aber das bin ich nicht. Glücklich wäre ich erst wieder, wenn ich eine neue große Liebe finde und hoffentlich habe ich es bis dahin geschafft, die Person dann nicht mit Daniel zu vergleichen. Ich würde vieles ganz anders machen, besonders aber keine Rücksicht mehr auf meine Umgebung nehmen. Entweder sie akzeptiert mich so wie ich bin, oder sie kann mir gestohlen bleiben. Außerdem würde ich meine ganze Freizeit mit meinem Freund verbringen, vorausgesetzt, wir beide wollen das. Mein Freund würde alles von mir bekommen, was ich zu geben habe.

Nachwort

Wenn ihr euch fragt, warum ich das Buch hier schrieb, obwohl ich so labil bin, kann ich es euch ganz einfach erklären. Ich hatte festgestellt, dass ich den Tod von meinem Freund nie richtig verarbeitet habe, sondern ihn immer wieder verdrängte. Deswegen nahm ich mir vor, alles aufzuschreiben, in der Hoffnung, dann wenigstens alles verarbeiten zu können. Es hat mir tatsächlich sehr viel gebracht.
Vielleicht hat es dir aber auch was gebracht?

An dieser Stelle möchte ich noch den Menschen danken, die ihr Bestes gegeben haben, um mich aus meiner Trauer zu reißen. Ich habe mich nie bei euch richtig bedankt und habe auch nie gezeigt, dass ihr mir doch damit geholfen habt. Erst seit kurzem weiß ich, dass ihr mich vor der größten Dummheit bewahrt habt. Ihr wart es, die mir den Funken Lebenswillen gegeben haben, der jetzt anscheinend wieder größer wird.

Mein erster Dank geht natürlich an Sven und Susi. Sie waren die Einzigen, mit denen ich ganz offen gesprochen habe und aus diesem Grund mussten sie wohl auch sehr viel aushalten. Aber sie waren immer für mich da. Leider fehlt uns das wichtigste Stück der Verbindung und deswegen sieht man sich immer seltener. Sorry.

Lieber Dank geht an Daniels Eltern. Harald und Eva haben mich von Anfang an mit offenen Armen aufgenommen. Beide hatten uns so akzeptiert, wie wir waren und uns das Gefühl gegeben, dass unsere Liebe was "Normales" war. In der harten Zeit standen sie trotz ihrer eigenen Trauer zu mir. Auch heute helfen sie mir noch und machen mir Mut, auch wenn wir mittlerweile mehrere tausend Kilometer auseinander wohnen. Besonderen Dank an beide für die Unterstützung an diesem Buch und damit auch an der Verarbeitung bei meinem größten Problem.

Dave, auch dir muss ich meinen Dank aussprechen. Du warst häufig für mich da, auch wenn meistens die Gespräche in Behebung deiner Probleme abwichen. Auch muss ich dir und deinem Freund Jens sagen, ich bin stolz auf euch. Warum? Ganz einfach. Jens hat die Gelegenheit der Schenkung der Fotoausrüstung von Daniel an dich genutzt. Er steckt in der Ausbildung zum Fotografen. Du hingegen hast dein Hobby zum Beruf gemacht, als Azubi zum Koch. Kompliment und viel Glück an euch beide, besonders für eure Beziehung. Es ist absolut selten, dass so junge Menschen, besonders Schwule, sich finden und so lange wie ihr zusammenbleibt.

Großen Dank an Frank. Ich habe dir nie gezeigt, was du mir wirklich bedeutest und wie du mir geholfen hast. In dem Buch habe ich dich so beschrieben, wie ich dich gesehen habe. Gib mir noch etwas Zeit. Es kann nur wieder besser werden. Ich bin halt guter Dinge, dass ich wieder zu mir finde. Auch tut es mir Leid, dass wir uns immer seltener sehen, aber ich versuche halt wieder meinem Leben einen Sinn zu geben, den hast du schon gefunden.

Dank und sorry an Patrick. Dank dafür, dass du in der Zeit, wo wir uns gesehen haben, für mich da warst. Leider war die Zeit immer zu kurz. Sorry dafür, wie ich mit dir die ganze Zeit umgesprungen bin. Kann mir vorstellen, dass es dich langsam nervt, und die Millionen Schadensersatz für die verbalen Belästigungen am Arbeitsplatz kann ich dir nicht geben. Vielleicht macht es dich glücklich zu hören, ich empfinde keine Liebe mehr für dich, aber ich empfinde immer noch mehr als nur Freundschaft für dich.

Für Silvia und Andrea, meine besten Freundinnen. Danke, dass ihr mich so lieb aufgenommen habt und mir immer wieder ein offenes Ohr schenkt. Leider habe ich in meinem Kopf eine Blockade, euch meine Gefühle zu schildern. Außerdem tut es mir Leid, dass ich euch manchmal so vernachlässige, aber mir fällt es sehr schwer, einem Pärchen, das Zärtlichkeiten austauscht, ständig zu sehen. Ich gönne es euch, aber es schmerzt, allein zu sein.

Rupert und Paul. Euch beiden kann ich nur danken für die Zeit, die ihr mir geopfert habt. Ihr habt mir die Augen für die Szene geöffnet und gezeigt, wie ich diese verstehen muss. Mittlerweile bewege ich mich sehr gern in ihr, kann mich aber nicht mit ihr identifizieren. Ich bin halt anders. Brauche halt jemanden nicht nur für das Eine, sondern auch für das Andere.

Der größte Dank geht aber an eine andere Person.
Daniel, ich danke dir für alles, was du für mich getan hast. Ohne dich wäre ich lange noch nicht soweit und ehrlich gesagt, ich wäre der glücklichste Mensch, wenn ich dich geheiratet und mit dir den Rest meines Lebens verbracht hätte. So wie ich uns beide kenne oder besser gesagt kannte, bin ich mir sicher, wir hätten das auch geschafft.
Wir sehen uns später wieder.

In ewiger Liebe.

Frank Makowski

Johannes Popp   Die Babel Intrige
Ausweglos – so scheint die Situation für die in einem Fersehturmrestaurant eingeschlossenen Gäste. Gescheiterte Liebe, Liebe zu einem Callboy, Sehnsüchte, Illusionen und Hoffnungen werden lebendig.
Bald entführt der Autor seine Leser vom Fernsehturm in die graue Vorzeit des Turmbaus zu Babel. Dort werden wir Zeuge einer großen Liebe zwischen dem Architekten des Turms und einem Knaben.

**ISBN 3-934825-03-6 240 Seiten,
DIN A5, gebunden, DM 29,80**

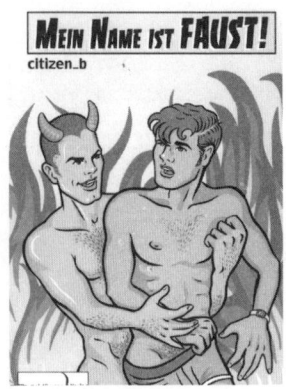

citizen_b   Mein Name ist Faust
Der diabolische Jack bietet dem schwulen Faust den Deal seines Lebens an: Jugend! Abenteuer! Luxus! Sex! Schon stürzt Faust von einer haarsträubenden Situation in die nächste: Menschenfresser, Geister und Dämonen kreuzen seinen Weg. Dann verliebt sich Faust auch noch in den blutjungen Leon!
Eine turbulente Story voll Liebe, Romantik, Freundschaft, Verrat, brennender Leidenschaft und bizarrer Begierden!

**ISBN 3-934825-02-8 256 Seiten,
DIN A5, brosch., DM 24,80**

Boris von Brauchitsch   Perlen vor die Säue
Der greise Bauunternehmer Joseph Blader will seine Heimatgemeinde Kretingen ein Kunstmuseum schenken. Doch wer braucht schon ein Museum? Der letzte Wille zur Kunst des einst mächtigsten Mannes der Stadt stößt an allen Fronten auf erbitterten Widerstand. Den gilt es zu brechen und Blader heuert zu diesem Zweck einen glatten und dynamischen Direktor an, der sich jedoch bald schon als stur, schwul und wenig provinztauglich erweist. Kretingen macht mobil gegen den Fremden und die Kunst. In immer neuen Kapriolen entwickelt sich die Parabel einer zivilisierten Kulturvernichtung...

**ISBN 3-934825-11-7 186 Seiten,
DIN A5, geb., DM 29,80**

Arne Pahlke   Sonne, Blut und Sterne
Romann

Das Schicksal führt Julian, einen coolen Ecstasy-dealer, und dessen Geliebte, eine heroinabhängige Straßenhure, und Timo, einen totgeweihten Stricher, sowie einen bestialischen Serienkiller auf abenteuerliche Weise zusammen. Die verzweifelte Verfolgungsjagd ist gleichsam eine Reise in die eigene, düstere, von ihnen sorgsam verdrängte Vergangenheit.

ISBN 3-934825-04-4 256 Seiten, DIN A5, gebunden, DM 29,80

Arne Pahlke   Die rosarote Schattenwelt

Bedarfst Du einer Anleitung zum Schwulsein? Bist Du aufgeklärt über Sex im Stadtpark oder auf dem Bahnhofsklo? Wie wäre es mit einem Streifzug durch die Sexkinos oder einem lustigen Kurztrip nach Tuntenhausen?
Tauche hinein in ein Buch voll außergewöhnlicher Geschichten, von komisch bis tragisch, von schockierend bis schelmisch. Das Buch zeigt ein Kaleidoskop eines neuen schwulen Lebens-gefühls.

ISBN 3-9806249-1-9 176 Seiten, DIN A5, brosch., DM 23,80

Arne Pahlke   Cafe Moral

Mirko, ein erfolgloser Schriftsteller und selbst-ernannterMenschenfeind sitzt angetrunken im Café Moral, einem antiquierten Literaturcafé, in dem nur in Reimform kommuniziert werden darf. Beharrlich hadert er mit der von ihm verhassten Gesellschaft – vor allem aber mit seinem besten Freund Alexander. Diesen nämlich hält er auf Grund eines kleinen Vergehens für verlogen und unmoralisch. Aus einer einfache Wette entwickelt sich rasch eine Zerreißprobe – und dies nicht nur für ihre Freundschaft.

ISBN 3-9806249-5-1 144 Seiten, DIN A5, brosch., DM 24,80

Markus Westberg GAYLEX

Das große informative und
unterhaltsame Nachschlagewerk
über den schwulen Mann mit über
1500 Stichwörtern!
DAS STANDARDWERK !

**ISBN 3-9806249-3-5 352 Seiten
DIN A5, brosch., DM 34,80**

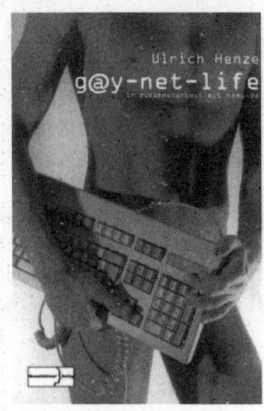

Ulrich Henze g@y - net - life

Per Mausklick in die Szene! Das surfen durch
den schwulen Internet-Dschungel wird zum
Vergnügen,
g@y-net-life bietet einen Überblick von über
1000 Homepages von schwulen und schwulen-
freuindlicxhen Firmen.

**ISBN 3-9806249-05-2 200 Seiten
DIN A5, brosch., DM 24,80**

Die Homo-Ehe
Dokumentation und Ratgeber

Stefan Mielchen Die Homo-Ehe
erscheint Sommer 2001

Mit der Eingetragenen Lebenspartnerschaft werden
schwule und lesbische Paare erstmals in Deutschland
staatlich anerkannt. Die Homo-Ehe verschafft Heirats-
willigen viele Vorteile, eine völlige Gleichstellung
erreicht sie nicht. Zehn Jahre wurde um den richtigen
Weg gestritten: Das Buch dokumentiert die politische
Auseinandersetzung in Deutschland, lässt Befürwor-
ter und Gegner zu Wort kommen, zeigt die rechtliche
Situation in anderen europäischen Staaten auf und
erläutert als Ratgeber ausführlich Rechte, Pflichten
und Alternativen.

**ISBN 3-9806249-13-3 250 Seiten
DIN A5, brosch., DM 26,80**

Himmelstürmer Verlag